dictionnaire des mots d'origine étrangère

Distributeur exclusif au Canada : les Éditions Françaises Inc.

ISBN 2-03-710227-5

dictionnaire des mots d'origine étrangère

Henriette Walter
professeur à l'université de Haute Bretagne (Rennes)
directrice du Laboratoire de phonologie
(École pratique des Hautes Études)

et

Gérard Walter
agrégé de l'Université

RÉFÉRENCES Larousse

17, RUE DU MONTPARNASSE - 75298 PARIS CEDEX 06

Des mêmes auteurs

Bibliographie d'André Martinet et comptes rendus de ses œuvres, Paris-Louvain, Peeters, 1988, 114 p.

D'Henriette Walter

Dictionnaire de la prononciation française dans son usage réel (en collaboration avec André Martinet), Genève, Droz, 1973, 932 p.

La dynamique des phonèmes dans le lexique français contemporain (préface d'André Martinet), Genève, Droz, 1976, 481 p.

La phonologie du français, Paris, P.U.F., 1977, 162 p.

Les Mauges. Présentation de la région et étude de la prononciation (sous la dir. d'Henriette WALTER), Centre de recherches en littérature et en linguistique sur l'Anjou et le Bocage, Angers, 1980.

Enquête phonologique et variétés régionales du français (préface d'André Martinet), Paris, P.U.F., 1982, 232 p.

Diversité du français (sous la dir. d'Henriette WALTER), École pratique des Hautes Études (4e section), Paris, 1982.

Phonologie des usages du français. Langue française n° 60 (sous la dir. d'Henriette WALTER), Paris, Larousse, 1983.

Graphie – Phonie (sous la dir. d'Henriette WALTER). École pratique des Hautes Études (4e section), Paris, 1985.

Mots nouveaux du français (sous la dir. d'Henriette WALTER). École pratique des Hautes Études (4e section), Paris, 1985.

Cours de gallo, Ministère de l'Éducation nationale, C.N.E.D., Rennes, 1er niveau, 1985-86, 130 p. et 2e niveau, 1986-87, 150 p.

Le français dans tous les sens (préface d'André Martinet), Paris, Robert Laffont, 1988, 384 p. *Grand prix de l'Académie française.*

Des mots sans-culottes, Paris, Robert Laffont, 1989, 244 p.

Traductions

Langue et fonction, traduction par Henriette et Gérard Walter de l'ouvrage d'André Martinet *A Functional View of Language* (Oxford, 1962), Paris, Denoël, 1969, 196 p.

Lingots, traduction par Gérard Walter de l'ouvrage de John Goldsmith *Bullion* (Londres, 1982), Paris, Belfond, 1983, 247 p.

Sommaire

Une table des matières détaillée figure à la fin de l'ouvrage

Préambule

Ces mots étrangers qui n'en ont pas l'air

On compte dans la langue française non pas des centaines, mais des milliers de mots venus d'ailleurs, des mots qui se cachent sous des apparences trompeuses. Il est vrai que, avec **mandrill** ou **gymkhana**, **nuoc-nam** ou **paella**, **fado** ou **tweed**, aucun doute ne peut subsister sur leur caractère exotique, même si on ne sait pas que **gymkhana** est hindoustani ou que **mandrill** vient d'une langue africaine parlée en Guinée. Mais prenons **canot**, **caste**, **fétiche**, **girafe**, **mangouste**, **vampire**, **pamplemousse**, **acajou** ou **topinambour**. Ces mots, qui ont des allures si françaises, aussi bien dans leur orthographe que dans leurs sonorités, ne le sont pourtant pas à l'origine : **canot** vient de l'arawak, langue des Caraïbes, **caste** et **fétiche** sont des emprunts portugais, **girafe** est un mot arabe. On s'apercevra peut-être avec surprise que **mangouste** est un mot marathe, une langue parlée dans la région de Bombay, que **vampire** est un mot d'origine serbe, que **pamplemousse** a été emprunté au néerlandais. Enfin, qui sait que **acajou** est un mot tupi, langue des Indiens du Paraguay et du Brésil, et que **topinambour** vient du nom d'une population indienne de ces mêmes régions ?

Ces mots venus d'ailleurs, mais parfaitement fondus dans le vocabulaire français sous leur forme orale et écrite, constituent l'objet central – quoique non exclusif – de ce livre.

Les mots voyageurs

Comme l'anglais, qui a beaucoup emprunté au français et au latin, comme le turc, qui doit beaucoup à l'arabe, comme l'arabe, qui a beaucoup puisé dans le grec, comme le japonais, qui a beaucoup pris au chinois – et la liste peut s'allonger indéfiniment – le français, au cours de son histoire, s'est beaucoup enrichi au contact d'autres langues. Le néerlandais lui a donné **layette**, le provençal **abeille**, le turc **tulipe**, le persan **casaque**, l'italien **gazette**, l'anglais **sud**, le nahuatl des Aztèques **chocolat** ou **tomate**, le portugais **marmelade**, l'espagnol **camarade**, le sanskrit **jute**, l'allemand **valse**.

Cette accumulation donne peut-être déjà le vertige, mais la réalité est encore plus déroutante, car ce n'est pas directement du nahuatl, mais par l'intermédiaire de l'espagnol que **chocolat** et **tomate** sont devenus des mots français ; **gilet** aussi est à l'origine un mot turc passé par l'arabe, et qui nous a été transmis par l'espagnol, tandis que **jute**, venu du sanskrit par le bengali, est encore passé par l'anglais avant de devenir français. Si, à l'origine, **vampire** est serbe, **calèche** tchèque et **coche** hongrois, c'est par l'intermédiaire de l'allemand qu'ils sont devenus français. Quant à **magazine**, que nous avons récemment emprunté à l'anglais, sa lointaine origine est arabe, tout comme **magasin**. C'est aussi par l'anglais *verandah* que le mot français **véranda** fait son apparition, au milieu du XVIIIe siècle, mais la forme anglaise venait elle-même du hindi *varanda*. Or, ce mot avait été forgé auparavant sur le portugais *vara* « perche », pour désigner une galerie soutenue par des perches[1].

Prompts à se déplacer de langue en langue, les mots n'hésitent pas à faire le tour du monde.

Les langues intermédiaires

Le cas des mots français d'origine arabe est exemplaire à cet égard : **hasard** a été transmis par l'espagnol, **sirop** et **azur** par le latin médiéval, **coton**, **sucre** et **zéro** par l'italien. Mais ces mots arabes venaient eux-mêmes de plus loin. Par exemple, **azur** avait été emprunté par l'arabe au persan, **sucre** au sanskrit, **riz** au hindi, **abricot** au latin (cf. *encadré* Un labyrinthe avec des carrefours).

Un dictionnaire de mots courants

D'après ce qui précède, on aura compris que chaque mot a son histoire, et qu'il serait frustrant de la manquer dans une grande synthèse générale, pourtant bien utile si l'on cherche à s'orienter parmi les milliers de mots venus des quatre coins de la Terre pour enrichir la langue française.

Convaincus de cette double nécessité, les auteurs de ce livre l'ont conçu avant tout comme un recueil de tous les mots que le français doit à d'autres langues et des chemins qu'ils ont parcourus pour arriver jusqu'à nous. Mais la surabondance du vocabulaire recueilli et la constatation qu'une bonne partie de celui-ci relevait de disciplines spécialisées ou intéressait uniquement des groupes de locuteurs spécifiques nous ont conduits à opérer une sélection[2] pour en écarter plusieurs milliers (environ la moitié). Les mots ainsi exclus ont néanmoins été réunis à la fin de l'ouvrage dans le Complément au « Trésor ».

Un labyrinthe avec des carrefours

Intermédiaires privilégiés, points de passage obligés d'un vocabulaire venu de loin, certaines langues peuvent être comparées à des sortes de carrefours. L'ARABE a joué ce rôle pour le monde oriental et la Méditerranée, et l'ESPAGNOL l'a fait à deux reprises : tout d'abord relais naturel entre l'arabe et les langues de l'Europe – du fait de l'occupation arabe pendant près de quatre siècles –, cette langue a ensuite véhiculé vers les langues européennes des mots exotiques originaires du Nouveau Monde.

Du sanskrit	par l'ARABE			orange
Du hindi	par l'ARABE			riz
Du persan	par l'ARABE			azur
Du turc	par l'ARABE			minaret
Du grec	par l'ARABE			alambic
	De l'arabe			toubib
	De l'arabe	par le LATIN MÉDIÉVAL		sirop
	De l'arabe	par l'ITALIEN		zéro
	De l'arabe	par le PROVENÇAL		orange
	De l'arabe	par le CATALAN		felouque
	De l'arabe		par l'ESPAGNOL	gilet
De l'arawak			par l'ESPAGNOL	goyave
Du quechua			par l'ESPAGNOL	caoutchouc
Du tupi			par l'ESPAGNOL	ananas
Du nahuatl			par l'ESPAGNOL	chocolat
			De l'espagnol	torero

La collecte du corpus

Le point de départ nous a été fourni par les données informatisées de l'édition 1989 du *Petit Larousse.* L'interrogation de l'ordinateur Larousse ne pouvant se faire que langue par langue, nous avons préparé une liste d'idiomes susceptibles d'avoir été des sources d'emprunt. L'inventaire ainsi recueilli, forcément incomplet, a néanmoins été une base utile pour la recherche ultérieure, qui s'est faite en plusieurs étapes.

Afin de compléter notre corpus, nous avons tout d'abord confronté, mot par mot, l'inventaire de départ fourni par Larousse avec ceux des dictionnaires étymologiques suivants :

Dictionnaire étymologique de la langue française (Oscar Bloch et Walter von Wartburg, Paris, PUF, 1965) ; *Dictionnaire étymologique de la langue française* (Albert Dauzat, Paris, Larousse, 1938) ; *Nouveau Dictionnaire étymologique et historique* (Albert Dauzat, Jean Dubois et Henri Mitterand, 4e éd., Paris, Larousse, 1988), *Petit Robert, Dictionnaire alphabétique et analogique de la langue française* (Paul Robert, Paris, Le Robert, 1987, qui inclut des données étymologiques).

Nous y avons ajouté l'ensemble des lexèmes réunis par Pierre Guiraud dans *Les Mots étrangers,* Paris, PUF, « Que sais-je ? », n° 1166, 1965 et dans *Patois et dialectes français,* Paris, PUF, « Que sais-je ? », n° 1285, 1968, ainsi que ceux de Jean-Paul Colin, *Trésor des mots exotiques,* Paris, Belin, 1986.

Pour les emprunts à l'anglais, nous avons aussi puisé dans le *Dictionnaire des anglicismes* (Josette Rey-Debove et Gilberte Gagnon, Paris, Le Robert, 1980) ainsi que dans le *Dictionnaire des anglicismes* (Manfred Höfler, Paris, Larousse, 1982).

Enfin, nous remercions Guiti Deyhim, professeur à l'université de Téhéran, pour son aide dans la rédaction du chapitre sur le persan, André Martinet, professeur de linguistique à la Sorbonne, pour les rectifications qu'il a apportées au chapitre sur l'allemand et Sławomir Bazyłko, professeur à l'université de Varsovie, pour sa participation à la rédaction de la partie consacrée aux langues slaves.

Les commentaires étymologiques

Ils ont fait l'objet d'une première rédaction présentant, pour chacun des mots relevés, la synthèse des informations recueillies dans les ouvrages cités ci-dessus.

Dans le cas d'étymologies à problèmes, nous avons aussi consulté le *Nouveau Dictionnaire étymologique du français* (Jacqueline Picoche, Paris, Hachette-Tchou, 1971), qui a l'avantage de regrouper les mots par familles étymologiques sous un mot-vedette, mais qui a l'inconvénient de ne pas répéter ces mots-vedettes dans un index général.

Dans les cas de recherches spécifiques sur l'origine des divers lexèmes dans les principales langues étrangères en cause, nous avons utilisé :

pour l'espagnol : *Breve diccionario etimológico de la lengua castellana* (Joan Corominas, Madrid, Gredos, 1961, éd. 1987).

pour l'italien : *Vocabolario della lingua italiana* (Nicola Zingarelli, Bologne, Zanichelli, 1970).

pour le portugais : *Dicionário etimológico nova fronteira da língua portuguesa* (Antônio Geraldo. da Cunha, Rio de Janeiro, Nova Fronteira, 1982).

pour l'anglais : *The Oxford Dictionary of English Etymology* (dir. C. T. Onion, avec la collaboration de G. W. S. Friederichsen et R. W. Burchfield, Oxford, Clarendon Press, 1966, éd. 1985) et *The Concise Dictionary of English Etymology* (dir. T. F. Hoad, Oxford, Clarendon Press, 1986).

Comment réduire un inventaire démesuré ?

À la fin de cette étape, nous avions réuni un corpus qui dépassait 8 000 unités lexicales et nous étions frappés par une constatation : par rapport au vocabulaire usuel, il y avait une grande proportion de vocabulaire de type technique ou scientifique, tout à fait opaque pour les lecteurs cultivés moyens – que nous étions – et il était clair que toute tentative de regroupement serait conditionnée et peut-être un peu faussée par les effets de cette dualité.

Il a donc semblé utile de mettre à part les mots trop archaïques ou trop savants, ou encore trop spécifiques à une région ou à un groupe d'usagers, en utilisant un critère plus objectif que notre propre appréciation. À cet effet, au lieu de partir des 55 000 à 60 000 mots du *Petit Robert* ou du *Petit Larousse,* nous avons choisi de ne retenir que le vocabulaire figurant dans des dictionnaires de taille plus modeste :

le *Petit Dictionnaire de la langue française,* 35 000 mots, Paris, Larousse, 1987, et le *Micro-Robert Plus,* Paris, Dictionnaires Le Robert, 1988, qui contient également 35 000 entrées.

À la suite de l'opération qui a consisté à écarter les mots ne figurant pas au moins dans l'un de ces deux dictionnaires, notre corpus s'est trouvé réduit presque exactement de moitié. Un examen de cette nouvelle liste a confirmé que la majorité des mots ainsi mis à l'écart étaient bien des mots trop archaïques, trop savants, trop techniques ou trop particuliers, comme

– **adouber** « armer un chevalier » (d'origine germanique) ;

– **tacon** « jeune saumon » (d'origine celtique) ;

– **accise** « impôt » (d'origine néerlandaise) ;

– **gobin** « lutin » (d'origine allemande) ;

– **azulejo** « faïence » (d'origine espagnole) ;

– **jettatura** « le fait de jeter un sort » (d'origine italienne).

Mais il est non moins vrai que, de ce fait, se sont trouvés écartés des mots régionaux, comme **patte** « chiffon », des mots désuets, comme **médianoche** « souper tardif », remis au goût du jour par le titre d'un roman récent, des adjectifs expressifs, comme **mafflu** « joufflu », des termes usuels en musique, comme **appoggiature, gruppetto** ou **da capo**, des mots techniques de la finance (**cambiste**), de la philosophie (**noumène**) ou de la cuisine (**salpicon, escabèche**), sans compter des formes expressives comme **schlague** (de l'allemand) ou **bamboche** (de l'italien).

Tous ces mots exclus mais intéressants, fallait-il les réintégrer dans le corpus à étudier et, dans ce cas, selon quel nouveau critère ?

Critique du premier critère

Si l'on examine la liste (reproduite ci-après) des mots d'origine celtique mis à l'écart par application du premier critère, on est tenté d'approuver cette première sélection. Seuls deux mots de cet inventaire auraient pu, à la rigueur, être conservés : **bièvre** « castor », en raison de la rue de Bièvre à Paris, célèbre parce que le président de la République actuel y demeure, et peut-être aussi **vergne** « aulne », du fait des nombreux toponymes **La Vergne, Lavergne, Les Vergnes** que l'on rencontre dans plusieurs départements (Aveyron, Charente-Maritime, Cher, Corrèze, Creuse, Dordogne, Lot-et-Garonne).

Ces mots sont effectivement plutôt rares, mais ils ne le sont pas plus que **combe** ou **virole**, pourtant retenus après application du critère des deux dictionnaires de 35 000 mots.

Pour rectifier ces petites incohérences, il aurait évidemment été souhaitable de faire un relevé de tous les mots écartés et de les soumettre à une enquête préalable auprès d'un grand nombre de locuteurs français.

Recherche d'un second critère

Dans l'impossibilité où nous étions de réaliser une telle enquête, nous avons réexaminé la liste des quelque 4 000 mots exclus pour en extraire une petite centaine (80) selon un nouveau critère, à double détente, un peu subjectif, mais assez simple à appliquer : seront réintégrés les mots qui semblent assez courants et dont, en outre, la forme écrite et orale ne témoigne pas d'une origine étrangère. Ainsi, **bamboche** sera réintégré dans le corpus final, mais ni **gruppetto** (en raison de sa forme italienne), ni **tacon** (trop peu connu), ni **maringouin** (trop spécifique à une région), ni **médianoche** (décidément désuet).

Mots d'origine celtique
(non retenus)

backgammon (jeu)	gallois
bagad (orchestre)	breton
banne (chariot)	
barge (échassier)	
bauche (terre argileuse)	
baume (grotte)	
ber ou **bers** (berceau)	
berle (botanique)	
bernache (oie sauvage)	irlandais
boëte ou **bouette** (appât)	breton
bondrée (oiseau)	breton
bran (excrément)	
cairn (tertre funéraire)	gallois
chouchen (hydromel)	breton
claymore (épée)	gaélique
corme (bot.)	
crag (géologie)	gallois
cromlech	
dragée (fourrage)	
drêche (malterie)	
drille (chêne)	
drille (chiffon)	breton
drouc (ivraie)	
drouine (sac à outils)	breton
drumlin, droemlin (géogr.)	gaélique
écoufle (milan)	breton
faim-calle, faim-valle	breton
fragon (arbuste)	
galgal (tumulus)	gaélique

gouren (hutte)	breton
jable (tonnellerie)	
javotte (pied d'enclume)	
jote (moutarde sauvage)	
kabig, kabic (veste)	breton
kumrique « gallois »	gallois
landier (chenet)	
lantanier (bot.)	
liais (pierre calcaire)	
limon (brancard d'attelage)	
margaille (bagarre)	
matras (trait d'arbalète)	
mègue (petit-lait)	
merl, maërl (dépôt littor.)	breton
minahouet (mailloche)	breton
minot, minois (marine)	breton
peulven (menhir)	breton
philibeg, filibeg (jupon)	gaélique
pilbrock (cornemuse)	gaélique
sagum (manteau)	
saie (étoffe)	
sayon (casaque)	celtique
sérancer « peigner »	
tacaud (poisson)	breton
tacon (jeune saumon)	
triage (canton de forêt)	
usquebac (eau-de-vie)	gallois
vandoise (poisson)	
vergobret (chef gaulois)	
vouge (serpe)	

On trouvera ci-après la liste de ce complément de corpus, forcément discutable, et qui appelle quelques commentaires. On y remarquera quelques termes culinaires modérément courants (**dariole, faisselle, gribiche, taboulé**) ainsi que certaines entorses au critère « mots connus » : **cattleya, champi, rabouilleuse** et **coron** ne sont évidemment pas des mots courants, mais ils ont été sauvés de l'oubli pour le plaisir d'évocations littéraires : **cattleya** pour Marcel Proust, **champi** pour George Sand *(François le Champi),* **rabouilleuse** pour Balzac *(la Rabouilleuse)* et **coron** pour Zola *(Germinal).* On a tenu à réintégrer **schibboleth,** pour les linguistes, ainsi que **chabraque** et **goualante,** pour les amateurs de chansons de variétés. Quant à **mousmé,** ce mot d'origine japonaise a été réintroduit pour rectifier une opinion assez généralement répandue, qui l'attribue à l'arabe.

CELTIQUE : bièvre, cravant « oie sauvage », gallo, rabouilleuse, vergne.

GERMANIQUE : hallier, patte « chiffon », ratiboiser.

ANCIEN SCANDINAVE : graffigner, haridelle.

HÉBREU : schibboleth, séfarade.

DIALECTES : bougnat, canette (de bière), canut, chabichou, champi, coron, dariole, faisselle, garbure, goualante, guibole, pognon, potron-minet, quichenotte.

NÉERLANDAIS : coquemar, couque, faquin, freluquet, gribiche, mafflu, sargasse.

ARABE : argousin, bardeau, bardot, calfater, escabèche, macramé, nadir, ottomane, séné, taboulé.

PERSAN : casaquin, marcassite.

TURC : chabraque.

ITALIEN : autostrade, balancelle, bamboche, filoselle, malvoisie, sabayon, travertin.

ESPAGNOL : isabelle (adj.), palmiste, quarteron, salpicon.

AMÉRINDIEN : maté, pacane « noix de pecan », panama.

ALLEMAND : estourbir, fifrelin, noumène, reître.

ANGLAIS : adrénaline, allégeance, cattleya, débatteur, drastique, entrée (de dictionnaire), gramophone, nominer, orlon, parapsychologie, philippine, question préalable, reprographie, téflon.

HINDOUSTANI : tussor.

JAPONAIS : mousmé.

La partie proprement lexicographique

Seuls les mots d'usage courant ont donc été retenus pour faire l'objet d'une double présentation. Dans la deuxième partie, proprement lexicographique, on trouvera tous ces mots dans un ordre strictement alphabétique, avec des indications sur la langue d'origine, la forme et le sens que ces mots avaient dans cette langue au moment où ils sont entrés dans le vocabulaire français. On y trouvera aussi des précisions sur la ou les langues intermédiaires. Lorsque les spécialistes hésitent ou avouent leur ignorance, nous nous sommes fait l'écho de ces tâtonnements. (Cf. *2e partie :* le Trésor des mots empruntés.)

Pour s'y retrouver dans ce dédale

Nous avons voulu accompagner ce répertoire d'une sorte de mode d'emploi, un peu comme pour une visite guidée de lieux mal connus. En prenant comme fil conducteur l'histoire des grands apports lexicaux au français au long des siècles et en mettant en rapport les événements, les peuples et leurs langues à certaines périodes privilégiées, on a voulu mettre en lumière les couches des emprunts lexicaux sur l'axe du temps.

Toutefois, le cours de l'histoire sera régulièrement interrompu pour attirer l'attention sur les mots eux-mêmes, car l'ordre alphabétique, si pratique lorsqu'on cherche à retrouver des termes déjà identifiés, a pour effet secondaire de disperser aux vingt-six coins de l'alphabet les quelque cent langues d'origine de ces emprunts. Il fallait donc imaginer un autre mode d'accès, moins sévère, moins mécanique et mieux ciblé, à ce vocabulaire emprunté : telle est la raison d'être de la première partie de ce livre, qui apporte, langue par langue, un commentaire sélectif des apports lexicaux de chacune d'entre elles. (Cf. *1re partie :* Les couches lexicales au cours des siècles.)

Chemin faisant, les amateurs de précision scientifique trouveront des encadrés qui leur rappelleront – ou leur apprendront ? – les origines et les parentés des langues citées, tandis que, pour les détendre après tant d'érudition, de petits « textes énigmes », composés avec des mots originaires d'une même langue et disséminés à dessein aléatoirement dans le livre, donneront au lecteur l'occasion d'exercer sa sagacité en se distrayant. La solution leur sera donnée page 405.

Plusieurs voies d'accès ont ainsi été aménagées pour se frayer un chemin dans cet entrelacement de langues qui ont contribué à enrichir la langue française, ces langues que l'on retrouvera dans un Index des langues où figure, pour chacune d'entre elles, le nom de la famille à laquelle elle se rattache, le nombre total des mots empruntés illustrés par un exemple.

Les couches lexicales au cours des siècles

Le français à la croisée des langues

Rappelons que les emprunts aux langues vivantes qui sont l'objet principal de cet ouvrage ne constituent qu'une partie des procédés de renouvellement du vocabulaire français, qui, tout au long de son histoire, a surtout puisé très largement aux sources gréco-latines et qui continue de le faire. Parallèlement à ces apports extérieurs des langues anciennes, le vocabulaire traditionnel poursuivait son évolution et s'enrichissait constamment en utilisant ses propres ressources dans de nouveaux mots composés ou de nouvelles dérivations, en même temps que pénétraient en français des mots venus d'autres langues, contemporaines celles-là.

Les langues prêteuses

C'est tout au long de son histoire que la langue française a puisé dans le lexique des autres langues, mais on peut constater la prédominance de certaines d'entre elles à telle ou telle époque. Ces périodes privilégiées nous serviront de points de départ pour tracer en sept chapitres l'histoire des mots d'emprunt du français (cf. *encadré* Chronologie des emprunts).

Chronologie des emprunts (commentaire de l'encadré)

On distinguera du français proprement dit le fonds très ancien, où, sur une base de latin populaire, survivent des substrats : préindo-européens (ligures, ibères, aquitains) et indo-européens (gaulois) [cf. 1. Avant le latin].

Ensuite, et très tôt, le latin des savants et des moines est venu enrichir ce gallo-roman qui était en train de devenir l'ancien français, et c'est aussi par l'intermédiaire du latin que se font alors les emprunts au grec [cf. 2. Le latin].

Plus tard sont venus se greffer des apports germaniques. Les plus nombreux ont été ceux des Francs, mais on peut aussi reconnaître ceux des Alamans, des Longobards et des Frisons (le francique, l'alémanique, le longobard et le frison sont des langues germaniques, dites de l'Ouest), ceux des Wisigoths (le gotique, comme le burgonde, est une langue germanique, dite de l'Est) et ceux des peuples scandinaves (les Vikings parlaient des langues germaniques, dites du Nord). Seul l'apport burgonde n'a pas pu être identifié dans le vocabulaire réuni [cf. 3. Apports germaniques].

Ces trois jalons nous conduisent au français tel qu'il se manifeste au milieu du IXe siècle (Serments de Strasbourg, 842). À partir de cette date, on peut diviser l'histoire du lexique en quatre époques principales :

Chronologie des emprunts

	Époque	*Langue emprunteuse*	*Langue d'origine et exemple d'emprunt*
Avant le latin	avant la conquête romaine		LIGURE (avalanche) IBÈRE (calanque) GAULOIS (alouette)
Le latin	à partir du IIe s. av. J.-C.	LATIN POPULAIRE	LATIN D'ÉGLISE (sacrement)
Apports germaniques anciens	IIIe-Ve s. IXe-Xe s.	puis GALLO-ROMAN	FRANCIQUE (guerre) GOTIQUE (fredaine) LONGOBARD (toque) ALÉMANIQUE (cible) SCANDINAVE (turbot) FRISON (savon)
Le temps des foires	Moyen Âge	ANCIEN puis MOYEN FRANÇAIS	LANGUES RÉGIONALES (abeille) ARABE (algèbre) NÉERLANDAIS (bouquin)
Le temps des conquêtes	XVIe s.	FRANÇAIS	ITALIEN (ombrelle) ESPAGNOL (camarade) PORTUGAIS (autodafé)
Échanges européens	XVIIIe s.	FRANÇAIS	ITALIEN (sonate) ANGLAIS (pétition) ALLEMAND (cobalt) LANGUES SLAVES (icône) LANGUES SCANDINAVES (renne)
Les Temps modernes	XIXe-XXe s.	FRANÇAIS	ANGLAIS (rail, transistor) LANGUES D'AFRIQUE (banane) LANGUES D'EXTRÊME-ORIENT (sari) LANGUES D'INDONÉSIE (rotin)

– Le Moyen Âge, qui est non seulement le temps de la féodalité, mais aussi celui des échanges commerciaux. Tout en continuant à puiser dans le latin d'église, la langue française s'enrichit de nombreux emprunts aux autres parlers de France et à des langues venues de plus loin. C'est par l'intermédiaire des savants ou des marchands que sont introduits un grand nombre de mots néerlandais et de mots arabes. Mais qui dit arabe, dit aussi langues sémitiques, monde oriental et méditerranéen. Ce sera l'occasion de présenter les apports de l'hébreu et des autres langues chamito-sémitiques d'une part, ceux du turc, du persan et du sanskrit de l'autre [cf. 4. Le temps des foires].

– La Renaissance, époque des emprunts massifs à l'italien, est aussi le temps des aventures lointaines et des conquêtes. Les mots venus de l'italien y sont alors si considérables que les observateurs du temps parlaient de véritable « italomanie ». De son côté, l'espagnol (**camarade, peccadille**), qui avait déjà été pendant deux siècles un intermédiaire de choix pour les mots arabes (**alezan** ou **laquais**), a transporté en Europe dès la fin du XVIe siècle, avec les produits des populations indiennes d'Amérique, les mots pour les nommer, comme **chocolat** ou **maïs**. Le portugais a été plus particulièrement l'introducteur d'un vocabulaire venu de l'autre extrémité de la Terre (**mangue, teck**). La langue savante, pour sa part, commence alors à emprunter directement au grec ancien, tout en continuant à recourir régulièrement au truchement du latin [cf. 5. Le temps des conquêtes].

– Le XVIIIe siècle voit un nouveau déferlement de mots italiens, restreint cette fois au domaine des arts et en particulier de la musique (**cantate, violoncelle**). Mais c'est aussi l'époque où apparaissent les premiers symptômes d'un intérêt pour l'anglais, un goût prononcé qui aboutira, à la fin du siècle, à la constitution de l'essentiel du vocabulaire politique que nous utilisons encore aujourd'hui. Il faut bien se convaincre que des mots comme **législature** ou **session** sont bien venus d'Angleterre au XVIIIe siècle, bien qu'ils soient le plus souvent d'origine latine ou même française. On emprunte aussi à l'allemand (**cobalt, vasistas**) qui, de plus, est parfois un intermédiaire pour les langues slaves (**calèche**) ou pour le hongrois (**coche**) [cf. 6. Échanges européens].

– Les XIXe et XXe siècles. C'est au XIXe siècle que se précise un engouement cette fois vraiment généralisé pour l'anglais, qui va s'étendre aux domaines de la mode (**dandy, tweed**), du sport (**handicap, match**), du chemin de fer (**rail, tender**), de la science (**électrolyse, ionisation**) et qui se poursuivra au XXe siècle. Mais, à partir de cette époque, ce n'est plus d'Angleterre mais d'Amérique (**jean, gangster, jet, show-biz, vidéo**) que nous vient la grande masse du vocabulaire nouveau [cf. 7. Les Temps modernes].

Un dernier chapitre regroupe les apports des langues lointaines venues des autres continents : Amérique, Asie et Océanie [cf. 8. Les langues lointaines].

Un ordre chronologique tout approximatif

En marge de cette chronologie des emprunts, en apparence si rigoureuse, il faut souligner deux éléments qui devraient aider à relativiser la portée des divisions proposées :

– la date d'apparition d'un mot dans une langue donnée ne correspond qu'à la première attestation écrite de ce mot, c'est-à-dire le plus souvent à une date très postérieure à son introduction réelle dans l'usage parlé ;

– si des emprunts ont été particulièrement massifs à certaines époques, ils ont pu néanmoins commencer avant et se poursuivre après la période indiquée.

On comprendra alors que les sept premiers chapitres qui accompagnent le dictionnaire proprement dit s'organisent autour de données chronologiques qui ne sont que des points de repère permettant de rappeler les circonstances de l'introduction de ces mots étrangers.

Pour une vision sélective par langue, il est apparu en outre indispensable de regrouper en listes complètes, et indépendamment de leur date d'apparition en français, tous les apports lexicaux d'une même langue et d'y adjoindre quelques commentaires sur leur forme et sur leur sens.

1. Avant le latin

Des traces prélatines dans les toponymes

S'il est clair que le français est une langue romane, c'est-à-dire une des formes prises par le latin de l'Empire romain, il faut aussi se rappeler que ce latin, apporté en Gaule par les légions romaines, avait été adopté par des populations qui parlaient auparavant d'autres idiomes.

Parmi ces derniers, il y avait certainement l'ibère et l'aquitain dont il reste quelques traces visibles dans des noms de lieux comme **Luchon** ou **Collioure**, mais également le ligure, attesté dans d'autres toponymes comme **Manosque** ou **Alpes**[3], et sans doute encore d'autres langues non identifiées. Mais si on peut se fonder sur le basque pour se faire une idée de ce que pouvait être l'aquitain, ce que l'on sait de l'ibère et du ligure se réduit le plus souvent à des hypothèses discutables et discutées.

Les emprunts lexicaux avant l'arrivée des Gaulois

Si l'on prend pour point de départ de la langue française les Serments de Strasbourg[4], prononcés en 842, ce n'est pas le français mais le latin populaire qui doit être considéré comme la base sur laquelle on peut reconnaître les premiers éléments lexicaux allogènes (cf. *encadré* Chronologie des emprunts). Ce latin populaire, qui a évolué un peu différemment dans chaque région, a donné naissance aux divers dialectes romans : bourguignon, provençal ou dialecte de l'Île-de-France, castillan ou catalan, galicien ou portugais, sarde ou sicilien, toscan, génois ou vénitien, etc.

On a fort peu d'informations sur les éléments préceltiques en dehors de ce qui a été dit ci-dessus, mais les spécialistes s'accordent pour accepter l'hypothèse de quelques survivances, dans le lexique courant, de langues parlées en Gaule avant l'arrivée des Gaulois (cf. *encadré* Avant l'indo-européen).

Avant l'indo-européen

On sait peu de chose sur les mots français remontant aux temps reculés qui ont précédé le latin et le gaulois. En voici une trentaine dont on sait seulement qu'ils ne sont ni d'origine gauloise ni d'origine latine. Certains, comme **avalanche**, **chalet**, **tomme** ou **varappe**, nous sont parvenus par le savoyard, d'autres, comme **caillou**, par le normanno-picard, d'autres enfin, comme **marron** (le fruit), par un dialecte lyonnais. Les mots **lapin** et **lapereau**, d'origine controversée, ont évincé les anciennes formes **connil**, **connin**, sans doute en raison des plaisanteries qu'elles suscitaient [5].

ajonc	**calanque**	**garrigue**	**isard**	**marelle**	**picaillon**
alpage	**calebasse**	**gave**	**jabot**	**marron**	**pot**
avalanche	**caparaçon**	**gaver**	**joue**	**mélèze**	**tomme**
baraque	**carapace**	**gavotte**	**lapereau** (?)	**motte**	**varappe**
brasero	**chalet**	**givre**	**lapin** (?)	**patte**	
caillou	**clapier**	**gouailler**	**lave**	**pic**	

Tel est le cas du mot **caillou**, de la même racine *cal-* « pierre », que **calanque** et **chalet**, et d'un autre radical préindo-européen *gab-, gav-* « gorge », qui nous a laissé **gave, gaver, gavotte, gouailler, s'engouer, jabot, joue**. Tous ces mots viennent d'une langue pyrénéenne, peut-être de l'ibère, tandis que **avalanche, marron** « châtaigne », et **tomme** « fromage », pourraient être attribués au ligure. **Clapier, marelle, patte, pic, picaillon** et **pot** sont certainement préceltiques, mais leur origine est mal établie. On pense aussi que **ajonc, mélèze** et **motte** sont d'origine prélatine, et probablement préceltique. Des doutes subsistent pour la **rose** (cf. *encadré* Le nom de la rose), mais **(pierre) ponce** et l'adjectif **bas** pourraient tous deux venir d'une langue indo-européenne d'Italie, proche du latin, l'osque.

Le nom de la rose

Bien que l'on trouve *rosa* en latin et *rhodos* en grec, ce mot n'est pas indo-européen. On a pensé à une origine sémitique avec, peut-être, un passage par l'étrusque, mais ce ne sont que des hypothèses[6].

Ainsi, paradoxalement, l'origine du nom de la fleur la plus connue reste inconnue.

Les apports du celtique

On sait que Gaulois est le terme par lequel les Romains nommaient les Celtes continentaux[7], ces peuples qui avaient envahi ce qui est aujourd'hui l'« Hexagone » au cours du Ier millénaire avant J.-C. Rappelons aussi que les langues celtiques constituent une branche des langues indo-européennes, au même titre que la branche germanique, qui a abouti entre autres à l'allemand et à l'anglais, ou que la branche italique, avec d'une part le latin et d'autre part (cf. *encadré* Les langues germaniques, ch. 3) l'osque et l'ombrien, langues aujourd'hui disparues (cf. *encadré* Les langues romanes, ch. 5). Parce qu'elles sont issues de la même branche italique, les langues italienne, espagnole et portugaise sont des sœurs du français. On pourrait aussi dire que l'anglais, l'allemand et le néerlandais, provenant de la même branche germanique, sont ses cousines ; tout comme l'irlandais et le breton, issus de la branche celtique de cette même famille indo-européenne[8].

Les langues celtiques[9]

Le gaulois est une des langues celtiques aujourd'hui éteintes, comme le celtibère (langue celtique d'Espagne). Le cornique (qui s'était pratiquement éteint au XVIIIe siècle, et qui connaît aujourd'hui un renouveau en Cornouailles, dans les îles Britanniques) et le manxois (dialecte de l'île de Man) ne sont plus parlés que par une petite partie de la population, tandis que le breton, le gallois, l'irlandais et le gaélique d'Écosse ont survécu plus largement.

INDO-EUROPÉEN
branche celtique

- gaélique
  - manxois
  - irlandais
  - gaélique d'Écosse
- brittonique
  - cornique
  - gallois (kymrique)
  - breton
    - cornouaillais
    - léonais
    - trégorrois
    - vannetais
- gaulois †
- celtibère †

N.B. Les noms des langues éteintes sont suivis d'une croix (†).

À côté du gaulois, d'autres langues celtiques

Afin de permettre au lecteur de retrouver sans peine tous les mots français d'origine celtique, qui, du fait de l'ordre alphabétique, se trouvent disséminés dans la partie lexicographique de cet ouvrage, on les a regroupés ci-dessous en deux listes. La lecture en paraîtra sans doute moins fastidieuse si on ajoute quelques détails sur leur itinéraire.

Mots venus du celtique
(breton exclu)

alose	bouc	charrue	galoche	lande	sillon
alouette	boue	chemin	gaspiller	lie	silo
aloyau	bouge	claie	germain	lieue	slogan
ambassade	bouleau	clan	glaise	limande	soc
arpent	bourbier	cloche	glaner	loch	souche
auvent	bourbon	combe	gobelet	loche	suie
bac	braguette	craindre	goberger (se)	lotte	talus
bâche	braies	cran	gosier	luge (?)	tanche
backgammon	brasser	cravant	grève	maint (?)	tanière
bagnole	brin	cromlech	gringalet	marne	tanin
balle	brio	dartre	guenille	mégot	tarière
barde	briser	débraillé	guenon	mine (géol.)	tonne
barre	bruyère	décombres	guenuche	mouton	trogne
bauge	budget	dégoter	habiller	orteil	truand
bec	cabane	dru	if	palefroi	tunnel
benne	caboulot	druide	jachère	pièce	valet
bercer	carriole	dune	jaillir	plaid	vanne
berge	carrosse	érable	jante	quai	vassal
bief	cervoise	étain	jarret	rabouilleuse	virole
bièvre	chai	flanelle	javelle	raie	whisky
bille	changer	gaillard	javelot	renfrogner	
boisseau	char	galet	lai	ruche	
bonde	charpente	galette	lance	sapin	

N.B. Les mots d'origine gaélique ont été soulignés d'un trait et les mots d'origine galloise de deux traits. Les autres mots sont présumés d'origine gauloise.

Cette première liste, qui n'inclut pas les mots bretons, est constituée d'une majorité de termes d'origine gauloise. Remarquons cependant que **backgammon**, **cromlech** et probablement aussi **gringalet** viennent du gallois, que **clan**, **flanelle**, **loch**, **plaid** et **whisky**, d'origine gaélique, ont été introduits en français par l'intermédiaire de l'anglais, tandis que **slogan**, passé d'abord du gaélique à l'anglais avec le sens de « cri de guerre », puis de « devise », est parvenu ultérieurement en français par le truchement de l'anglais d'Amérique, mais avec le sens de « formule publicitaire ».

De façon plus inattendue, c'est par l'intermédiaire du néerlandais que **bac** et **dune**, également d'origine celtique, ont été transmis au français.

Du gaulois au latin... et ensuite ?

Les mots d'origine gauloise ont pour la plupart transité par le latin populaire (devenu le gallo-roman) et par l'ancien français. Tel est le cas de **alouette, bâche, balle** (de céréale), **cran** « entaille », **décombres, se goberger, habiller, limande, orteil, renfrogné** (dérivé d'un mot gaulois signifiant « nez »), **sillon** ou **tanière**.

Mais c'est très souvent par l'intermédiaire d'autres variétés romanes – en France et hors de France – que les mots gaulois sont passés en français. Comme on le verra sur la carte (cf. *carte* Survivances du gaulois..., p. 26), ils sont répartis sur l'ensemble du territoire.

Le breton, langue celtique de France

Le gaulois a laissé des traces dans tous les dialectes romans de France, qui ont ainsi servi d'intermédiaires entre le gaulois et le français. Mais c'est surtout par le breton – qui n'est pas un dialecte roman – que ce passage a eu lieu. Même s'il est possible que certaines variétés du breton actuel reflètent les vestiges d'un gaulois continental, l'essentiel de cette langue a été importé d'outre-Manche par d'autres Celtes, venus des îles Britanniques en Bretagne continentale aux ve et vie siècles apr. J.-C. Elle a ensuite continué à vivre et à se développer jusqu'à nos jours. C'est la raison pour laquelle les mots français d'origine celtique qui nous sont parvenus par le breton ont été classés à part.

Mots d'origine bretonne

balai	**bigouden**	**califourchon**	**gallo**	**lieu** (poisson)
baragouin	**bijou**	**cohue**	**goéland**	**menhir**
belon	**biniou**	**darne**	**goémon**	**mine** (aspect)
bernicle	**bogue**	**dolmen**	**korrigan**	**plouc**

Alors que les quatre dialectes bretons ont des points communs qui les opposent aux variétés celtiques de Grande-Bretagne, un trait phonétique réunit le **gallois** insulaire à trois des dialectes bretons continentaux (cornouaillais, léonais et trégorrois) : l'accent s'y trouve sur l'avant-dernière syllabe, tandis que, en vannetais, il se présente sur la dernière syllabe[10].

Survivances du gaulois à travers les parlers régionaux

C'est souvent par l'intermédiaire d'autres variétés dialectales romanes que le vocabulaire d'origine gauloise a survécu en français.

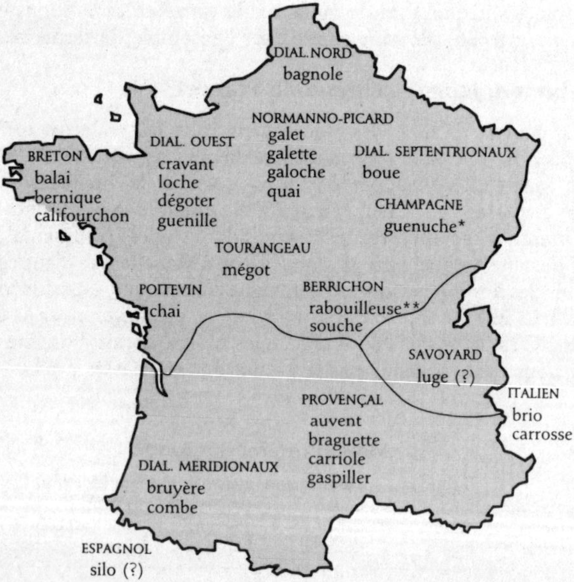

* « jeune fille, poupée »

** « qui agite l'eau pour effrayer les écrevisses »

2. Le latin

Le latin, langue mère

Le grand tournant, celui qui est responsable de l'essentiel de ce qui deviendra la langue française, s'amorce un peu plus d'un siècle avant J.-C., lorsque les Romains s'installent en Gaule, d'abord uniquement dans le Sud pour former leur première province – origine de notre Provence actuelle – puis dans l'ensemble du pays, au milieu du Ier siècle avant J.-C. C'est alors la langue des envahisseurs, le latin des légions romaines, qui servira d'instrument de communication aux diverses populations, et ces dernières, en l'espace de quelques siècles, abandonneront leurs propres langues.

D'autres populations occuperont ensuite le terrain, mais ces nouveaux envahisseurs (Francs, Alamans, Wisigoths, Burgondes, puis Vikings venus de Scandinavie), qui parlaient des langues germaniques, loin d'imposer leurs idiomes, apprendront au contraire le latin.

Les apports ultérieurs des langues de contact seront variés et quelquefois massifs, mais le latin restera toujours omniprésent car, en plus du fonds lexical d'origine, il a constamment été la source à laquelle le français a recouru pour renouveler son lexique.

Dans le français, il y a latin et latin

Il faut toutefois se méfier de ce que recouvre ce terme général de latin, que l'on ne devrait jamais utiliser au singulier quand on traite de cette langue comme source du lexique français. Il est, en effet, souhaitable de distinguer au moins quatre sortes de mots français d'origine latine :

– ceux du latin classique tel qu'il est représenté dans les textes littéraires du temps de Cicéron et de Virgile, où « homme » se disait *vir,* d'où le français **viril**, et « manger » *(com)edere,* d'où le français **comestible** ;

– ceux du latin populaire ou vulgaire, qui était la langue parlée par les Romains dans leur vie quotidienne et dont l'évolution a donné naissance aux diverses langues romanes, où « homme » se disait *homo* et où, pour « manger », on employait des formes comme *manducare.* Ces formes latines sont encore reconnaissables dans les mots français (**homme** et **manger**) qui les perpétuent.

À ces deux usages de la langue latine, qui coexistaient déjà dans l'ensemble de l'Empire romain, il faut ajouter des emprunts ultérieurs :

– les latinismes semi-savants, pendant le haut Moyen Âge,

– et les latinismes savants, source ininterrompue de renouvellement lexical, depuis l'introduction du latin en Gaule jusqu'à nos jours.

Latinismes semi-savants et savants

Très tôt, le français a emprunté des mots latins au monde de l'Église et de la science, mais ces vocables avaient déjà subi une évolution phonétique : **égal**, par exemple, est un latinisme semi-savant, parce qu'il n'a plus la forme du latin classique *equal(em).* On y trouve en effet un [g] là où le latin avait un [k] (écrit **qu**). Mais ce mot **égal** n'a pas non plus la forme qu'on attendrait en français, où, dans ce type de mots, la consonne placée entre deux voyelles a généralement disparu, comme c'est le cas du français **sûr**, issu du latin *securum,* devenu d'abord **segurum,* puis *seür* et enfin **sûr**. On peut en dire autant de *aqua,* devenu **eau**, ou de *oculus* devenu **œil**.

Le fait de trouver un [g] dans **égal** permet de classer ce mot parmi les latinismes semi-savants, tandis que **équanime**, **aqueux** ou **oculaire**, formés sur le latin classique, sont des latinismes savants : ils ont gardé la consonne latine prononcée [k]. C'est parce que, pendant des siècles, le monde de la science a continué à parler et à écrire en latin que la langue française possède aujourd'hui de nombreux latinismes savants comme **équité**, **aquarium**, **cécité** ou **sécurité**.

Une conséquence de ces créations savantes est l'appartion des doublets, qui sont précieux car ils ajoutent le plus souvent des nuances de sens : **poison** est la forme française prise par *potion(em)* à la suite d'une évolution phonétique normale, tandis que **potion** est une forme empruntée au latin des savants. (La nuance ici avait son importance.) Il en est de même pour **captif** à côté de **chétif** ou pour **friction** en face de **frisson**[11].

Diversité des apports latins au français

Au début de cet ouvrage, d'où ont été volontairement exclus les emprunts aux langues classiques, il était nécessaire d'insister sur la prédominance massive des éléments latins dans le lexique français et de rappeler qu'il faut y distinguer :

– des mots comme **croire, eau, frêle, frère, œil** sous des formes que l'évolution phonétique française a fait prendre aux termes latins *credere, aqua, fragilem, fratrem, oculum ;*

– des mots semi-savants, comme **aveugle** (latin **ab oculis*), **égal** (latin *equalem*), **linge** (latin *lineus*), qui avaient déjà subi un début d'évolution au moment où ils ont été empruntés par la langue commune au latin de l'Église ou de la science ;

– et des mots comme **crédible, aqueux, fragile, fraternel, oculaire,** formes savantes reprises directement au latin classique.

On peut y joindre des expressions ou des mots plus immédiatement perçus comme latins, tels que **minus, aquarium, addenda** ou **lapsus,** ou des expressions comme **bis repetita placent, doctus cum libro** ou encore **asinus asinum fricat.**

Ajoutons enfin que, pendant des siècles, c'est uniquement par l'intermédiaire du latin que les mots grecs ont pénétré en français.

3. Les apports germaniques anciens

Après la conquête romaine

Les populations gauloises, qui avaient adopté la civilisation romaine, ont mis quelques siècles à abandonner leur langue et, au début du ve siècle apr. J.-C. – en dehors de la Bretagne, qui a connu un renouveau celtique venu d'outre-Manche, et du pays des Aquitains, où la résistance des Basques à l'occupant est restée proverbiale – , le latin était devenu la langue de toute la Gaule.

Mais un autre bilinguisme allait apparaître.

Depuis la fin du IIe siècle et, de façon massive, à partir du IVe siècle, d'autres populations, parlant des langues germaniques d'une autre branche de l'indo-européen avaient en effet commencé à s'introduire en Gaule (cf. *encadré* ci-dessous). C'étaient les Alamans dans l'Est (Alsace), les Burgondes, un peu plus au sud (de la Franche-Comté à la

Les langues germaniques[12]

Comme les langues celtiques, les langues germaniques forment une branche de la famille indo-européenne. Ce tableau regroupe les résultats actuels des évolutions à partir des langues germaniques anciennes. Le francique, qui n'y est pas mentionné par souci de meilleure lisibilité, a été l'une des langues germaniques auxquelles le français a le plus emprunté. Au départ, c'était du bas-allemand, qui s'est largement répandu et qui a été, dans ses marges méridionales, en Lorraine par exemple, affecté par certains changements du haut-allemand. Les Francs ayant soumis la plupart des autres tribus germaniques entre le Ve et le Xe siècle, des variétés linguistiques différentes sont nées de ces contacts[13].

- INDO-EUROPÉEN branche germanique
  - NORD — scandinave
    - suédois
    - danois
    - dano-norvégien
    - norvégien
    - féroéien
    - islandais
  - EST
    - gotique †
    - vandale †
    - burgonde †
  - OUEST
    - anglo-frison
      - anglais
      - frison
    - bas-allemand
      - plattdeutsch (All. du Nord)
      - néerlandais (dont flamand)
      - afrikaans (Afrique du Sud)
    - haut-allemand
      - longobard †
      - alémanique
        - alsacien
        - souabe
        - Schwytzertütsch
      - lorrain
      - luxembourgeois
      - allemand
      - yiddish

N.B. Les noms des langues éteintes sont suivis d'une croix (†).

Savoie et jusqu'à la Durance), les Wisigoths dans le Midi et surtout les Francs, très tôt dans l'extrême nord, puis dans l'ensemble de la Gaule septentrionale, jusqu'à la Loire.

Les langues germaniques que parlaient ces nouveaux envahisseurs et en particulier le francique, qui a été chez les peuples germaniques la langue des classes dirigeantes jusqu'au xᵉ siècle – c'était celle de Clovis et celle de Charlemagne – allaient laisser des traces importantes dans la langue de populations qui ont été bilingues, ou même trilingues, pendant des siècles.

Les emprunts aux langues germaniques et leurs strates

En tenant compte de tous les apports des langues germaniques à date ancienne (francique et langues germaniques de l'Ouest, gotique et

Mots venus du germanique ancien

Cette liste mêle les apports franciques, gotiques, longobards et frisons, mais elle ne comprend ni les mots originaires du vieux scandinave, empruntés à l'époque des Vikings (que l'on trouvera à la fin de ce chapitre) ni les emprunts plus tardifs aux langues d'origine germanique, qui apparaîtront dans les sections réservées à ces différentes langues : néerlandais, allemand (ainsi que l'alsacien, le lorrain germanique, les dialectes suisses alémaniques), anglais et langues scandinaves modernes (danois, norvégien, suédois, islandais).

abandon	bâtir	botte	burin	déluré
affres	baudet	bouée	but	déraper
agrafe	bedeau	bouquet	butin	dérober
alêne	beffroi	bourde	cahoter	douille
anche	besogne	bourg	calot	éblouir
ardillon	besoin	bourgmestre	canif	écaille
arquebuse	bière	bouter	chaloupe	écale
attacher	bille	braconner	chambellan	échanson
aubaine	bise	braise	champion	écharde
aubette	bison	bramer	choisir	écharpe
aulne	blafard	brandir	chouette	échasse
aune	blaireau	brandon	clenche	échauguette
bacon	blanc	braque	cocagne	échevin
balafre	blé	brèche	coiffe	échine
balcon	blesser	brelan	corroyer	éclisse
balle (jeu)	bleu	brème (poisson)	cotte	écot
balle (paquet)	blond	bretelle	crampe	écoutille
ban	blottir (se)	bride	crampon	écrevisse
banc	bocage	brocanter	crapaud	écume
bande (lien)	bois	broder	cresson	élaguer
bande (groupe)	bonnet	brouet	cric	émail
banlieue	bord	broyer	croc	émoi
bannir	bordel	brun	crotte	empiffrer (s')
barguigner	bosquet	bûche	danser	épargner
baron	bosse	buée	déchirer	épeiche (oiseau)
bâtard	bot	burgrave	déguerpir	éperon →

Mots venus du germanique ancien (suite)

épervier
épier
épieu
équiper
escalope
escarmouche
escarpé
escarpolette
escrime
espion
esquif
esquiver
estacade
estafette
estafilade
estaminet
estampe
estamper
estampille
estoc
estocade
estourbir
esturgeon
étal
étalon
étau
étendard
étoffe
étrier
étron
fagne
faîte
falaise
fange
fanon
farder
fauteuil
fauve
félon
feutre
fief
flacon
flamand
flammèche
flan
flanc
flatter
flèche
flétrir
forban
fourbe
fourbir
fournir
fourrage
fourreau
frais (n.)
frais (adj.)
fraiser
framboise
franc (adj.)
frapper
fredaine
freux
frimas
friquet
froc
fronce
gabarit
gâcher
gaffe
gagner
gai
galbe
galoper
galoubet
gant
garance
garant
garçon
garder
gardon
garenne
garer
garnir
garrot
gars
gâteau
gâter
gaufre
gaule
gaulois
gazon
gêne
gerbe
gerfaut
gibet
gifle
gigot
giron
glisser
gourme
grappe
grappin
gratter
gravir
grêle
grelot
grès
grésil
griffer
grimace
gripper
gris
groseille
groupe
gruau
guêpe
guère
guérir
guerre
guêtre
guetter
gui
guide
guider
guigne
guigner
guignolet
guilledou
guimpe
guingois
guinguette
guirlande
guise
hache
hagard
haie
haillon
haïr
hâler
hallali
halle
hallebarde
hallier
hameau
hampe
hanche
hangar
hanneton
happer
harangue
harasser
harde
hardi
hareng
hargne
haricot (viande)
haro
harpe
hâte*
haubert
hâve
heaume
héraut
hère (?)
héron
hêtre
heurter
hocher
hockey
honnir
honte
hotte
houe
houille
houle
houlette
housse
houx
hublot
huche
hutte
jardin
jars
jauge
jongler
jucher
laid
laie
lambin
lanière
laper
latte
lécher
lésiner
leste
leurre
lice
lige
liste
lorgner
lot
loto
louche (n.f.)
loup-garou
loupe
lover*
lucarne
macle (crist.)
maçon
malandrin
malle
mandrin
marais
marche
marcher
mare
marécage
maréchal
margrave
marquis
martre
mât
mauviette
mésange
meurtrir
mijoter
mofette
morganatique
morne
morve
moue
mouette
moufle
mouron
mousse (n.f.)
mufle
mulot
normand
osier
palonnier
parc
patte
pattemouille
poche →

Mots venus du germanique ancien (suite)

quenotte	rider (v.)	savon*	taquin	trépigner
quille	rimer	scherzando (it.)	targuer (se)	trêve
rafle (?)	robe	scherzo (it.)	tarir	tricoter
ramper	roquette	scion	taudis	troène
randonnée	roseau	sénéchal	ternir	trop (adv.)
rang	rôtir	skiff	ticket	trotter
râpe	rouan	souhaiter	tif	troupe
ratiboiser	rouir	soupe	toque	troupeau
rayon	sac (pillage)	stalle	touer	tuyau
rêche	saccade	standard (angl.)	touffe	verbiage
rechigner	sale	stuc	toupet	voguer
renard	saligaud	sur «aigre»	tourbe	wallon
ricaner	salle	tache	trappe	
riche	sarrau	talé	trébucher	
ridelle	saule	tanguer*	tremplin	

** Mot d'origine frisonne.*

langues germaniques de l'Est, ancien scandinave et langues germaniques du Nord) ainsi que des langues germaniques modernes au cours des différentes époques (notamment du néerlandais, de l'allemand et de l'anglais, qui dérivent tous trois des langues germaniques de l'Ouest), on arrive à un total impressionnant qui représente près de la moitié de l'ensemble des mots étudiés.

Il est vrai que ce vaste ensemble recouvre diverses couches lexicales correspondant à des emprunts faits à des périodes différentes. Afin de respecter la chronologie dans ses grandes lignes, ne sont présentés dans cette section que les mots d'origine germanique ancienne (comme **échine** ou **fauteuil**) ou transmis par des langues non germaniques (comme **balle**, par l'italien, **louche**, par le picard, **déraper** par le provençal ou **écoutille** par l'espagnol). [Cf. *encadré* Mots venus du germanique ancien.] D'autres mots d'origine germanique sont soit ceux des parlers alsaciens (cf. Les parlers non romans de France, ch. 4), soit ceux des mercenaires suisses ou allemands employés au service de la France (cf. Le vocabulaire des mercenaires, ch. 6).

On trouvera les autres apports des langues germaniques modernes dans les sections concernant le néerlandais, l'anglais, l'allemand, les langues scandinaves [cf. 6. Échanges européens].

Le monde de la nature

L'examen de la liste ci-dessus fait apparaître que les emprunts aux langues germaniques effectués pendant les premiers siècles touchent tous les domaines de la vie : rurale, militaire, politique, sociale, intellectuelle et sensorielle. On pourrait toutefois s'étonner d'y constater un grand absent : le vocabulaire religieux. Il faut alors se rappeler que Clovis, roi des Francs, ne se convertit à la religion chrétienne qu'à la fin du ve siècle : le vocabulaire religieux restera latin.

Très abondant, le vocabulaire des bois et des champs en revanche se germanise fortement. Il concerne :

- les produits de la terre : **blé, cresson, fourrage, framboise, gazon, gerbe, groseille, gruau, guigne** « cerise sauvage », **mousse** ;
- les bois : **aulne, bocage, bosquet, bûche, éclisse** « éclat de bois », **gui, haie, hallier, hêtre, houx, osier, roseau, troène** ;
- des animaux bien réels :

  baudet, bison, blaireau, laie, martre, mulot, renard,
  chouette, épervier, freux « sorte de corneille », **friquet** « moineau » , **gerfaut, héron, jars, mésange,**
  crapaud, écrevisse, esturgeon, hareng,
  guêpe, hanneton,
- et un animal mythique : le **loup-garou.**

Rappelons à ce propos certaines coutumes et croyances germaniques : il était, par exemple, interdit de tuer les **mésanges,** oiseaux tabous, et on observait le vol des **freux** pour prédire l'avenir. Il était en outre fréquent d'entourer la place où s'assemblait le peuple avec des branches de noisetier, arbre bénéfique dont on faisait des **halliers** (le mot français est formé sur la même racine germanique que le mot anglais *hazel* [*tree*] « noisetier »).

Marquer son territoire

On est d'ailleurs frappé par le nombre particulièrement important de mots servant à désigner toutes sortes de bâtons et de liens utilisés pour délimiter des espaces plus ou moins vastes, tout un vocabulaire qui révèle le goût des populations germaniques pour les enceintes fermées (cf. *encadré* Un jardin, c'est un espace clos).

La vie féodale

Le rapprochement de tous ces termes dans le domaine du lexique souligne l'importance que devait revêtir la délimitation des territoires dans la vie féodale qui commençait à s'organiser : cette délimitation s'était faite d'abord au moyen de séparations à base d'éléments de la forêt, dans un univers où l'autorité se fragmentait en petites seigneuries, autour de domaines qui n'étaient pas encore fortifiés[14].

Un autre signe du désir de marquer des limites peut se reconnaître dans le titre de **marquis,** terme désignant, à l'origine, le gouverneur d'une marche franque, c'est-à-dire d'une zone frontalière[15]. Une grande

Un jardin, c'est un espace clos

Les Germains avaient coutume de marquer les limites de leur territoire par toutes sortes de piquets reliés entre eux par des liens et des branchages, ce qui se manifeste dans l'abondance des termes désignant ces éléments :

les piquets

bûche « baguette »
estoc « bâton »
étai « qui maintient vertical »
étalon « pieu »
étau, anc. pl. de *estoc*
gaule « perche »
gibet « bâton fourchu »
jauge « baguette »
mât
scion « baguette »

les liens

agrafe « crochet »
ardillon « languette de boucle de ceinture »
attacher, de *tache* « agrafe »
bâtir « tresser avec de l'osier »
grappin « crochet »
lanière

les limites

haie
hallier « lieu entouré de branches de noisetier »
hangar « clôture de maison »
jardin « enclos »
lice « palissade »
liste « bordure »
marche « région frontalière »

partie du vocabulaire français de la vie féodale (un tiers, selon Georges Matoré[16]) est d'ailleurs issue des parlers germaniques : en face de **comte, duc** et **roi**, qui sont d'origine latine, et de **vassal**, d'origine celtique, **baron, sénéchal, maréchal, ban, échanson** ou **fief** sont d'origine germanique. Par **baron**, on désigne au Moyen Âge aussi bien le « mari » que « l'homme du seigneur », puis le « notable » qui participe aux conseils[17] et par **sénéchal** (de *skalk* « valet »), le « serviteur le plus âgé », autant dire le chef de la domesticité, tandis que le **maréchal** est d'abord le « serviteur chargé des chevaux » (cf. l'anglais *mare* « jument »).

Le terme **fief**, qui vient du francique **fehu* « bétail » (même racine indo-européenne et même sens que le latin *pecus*), correspond aux biens que le seigneur donne à son vassal en échange de ses services, et celui de **ban**, à la juridiction du seigneur. C'est de ce même radical que vient le mot **banlieue** (à l'origine, « espace entourant une ville où s'exerce une juridiction »).

La guerre et la paix

À ce vocabulaire de la vie féodale se rattache celui de la guerre, à commencer par le mot **guerre** lui-même, d'abord « émeute, tumulte », qui a supplanté le latin *bellum* « guerre », peut-être trop proche de l'adjectif *bellus* « beau ». Du germanique viennent aussi l'**épieu**, tout d'abord « espèce de lance », la **garde**, le **guet** et l'**échauguette** « tour de guet », le **heaume**, qui protégeait la tête, et le **haubert**, qui protégeait le corps, l'**étendard** enfin, du francique **standhard* « fixe », ainsi nommé parce qu'on le fixait souvent en terre et qu'il servait alors de point de ralliement aux combattants[18]. Nous retrouvons ici le goût des Germains pour les repères spatiaux jusque dans les situations guerrières.

On pourrait interpréter l'abondance de ces mots guerriers comme un reflet dans le lexique de la brutalité des mœurs de l'époque. Et on aurait peut-être tort, car, à côté de **blesser, flétrir, flèche, frapper, gâter, griffer, heurter, haïr, honnir, meurtrir, souiller, ternir, trébucher,** existe aussi tout un vocabulaire évoquant un mode de vie plus pacifique : **aubaine, cocagne, danser, épargner, équiper, flatter, gagner, garder, guérir** (dont le premier sens était « protéger »), **riche** ou **trêve.**

La vie en couleurs

Mais l'apport germanique le plus original et le plus surprenant est peut-être celui qui se rapporte aux couleurs, car on s'explique mal les raisons pour lesquelles tant de noms latins de couleur ont été supplantés par d'autres, d'origine germanique (cf. *encadré* ci-dessous).

On abandonne les couleurs latines

Plusieurs noms de couleur d'origine germanique ont supplanté en français les anciens noms latins[19].

Nouveaux vocables à la « germanique »	*Anciennes dénominations latines*	
blanc	*albus*	« blanc mat »
	candidus	« blanc brillant »
bleu	*caeruleus*	« bleu d'azur » (plutôt sombre)
	cyaneus	« bleu foncé »
	caesius	« gris-bleu », « bleu-vert »
	glaucus	« entre le vert et le bleu »
brun	*fuscus*	« basané »
	pullus	« brun foncé »
	badius	« bai, brun »
gris	*canus*	« gris-blanc »
	ravus	« blanc jaunâtre »
	cinereus	« cendré »
blond	*flavus*	« jaune d'or »
fauve	*fulvus*	« jaune d'or, jaune brun »
saur	*rufus*	« rougeâtre, roux »
garance (par le néerl.)	*rubia*	« garance » (la plante et la couleur)

Pour compléter ce tableau bariolé et ajouter à la confusion, signalons que jaune vient du latin *galbinus,* qui signifiait... « vert pâle ».

Qu'on en juge :

– **blanc**, d'abord « brillant », a remplacé l'ancien français ***aube**[20], du latin *albus* « blanc mat » ;
– **bleu**, au Moyen Âge, désignait parfois le bleu pâle, parfois le gris et parfois le blond[21]. Ce mot a la même étymologie que le latin *flavus* « blond, jaune d'or », qui a été abandonné. En fait, il n'y avait pas de mot latin pour désigner exactement notre notion de « bleu », mais plusieurs mots différents ;
– **brun**, à la fois « brun » et « brillant » ;
– **gris**, d'abord « vieillard », puis « la couleur de ses cheveux ». Ce sens est confirmé par l'allemand *greis,* qui signifie aussi « vieillard », et par *gris* dans les langues scandinaves, qui désigne le « petit cochon », dont les poils ont la même couleur que les cheveux des vieillards ;
– **blond**, qui se confondait parfois avec le bleu au Moyen Âge ;
– **fauve**, qui caractérisait la robe marron clair du cheval ;
– **saur**, d'abord « blond vif » ou « desséché, jaune brun »[22], ce terme pouvant aussi désigner la couleur rouge ;
– **garance**, pour exprimer une nuance de rouge.

Les apports des Vikings

D'autres populations germaniques, arrivant de Scandinavie à bord de leurs drakkars, devaient, dès le début du IXe siècle, ravager les côtes de la Manche, mais ces hommes venus du nord, les futurs Normands, ont laissé peu de traces dans le lexique français. Seuls demeurent, outre des noms de lieux tels que Harfleur, Yvetot ou Caudebec[23], et des anthroponymes (**Anquetil** « la chaudière des Ases » [dieux guerriers de la mythologie scandinave], **Toutain** « la pierre de Thor »), une quarantaine de mots d'un vocabulaire ayant principalement trait à la mer.

Mots venus de l'ancien scandinave

agrès	dalle*	flotte	hanter	marquer	rogue
ballast*	débiter	gabegie	haras	marsouin	saga
bidon	drakkar	gable	haridelle	mièvre	scorbut
bitte	duvet	girouette	harnais	nantir	tillac
(poteau)	égrillard	graffigner	harpon	quille	turbot
blêmir	eider	gréer	hauban	raz	vague
carlingue	étambot	guichet	homard	regretter	varech
cingler	étrave	guindeau	hune	remugle	viking
crique	flâner	guinder	joli	risée (brise)	

* *Par le néerlandais.*

4. Le temps des foires

L'ouverture vers le monde extérieur

Nous voici arrivés aux débuts de ce qu'on peut appeler l'ancien francais qui, pendant tout le Moyen Âge, empruntera au latin, comme on l'a déjà vu, et aux autres parlers de France, mais aussi à des langues plus lointaines, telles que le néerlandais ou l'arabe.

Si, en dehors du latin médiéval (qui a aussi introduit le grec ecclésiastique), ce sont le néerlandais et l'arabe qui se trouvent être les premières langues étrangères auxquelles le français naissant a beaucoup emprunté à cette époque, ce n'est pas un hasard. Rappelons en effet que tout le commerce de l'Europe se faisait alors essentiellement par deux régions : au nord, les Flandres, où opéraient en particulier les marchands de drap ; au sud, l'Italie, par où transitaient des denrées aux noms exotiques, venues de l'Orient et de tout le pourtour du bassin méditerranéen.

Le rôle des foires de Champagne

Vers le milieu du XIIe siècle, les lieux de rencontre du commerce intensif se trouvent tout naturellement à mi-chemin entre ces deux pôles. Les tractations se font dans les foires de Champagne : celles de Lagny, de Bar-sur-Aube, de Provins, de Troyes sont les plus réputées et ces villes deviennent aussi des places financières[24].

On comprend alors à la fois comment, dans ces hauts lieux du commerce international, des mots néerlandais ont pu s'introduire dans la langue française (**bière, fret, vrac**) et pourquoi l'italien devient alors le lieu de passage obligé des mots arabes (**gabelle, matelas, sucre, zéro**).

On conçoit en outre que les foires de Champagne aient aussi facilité une interpénétration de tous les dialectes, alors bien vivants car ils n'avaient pas encore été éliminés par celui de l'Île-de-France. On entrevoit enfin les raisons de l'afflux du vocabulaire provençal à la cour de Champagne, si l'on se rappelle que Marie de Champagne était la fille d'Aliénor d'Aquitaine, elle-même constamment en contact avec la poésie courtoise provençale des troubadours, qu'elle avait contribué à répandre en France et en Angleterre.

La France et l'Europe

Le provençal et les autres parlers de France

La langue française comporte plusieurs centaines de mots dont l'origine remonte, non pas à ce parler de l'Île-de-France qui a fini par devenir

Les langues romanes

On donne le nom de langues romanes aux divers idiomes qui se sont diversifiés à partir du latin, langue indo-européenne dérivée du groupe des langues italiques.

Ce tableau donne un aperçu simplifié des langues issues du latin et de leur localisation en Europe.

INDO-EUROPÉEN branche italique → vénète † — osque † — ombrien † — latin

groupe « portugais »	au Portugal, Açores et Madère : PORTUGAIS littéraire et autres dialectes portugais en Espagne : galicien	groupe « italien »	en Italie : TOSCAN (devenu l'ITALIEN), piémontais, vénitien, napolitain, sicilien, sarde... en Suisse : parlers du Tessin... en France : parlers corses
groupe « espagnol »	en Espagne : CASTILLAN (ou ESPAGNOL littéraire), asturien, léonais, aragonais... en Espagne et en France : catalan	groupe « romanche » (ou rhéto-roman)	en Suisse : romanche, parler des Grisons en Italie : dolomitique, frioulan
groupe « français »	en France : parlers d'oïl, dont le FRANCIEN (parler de l'Île-de-France, devenu le FRANÇAIS), le picard, le normand, le wallon... parlers francoprovençaux, dont le savoyard... parlers d'oc, dont le provençal, le gascon, le languedocien... en Belgique : wallon (parler d'oïl)	groupe dalmate †	sur la côte orientale de l'Adriatique
		groupe « roumain »	en Roumanie : DACO-ROUMAIN (devenu le ROUMAIN) en Grèce : aroumain ou macédo-roumain, mégléníte ou mégléno-roumain en Yougoslavie : istro-roumain

N.B. Les noms des langues éteintes sont suivis d'une croix (†).

le français, mais aux divers parlers qui s'étaient développés sur le reste du territoire : surtout aux parlers romans (provençal, picard, normand...), mais aussi aux parlers germaniques (flamand, alsacien), aux parlers celtiques (breton) et au basque.

La grande dette envers le provençal

À tout seigneur, tout honneur. On cite toujours en priorité – et ce n'est que justice – la grande dette du français envers le provençal, la langue raffinée des troubadours, que l'on appelait aussi le lemosi au Moyen Âge et qui ne se réduisait pas aux parlers de la Provence. Les exemples qui suivent montrent que les apports de cette langue se sont poursuivis tout au long des siècles.

Les emprunts les plus anciens sont peut-être : **barge, barque** et **port** (dans le sens de « col de montagne »).

– Dès le XIIe siècle, sont attestés, parmi bien d'autres : **aigle, amble, bonace** « mer calme », **cabrer (se), cadeau, cigogne, croustade, datte, dauphin** (le cétacé), **donzelle, figue, flûte, jaloux, racler, rossignol, tortue, vignoble, viole.**

– Au XIIIe siècle, on peut citer : **amour, aveline** « noisette », **ballade, baratin, biais, bourdaine** (?), **boutique, dague, escarcelle, fagot, garrot, guérite, mas, muscade, palefrenier, poupe, sole, sommelier, truc.**

– Au XIVe siècle, voici encore : **abeille, aiguière, basque** (de veste), **broc, brume, cabas, cabri, caisse, cap,** (de) **conserve, concombre, escargot, langouste, madrier, muscat,** (de) **pied en cap, salade, soute, tarabuster, thon, tocsin, ulcère.**

– Au XVe siècle : **acabit, aubade, auberge, cassolette, gambade, orgeat, pétarade, pignon, radeau, railler, rôder, sornette, terrasse.**

– Au XVIe siècle : **aigue-marine, bâcler, badaud, baudroie, bigarade, cadenas, carabin, croustiller, dame-jeanne, délabrer, emparer (s'), escalier, esclaffer (s'), fadaise, faribole, flamant, griotte, guimbarde, ligoter, luzerne, panade, poulpe, rascasse, serpolet, velours, vétille.**

– Au XVIIe siècle : **blanquette, brugnon, cale** (de navire), **capot, capter, cardon, cargaison, caserne, chavirer, larguer,** (en) **panne** (?), **piment, soubrette.**

– Au XVIIIe siècle : **aïoli, bastingage, bisquer, brandade, cambrousse, canton, nougat, vinasse, yeuse.**

– Au XIXe siècle, le domaine d'emprunt change : on trouve quelques formes d'abord passées par l'argot, ou qui sont restées de style familier, comme **cambrioleur, dèche, esgourde, fourguer, frousse, pagaille, pè-**

gre, **tarabiscoté** (?) ou **zigouiller**. Mais il y a aussi **bonbonne**, **brousse**, **calisson**, **clovisse**, **embrun**, **mascotte**, **mistral**, **pinède**, **praire**, **santon**. – Au XXe siècle : **gardian**, **lamparo**, **mesclun**, **pétanque**, **pissaladière**, **pistou**.

On retrouvera tous ces emprunts dans la liste générale de l'encadré ci-dessous.

Mots venus du provençal

abasourdir	bourdaine	chambarder	farfadet	mascotte	railler
abeille	boutique	charade	faribole	méat	rascasse
acabit	brandade	chavirer	fat	merlu	remous
accolade	broc	ciboule	fayot	mesclun	respectif
accoster	brousse	cigale	félibre	micocoulier	rôder
aigle	brugnon	cigogne	figue	milan	romance
aigrette	brume	clovisse	flamant	mistral	rossignol
aigue-marine	cabas	cocon	florès (faire)	narguer	salade
aiguière	cabestan	concombre	flûte	nervi	santon
aillade	cabrer (se)	congre	foulard	nougat	sardine
aïoli	cabri	conserve (de)	foulque	olive	serin
amadou	cade	coucoumelle	fourguer	orgeat	serpolet
amble	cadeau	croustade	frontalier	oronge	sole
amour	cadenas	croustiller	frousse	ortolan	sommelier
aubade	caisse	dague	gabier	pagaille	sonnet
auberge	cale	dame-jeanne	galéjade	pale	sornette
aveline	calisson	datte	gambade	palefrenier	soubrette
bâcler	camail	dauphin	ganse	panade	souquer
badaud	cambrioleur	daurade	gardian	panne (en)	sournois
badin	cambrousse	dèche	garrot	pastis	soute
bafouer	cannisse	délabrer	girelle	pègre	tarabiscoté
baladin	canton	dôme	girond	pétanque	tarabuster
balèze	cantonade	donzelle	griotte	pétarade	tarasque
baliverne	cap	ébouriffé	guérite	peuchère	terrasse
ballade	capot	embardée	guimbarde	pic	thon
baratin	capoter	embrun	hauturier	pichenette	tocsin
barge	carabin	emparer (s')	jaloux	pied en	torpille
barque	carde (instr.)	esbroufe	lampant	cap (de)	tortue
bartavelle	carde	escalier	lamparo	pigne	triolet
basque (n.f.)	(légume)	escarcelle	langouste	pignon	troubadour
bastide	cardon	escargot	langoustine	piment	truc
bastingage	cargaison	esclaffer (s')	larguer	pinède	ulcère
baudroie	carguer	esgourde	lentisque	pissaladière	velours
biais	carnassier	esquinter	ligoter	pistou	vétille
bigarade	carnassière	fada	lingot	ponant	vignoble
biner	carnier	fadaise	loriot	port « col »	vinasse
bisquer	carrière	fagot	luzerne	poulpe	viole
blanquette	caserne	faisan	madrier	poupe	yeuse
bonace	casserole	falbala	manigance	praire	zigouiller
bonbonne	cassolette	farandole	mante	racler	
bouillabaisse	castel	faraud	mas	radeau	

Les autres parlers du Midi

Si l'apport du provençal a été considérable, celui des autres parlers du Midi a été assez modeste. Une trentaine de mots proviennent de dialectes méridionaux mal localisés : **cabot**, **chambouler** (?), **faramineux** (?), **espadrille**, **fignoler**, **fredonner**, **omelette** (?).

Les mots suivants ont en revanche une origine mieux précisée :

GASCON : **barrique**, **cadet**, **cagnotte**, **castrat**, **cèpe**, **mascaret**, **rabiot**, **tacite**, **traquenard**.

LANGUEDOCIEN : **banquette**, **cassoulet**, **grigou**, **malfrat**, **palombe**, **parpaillot** (ou gascon ?).

BÉARNAIS : **béret**, **cagot**, **garbure**, **piperade**.

DIALECTE DU SUD-OUEST : **magret**, **tôle**.

CÉVENOL : **airelle**.

AUVERGNAT : **bougnat**.

ROUERGAT : **causse**.

LIMOUSIN : **chabichou**.

PÉRIGOURDIN : **truffe** (ou provençal ?).

CORSE (qui n'est pas une variété de l'occitan, mais une variété apparentée aux parlers italiens) : **maquis**, **vendetta**.

MONÉGASQUE (Monaco) : **monégasque**, dont le suffixe *-asque* est probablement ligure.

Les parlers francoprovençaux

Situés entre les parlers occitans au sud et les parlers d'oïl au nord du pays, les parlers francoprovençaux ont transmis aussi une vingtaine de mots à la langue française.

Parmi ceux-ci, c'est le parler lyonnais qui a été le plus prodigue : **bafouiller**, **canut**, **décaniller**, **dégobiller**, **échantillon**, **flapi**, **frangin**, **guignol**, **gnôle**, **jacasser**, **moutard**, **rapetasser**, **vadrouille**. En dehors de **canut**, **échantillon** et **guignol**, on notera la coloration argotique ou familière de ce vocabulaire.

De cette même région francoprovençale proviennent également **goître**, **prêle** et **rave**, ainsi que :

SAVOYARD : **crétin**, **grèbe** (oiseau), **moraine**, **reblochon**, **sérac** (glacier).

DAUPHINOIS : **adret**, **congère**.

JURASSIEN : **boui-boui**.

VALAISAN : **névé**.

SUISSE ROMANDE : **omble**.

VALDÔTAIN : **piolet**.

Les parlers d'oïl

En dehors de la particule affirmative oïl, forme ancienne pour dire « oui » dans l'ensemble des parlers de la moitié Nord de la France, on peut répartir le vocabulaire emprunté par le français à ces divers idiomes selon quatre grandes régions géographiques :

le Nord : picard (qui partage certains traits avec le normand, par exemple le maintien de *c* prononcé [k] devant *a,* comme dans **cabaret, canevas**), wallon, rouchi (parler de Lille), parler du Hainaut.

l'Ouest : normand, dialectes du Maine, de l'Anjou, de Touraine, du Poitou.

le Centre : berrichon, orléanais, etc.

l'Est : champenois, franc-comtois, lorrain-roman, etc.

Vocabulaire venu des parlers du Nord et de l'Ouest

– Du Nord :

dépiauter
ducasse
entraver « comprendre » (N.-E.)
escalope (N.-E.)
faille (wallon)
godille
grisou (wallon)
marlou
rabibocher
rémoulade (rouchi)
rescapé (Hainaut)
taule « chambre » (N.-E.)
terril (N.-E.)
toqué
truelle
usine

– Du picard :

bourriche
brocard « chevreuil »
cabaret
cabine
caïeu « bourgeon »
cajoler
camp (ou prov. ?)
canette (bière)
canevas
catimini
chiquenaude (ou prov. ?)
cloque
compère-loriot
coron (picard-wallon)
dariole
fabliau
figer
flasque (adj.)
gribouille
marcassin
pieu
pilotis
porion
renâcler
requinquer
semelle
usine
vérin « vis »

– Du normanno-picard :

accabler
bercail
biche
boqueteau
caboche
cafouiller
calumet
cambrer
chique
colimaçon
crevette
grincheux
pouliche
vergue

– Du normand :

acre
allier (v.)
brancard
bringue
brioche
câble
caliner
car « véhicule »
cassette
chignole
cottage
cousette
éclair
enliser (s')
équille
étrille
gausser (se)
graillon
grésiller
guibole
(ou prov.)
jusant
maronner
pleurnicher
potin
potron-minet
prétentaine
purin
racaille
rancart
renflouer
suroît
« vent du S.-O. »
tocard
vareuse
vaudeville

– De l'anglo-normand :

arlequin
haddock
pieuvre

– De l'Ouest :

La liste suivante comprend certains mots dont le lieu de naissance est certainement la région de l'Ouest, mais sans localisation précise. Ils sont donc souvent suivis d'un point d'interrogation (?). Certains d'entre eux pourraient être d'origine normande, les parlers normands étant intermédiaires entre les parlers picards et les parlers de l'Ouest.

abri
aubépine
bagou
billevesées
bouchot (poitevin)
brimer
bruine (ou normand ?)
cagibi
caillebotis
caraco*
cassis (ou poitevin ?)
chafouin (ou dial. du Centre ?)
chaloupe (ou prov. ?)
chalut (ou normand ?)
chiot (ou dial. du Centre ?)
courge
crachin
dégouliner
dupe
écobuer
engouer (s')
engoulevent
étioler (charentais)
fâcher
faisselle
filou
gadoue (ou dial. du Centre ?)
goualante
gourgandine (ou dial. du Midi ?)
lessive
liane
maraud (ou dial. du Centre ?)

margoulin (Maine)
mijaurée (angevin)
noroît
palourde
pichet (ou dial. du Centre ?)
pignouf
tambouille (angevin)

*caraco : peut-être d'origine turque, et introduit en français par un parler de l'Ouest.

Vocabulaire venu des parlers du Centre

La localisation précise du vocabulaire venu du Centre est encore plus difficile à établir (cf. les ? qui suivent un grand nombre de mots).

chafouin (dial. de l'Ouest ?)
chaise (orléanais ou champenois ?)
champi « enfant trouvé » (berrichon)
chéneau « gouttière » (ou dial. de l'Est ?)
chiot (ou dial. de l'Ouest ?)
effraie « chouette » (ou dial. de l'Est ?)
escogriffe (orléanais)
gadoue (ou dial. de l'Ouest ?)
gourgandine (ou dial. du Midi ?)
luron
maraud (ou dial. de l'Ouest ?)
poussière (ou dial. de l'Est ?)
rillette (tourangeau)
rogne (ou dial. de l'Est ?)
torgnole

Vocabulaire venu des parlers de l'Est

avoine
beurre (lorrain)
chaise (orléanais ou champenois ?)
emberlificoter (champenois)
gamin (franc-comtois)
merlin « marteau »
oie (champenois)
pitre (franc-comtois)
ronchonner
sureau (champenois)

Hors catégorie, signalons la particularité du mot **galantine**, attesté en français dès le début du XIIIe siècle et rare vestige d'une langue romane de la côte dalmate, éteinte depuis le XVIIe siècle : le dialecte de Raguse.

Les parlers non romans

À part le vocabulaire celtique déjà présenté (cf. *Encadré* Mots venus du breton, ch. 1), d'autres langues non romanes de France ont laissé quelques traces dans le vocabulaire français :

– le BASQUE (langue non indo-européenne) : **bagarre, bizarre, chistera, orignal** (mot importé au Canada par les immigrants basques et revenu en français), **pelotari** « joueur de pelote basque » ;

– l'ALSACIEN (parler germanique) : **choucroute, frichti, kirsch, kouglof, quetsche, quiche, riesling, schlitte, turne** « chambre » ;
– et le FLAMAND (parler germanique) : **kermesse, pleutre, vidange.**

Les parlers d'au-delà des mers

Du continent américain, signalons, d'une part, le terme **cajun**, qui n'est autre que la prononciation locale du mot **acadien**, pour désigner les Acadiens de Louisiane, et d'autre part, les quelques mots d'origine créole : **biguine, morne** « colline », **reggae** et **zombi.**

Énigme 1

Tous les mots en petites capitales dans ce texte sont des emprunts à une même langue. Laquelle ?

L'homme qui descendait du train

Avec son visage de BÉBÉ où fleurissait un peu d'ACNÉ,
ce personnage un peu FALOT dans sa HOUPPELANDE CONFORTABLE
et ses SOCQUETTES blanches avait l'air d'avoir perdu le NORD.
C'était pourtant un champion de BOXE connu qui descendait
de ce train venu de L'OUEST, mais aucun des TOURISTES
qui formaient une espèce de COMITÉ d'accueil n'avait DÉTECTÉ
que cet homme HAGARD était un ADEPTE de la manière forte, prêt
à SCALPER ses PARTENAIRES s'ils le prenaient pour une CHIFFE
molle.

Le NÉERLANDAIS dans la langue française

Par leur proximité des Pays-Bas, les parlers romans du nord et du nord-est de la France ont également été, avec le normand, de fréquents intermédiaires pour l'introduction du vocabulaire néerlandais en français. Quelques exemples :

– **dégingandé, mafflu, reluquer**, par un dialecte du Nord ;
– **colza, escarbille**, par un dialecte wallon ;
– **brader** et **buse** « conduit », par les dialectes picard et wallon ;
– **cauchemar, corvette, layette, maquiller, vilebrequin**, par le picard ;
– **coche** « bateau », **criquet, dégringoler, étriquer**, par le normanno-picard ;
– **crabe, éperlan, gribiche, macreuse**, par le normand ;
– **varlope**, par un dialecte du Nord-Est ;
– **maquereau**, par un dialecte champenois.

Mais cette vingtaine de mots passés par les dialectes du Nord serait fort peu de chose s'il n'y avait aussi les quelque 300 mots empruntés directement (cf. *encadré* Mots venus du néerlandais, p. 48, liste qui, rappelons-le, ne recense que les 151 mots d'usage courant).

Un peu d'histoire

Ce grand nombre de mots néerlandais passés en français ne doit pas surprendre, car les relations entre les Pays-Bas et la France ont été étroites dès le Moyen Âge. Les foires de Champagne, aux XIIe et XIIIe siècles, étaient des places commerciales où les gens du Nord se rendaient pour vendre du drap, du lin, des vêtements, du cuir, du fromage, du beurre, ou pour acheter des vins, du miel, de la teinture, des figues, des épices. Les marchands flamands y avaient un contact direct et répété avec des populations auxquelles ils apportaient non seulement les produits de leur pays, mais aussi les mots pour les désigner.

Au XIVe siècle, le trafic ne se fait plus uniquement par voie fluviale, mais aussi par voie maritime. Ce sont alors des pêcheurs et des navigateurs flamands qui jouent le rôle d'intermédiaires dans l'introduction du vocabulaire, tandis que, pendant tout le XVe siècle, de véritables colonies hollandaises s'implantent dans plusieurs villes maritimes de France : à Dieppe, à Rouen ou à Bordeaux. Pour assécher les marais de Picardie, du Poitou, de Saintonge, de Guyenne, d'Auvergne ou de Provence, c'est encore aux Hollandais que s'adresse Henri IV. Et, au cours du XVIIe siècle, Colbert fait venir à son tour des Flandres les artisans les plus habiles pour réorganiser en France le tissage, la construction navale et l'industrie hydraulique.

Après quelques années d'interruption à la suite de la révocation de l'édit de Nantes, les relations officielles entre les deux pays reprennent au XVIIIe siècle, mais l'influence linguistique s'estompe alors, car les Hollandais résidant en France prennent l'habitude de parler français.

C'est seulement au XIXe siècle, avec l'établissement de l'industrie diamantaire en France, grâce à des artisans venus d'Amsterdam et d'Anvers, qu'un nouvel afflux de mots néerlandais pénètre en français[25].

Ainsi, du XIIe au XXe siècle, dans le même temps où le néerlandais empruntait au français une grande partie de son vocabulaire dans le domaine culturel[26], les apports néerlandais n'ont pratiquement pas cessé d'enrichir la langue française dans d'autres domaines.

Les plus vieux emprunts au néerlandais

Voici tout d'abord les trente premiers mots néerlandais entrés en français (XIIe et XIIIe siècles) :

amarrer
bar (poisson)
béguine « religieuse »
bloc
bluter
boulanger
brique
cabillaud
choquer « heurter »
coche (bateau)
coquemar « bouilloire »
crabe
craquelin (gâteau)
échoppe
écrou
flot
fret
godet
graver
haler « tirer »
hobereau
lest
lippe
maquereau
maquignon
plaquer
ruban
saur « fumé »
vacarme

On reconnaît déjà, dans cette liste d'emprunts anciens, un vocabulaire essentiellement lié à la navigation (**amarrer, coche, flot, lest, haler**) et au monde de l'artisanat (**bluter, boulanger, échoppe, écrou, godet, graver**).

Mots venus du néerlandais

action (finance)
affaler
aiglefin
amarrer
apartheid*
bâbord
bague
bar (poisson)
beaupré
bègue
béguine
bélier
berme
berne
bière
blague (à tabac)
blaser (v.)
bloc
blocus
bluter
botte
boulanger
boulevard
bouquin
bourse (comm.)
brader
brandy
brique
brodequin
buse
cabillaud
cambuse
came
cancrelat
cauchemar
choquer
cliver
coche (nav.)
colin
colza
commodore
coq
coquemar
corvette
couque
crabe
craquelin
criquet
dégingandé
dégringoler
démarrer
digue
dock
doper
doping
drille
drogue
drôle
échoppe
écope
écran
écrou
éperlan
épissure
escarbille
espiègle
estompe (crayon)
étai
étape
étriquer
flaque
flétan
flibustier
flot
flotter
foc
frelater
freluquet
fret
frise (cheval de)
frisquet
gin
godet
goupillon
graver
gredin
gribiche
grœnendael
grommeler
grouiller
gruger
gueux
haler
hennin
hisser
hobereau
hottentot
houblon
houppe
interlope
kit
layette
lest
lippe
loch (mar.)
loque
loterie
macreuse
mafflu
mannequin
maquereau
maquignon
maquiller
matelot
micmac
mite
mitraille
pack
pample-mousse
paquet
pique
plaquer
polder
pomme de terre
potasse
rabot
radoter
ramequin
rate
reluquer
rigole
ripaille
riper
rouf
ruban
saur « fumé »
stopper (tissu)
tribord
tringle
trique
trouille
vacarme
varlope
vase « boue »
vilebrequin
vrac
wagon
yacht
yankee
yole

** De l'afrikaans, variété de néerlandais parlé en Afrique du Sud.*

Quelques domaines privilégiés

Si l'on étend l'examen à la totalité des emprunts au néerlandais, on remarquera la présence d'un grand nombre de mots concernant :

- les produits de la mer : **aiglefin, bar, cabillaud, colin, crabe, éperlan, flétan, maquereau** ;
- la cuisine et la table : **bière, colza, couque, craquelin, gribiche, houblon, macreuse, pamplemousse, ramequin, saur** « fumé » ;
- les techniques : **bélier, came, cliver, épissure, rabot, tringle, varlope, vilebrequin.**

Une grande majorité de termes intégrés

Dans cette liste, on pourrait encore relever du vocabulaire concernant la toilette et le vêtement, tel que **hennin, houppe, loque, layette, mannequin, ruban, stopper** (un tissu), ou des noms de bateaux (**corvette, yacht, yole**), etc., mais ce qui frappe en réalité, c'est la fusion complète de ce vocabulaire dans les mots du lexique français. Une lecture, même très attentive, de la liste ne laisse transparaître qu'une dizaine de mots trahissant leur origine étrangère, et le plus souvent seulement en raison de leur graphie : **apartheid, brandy, dock, doping, grœnendael, kit, pack, wagon, yacht** et **yankee.**

En dehors de ces quelques exceptions, on a bien l'impression, au contraire, que des mots comme **affaler, bâbord** ou **boulanger, boulevard, drille** ou **épissure, frelater, houppe** ou **ruban, trique, maquignon** ou **vacarme** sont et ont toujours été de bons vieux mots bien français.

Énigme 2

Tous les mots en petites capitales dans ce texte sont des emprunts à une même langue. Laquelle ?

Offrande

Voici un CANARI, de la MÉLASSE et des JONQUILLES,
Et puis voici mon CASQUE, plein de VANILLE pour vous.
Ne L'ESCAMOTEZ pas, prenez cette PACOTILLE :
Elle charme les MOUSTIQUES et rend les GITANS fous.

L'Orient et la Méditerranée

Le vocabulaire venu d'Orient a des allures plus diversifiées.

Si, pour une partie, il remonte à l'hébreu, il est surtout constitué de mots arabes, turcs et persans, que nous présenterons dans le même chapitre, car ces trois dernières langues, du fait de leurs contacts liés à l'histoire de l'islam, ont eu des échanges constants de vocabulaire au cours des siècles. Le persan ayant été la voie de passage d'un vocabulaire d'origine sanskrite, ce chapitre se terminera par les emprunts au sanskrit.

I. L'HÉBREU, langue de la Bible

L'hébreu, langue chamito-sémitique, tient une place très particulière dans l'histoire des langues, car il représente le cas exceptionnel d'une langue dont le destin s'est trouvé modifié et véritablement inversé par la volonté de ses locuteurs.

Les langues sémitiques anciennes

AKKADIEN : la plus ancienne des langues sémitiques (IVe millénaire av. J.-C.), qui se diversifie ensuite en BABYLONIEN † et en ASSYRIEN †.

CANANÉEN : OUGARITIQUE †, variété de cananéen parlée entre le XVe et le XIIe s. av. J.-C. ; PHÉNICIEN †, dont une variété, le PUNIQUE †, a été la langue de Carthage.

HÉBREU ANCIEN : parlé en Palestine jusqu'au IVe s. av. J.-C., écrit jusque vers le IIe s. apr. J.-C. Les populations de cette région parlant ces langues ont ensuite adopté l'araméen.

ARAMÉEN : langue d'origine nomade, venue du nord de l'Arabie, qui s'est ensuite sédentarisée sur le territoire de la Syrie actuelle et s'est répandue pour devenir celle de toutes les populations du Proche-Orient entre 300 av. J.-C. et 650 apr. J.-C. Parmi ses variétés, le SYRIAQUE a été une langue de culture chrétienne jusqu'au Xe s., date à laquelle elle n'est plus réservée qu'à des fins liturgiques.

ARABE : n'était parlé, au Ve s., que dans la plus grande partie de la péninsule d'Arabie. L'arabe s'est ensuite répandu, surtout à partir du milieu du VIIe s., grâce à la diffusion de l'islam.

SUD-ARABIQUE et LANGUES ÉTHIOPIENNES péninsulaires.

† *Langues disparues à date ancienne et généralement recouvertes par l'araméen.*

L'hébreu, c'est d'abord la langue de la Bible (cf. *encadré* Les langues sémitiques anciennes), dont le texte a été composé entre le milieu du IXe et la fin du VIIe siècle avant J.-C. À partir de la chute de Jérusalem, au VIe siècle avant notre ère, commence pourtant le déclin de cette langue, qui n'est plus une langue parlée, mais reste utilisée dans les textes écrits. Au moment de la conquête de la Palestine par Alexandre, au IVe siècle avant J.-C., une autre langue de la même famille, l'araméen, avait remplacé l'hébreu. D'autre part, à partir du IIIe siècle avant notre ère, la Bible est traduite en grec, et c'est dans cette traduction grecque que les premiers chrétiens prendront connaissance de l'Ancien et du Nouveau Testament[27].

Hébreu ancien et hébreu retrouvé

La langue hébraïque aurait pu rester ce qu'elle avait été pendant dix-sept siècles : uniquement la langue religieuse de populations juives dispersées dans divers pays et qui, dans leurs communications journalières, utilisaient les langues des pays où elles vivaient. Mais, vers la fin du XIXe siècle – c'est-à-dire plus de deux millénaires après son assoupissement en tant que langue parlée –, elle connaît un renouveau qui aboutit à une véritable résurrection. Remise en usage tout d'abord par des poètes et des romanciers, elle se répand ensuite de proche en proche, à la faveur du mouvement sioniste. En 1921, elle devient, avec l'anglais et l'arabe, l'une des langues officielles de la Palestine et, depuis 1948, elle est, avec l'arabe, la langue officielle de l'État d'Israël.

Mots venus de l'hébreu et d'autres langues chamito-sémitiques

HÉBREU

alléluia	chérubin	jubilé	manne	sac « besace » (?)	séraphin
amen	cidre	kabale	nabi	samedi	Talmud
ange	éden	kascher	Pâques	scandale	Thora
cabale	géhenne	kibboutz	pharisien	schibboleth	tohu-bohu
calvaire	goujat	ladre	philistin	séfarade	yod
canne	hosanna	magot	sabbat	sémitique	zizanie (?)

ASSYRIEN	PHÉNICIEN	ARAMÉEN	SYRIAQUE	ÉTHIOPIEN
ziggourat « temple babylonien »	natte	abbé	damas (étoffe)	négus
		messie	potiron	
		rabbin		

ÉGYPTIEN	BERBÈRE
alchimie	gandoura
ébène	gourbi
oasis	sagaie
pharaon	zouave

Elle s'écrit comme l'hébreu ancien, mais elle s'est adaptée au monde moderne, en renouvelant en particulier son vocabulaire par des emprunts aux langues européennes[28].

Les emprunts à l'hébreu sont passés par des traductions

C'est essentiellement par l'intermédiaire du grec et du latin d'Église que le vocabulaire hébreu a pénétré en français, mais généralement par le biais du sens d'une expression, et non par sa forme.

Voilà pourquoi on ne voit pas immédiatement le lien entre le français **ange** et l'hébreu *mal'ak* « messager (de Dieu) ». C'est que, entre-temps, ce mot hébreu avait été traduit en grec et que la forme française **ange** ne provient pas de l'hébreu, mais de la forme grecque *aggelos.* On conçoit alors que l'**archange**, de son côté, puisse être le « chef des anges » (comme l'**archevêque** est le chef des **évêques**).

De même, en parlant de **calvaire**, quel Français penserait au Golgotha, cette colline où Jésus fut crucifié ? En fait, **calvaire** est aussi une traduction, celle de *golgotha,* altération de l'hébreu *goulgoleth* « crâne », d'où « colline du crâne ». Ce lieu a été désigné par *calvariae locus* « lieu du crâne », dans la traduction latine de l'Évangile selon saint Matthieu (XXVII, 33), d'où le français **calvaire.**

Dans **samedi,** on peut, avec un peu de bonne volonté, reconnaître, à travers le latin *sambati dies,* le mot hébreu *sabbat* « repos ». Mais ne cherchez pas dans **scandale** une trace manifeste du mot hébreu *mikchôl* « ce qui fait trébucher (dans le péché) », car le mot latin *scandalum* aussi est une traduction de l'hébreu. Au Moyen Âge, le **scandale** ne peut être que religieux et le mot **esclandre,** que l'on trouve dès le XIIIe siècle chez Jean de Meung, est une forme plus francisée de ce même mot.

Énigme 3

Tous les mots en petites capitales dans ce texte sont des emprunts à une même langue. Laquelle ?

Et si nous partions en voyage ?

Quittez cet air EMBARRASSÉ de vieux CACHALOT et partons
ensemble en CARAVELLE. Nous visiterons ces pays heureux
où les COBRAS sont inoffensifs, où les hommes parlent CRÉOLE,
où les femmes portent des perles BAROQUES
au fond de leurs VÉRANDAS, où les enfants mangent de la PINTADE
rôtie avec du CARAMEL et de la MARMELADE !

Enfin, le **messie** est très exactement « l'oint du Seigneur », si l'on se réfère au mot hébreu *mâschiakh,* d'où il est issu, par l'intermédiaire du grec et du latin. Mais comme ce même mot a aussi été traduit de l'hébreu en grec par *Christos,* du verbe *kriein* « oindre », les mots **christ** et **messie** sont, au fond, des doublets.

II. L'ARABE est une langue chamito-sémitique

Les mots venus de l'arabe méritent, pour de multiples raisons, une attention toute particulière.

Tout d'abord, cette langue, à qui le français a fait très tôt des emprunts, a été non seulement le point de départ de ces emprunts, mais aussi l'introducteur de mots venus de plus loin, en passant en outre par plusieurs autres langues (cf. dans le Préambule, *encadré* Un labyrinthe avec des carrefours). L'arabe a donc imprimé ses propres contraintes de prononciation aux mots venus d'ailleurs avant de les transmettre au français.

De plus, l'arabe n'appartient pas à la famille des langues indo-européennes, mais, comme l'hébreu, à la branche sémitique des langues chamito-sémitiques[29].

Les langues chamito-sémitiques

On appelle ainsi les langues des peuples cités dans la Bible parmi les descendants de Cham (d'où **chamito-**) et de Sem (d'où **sémitique**), tous deux fils de Noé. La reconstruction et la comparaison des langues laissent supposer qu'une langue commune a pu être partagée par ces peuples vers le ve millénaire avant J.-C.

On peut, parmi ces langues, distinguer quatre grands groupes :

L'ÉGYPTIEN ancien, langue éteinte, qui ne survit que dans les usages liturgiques du **copte**. L'arabe d'Égypte n'en est pas le descendant.

Le COUCHITIQUE, dont les diverses variétés sont parlées dans la Corne de l'Afrique (Somalie, Éthiopie, Érythrée, Soudan, Égypte du Sud).

Le LIBYCO-BERBÈRE, parlé en Afrique du Nord, dans le Maghreb.

Le SÉMITIQUE, qui comprend aujourd'hui en particulier l'**hébreu**, l'**arabe** et l'**éthiopien**, les autres langues sémitiques ayant presque toutes disparu (cf. *encadré* Les langues sémitiques anciennes).

Enfin, selon une hypothèse encore discutée, le **haoussa**, langue tchadienne, ferait également partie de la famille des langues chamito-sémitiques.

Arabes, arabophones et musulmans

Tout d'abord parlé uniquement dans une grande partie de l'Arabie, l'arabe s'est progressivement étendu à de nombreux pays, en même temps que se propageait la religion musulmane avec la diffusion du Coran, livre sacré de l'islam. Cet ouvrage est écrit dans une langue qui mêle plusieurs variétés de l'arabe à des particularités dialectales de La Mecque, ville natale du prophète Mahomet. Telle est une des raisons pour lesquelles on a trop souvent tendance à confondre **arabe**, **arabophone** et **musulman**. Or, si le terme **arabe** a d'abord servi à désigner effectivement les populations de la péninsule arabique, premier territoire gagné à l'islam, il a eu plus tard tendance à recouvrir, par un abus de langage, tout le monde « arabe », c'est-à-dire « arabophone ». Remettons donc les choses en place en rappelant que tous les musulmans ne parlent pas arabe (c'est le cas de l'Iran, par exemple, où le persan est une langue indo-européenne) et que tous les arabophones ne sont pas musulmans (au Liban, par exemple, où ils peuvent être chrétiens ou juifs).

Arabe classique et arabes dialectaux

Il existe à l'heure actuelle de grandes différences entre l'arabe dit classique, littéral ou régulier, et les diverses variétés d'arabe parlé sur un vaste territoire s'étendant de façon pratiquement continue, de l'Iraq jusqu'au Maroc, à travers la Syrie, le Liban, la Jordanie et l'Arabie, par le sud de la Méditerranée.

Sous le terme de *arabe classique*, on englobe en fait deux langues partiellement différentes : la langue ancienne du Coran et de la littérature du Moyen Âge, et la langue moderne, mieux adaptée aux besoins contemporains et enrichie d'emprunts aux langues européennes[30].

Il faut en outre distinguer entre cette langue presque unifiée des intellectuels arabophones de toutes régions et celle qui s'est diversifiée dans la population au cours des siècles. Les divergences régionales y sont telles aujourd'hui que l'arabe parlé à un bout du territoire, par exemple au Maroc, peut poser quelques problèmes de compréhension à des arabophones d'Égypte ou du Liban.

Les deux couches d'emprunts à l'arabe

Dans les emprunts du français à l'arabe (classique et parlé), on reconnaîtra deux couches distinctes, qui correspondent à deux périodes de l'histoire.

La première couche, maintenant complètement intégrée, est celle du vocabulaire savant qui a été emprunté au Moyen Âge dans le domaine de la médecine, de l'astronomie, des mathématiques et des sciences en général. Elle vient de l'arabe classique écrit, souvent par l'intermédiaire d'autres langues (**alcool, chiffre, nuque, zénith**).

L'autre couche, beaucoup plus récente, est celle d'un vocabulaire familier. Elle date de l'époque de la colonisation et provient essentiellement de l'arabe parlé au Maghreb (**barda, bled, clebs, toubib**). Ce vocabulaire est passé, sans intermédiaire, de l'arabe au français.

Mots venus de l'arabe

abricot	basane	copte	haschisch	mesquin	safran (épice)
adobe	bédouin	Coran	hégire	minaret	safran
alambic	béni-oui-oui	coton	henné	mohair	(marine)
albatros	benjoin	couffin	islam	moire	salamalec
alcali	benzène	couscous	jaquette	moka	sarrasin
alcool	bezef	daman	jarre	mortaise	satin
alcôve	bled	(zool.)	jupe	mosquée	sébile
alezan	bourrache	divan	kabyle	moudjahid	séide
alfa	boutargue	djellaba	khôl	mousseline	séné
algarade	brick (crêpe)	écarlate	kif	mousson	sequin
algèbre	burnous	élixir	kif-kif	muezzin	simoun
algorithme	caban	émir	laquais	mufti	sirocco
almanach	cadi	erg	loukoum	musulman	sirop
almée	cafard (adj.)	escabèche	luth	nabab	smala
amalgame	café	estragon	maboul	nacre	sofa
ambre	caïd	fakir	macramé	nadir	sorbet
amiral	calfater (v.)	fanal	madrague	noria	soude
antimoine	calibre	fanfaron	mafia	nouba	soufisme
argousin	calife	fardeau	magasin	nuque	souk
arsenal	camaïeu	fedayin	magazine	oasis	sourate
artichaut	camée	fellaga	mamelouk	ogive	sultan
assassin	carafe	fellah	marabout	ottoman	tabac
aval	carat	felouque	martingale	ottomane	taboulé
avanie	caroube	fennec	massacre	ouate	talc
avarie	carrousel	fez	massepain	oued	talisman
ayatollah	cassate	gabelle	masser (v.)	pastèque	tamarin
azerole (fruit)	chamarrer	galère	mat (échecs)	patache	tare
azimut	charabia	gazelle	matelas	quintal	tarif
baobab	chéchia	genette	matraque	ramadan	toubib
baraka	cheik	gerboise	mazagran	ramdam	tripe
barbacane	chérif	girafe	mazout	rame (papier)	truchement
barda	chicotin	goudron	méchoui	raquette	valise
barde (lard)	chiffre	goule	médina	razzia	varan
bardeau	chute	guitare	méhari	récif	(reptile)
bardot	civette	harem	merguez	romaine	zénith
baroud	clebs	hasard	mérinos	(balance)	zéro

La science arabe

C'est du Moyen Âge, époque où la médecine arabe, avec son corollaire l'alchimie, dominait le monde occidental, que datent les emprunts les plus nombreux. Et c'est par l'intermédiaire d'un Anglais, Adélard de Bath, qui, à la fin du XIe siècle, a traduit les textes arabes en latin, que nous avons pris connaissance de l'apport scientifique des

Arabes, eux qui avaient si bien su assimiler et développer l'héritage des Grecs anciens[31].

Des centres de traduction ont ensuite été organisés à Tolède après la reconquête de cette ville en 1085, puis dans de nombreuses autres villes, en Italie, par exemple à Salerne, Crémone ou Tivoli[32].

Et c'est par ces traductions, du grec à l'arabe, puis de l'arabe à l'espagnol, à l'italien ou au latin, que la grande majorité des textes scientifiques ont été finalement diffusés dans le monde occidental. Voilà pourquoi on hésite parfois sur l'origine première d'un mot savant au Moyen Âge et sur les langues intermédiaires par lesquelles il a pu transiter avant de pénétrer dans les langues de l'Europe.

Le /b/ dans abricot

En effet, les mots ont beaucoup voyagé en Méditerranée et il est souvent difficile d'attribuer la paternité d'un mot à l'une ou à l'autre des langues en présence, qui ont échangé les termes comme les marchands échangeaient des produits.

Par bonheur, certains indices proprement linguistiques permettent quelquefois de s'y retrouver.

Le cas d'**abricot** est exemplaire à cet égard. Le mot pour désigner ce fruit a parcouru un long chemin avant de parvenir au français, par l'intermédiaire du catalan. On peut en attribuer l'origine à l'arabe *al-barqoûq,* qui, sous la forme **aubercot**, est attesté en français au XVIe siècle. Mais l'arabe l'avait lui-même emprunté au latin *praecoquum* « précoce », par l'intermédiaire du grec, qui avait apporté ce terme en Syrie[33]. Il désignait à l'origine un « fruit précoce » : *al-barqoûq,* c'est donc « le précoce ».

Ce qui nous permet de considérer l'arabe comme intermédiaire probable, c'est la présence d'un /b/ dans **abricot** pour représenter le /p/ du latin *praecoquum.* L'arabe, en effet, qui ne possédait pas de /p/ dans son système consonantique[34], remplaçait généralement, dans les mots qu'il empruntait, cette consonne /p/ par un /b/ (plus rarement par un /f/ : Platon, en arabe, se dit *Flatoûn*). Si le nom de l'abricot nous avait été transmis directement par le latin, c'est un /p/, et non pas un /b/, que nous aurions en français (comme dans **poire**, du latin *pira*).

Un article qui ne dit pas son nom

Il y a un moyen simple de reconnaître l'origine arabe d'un grand nombre de mots français : la présence de la syllabe **al** au début du mot, qui n'est autre que l'article défini *al* « le, la » : **alambic, alcool, alcali, alcôve, alezan, algorithme**, etc., sont dans ce cas.

Alambic, en arabe, c'est « le vase », et le verbe **alambiquer** signifiait à l'origine « distiller ». Quant au sens imagé actuel, on pense qu'il nous aurait été légué par Malherbe.

Dans **alcali**, l'article *al* précède *kali* « soude ». On retrouve ce même article dans **alcool** (*al khol* est, à l'origine, « l'antimoine pulvérisé »), ainsi que dans **alcôve** « la petite chambre », ou dans **alezan** « le renard ». Le glissement de sens pour ce dernier mot s'explique par la couleur de la fourrure de cet animal. Cette désignation a été appliquée successivement à la robe du cheval – un peu comme on dit un pelage chamois – puis au cheval lui-même.

Si l'article arabe est demeuré entier dans les exemples qui précèdent, on le devine à peine dans **artichaut**, où pourtant il est bien présent : *al-karchoûf* nous a été retransmis par l'espagnol *alcachofa,* plus proche de la forme d'origine.

L'exemple d'**amiral** est plus trompeur, car ce n'est pas au début, mais à la fin du mot français qu'il faut chercher l'article : sans pitié pour le sens, l'expression arabe *emir al bahr* « prince de la mer », est devenue, chez les ignares que nous sommes, **amiral**, mot à mot « prince de la ». Si l'on veut être plus gentil pour nos ancêtres, on peut aussi considérer *-al,* dans ce cas, comme un suffixe français qui existait déjà dans une série de mots comme **maréchal**, **sénéchal** (venus du germanique).

Enfin, dans **luth** (*al-oûd* « le luth »), seule la consonne initiale évoque l'ancienne forme de l'article arabe et, dans **hasard** (*az zahr* « le [jeu de] dés »), l'adjonction d'un *h* dans la graphie du mot français achève de dérouter les chercheurs les plus avertis !

Des rapprochements gratuits ?

Voici quelques couples de mots dont le rapprochement pourrait sembler gratuit :

camaïeu et **camée** ;
sirop et **sorbet** ;
chiffre et **zéro** ;
mohair et **moire** ;
magasin et **magazine** ;
azimut et **zénith** ;
benjoin, **benzène** (et **benzine**).

Et pourtant, de tels rapprochements peuvent se justifier si l'on sait que **camaïeu** et **camée** viennent d'un même mot arabe signifiant « bouton de fleur » ; que **sirop** et **sorbet** sont les deux formes différentes prises en français par le même mot arabe *charab* « boisson[35] » ; et que **chiffre** et **zéro** remontent au même mot arabe signifiant « vide[36] ».

C'est par l'intermédiaire de l'anglais que **moire** a été introduit en français, tout d'abord avec le sens que ce mot avait en arabe : « étoffe grossière ». À la fin du XVIIe siècle, on retrouve ce même mot arabe, mais sous la forme **mohair**, qui nous a été transmise également par l'anglais, et avec un glissement de sens, « tissu de laine poilue », peut-être influencé par l'anglais *hair* « cheveux, poils ».

C'est aussi après un détour par l'anglais que **magazine** a été introduit en français à la fin du XVIIIe siècle, avec le nouveau sens de « revue illustrée[37] », tandis que la forme **magasin**, avec le sens de « dépôt de marchandises », était déjà entrée en français à la fin du Moyen Âge, par l'intermédiaire du provençal.

Dans **azimut** et **zénith**, si on a du mal à identifier le même mot arabe *samt* « chemin », c'est qu'une partie de l'article est encore présente dans **azimut** (à l'origine *as samt*), tandis que, dans **zénith**, l'article n'a pas été maintenu. La forme de ce dernier mot en français provient d'une erreur de lecture du *m* de *samt,* interprété comme **ni** (*sanit,* puis **zénith**[38]).

Enfin, il faut vraiment beaucoup de bonne volonté pour retrouver sous **benjoin, benzène** et **benzine** le nom de l'île de Java : **benjoin** est une abréviation de l'expression arabe *louban djaoui* « encens de Java », qui, rendue par **benzol** dans le latin des botanistes, est ensuite devenue **benzène** et **benzine**.

Assassins : fumeurs de haschisch ?

L'histoire du mot **assassin** est longue et pleine de rebondissements.

Au début du XIe siècle existait une secte religieuse musulmane, la secte des Haschischiyoun (secte des Assassins), fondée par un homme de grande culture et de confession chiite, Ḥassan Al-Ṣabbāh. Ces Haschischiyoun étaient en opposition ouverte avec les Turcs Seldjoukides, alors maîtres de l'islam officiel, et qui n'étaient pas chiites, mais sunnites. Les Haschischiyoun avaient mis au point une méthode d'intimidation de l'adversaire tout à fait particulière. Elle consistait, après avoir préparé, dans le plus grand secret, le meurtre d'une personnalité sunnite, à l'exécuter de la façon la plus spectaculaire possible : les membres de cette secte choisissaient d'agir de préférence dans la mosquée, le vendredi, à l'heure de la plus grande affluence. Cela leur permettait d'apporter de l'éclat à la double leçon qu'ils entendaient donner : se débarrasser d'une personnalité sunnite par le meurtre et, en même temps, donner de la publicité au courage et au sacrifice de l'exécuteur, qui était le plus souvent mis à mort sur place par la foule.

Comme les membres de cette secte acceptaient ainsi d'aller au suicide en toute sérénité, les contemporains ont pu penser qu'ils étaient drogués avec du haschisch, d'où leur surnom haschischiyoun ou haschaschin[39]. Le mot nous a été transmis en français par l'intermédiaire de l'italien *assassino,* et l'étymologie par le mot haschisch a longtemps prévalu.

Mais il y en a une autre : on sait par ailleurs que Ḥassan avait coutume d'appeler ses adeptes les Assassiyoun, c'est-à-dire ceux qui sont fidèles au *assas*, au « fondement » de la foi, autrement dit les « fondamentalistes ». La ressemblance des deux mots a ainsi pu induire en erreur des voyageurs occidentaux peu familiers avec la langue arabe[40].

Les caprices de la sémantique

Les voies de la sémantique sont parfois acceptables et parfois tout à fait inattendues.

On comprend aisément comment le mot **mousson**, qui désignait en arabe la « saison », a pu restreindre son sens à des intempéries propres à une saison particulière, et pourquoi le mot désignant l'« interprète » a pu devenir notre abstrait **truchement**. On peut aussi accepter que la *djubba* arabe, qui était, dans cette langue, un long sous-vêtement de laine, ait abouti à notre **jupe**, qui n'est plus un sous-vêtement, qui n'est pas forcément longue, et qui peut être aussi en **coton** ou en **moire**, autres mots également d'origine arabe. Il est déjà un peu plus difficile de suivre l'évolution sémantique de l'adjectif **cafard**, dont le sens premier, en arabe, était « incroyant », ou de **mesquin**, qui signifiait « malheureux ».

Mais il faut vraiment croire les étymologistes sur parole lorsqu'ils affirment qu'un mot arabe signifiant « belette sibérienne » a pu aboutir

Le tchador n'est pas un simple voile

C'est souvent sans vraiment connaître le sens originel de ces mots en arabe que nous les employons en français :

ayatollah, chef religieux (chiite).
caïd, haut fonctionnaire, en Afrique du Nord (administration, impôts, etc.).
calife, remplaçant et successeur de l'Envoyé d'Allah, à la tête de l'Empire arabe[41].
chérif, noble, descendant du Prophète.
émir, prince musulman, celui qui gouverne un pays et commande son armée.
imam (ou **iman**), chef religieux musulman (sunnite, chiite ou druze).
sultan, titre donné aux chefs seldjoukides turcs, qui, aux XIe et XIIe siècles, gouvernaient au nom du calife de Bagdad ; monarque.
tchador, voile très long, qui couvre à la fois la tête et l'ensemble du corps des femmes musulmanes (surtout chiites). On appelle *hijab* le voile qui ne recouvre que les cheveux et une partie du visage.
vizir, chef suprême de l'administration (aujourd'hui *wazir* « ministre »).

au français **chamarrer**, ou que **laquais** est, à l'origine, le même mot que **caïd**. Pour se convaincre de la véracité de cette dernière information, il faut encore savoir que, lorsque le mot **laquais**, par l'intermédiaire du catalan, est passé en français, les chefs arabes avaient, du fait de la Reconquête, perdu leur puissance en Espagne et que le mot désignait alors non plus le « chef », mais l'« arbalétrier », le simple soldat[42].

III. Le TURC de l'Empire ottoman

On ne peut pas traiter de l'apport du monde oriental sans faire une place au turc, dont le contact a été très fréquent, à la fois avec l'arabe, dont nous venons de parler, et avec le persan, que nous présenterons plus loin.

Il n'y a pas une mais plusieurs langues turques, que l'on rattache traditionnellement à une famille dite « ouralo-altaïque », qui comprend entre autres le mongol et le toungouze, et peut-être le coréen. Le plus important représentant de cette famille est le turc de Turquie, qui est l'aboutissement de l'évolution de l'osmanli, dialecte unifié, qui était en usage à la cour des Ottomans. Cette langue a très largement accueilli, jusqu'au début du XXe siècle, de nombreux mots empruntés à l'arabe et au persan.

Progressivement islamisés entre le VIIIe et le Xe siècle, les Turcs avaient aussi adopté l'écriture arabe, qui était cependant mal adaptée à leur langue. Sous Atatürk, ils lui substituent, en 1928, un alphabet latin, aménagé pour les besoins de la phonétique turque. En 1930,

---

Énigme 4

Tous les mots en petites capitales dans ce texte sont des emprunts à une même langue. Laquelle ?

TROP, c'est TROP
Au début, tout ÉBLOUIE, elle avait pensé que c'était vraiment une
AUBAINE, ces ESTURGEONS BLEUS, ces ESCALOPES BLONDES, ces GIGOTS
et ce BACON, ces FLANS bien BLANCS, ces FRAMBOISES,
ces GROSEILLES qu'elle pouvait choisir à sa GUISE.
Mais les choses allaient se GÂTER. Elle fit la MOUE à la vue
des GUÊPES sur les GÂTEAUX et la GRIMACE devant la MOUSSE sur
les HARENGS, les ÉCAILLES dans la SOUPE et les HANNETONS dans
les FLACONS. Elle n'avait plus qu'une envie : celle de DÉGUERPIR
en GALOPANT à travers les HAIES du JARDIN, même
si elle devait DÉCHIRER sa ROBE aux ÉPINES des BOSQUETS.

Mots venus du turc

baklava	camelot	chabraque	cravache	horde	odalisque
bergamote	caracal (lynx)	chagrin (cuir)	galetas	janissaire	savate
bey	carapater (se)	colback	gilet	khan (titre)	yaourt
caïque	caviar	(bonnet)	hongrois	laiton	yatagan

Atatürk décide aussi un grand mouvement d'épuration de la langue turque, en vue de l'élimination des milliers d'emprunts à l'arabe et au persan qui s'étaient accumulés depuis des siècles[43].

Des apparences trompeuses

Le seul commentaire que suscite cette liste de 23 mots turcs passés en français, parfois très tôt (**savate** est attesté dès le XIIe siècle, **galetas** ou **bergamote** au XIVe), c'est que ces mots nous dirigent souvent sur de fausses pistes : **caviar** vers le russe, **yaourt** vers le bulgare, qui n'a probablement été que la langue de passage, **colback** vers l'allemand et **hongrois** vers... le hongrois. En fait, il s'agit, dans ce dernier cas, d'un mot formé sur le turc *ogur* « flèche », les Turcs ayant occupé le pays des Magyars – des Hongrois – au XVIe siècle et ayant pris l'habitude de désigner ces derniers comme les « hommes aux flèches ».

Comble du faux-semblant, le **galetas**, qui évoque aujourd'hui une demeure misérable, était à l'origine la belle tour de Galata, à Constantinople. Ce terme désignait en français, au Moyen Âge, très objectivement la partie haute des maisons, et c'est seulement par la suite que **galetas** a pris le sens péjoratif que nous lui connaissons.

Signalons en terminant que la **bergamote** signifie, en turc, la « poire du seigneur », où *berg* représente le même mot que celui qui a donné **bey** « seigneur », et que le mot **turc** lui-même n'est pas un mot turc, mais vient du mongol *türküt* par le persan *turk,* par l'arabe puis le grec byzantin *turkos.*

IV. Le PERSAN, langue de l'Iran

Avec le persan, nous revenons à une langue de la grande famille indo-européenne, mais appartenant à la branche indo-aryenne, celle qui a donné naissance, d'une part, à toutes les langues qui se rattachent au sanskrit et, d'autre part, aux langues iraniennes (cf. *encadré* Les langues indo-iraniennes).

Le persan (farsi) est devenu la langue officielle du pays qui, depuis 1935, se nomme l'Iran. Il est le descendant lointain de la langue des Perses, ces Iraniens qui occupaient à l'origine uniquement la province du Fars (d'où le nom de farsi pour la langue de cette région).

Les langues indo-iraniennes

On nomme ainsi les langues indo-européennes d'Asie, parmi lesquelles on reconnaîtra quelques-unes des langues qui ont fourni du vocabulaire à la langue française (en particulier le persan et le sanskrit).

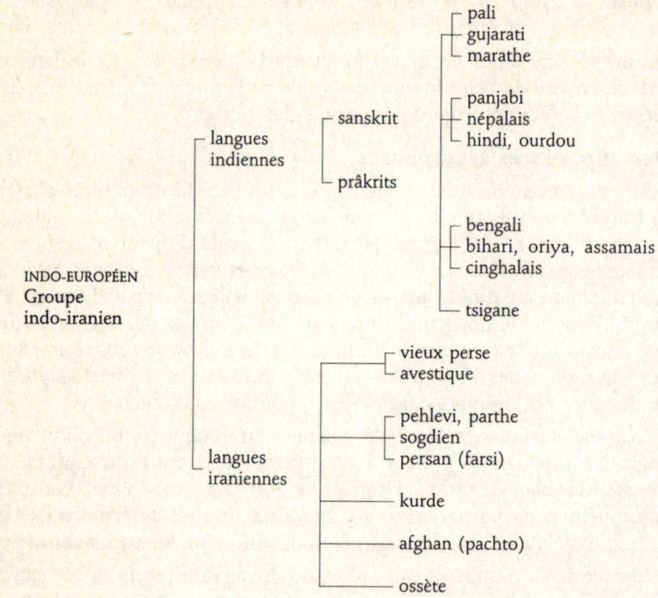

Mots venus du persan

alberge
azur
babouche
badiane (anis)
bakchich
bazar
bronze
caftan (robe)
caravane
caravansérail
carquois
casaque
casaquin (blouse)
chacal
chah
châle
cimeterre
derviche
douane
échecs
ellébore
épinard
jasmin
kaki (couleur)
kiosque
lapis-lazuli
lascar
mage
marcassite
mazdéisme
mil (céréale)
momie
naphte
narguilé
pacha
paradis
pêche (fruit)
percale
pers (couleur)
perse (tissu)
persienne
pilaf
pistache
pyjama
roquer (échecs)
sarabande
sérail
spahi
tabouret
taffetas
tambour
tasse
tiare
tigre
timbale
tulipe
turban
vizir

C'est cette langue qui, après la conquête arabe, s'est répandue vers le nord et l'est du pays, pour devenir la langue commune de l'État iranien[44].

Le persan, langue de passage

Comme l'arabe, le persan a été un intermédiaire favori entre l'Orient et l'Occident. Les échanges lexicaux entre le persan et le français se sont produits dans les deux sens. Ils ont été extrêmement importants du persan au français : près de 2 000 mots français ont été empruntés par le persan entre la fin du XVIIIe siècle et le premier quart du XXe siècle[45].

Les emprunts dans l'autre sens (cf. *encadré* Mots venus du persan), c'est-à-dire les mots que le français a empruntés au persan, s'ils sont en nombre bien moindre, ont la double caractéristique d'être bien plus anciens et d'avoir parcouru un long chemin – à travers d'autres langues – avant de nous parvenir[46].

Énigme 5

Tous les mots en petites capitales dans ce texte sont des emprunts à une même langue. Laquelle ?

AUBERGE de la TERRASSE
Menu
Les ESCARGOTS à la CIBOULE
La CASSOLETTE de CLOVISSES
La SALADE de TORTUE aux CONCOMBRES
La BRANDADE de BAUDROIE
La LANGOUSTE en CROUSTADE
Le MERLU au SERPOLET
Les ORTOLANS aux BIGARADES
Le CABRI du GARDIAN aux PIGNONS
Le FAISAN aux OLIVES
Le NOUGAT aux AVELINES CROUSTILLANTES
DATTES, FIGUES et BRUGNONS en FARANDOLE
Le MUSCAT de derrière les FAGOTS
Le VELOURS du VIGNOBLE du SOMMELIER
Le BROC de MUSCADET

Du persan au français, par l'arabe

Parmi les mots persans d'abord passés par l'arabe, dont on constate qu'ils sont ensuite la plupart du temps passés par le latin ou par une langue romane, citons :

babouche : comme dans **alberge** (du latin *persica*), la présence du *b* semble apporter la preuve du passage par l'arabe, car les deux mots d'origine persane avaient un *p* (*papouch* et *pars*).

ellébore (par l'arabe).
khan (par l'arabe).
carquois (par l'arabe, puis le grec byzantin et le latin médiéval).
lapis-lazuli (par l'arabe, puis le latin médiéval).
marcassite (par l'arabe, puis le latin médiéval).
momie (par l'arabe, puis le latin médiéval).
alberge (par le latin *persica,* l'arabe, puis l'espagnol).
sarabande (par l'arabe, puis l'espagnol).
timbale (par l'arabe, puis l'espagnol).
échecs (par l'arabe, puis le catalan).
jasmin (par l'arabe, puis l'italien).
lascar (par l'arabe, puis le portugais).

Du persan au français, par le turc

Comme il fallait s'y attendre, une certaine quantité de mots sont aussi passés par le turc : **bakchich**, **caravansérail**, **chacal**, **cimeterre**, **douane** (par le turc, l'arabe et l'italien), **kiosque**, **pacha**, **pilaf**, **spahi**, **taffetas**, **tulipe**, **turban** (par le turc et l'italien), **vizir**.

Du persan au français, par le grec et le latin

Voici, enfin, transmis par le grec et le latin : **mage**, **naphte**, **paradis**, **pêche** (fruit), **pers** (adj.), **perse** (tissu), **persienne**, **pistache**, **tiare**, **tigre**.

Remarquons que **pêche**, **pers**, **perse**, **persienne** (et aussi **alberge**, déjà cité) viennent tous du même mot persan *pârs,* qui signifie « de Perse ».

Énigme 6

Tous les mots en petites capitales dans ce texte sont des emprunts à une même langue. Laquelle ?

L'IDYLLE de la CANTATRICE

Au cours d'une VILLÉGIATURE à la CAMPAGNE, elle s'était AMOURACHÉE d'un jeune TÉNOR mi-BOUFFON, mi-BALOURD, un DILETTANTE jovial chez qui le FANTASQUE le disputait au BURLESQUE.

Elle avait vraiment été fascinée par ce BAMBIN ALERTE et SVELTE, qui ESQUISSAIT PRESTEMENT des ENTRECHATS et des CABRIOLES (au risque de finir ESTROPIÉ) et qui, tout en confondant le « DO » BÉMOL avec le « DO » BÉCARRE, IMPROVISAIT des AIRS à la MANDOLINE.

Il BRILLAIT avec un tel PANACHE en CAMOUFLANT sa FLEMME sous une FOUGUE PITTORESQUE, qu'il avait SAPÉ toute résistance chez l'ACCORTE jeune femme. C'était au point qu'elle en avait complètement perdu la BOUSSOLE.

Ajoutons que le persan lui-même a aussi, comme l'arabe, été la voie de passage d'une certaine quantité de mots d'origine sanskrite, cette autre langue indo-européenne du groupe indo-iranien.

V. Le SANSKRIT, langue liturgique

De même qu'il y a le latin classique (écrit) et la latin vulgaire (parlé), il y a le sanskrit – le mot signifie « (langue) parfaite, accomplie » – et les prâkrits – le mot signifie « (langues) usuelles, courantes ». Le sanskrit, langue du brahmanisme, a été fixé sous une forme très ancienne, dans des hymnes liturgiques, les **Veda**, tandis que, parallèlement à cette langue littéraire, s'étaient développés des prâkrits, ou langues communes (cf. *encadré* Les langues indo-iraniennes). C'est dans un de ces prâkrits que Bouddha prêchera au VIIe siècle avant J.-C.[47].

Le hindi-ourdou, le bengali, le marathe, le pali[48], etc. représentent des évolutions de ces divers prâkrits, qui ont eux-mêmes été influencés par la langue religieuse, le sanskrit.

Mots venus du sanskrit

aniline	cramoisi	mahatma	nénuphar	punch	svastika
aubergine	gourou	mandarin	nirvana	(boisson)	tank
avatar	jungle	mandarine	non-violence	ra(d)ja(h)	«réservoir»
camphre	jute	muguet	orange	riz	Veda
candi	laque	musc	pagode	roupie	« savoir »
carambolage	lilas	muscade	palanquin	sangria	yoga
carambouille	limonade	muscadet	pandit	sanskrit	yogi
carmin	mahara(d)jah	muscadin	poivre (?)	santal	zen
coprah	maharané	muscat	prâkrit	sucre	

Les intermédiaires persans, puis arabes

Parmi ces mots venus du sanskrit, une bonne moitié est passée successivement par le persan, puis par l'arabe. Tel est le cas de :

aniline	cramoisi	nénuphar
aubergine*	lilas	orange
camphre	limonade	poivre (?)
candi	muguet	riz**
carmin	musc	sucre***

* Par le persan, l'arabe et le catalan.

** Par le persan, l'arabe, le grec et le portugais (ou par le latin et l'italien).

*** Par le persan, l'arabe, le grec, le latin et l'italien.

L'autre moitié des mots nous est parvenue par diverses langues de l'Asie :

pagode, par le tamoul, langue dravidienne (non indo-européenne).
coprah, par le malayalam, autre langue dravidienne.
jungle, par l'hindoustani, langue indo-européenne.
jute, par le bengali, langue indo-européenne.
laque, peut-être par le hindi, langue indo-européenne.
mandarin et **mandarine**, par le malais (qui est une langue malayo-polynésienne).

Les langues qui ont le plus souvent servi de relais ultérieurs sont l'anglais (**jungle**, **jute**) ou le portugais (**pagode**, **mandarin** et **mandarine**).

Du mandarin à la mandarine

En passant d'un continent à l'autre, le **mandarin** est aussi devenu une **mandarine**. En effet, un **mandarin**, c'est, à l'origine, le mot sanskrit **mantrin** « conseiller d'État ». Le mot s'est fixé dans les langues d'Europe grâce au portugais, qui l'avait transformé en **mandarin**, sous l'influence du verbe portugais *mandar* « commander ». C'est ensuite l'espagnol qui a créé l'expression *naranja mandarina* pour désigner une variété d'oranges, qu'il a qualifiée « d'orange des mandarins » en raison de la couleur jaune de la robe des mandarins.

Ce dernier exemple illustre bien les voyages au long cours que tous ces mots appartenant à des langues lointaines ont dû effectuer avant de devenir des mots français.

Plaidoyer pour maître Aliboron

On ne sait pas par quels chemins détournés, maître Aliboron a pu devenir un diable dans la littérature du Moyen Âge et un âne chez La Fontaine.

Regrettable contresens : **Aliboron**, alias **Al-Biruni**, était en fait un grand savant persan du XIe siècle, à la fois mathématicien, historien et philosophe, une des plus grandes figures de la science dans la civilisation islamique de cette époque, et un personnage aussi considérable que son contemporain Avicenne.

Énigme 7

Tous les mots en petites capitales dans ce texte sont des emprunts à une même langue. Laquelle ?

Du CAVIAR pour les pauvres

Rangez votre CRAVACHE, chaussez vos SAVATES en peau
de CHAGRIN, enfilez votre GILET et parfumez-le à la BERGAMOTE :
vous oublierez alors, en dégustant votre CAVIAR dans un pot
de LAITON, que vous n'êtes qu'un pauvre CAMELOT
au fond de son GALETAS.

5. Le temps des conquêtes

La Renaissance

À l'époque du « moyen français », qui couvre en gros le XIVe et le XVe siècle, le français avait beaucoup puisé dans le latin, qui s'était mêlé sous diverses formes au vocabulaire du fonds héréditaire (cf. Latinismes savants et demi-savants, ch. 2). Le XVIe siècle, qui est l'époque des guerres et des conquêtes, est aussi celle de l'introduction du français dans le monde des sciences, jusque-là uniquement réservé au latin, et par la même occasion celle d'emprunts nouveaux au grec ancien.

I. Les emprunts savants au GREC ancien

Des termes d'origine grecque avaient depuis des siècles pénétré en français, mais cela avait toujours été par l'intermédiaire du latin : **apôtre, chaire, chaise, église, évêque, migraine, trèfle, persil, réglisse**[49].

Au XVIe siècle, le grec ancien devient aussi une des sources directes de l'enrichissement du vocabulaire français : **athée, enthousiasme, hygiène, hypothénuse, métamorphose, péricarde, symptôme, trapèze** datent de cette époque[50].

Parce qu'ils ont d'abord été translittérés en latin, la plupart des emprunts au grec présentent des formes correspondant à l'orthographe latine : le *k* du grec *kephalê* correspond ainsi à un *c* dans **céphalée.** Aujourd'hui, on préfère partir directement du grec et on garde le *k* dans **kératine** ou **kinésithérapeute.** Les sciences, en particulier la médecine et la pharmacie, mais aussi d'autres disciplines et d'autres techniques, recourent volontiers au grec ancien pour forger de nouveaux mots (**microscope, typographie, bibliophile, télégraphe**), dont certains mêlent grec et latin. Dans **bigame,** *bi-* est latin et *-game* est grec, dans **automobile,** *auto-* est grec et *-mobile* est latin[51].

Le latin, le grec et les langues modernes

Les emprunts gréco-latins font maintenant tellement partie des procédés de renouvellement lexical du langage scientifique, français et étranger, qu'ils forment de nos jours une plate-forme commune facilitant l'intercompréhension sur le plan international. L'examen de cette question très importante mériterait un développement que les proportions de cet ouvrage ne permettent pas. Qu'il suffise de redire avec insistance que l'apport ininterrompu du grec ancien au français depuis le XVIe siècle se poursuit de façon productive dans la langue contemporaine et qu'il reste un des éléments constitutifs importants de son vocabulaire, comme de celui des autres langues de l'Europe.

Les sœurs latines

Toutes les langues de l'Europe ont contribué à l'enrichissement du lexique français mais c'est d'abord à ses sœurs latines que le français a eu recours. Cependant, toutes n'ont pas été aussi prodigues, et la grande masse des mots que le français doit aux autres langues romanes (cf. *encadré* Les langues romanes, ch. 4) se répartit en priorité entre le provençal, déjà présenté chapitre précédent, et l'italien, que nous allons examiner maintenant. Viennent ensuite, en nombre beaucoup plus réduit, les autres dialectes de France, l'espagnol et le portugais.

II. Le français investi par l'ITALIEN

Le XVIe siècle voit véritablement le triomphe de l'italien et la vogue de cette langue devient si extravagante en France (cf. *encadré* Français du XVIe siècle ou italien ?) et en particulier à la cour – Catherine

---

Énigme 8

Tous les mots en petites capitales dans ce texte sont des emprunts à une même langue. Laquelle ?

Le guet-apens

L'AMIRAL quitta l'ARSENAL et ses odeurs de GOUDRON, et traversa le MAGASIN encombré de JUPES de MOUSSELINE et de JAQUETTES de COTON pour s'isoler dans une sorte d'ALCÔVE qui fleurait bon l'AMBRE et le BENJOIN. Après avoir bu du CAFÉ et toute une CARAFE de SIROP, il allait s'allonger sur le DIVAN lorsqu'il aperçut, derrière un rideau de MOIRE ÉCARLATE, les visages poudrés de TALC de deux LAQUAIS aux allures d'ASSASSINS : armés de MATRAQUES, ils semblaient prêts à toutes sortes d'AVANIES.

Français du XVIe siècle ou italien ?

Orthographe du XVIe siècle	*Orthographe actuelle*	*Traduction*
« I'ay bonnes jambes (de quoi Dieu soit **ringratié**) mais i'ay batu le **strade** desia tout ce matin, et n'estoit cela il me **basteret** l'**anime** d'accompagner vostre seigneurie partout ou elle voudret... Sa maison est fort **discoste**, principalement pour **vn** homme qui est desia **vn** peu **straque**, comme ie vous ay dict que i'estes. Toutesfois ie ne crain pas tant la fatigue du chemin, comme i'ay peur que nous ne le **trouuions** pas **en case**. Mais (pour iouer au plus seur) **i'enuoiray** mon **ragasch**, pour en sçauoir des nouvelles... »	« J'ai (de) bonnes jambes (de quoi Dieu soit **ringratié** mais j'ai battu la **strade** déjà tout ce matin, et n'était cela il me **basterait** (d'avoir) l'**anime** d'accompagner votre seigneurie partout où elle voudrait... Sa maison est fort **discoste**, principalement pour **un** homme qui est déjà **un peu straque**, comme je vous ai dit que j'étais. Toutefois je ne crains pas tant la fatigue du chemin, comme j'ai peur que nous ne le trouvions pas **en case**. Mais (pour jouer au plus sûr) j'enverrai mon **ragasch** pour en savoir des nouvelles... »	**« remercié »** **« route »** **« suffirait »** **« le courage »** **« éloignée »** **« fatigué »** **« à la maison »** **« garçon »**

Henri Estienne, *Deux Dialogues du nouveau langage françois italianizé et autrement desguizé...* (1578)[52].

de Médicis est en France depuis son mariage avec Henri II en 1533 et sa régence dure vingt ans, de 1560 à 1580 – que des écrivains manifestent très vite leur inquiétude.

Ce sont tout d'abord de simples remarques un peu railleuses, comme celles de Du Bellay, qui regrette seulement l'introduction de mots comme **bravade** ou **soldat**, alors nouveaux en français[53]. Mais comme les emprunts, de plus en plus massifs, concernent dès lors non seulement la vie militaire, mais les sciences, les lettres et les arts, la vie intellectuelle et la vie quotidienne (cf. *encadré* Mots venus de l'italien), les choses vont beaucoup plus loin avec Henri Estienne, grand grammairien et lexicographe du XVIe siècle. Pour lutter contre cet envahissement de l'italien, et sur la demande du roi Henri III[54], cet auteur écrit successivement trois ouvrages dans lesquels il veut prouver la supériorité[55] de la langue française sur la langue italienne.

Le roi Henri III marchait ainsi sur les traces de son grand-père François Ier qui avait promulgué l'ordonnance de Villers-Cotterêts en 1539 : la langue française était déjà devenue une affaire de l'État.

L'italien au premier rang

Si, de nos jours, l'anglais semble envahir la langue française, au XVIe siècle, le danger venait de l'italien. Bien plus, pendant trois siècles et jusqu'au milieu du XXe siècle, l'italien était la langue à laquelle le français avait le plus emprunté. Dans une étude sur les mots étrangers du français, publiée en 1965, Pierre Guiraud avait recensé dans le vocabulaire français 850 mots italiens et seulement 700 mots anglais[56].

Mots venus de l'italien

académie	arpège	batifoler	brusque	capiteux
accaparer	artisan	bécarre	buffle	capiton
accorte (adj. f.)	attitude	bel canto	bulletin	capon
adagio	autostrade	belladone	burlesque	caporal
agence	babiole	belvédère	buste	câpre
agio	bagatelle	bémol	cabinet	caprice
agrume	bagne	berlingot	cabriole	capuchon
air (mus.)	baguette	bicoque	cadastre	capucin
alarme	balancelle	bilan	cadence	carafon
alerte (n.f.)	baldaquin	birbe	cadre	cardan
allégretto (n.m.)	ballerine	bisbille	caisson	carène
allégro (n.m.)	ballet	biscotte	caleçon	caresser
alpestre	ballon	bocal	calepin	cariatide
altesse	balourd	bombe	calmar	caricature
altier	balustrade	bonasse (adj.)	calme (n.m.)	carlin
alto	balustre	botte (escrime)	calquer	carnage
amouracher (s')	bambin	boucan	camérier	carnaval
analphabète	bamboche	bouffe (adj.)	camisole	carnavalesque
analphabétisme	banco	bouffon	camoufler	carne
anchois	banderole	bourgade	campagne	carpette
andante	bandit	bourrasque	campagnol	cartel
andantino	banque	boussole	campanile	carton
antichambre	banqueroute	bravache	canaille	cartouche (n.f.)
antiquaille	banquet	bravade	cannelle	cartouche (n.m.)
appartement	barbaresque	brave (adj.)	cannelloni	cascade
aquarelle	barbon	bravo	cannelure	casemate
aquatinte	barcarolle	bravoure	canon	casino
arabesque	barouf	bricole	cantate	catafalque
arborer	barrette	brigade	cantatrice	cavalcade
arcade	bas-relief	brigand	cantilène	cavale (jument)
archipel	basse (n.f.)	brigue	cantine	cavalier
architrave	basson	briller	canton	cédrat
aria	bastonnade	brocart	cape	céleri
ariette	bataillon	brocoli	capeline	cervelas

→

Mots venus de l'italien (suite)

chamade
charlatan
chevaleresque
chiourme
chipolata
chou-fleur
cicérone
citadelle
citadin
citrouille
coda
colis
colmater
colonel
colonnade
coloris
commandite
comparse
compartiment
composteur
concert
concerto
condottiere
confessionnal
confetti
confident
congédier
contour
contralto
contraste
contrebande
contrebasse
corniche
corridor
corsaire
cortège
costume
couci-couça
coupole
coursive
courtisan
coutelas
crédence
crescendo
crinoline
damasquiner
daube
decrescendo
défalquer
dégrader
désastre
dessein
dessin
dessinateur
dessiner
dilettante
discourtois
discrédit
disgrâce
disgracié
disgracieux
dispos
diva
do
doge
dolce
douche
drisse
ducat
duce
duo
embuscade
embusquer
émeri
encarter
encastrer
entrechat
épinette
escadron
escalade
escale
escampette
escapade
escarpin
escompte
escompter
escompteur
escopette
escorte
escroc
escroquer
espadon
espalier
esplanade
esquisse
esquisser
estrade
estrapade
estropier
façade
faciliter
faïence
failli
faillite
falot
fantasque
fantassin
fantoche
faquin
farniente
fascisme
fasciste
favori
ferroviaire
festin
feston
fiasco
fiasque (n.f.)
figurine
filigrane
filon
filoselle
finale (mus.)
fioriture
firme
flageolet
flasque (n.f.)
flemme
fleuret
florin
fonte
forçat
format
forte (adv.)
fortin
fortissimo
fougue
fracas
fracasser
franco
frangipane
frasque
frégate
fresque
frise
fronton
fruits de mer
fruste
fugue (mus.)
fugue « fuite »
fumerolle
futurisme
gala
galerie
ganache
gazette
gélatine
généralissime
ghetto
giberne
gigantesque
girandole
gnocchi
golfe
gondole
gorgonzola
gouache
gourdin
grabuge
grade
gradin
graffiti
grandiose
granit
grège
gressin
grotesque (adj.)
grotte
guépard
guillocher
idylle
imbroglio
impresario
improviser
improviste (à l')
in petto
incarnat
incartade
incognito
infanterie
ingambe
intermède
intrigue
intriguer
investir
(banque et mil.)
isolé
jalousie (fenêtre)
jovial
lagune
lamento
lampion
lapilli
larghetto
largo
lasagne
lavande
lave
lazaret
lazzi
legato
lento
lettrine
ligue
liquide
lire (n.f.)
loggia
luciole
lustre
lustrine
macaron
macaroni
macaronique
madone
madrépore
madrigal
maestoso
maestria
maestro
majordome
malaria
malvoisie
mandoline
manège
manganèse
maniérisme
manifeste (n.m.)
manille
manquer
maquette
marasquin
marina
mascara
mascarade
masque

→

Mots venus de l'italien (suite)

mèche (de)
médaille
médaillon
mercanti
mercantile
mezzanine
mezzo-soprano
million
miniature
misaine
modèle
moderato
môle
mont-de-piété
mortadelle
mosaïque
mouflon
mousquet
moustache
népotisme
noliser
nonce
nonciature
nouvelle (récit)
nouvelliste
numéro
ocarina
ombrelle
ombrer
opéra
opérette
oratorio
osso-buco
paillasse (clown)
paladin
palan
panache
pantalon
pantoufle
papable
parade
parangon
parapet
parasol
paravent
parer
parfum
parfumer
parmesan
partisan
partition
passade
pastel
pastiche
pastis
patine
pause
pavane
pavois
pécore
pédale
pédant
pédanterie
pédantesque
pergola
perle
perroquet
perruque
pertuisane
philharmonique
pianissimo
piano (adv. et n.m)
piastre
piccolo (mus.)
piédestal
pietà
pilastre
pilote
pipistrelle
piste
piston
pittoresque
pizza
pizzeria
pizzicato (n.m.)
plage
plastron
pointilleux
polenta
police
polichinelle
politesse
poltron
pommade
pompe
populace
porc-épic
porcelaine
porphyre
portulan
poste (n.m.)
poste (n.f.)
postiche
postillon
posture
pouzzolane
preste
prestesse
prestissimo
presto
prima donna
profil
prosateur
proue
quarte
quartette
quintette
race
radis
rafale
rafistoler
rambarde
rarissime
ravioli
rebuffade
récitatif
récolte
reflet
régate
relief
remorquer
renégat
représailles
réussir
révolter
riposte
risotto
risque
ristourne
ritournelle
rondo
rotonde
sabayon
saccager
sacoche
sacripant
salami
salon
saloon (angl.)
salsifis
saltimbanque
saper
saucisson
sbire
scarole
scénario
semoule
sentinelle
sépia
sérénade
sérénissime
site
sketch
socle
soldat
soldatesque
solde (n.m.)
solde (n.f.)
solder
solfatare (n.f.)
solfège
soliste
solo
sonate
sonatine
soprano
sorgho
soucoupe
sourdine
soutane
spadassin
spaghetti
staccato
stance
store
strapontin
studio
stylet
supercherie
supplique
svelte
tagliatelle
taillade
tarots
télescope
tempo
ténor
tercet
terre-plein
tessiture
théorbe
tirade
toccata
tombola
torse
tournesol
trafic
trajet
tramontane
trampoline
transit
travertin
travestir
trémolo
tribune
trille
trio
trombe
trombine
tromblon
trombone
tuf
tutti frutti
vallon
vasque
vedette
vérisme
vermicelle
veste
vestibule
vibrato (n.m.)
villa
villégiature
violon
violoncelle
virtuose
vivace (mus.)
vogue
volcan
volte
volte-face
voltiger
volute

Les armes et les arts

En jetant un coup d'œil, même très rapide, sur les mots qui nous viennent de l'italien, on ne peut pas ne pas être frappé par l'abondance des termes relatifs aux arts d'un côté, à la guerre de l'autre. Voici, pêle-mêle :

d'une part		*d'autre part*	
l'aquarelle	l'entrechat	l'alarme	le fleuret
le ballet	l'esquisse	l'alerte	le gourdin
le bel canto	le filigrane	la bisbille	les représailles
la caricature	la gouache	la brigade	la sentinelle
le cartouche	le madrigal	le carnage	le soldat
la coupole	le pastel	la cartouche	le sacripant
le dessin	la sérénade	le corsaire	le spadassin

En quelque sorte, les beaux-arts d'un côté, les arts martiaux de l'autre.

De la musique avant toute chose

Mais c'est surtout la musique qui saute d'abord aux yeux – et aux oreilles – avec le **bel canto**, la **diva** et l'**opéra bouffe**, avec le **pizzicato**, le **vibrato** et le **trémolo**. On peut y ajouter le **crescendo**, l'**adagio** et le **solo**, sur un **tempo largo**, **andantino**, **allegretto** ou **prestissimo**.

Les sonorités italiennes sont ici manifestes. Elles sont beaucoup plus déguisées dans l'**arpège**, le **solfège**, la **sonate** et la **barcarolle**, et on irait jusqu'à jurer que l'**air**, la **fugue**, l'**épinette**, la **partition**, le **trombone**, le **violon** et la **sourdine** ne doivent rien à cette sœur latine d'au-delà des Alpes.

Enfin, si la France s'enorgueillit de la finesse de sa cuisine, la langue française n'a pas dédaigné d'emprunter à l'italien les **anchois**, les **câpres** et la **gélatine** ; les **biscottes**, le **cervelas** et les **chipolatas** ; le **saucisson**, les **vermicelles**, les **choux-fleurs** et les **agrumes**, aussi bien pour ses **banquets** que pour ses **festins**. Sans compter tous les **cannelloni**, **gorgonzola**, **pizza**, **spaghetti** et **tutti frutti**.

Le charme caché des longues listes de mots

Rien n'est plus ennuyeux à lire qu'une longue liste de mots classés par ordre alphabétique, mais cet exercice commence à prendre de l'intérêt si on la regarde avec une idée préconçue, par exemple celle d'y trouver des inconséquences ou – qui sait ? – des erreurs.

Prenons quelques minutes pour examiner cette suite de mots théoriquement empruntés à l'italien.

N'y a-t-il eu personne pour remarquer la présence du mot **sketch**, qui n'a vraiment pas l'allure d'un mot italien, et pour se demander comment il se fait que le français ait emprunté à l'italien le mot **céleri** (qui se dit *sedano* dans cette langue) ou le mot **moustache** (qui se dit aujourd'hui *baffi*) ?

Il faut alors savoir que c'est bien une forme *mustacchi* qui était en usage en italien au XVIe siècle, la forme *baffi,* empruntée à un dialecte romain, s'étant diffusée seulement vers le XVIIIe siècle. Une recherche supplémentaire permettra d'apprendre que le mot **céleri** vient d'une forme lombarde, et non de l'italien littéraire. Quant au mot **sketch**, il vient bien de l'italien *schizzo* « esquisse » mais, d'abord passé par le néerlandais *schets,* puis par l'anglais *sketch* avec le sens de « courte scène comique », c'est sous cette forme et avec ce nouveau sens qu'il a été transmis au français, puis retransmis également à l'italien, pour lequel c'est un « aller et retour[57] ».

Nous voilà rassurés : la présence de ces trois mots dans cette liste est bien légitime.

Le piège des mots en -ade

Mais d'autres éléments de cette liste peuvent faire sourciller ceux qui en savent un peu plus long sur l'évolution de l'italien. Quand on a une petite idée de l'histoire de l'italien, on sait par exemple, que les mots qui avaient en latin un *-t-* entre deux voyelles ont gardé ce *-t-* en italien : ex. **legato, moderato, toccata.** Dans ces conditions, on peut s'étonner – et même s'indigner – –d'y découvrir, à côté de **cantate**, où la forme est « régulière » (avec un *-t-*), une bonne vingtaine de mots où ce *-t-* est remplacé par un *-d-* :

arcade	**brigade**	**escapade**	**incartade**	**rebuffade**
autostrade	**cascade**	**esplanade**	**mascarade**	**sérénade**
bastonnade	**cavalcade**	**estrade**	**parade**	**taillade**
bourgade	**colonnade**	**estrapade**	**passade**	**tirade**
bravade	**embuscade**	**façade**		

Il faut se souvenir aussi que, si le dialecte qui est devenu l'italien littéraire, le toscan, a effectivement gardé un *-t-* du latin, ce n'était pas le cas pour les parlers du nord de l'Italie, où ce *-t-* est aujourd'hui représenté par un *-d-*. Et c'est en effet à ces dialectes septentrionaux que le français a dû emprunter ces mots en *-ade.* On y trouve d'ailleurs le mot **autostrade**, de l'italien *autostrada,* où la forme *strada* – au lieu de **strata* – avait elle-même été empruntée par l'italien littéraire à un dialecte du Nord[58].

Mais si l'on veut vraiment connaître les affres des étymologistes, il suffit d'avoir à l'esprit que ce suffixe existe aussi sous la forme *-ado,*

-ada en espagnol et dans les dialectes du midi de la France. Comme la Gascogne a fourni la majorité des soldats engagés dans les armées d'Italie, le passage par le gascon devient une autre hypothèse plausible[59] pour ces mots introduits en français au XVIe siècle. Une fois de plus, chaque mot mériterait qu'on le suive à la trace.

Des suffixes honnêtes ou trompeurs

Deux autres suffixes de l'italien suscitent des réflexions lorsqu'on observe le résultat de leur passage en français.

La forme **-esque** témoigne du passage du suffixe germanique *-isc* par l'italien, attendu qu'en français ce même suffixe germanique est plutôt représenté par **-ois** ou **-ais** (comme dans **danois** ou **anglais**). On a ainsi la confirmation de l'origine italienne des mots suivants : **arabesque, barbaresque, burlesque, gigantesque, grotesque, pédantesque, soldatesque.** Dans tous ces mots, le suffixe ne pose pas de problème de sens. En revanche, on peut rester perplexe devant la liste des mots en **-on**, qui représente le suffixe augmentatif *-one* de l'italien. Dans **ballon,** il faut voir une « grosse balle » (it. *palla* + *one*), dans **carton,** du « gros papier » (it. *carta* « papier »), dans **canon,** un « gros tuyau » (it. *canna* « canne, tube ») et dans **caleçon,** de « grandes chaussettes » (it. *calza* « chaussette »). La surprise survient avec **carafon** qui, à l'origine, était bien une « grosse carafe » (mot encore attesté avec ce sens en 1680[60]). Comme ce mot n'a plus aujourd'hui que le sens de « petite carafe » (comme un **ânon** est un « petit âne »), il faut bien admettre, pour la même forme **-on,** la subdivision en deux suffixes, l'un augmentatif, l'autre diminutif.

III. L'ESPAGNOL franchit les Pyrénées

Si l'espagnol, on l'a vu, a souvent été la langue de passage des mots venus de l'arabe tout au long du Moyen Âge, c'est surtout au XVIe siècle

Énigme 9

Tous les mots en petites capitales dans ce texte sont des emprunts à une même langue. Laquelle ?

Le mage

Mon père me l'avait bien dit, qu'avec ce LASCAR-là je n'irais pas au PARADIS. Mais ce MAGE avait si fière allure, avec sa CASAQUE de TAFFETAS sur son PYJAMA de PERCALE, qu'il m'aurait séduite, même s'il ne m'avait pas enivrée avec une TIMBALE de tisane à la BADIANE et au JASMIN, et presque empoisonnée avec un PILAF d'ÉPINARDS aux PISTACHES.

que son apport devient plus important, non seulement pour la langue française, mais aussi pour toutes les autres langues de l'Europe. Mais ces emprunts n'atteindront jamais des proportions inquiétantes (cf. *encadré* Mots venus de l'espagnol).

À la même époque, la langue espagnole devient le véhicule des mots désignant des denrées ou des animaux exotiques venus des lointaines Amériques. Les relations avec la France étaient fréquentes et elles se trouvaient renforcées par le mariage de Louis XIII avec Anne d'Autriche, infante d'Espagne, suivi par celui de Louis XIV avec Marie-Thérèse, fille du roi d'Espagne Philippe IV.

Mots venus de l'espagnol

adjudant	cigarillo	gambas**	mérou	placer (n.m.)
aficionado	cochenille	gamelle	mirador	platine
alligator	compliment	gaspacho	misaine**	poncho
aviso	conquistador	gitan	moignon	préside (n.m.)
bagasse	cordillère	gomina	morion	quadrille
baie	corozo	gouape	mousse (n.m.)	quarteron
banderille	corral	guérilla	moustique	ranch
bandoulière	corrida	guérillero	mulâtre	résille
banjo	cuirasse*	hâbleur	muleta	ressac
basque (adj.)	démarcation	havane	mustang	retable
boléro (danse)	désinvolte	indigo	navaja	rodéo
bourrique	désinvolture	infant, -e	nègre	rumba
cabotage	disparate	intransigeant	pacotille	sabir
cafétéria	doublon	jade	paella	salpicon
camarade	duègne	jonquille	pagne	saynète
camarilla	écubier	jota	palabre	sieste
camériste	eldorado	junte	palmiste	sombrero
canari	embarcadère	lagon	parade	soubresaut
canasta	embarcation	lasso	parages	tango
cañon	embargo	machette	paso doble	tilde
capilotade	entresol	machisme	pastille	toper (v.)
caracoler	épagneul	macho	patio	toréador
cargo	escadre	manille	peccadille	toréer
casanier	escadrille	mantille	péniche	torero
case	escamoter	marijuana	péon	toril
casque	estrade	matador	pépite	tornade
castagnettes	estudiantin	matamore	peseta	transhumer
casuiste	fandango	mauresque	peso	vanille
cédille	flamenco	mayonnaise	picador	véronique
cigare	flottille	mélasse	picaresque	vertugadin
	gabardine	mendigot	pinasse	xérès

* *De l'aragonais.*
** *Du catalan.*

Quelques emprunts anciens

Parmi les emprunts les plus anciens à l'espagnol, on peut citer les mots suivants, qui sont attestés en français avant le XVIe siècle : **baie** « petit golfe », **écubier** « ouverture à l'avant d'un bateau », **hâbleur, infant, infante, mantille, mauresque, moignon, pinasse** « embarcation », **soubresaut.**

À partir du XVIe siècle, on trouve des mots comme :

camarade, formé sur *camara* « chambre », le camarade étant « celui qui partage la même chambre » ;

casque, dont le sens premier était « tesson », puis « crâne » ;

cédille, qui vient de *zedilla* « petit z », que l'on a inscrit au-dessous du c pour marquer sa prononciation (ç) ;

escamoter, de *escamotar*, dérivé de *escamar* « écailler », qui se rattache probablement à la racine germanique **skalja* « écaille » ;

mousse, de l'espagnol *mozo* « jeune garçon », déjà dans Rabelais avec le sens de « matelot[61] » ;

mulâtre et **quarteron**, termes qui désignent des métis de première et de deuxième génération ;

saynète, qui, contrairement à ce que l'on pourrait penser, ne vient pas de **scène**, mais doit être étymologiquement rapproché de **saindoux** (voir ce mot dans le Trésor des mots empruntés).

Mots venus des langues d'Amérique par l'espagnol

du QUECHUA (Pérou)

alpaga	coca (bot.)	guano	lama	puma	vigogne
caoutchouc	condor	hévéa*	maté	quinine	
chinchilla	gaucho	inca (?)	pampa	quinquina (?)	

du NAHUATL (Mexique)

avocat	cacao	haricot (?)		nopal	sisal (?)
axolotl*	chocolat	maya (?)		ocelot	tomate
cacahuète	coyote	mescaline (angl.)			

de l'ARAWAK (Amérique latine et Antilles)

barbaque (?)	colibri*	iguane	marron « fugitif »	palissandre (néerl.)	patate (douce)
cacique	curare*	maïs	ouragan	papaye*	pécari*
canoë (angl.)	goyave	mangrove (angl.)			savane
canot*	hamac				

du CARAÏBE (principalement Antilles et Guyane)

agami	caïman	cannibale	marigot*	panama (?)	pirogue

Pour les mots suivis d'un astérisque, le passage au français par l'espagnol n'est pas formellement attesté. Les mots suivis d'un (?) ont une étymologie incertaine.

Les mots exotiques

Mais ce sont surtout les mots des terres lointaines qui, à partir du XVIe siècle, vont déferler sur l'Europe grâce à l'espagnol. Ces mots proviennent de diverses langues d'Amérique : du quechua, du nahuatl, de l'arawak, du caraïbe (cf. *encadré* Mots venus des langues d'Amérique pour l'espagnol, page précédente.)

Chocolat, cacahuète, tomate, ocelot

Qu'y a-t-il de commun entre ces mots, auxquels on peut encore joindre **cacao**, **coyote** et **avocat** (le fruit) ?

Rien, évidemment, sous la forme qu'ils ont prise en français. Pourtant, un lien existe, qui remonte à leur langue d'origine, le nahuatl, qui était la langue parlée des Aztèques au moment de la conquête espagnole. Tous ces mots contenaient, dans cette langue, une consonne très particulière que l'on pourrait noter graphiquement *-tl-,* tout comme dans les deux mots savants français de même origine : **peyotl** « cactus qui fournit une drogue aux effets hallucinatoires », et **axolotl** « petit vertébré amphibien des lacs mexicains ».

Le chocolat

Parmi les mots venus du nahuatl, le **chocolat** mérite qu'on raconte son histoire, une histoire qui pourtant avait mal commencé. Le mot désignait, chez les Aztèques, une boisson amère, très épicée, et qui avait été considérée comme détestable par les compagnons de Christophe Colomb quand ils l'avaient goûtée pour la première fois vers 1503. Il a fallu que des religieuses espagnoles un peu gourmandes aient la bonne idée, dix-sept ans plus tard, de mélanger le cacao avec du sucre, de la vanille et de la cannelle, ou de l'anis, pour que le nouveau breuvage paraisse enfin délicieux aux palais européens.

Arrivé en Espagne aux environs de 1527, le chocolat y est d'abord apprécié pour ses propriétés thérapeutiques (cf. *encadré* Si vous vous sentez devenir bête...). Il pénètre en France presque en même temps, grâce à la reine Anne d'Autriche, épouse de Louis XIII, qui était infante d'Espagne. Le chocolat devient alors à la mode à la cour et Mme de Sévigné en fait grand état dans ses *Lettres.* En 1659, pour plaire à la reine Marie-Thérèse, qui raffolait de cette boisson, Louis XIV accorde un privilège à un certain David Chaillou, qui ouvre à Paris la première chocolaterie, rue de l'Arbre-Sec[62].

Si vous vous sentez devenir bête, une solution : le chocolat

« Que tout homme qui se sentira temporairement devenu bête, que tout homme qui trouvera le temps long et l'atmosphère difficile à porter, que tout homme qui sera tourmenté d'une idée fixe qui lui ôtera la liberté de penser : que tous ceux-là, disons-nous, s'administrent un bon demi-litre de chocolat ambré »

Anthelme Brillat-Savarin,
la Physiologie du goût, 1826.

Pourquoi ?

Comme chacun sait, le chocolat est essentiellement un mélange de sucre et de cacao contenant aussi un aphrodisiaque et de la Vitamine D.

Formule du cacao [63]

matière grasse	50 %
albumine	20 %
glucose	10 %
phosphore et calcium	4 %
théobromine (aphrodisiaque)	3 %
cellulose	2 %
eau	11 %
vitamine D	

Les mots en -ille

Le suffixe diminutif espagnol *-illo, -illa* a été très productif en français : **banderille, cédille, cochenille, escadrille, flottille, jonquille, manille, mantille, pacotille, pastille, peccadille, quadrille, résille, vanille.**

Le rapprochement de tous ces mots nous rappelle – ou nous informe – que, à l'origine, **jonquille** était un petit jonc, **mantille**, un petit manteau, **pacotille**, une petite balle de coton (de *paca* « balle de coton »), **pastille**, un petit morceau de pâte, **peccadille**, un petit péché, **résille**, un petit filet (de *rede* « filet »), et **vanille**, une petite gousse (de *vaina* « gaine, gousse »).

IV. L'espagnol, mais aussi le PORTUGAIS

L'espagnol a été l'intermédiaire principal du vocabulaire venu des territoires conquis dans le Nouveau Monde. Mais lorsqu'on regarde

Énigme 10

Tous les mots en petites capitales dans ce texte sont des emprunts à une même langue. Laquelle ?

L'événement du samedi

Ce SAMEDI-là, je m'en souviens,
sous leurs faux airs de CHÉRUBINS,
et leurs allures de SÉRAPHINS,
deux vrais GOUJATS avaient semé la ZIZANIE dès le matin.
À midi, le SCANDALE éclaboussait tous les ANGES gardiens
et, le soir, le TOHU-BOHU battait son plein.

la liste totale des mots venus d'Amérique, on se rend compte qu'une partie de ces mots nous est parvenue non par l'intermédiaire de l'espagnol, mais par celui du portugais. Ce sont uniquement des mots du tupi-guarani, langue du Brésil :

acajou	**cobaye**	**jaguar**	**piranha**	**sarigue**	**tatou**
ananas	**couguar**	**manioc**	**sagouin**	**tamanoir**	**topinam-**
cajou	**ipéca**	**ouistiti** (?)	**samba**	**tapioca**	**bour** (?)

Si l'on considère les mots venus de l'autre bout du monde, c'est au contraire le portugais qui, avec l'anglais (cf. 7. Les Temps modernes), est la langue de passage privilégiée.

Ainsi, parmi les mots venus des langues d'Asie et d'Indonésie par le portugais, on peut citer :

du TAMOUL (sud-est de l'Inde et est de Ceylan) : **cachou, cari, mangue, paria.**

du MALAYALAM (sud-ouest de l'Inde) : **bétel, jacquier, teck.**

du CINGHALAIS (ouest de Ceylan) : **cornac.**

du CHINOIS : **cangue, typhon.**

du MALAIS : **bambou, cacatois, jonque, sarbacane.**

En ce qui concerne **cacatois** : le malais *kakatuwa* a donné d'une part **cacatoès** (pour l'oiseau), probablement par l'intermédiaire du néerlandais, et d'autre part **cacatois** (pour la voile), passé plus vraisemblablement par le portugais car ce terme est inconnu du langage maritime néerlandais, qui nomme cette voile *bovembramzell*[64].

Pour **sarbacane**, l'emprunt a été fait par le persan, l'arabe puis l'espagnol et enfin le portugais.

Enfin, les rares mots français venus de langues africaines par le portugais appartiennent au domaine bantou : **banane, iguane** (?), **macaque.**

Une histoire de démarcation

Cette répartition des mots entre l'espagnol et le portugais, selon une ligne de partage du monde qui semble trop régulière pour être vraie, se voit confirmée si l'on consulte l'histoire de la Castille et du Portugal au XVIe siècle, et surtout si l'on prend en considération le mot bien français de **démarcation.** Celui-ci vient en fait de l'espagnol *demarcación,* terme essentiel de deux bulles fameuses, promulguées à la fin du XVe siècle par le pape Alexandre VI. Elles faisaient suite à une demande des Portugais, inquiets, dès le premier voyage de Christophe Colomb, de l'expansion de la Castille dans le Nouveau Monde. Le souverain pontife, alors considéré comme distributeur des biens de la Terre, par délégation divine et pour la plus grande gloire de Dieu, avait en effet partagé l'univers entre l'Espagne et le Portugal en deux moitiés, avec une ligne de démarcation idéale, qui allait d'un pôle à l'autre en passant à cent lieues à l'ouest des Açores et du cap Vert : étaient déclarées comme appartenant à la zone espagnole toutes les terres découvertes ou à découvrir à l'ouest de cette ligne, et, à la zone portugaise, tout ce qui se trouvait à l'est, à charge pour chacune des deux nations d'y répandre la religion catholique et, dans les pays de l'Orient, d'y combattre l'islam[65].

Une ligne de démarcation qui se déplace

À l'époque des grandes explorations, les terres découvertes ou à découvrir avaient fait l'objet de deux bulles du pape Alexandre VI (1493), qui avaient d'abord déterminé une ligne de démarcation (*en trait discontinu*) passant au milieu de l'Atlantique et séparant les domaines d'expansion de la Castille et du Portugal. Ces deux pays, un an plus tard, s'accordent, par le traité de Tordesillas (1494), pour repousser cette ligne plus à l'ouest (*en trait continu*), ce qui attribue au Portugal une grande partie de ce qui est aujourd'hui le Brésil.

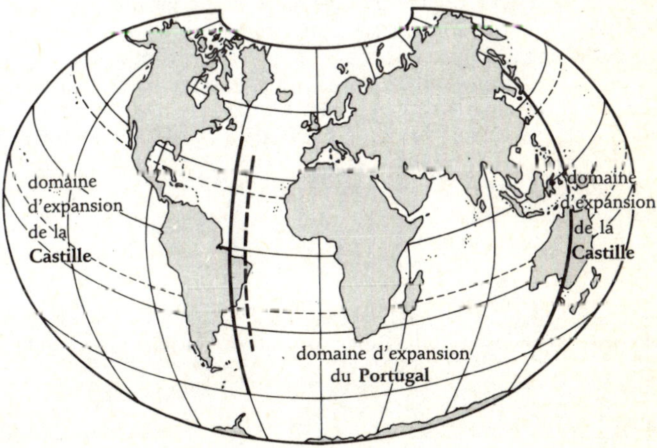

Cette carte a été établie d'après deux cartes de l'*Atlas historique Larousse* (G. Duby), Paris, 1978, p. 57 et 74.

On était alors en 1493, et la ligne passait en plein milieu de l'Atlantique. Mais cet arrangement ne convenait apparemment pas aux deux parties car, à la suite d'un nouvel accord (traité de Tordesillas[66], 1494), la ligne s'est trouvée largement déplacée vers l'ouest. Dès lors, une grande partie du nord-est de l'actuel Brésil était attribuée au Portugal, laissant à l'Espagne le reste du continent américain (cf. *carte* Une ligne de démarcation qui se déplace).

C'est en définitive en raison de cette nouvelle démarcation que **tomate** et **chocolat** sont parvenus dans les langues d'Europe par l'intermédiaire de l'espagnol, **ananas** et **tapioca** par le truchement du portugais[67].

Quelques dizaines de mots portugais

En dehors du vocabulaire déjà cité pour avoir été véhiculé par le portugais, soit du tupi parlé au Brésil, soit d'Asie et d'Indonésie, soit d'Afrique, le français ne compte qu'une soixantaine de mots d'origine portugaise, dont la moitié seulement sont des termes courants (cf. *encadré* Mots d'origine portugaise).

La marmelade : d'oranges ou de coings ?

Parmi les mots d'origine portugaise, il en est un qui peut laisser rêveur, c'est le mot **marmelade** : en français, ce terme désigne une espèce de confiture à base de n'importe quels fruits, et le mot anglais correspondant, *marmalade,* ne renvoie qu'à la confiture d'oranges. On ne s'attend donc pas à ce que le mot portugais *marmelada,* qui leur a donné naissance, soit formé à partir de *marmelo,* qui désigne le « coing ». On est encore plus étonné lorsqu'on apprend que ce mot vient du latin *melimelum* « sorte de pomme douce », ce que n'est vraiment pas le coing.

Mots d'origine portugaise

albinos	bossa nova*	caste	cruzado	fétiche	sargasse (?)
autodafé	cachalot	cobra	curaçao	griot	serval
baroque (perle)	caramel	coco (noix)	embarrasser	marmelade	véranda(h)
	caravelle	commando	fado	paillotte	vigie
bayadère	case (hutte)	créole	favela*	pintade	zèbre

**Du portugais du Brésil.*

Énigme 11

Tous les mots en petites capitales dans ce texte sont des emprunts à une même langue. Laquelle ?

Rêverie

La main appuyée sur la JOUE et, tout en caressant son JABOT de dentelles, il rêvait. Il imaginait un CHALET entouré d'AJONCS, en haut d'un PIC un peu dangereux à cause des AVALANCHES de CAILLOUX et de LAVE, mais qui serait équipé d'un BRASERO où mijoterait un LAPEREAU aux MARRONS dont il pourrait, les jours de grand GIVRE, se GAVER, en y ajoutant de la TOMME des ALPAGES.

6. ÉCHANGES EUROPÉENS

Après les sœurs latines, les cousines germaines

L'ouverture vers les pays voisins, déjà manifestée par les emprunts aux diverses langues romanes, se reconnaît aussi dans les mots puisés dans les autres langues d'Europe : indo-européennes (langues germaniques et langues slaves) et non indo-européennes (hongrois, finnois, lapon).

Le français, on l'a déjà vu, doit beaucoup aux langues germaniques. Après avoir présenté les emprunts les plus anciens (cf. 3. Les apports germaniques anciens), nous avons déjà examiné le néerlandais, le flamand et l'alsacien (cf. 4. Le temps des foires).

I. L'ALLEMAND

Parmi les emprunts à l'allemand, il faut considérer deux sortes de vocabulaires : d'une part, tout un vocabulaire familier, voire argotique, colporté par les mercenaires suisses ou allemands engagés dans les armées françaises, et qui fera l'objet du paragraphe suivant, et d'autre part, les mots d'usage général (cf. *encadré* Mots venus de l'allemand).

Le vocabulaire des mercenaires

asticoter	chenapan	képi (?)	resquiller	schlinguer
bivouac	cible	loustic	resquilleur	schnaps
brindezingue	cravate	mouise	rosse	trinquer
bringue	estourbir	reître	schlass	vasistas

Tous ces mots semblent avoir pénétré en français par des conversations familières ou des plaisanteries entre les soldats. À partir de *Dass dich Gott...* « Que Dieu te... », on a eu d'abord **dasticoter**, puis **asticoter**, qui n'a rien gardé, ni dans sa forme, ni dans son sens, de l'idée de « jurer ». Le mot **vasistas** reproduit l'expression *Was ist das ?* « qu'est-ce que c'est ? », question que l'on posait sans doute à travers l'ouverture d'une « petite fenêtre ». Le mot **loustic** n'est que la transposition du mot allemand *lustig* « gai ». Et si, en français, on dit (faire) **la bringue**, sans y reconnaître le verbe allemand *bringen (ich bringue dirs* « je te porte un toast »), on admet sans difficulté que **trinquer** provienne de *trinken* « boire ».

Mots venus de l'allemand

accordéon	edelweiss	héroïne	national-	quille (jeu)
album	ersatz	(drogue)	socialiste	rosse
aspirine	ester (n.m.)	hertz	nazi	sac « pillage »
aurochs	feldspath	huguenot	nickel	schilling
ballon (géogr.)	fifre	introversion	nouille	(par l'angl.)
berline	fifrelin	kaiser	noumène	schuss
bismuth	fœhn	kitsch	ohm	spath
blockhaus	foudre	krach	parabellum	SS
bock	(tonneau)	kummel	paranoïa	stalag
bouquetin	fritz	land	plancton	stand (de tir)
brandebourg	fuchsia	landau	plasma	statistique
bretzel	fuchsine	leitmotiv	politologie	taximètre
bunker	führer	libido	pragmatisme	teckel
cartel	gangue	lied	primat	thalweg
chope	gène	loden	(philos.)	tuba
chopine	gneiss	lœss	proclitique	vaguemestre
cobalt	halte	L.S.D.	porpergol	valse
croissant	hamster	mach	protoplasme	valser
déterminisme	handball	mark	putsch	vermout(h)
diesel	harmonica	mastoc	quanta	wolfram
diktat	hase	mutant (?)	quartier-maître	yiddish
dollar (par l'angl.)	hautboïste	national-	quartz	zinc
draisienne	havresac	socialisme	quenelle	

La science et la guerre

Les emprunts à l'allemand sont très modestes avant le XVIIe siècle. Au XVIIIe siècle, ce sont, en particulier, des termes du domaine de la minéralogie (**cobalt**, **gangue**, **nickel**) et de la vie militaire (**bivouac**, **képi**[68]).

Le mot **aspirine** date du XIXe siècle. Il a été créé par un savant allemand avec le préfixe grec *a-* privatif « sans », et *spirin* « spirée », pour désigner un produit fabriqué par synthèse et non pas extrait des plantes de la famille des spirées, comme on le faisait jusque-là. À la même époque, **fuchsine**, nom d'une matière colorante rouge-violet, est formé à partir du mot allemand *Fuchs,* lui-même traduction de Renard, nom de l'industriel français qui la fabriquait.

Avec le XXe siècle arrivent des éléments d'un vocabulaire évocateur de la guerre (**bunker**, **ersatz**, **nazi**, **parabellum**, **putsch**, **stalag**) mais aussi des termes de biologie (**gène**, **plasma**), de chimie (**L.S.D.**, **propergol**) ou de physique (**quanta**). Rappelons que **nazi** et **stalag** sont des abréviations, respectivement de *national sozialist* et de *Sta*(*m*)*lag*(*er*), mot à mot « camp de base », tandis que **L.S.D.** est un sigle représentant *Lyserg Säure Diäthylamid* « diéthylamide de l'acide lysergique ».

Des mots inventés

Une grande partie de ce vocabulaire emprunté à l'allemand ne fait pas partie du vocabulaire traditionnel d'origine germanique, mais a été, en allemand, l'objet de créations modernes :

À partir du latin : **album**, **déterminisme**, **diktat**, **harmonica**, **introversion**, **kaiser**, **libido** (Freud), **mutant**, **parabellum**, **primat** (en philosophie), **quanta**, **quartier-maître**, **statistique**, **tuba**.

À partir du grec : **aspirine**, **noumène** (Kant), **paranoïa**, **plasma** (Dr Schultz), **politologie**, **pragmatisme**, **proclitique**, **propergol**, **protoplasme**, **taximètre**.

Autres origines : **accordéon** (sur **orphéon**), **croissant** (trad. de *Hörnchen*), **ester** (du chimiste Gmelin), **fuchsine** (sur **Renard** = *Fuchs*), **zinc** (*Zinker* « petite fourche »).

Les filiations à partir du latin sont transparentes, sauf peut-être **album**, **parabellum**, **statistique** et **Kaiser**, qu'il vaut mieux expliciter. **Album**, qui signifie « blanc », est un raccourci de *album amicorum,* c'est-à-dire « (le livre) blanc des amis », où ils peuvent écrire quelques mots à l'occasion de leur visite. Le **parabellum**, première « mitraillette », évoque le proverbe latin *si vis pacem, para bellum* « si tu veux la paix, prépare la guerre ». La **statisque**, c'est, à l'origine, « ce qui a rapport à l'État », du latin *status.* Quant à **Kaiser**, c'est bien entendu **César**, ou plutôt *Caesar,* sous sa vraie forme latine, empruntée très tôt par les langues germaniques, ce qui justifie le *K* de l'allemand *Kaiser,* qui reproduit la prononciation du *c* latin.

Altérations et déformations

C'est une erreur d'interprétation qui a donné naissance à **ballon**, dans le sens de « sommet arrondi, montagne érodée ». Le mot allemand d'origine était *Belchen* « (petite) montagne ». Il a été pris par erreur pour *Bällchen* « petite balle », d'où **ballon**. Et c'est aussi parce que les Allemands s'étaient eux-mêmes trompés sur *Einbeckbier* - à l'origine « bière (de la ville) de Einbeck », prononcé parfois *Einbockbier* et compris en Allemagne même comme *ein Bock Bier* - qu'on parle en français d'un **bock** de bière. Enfin, le mot **croissant** peut paraître bien français dans une liste de mots allemands. Il s'agit en fait de la traduction du mot *Hörnchen* « petite corne », qui désignait une pâtisserie en forme de croissant, créée à Vienne, en 1689, pour fêter la victoire des Autrichiens sur les Turcs, dont l'emblème national était le croissant.

L'allemand comme langue intermédiaire

Comme l'espagnol l'avait été pour l'arabe et les langues du Nouveau Monde, l'allemand a aussi servi de véhicule pour des mots venus d'ailleurs, mais de pays plus proches : vocabulaires tchèque, hongrois, serbe ou suédois (cf. *encadré* L'allemand, langue de passage).

L'allemand, langue de passage

C'est par l'intermédiaire de l'allemand que certains mots d'Europe centrale ou septentrionale sont parvenus dans la langue française.

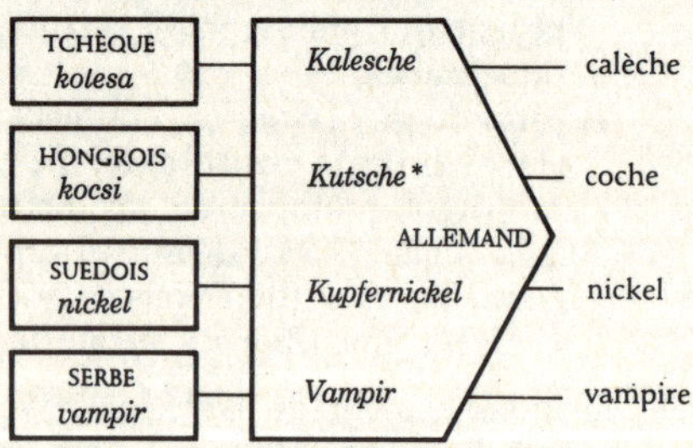

* *Peut-être du hongrois à l'allemand par l'intermédiaire du tchèque.*

Énigme 12

Tous les mots en petites capitales dans le texte suivant sont des emprunts à une même langue. Laquelle ?

Un vrai dépaysement

Venez donc dans notre CABANE au-delà de la LANDE.
Nous y vivons avec nos BOUCS et nos MOUTONS.
Nous y sommes encore un peu sous les DÉCOMBRES,
mais ne CRAIGNEZ rien,
la CHARPENTE n'est pas BRISÉE et nous sommes BERCÉS par le chant de l'ALOUETTE.
Sur le CHEMIN, nous avons tendu une BÂCHE qui recouvre la GLAISE du BOURBIER,
et, tout autour des IFS et des BOULEAUX,
des SAPINS et des ÉRABLES poussent DRU.
Venez comme vous êtes, DÉBRAILLÉ ou même en GUENILLES.
Et surtout, n'ayez plus cet air RENFROGNÉ,
nous allons nous GOBERGER.

II. Les langues scandinaves modernes

On a déjà vu que les Vikings avaient laissé peu de traces dans le vocabulaire français (cf. *encadré* Mots venus de l'ancien scandinave, ch. 3), mais sous forme de mots aujourd'hui parfaitement fondus dans le reste du lexique. Les langues scandinaves modernes ont également fourni peu de mots au français. En revanche, contrairement aux anciens emprunts, les mots plus récents ont pratiquement tous gardé des allures étrangères.

Qu'on en juge :

NORVÉGIEN : **christiania, fart, fjord, iceberg** (par l'angl.), **lemming, rorqual, ski, slalom, stem.**

SUÉDOIS : **dahlia, kraft** (papier), **rutabaga, tungstène.**

ISLANDAIS : **geyser.**

DANOIS : **lump.**

Ajoutons à cette liste quelques mots certainement venus de langues scandinaves, mais qui peuvent être attribués aussi bien à l'une ou à l'autre de ces langues : **akvavit, banquise** (par l'anglais), **édredon, narval** et **renne.**

Tous ces emprunts sont assez récents (XVIIIe ou XIXe siècle), à l'exception de **édredon**, qui est déjà attesté sous la forme *ederdon* en ancien français et qui ne reparaît dans les textes écrits, sous sa nouvelle forme, qu'au XVIIIe siècle. Remarquons enfin que les apports du norvégien tournent essentiellement autour des sports d'hiver, que **dahlia** est le nom d'une fleur rapportée du Mexique par le botaniste suédois Dahl, élève de Linné[69] et que **geyser** est le nom d'une source chaude située dans le sud de l'Islande.

III. Les langues slaves

Parmi les langues slaves, c'est surtout le russe qui a fourni des éléments de vocabulaire à la langue française, dont les premiers emprunts ont peut-être été les mots **boyard** (au XVe siècle) et **cosaque** en 1609. Mais c'est surtout au XIXe siècle que le vocabulaire russe fait véritablement son entrée chez les écrivains français : chez Madame de Staël, on trouve **czar, boyard, cosaque, pope, moujik, ukase, verste** ; chez Alexandre Dumas père, on relève également **hetman, hospodar, tzar, tzarévitch, tzarine, rouble, kopeck, troïka, samovar, vodka, isba, knout** ; chez Prosper Mérimée, **kourgane** et **zibeline**. Les mots **soviet** et **bolchevik** deviennent fréquents à partir de 1917[70].

Mots venus des langues slaves et baltes

RUSSE

astrakan	cosaque	knout	pogrom	stakhano-visme	ukase
balalaïka	datcha	kolkhoze	pope	steppe	verste
barzoï	glasnost	kopeck	praesidium	taïga	vodka
beluga	goulag	koulak	rouble	troïka	zakouski
blini	icône	moujik	samovar	tsar	zibeline
bolchevik	intelligentsia	oukase	soviet	tsarine	
boyard	isba	perestroïka	sovkhoze		

POLONAIS	TCHÈQUE	SERBE	BALTE
baba (gâteau)	calèche	vampire	élan (zool.)
chap(s)ka	carassin		
czar	obus		
mazurka	pistolet		
meringue	robot		
polka			

Quelques commentaires

Remarquons que **blini** est déjà au pluriel en russe (singulier *blin*) et que, si nous ajoutons, par habitude, un *s* dans la graphie du pluriel, ce *s* n'a aucune raison d'être dans la prononciation. Pour **zakouski**, le pluriel est également déjà marqué par un *-i* en russe (singulier *zakouska*). Quant à **tsar**, ce n'est, comme **Kaiser**, que la transposition du latin *Caesar,* et la forme polonaise se prononce aussi **tsar**. Notons enfin que la **vodka** slave, c'est la « petite eau », diminutif de *voda* « eau » (de même racine que **whisky**, d'origine celtique).

Énigme 13

Tous les mots en petites capitales dans ce texte sont des emprunts à une même langue. Laquelle ?

Le GUEUX reconverti

Au coin du BOULEVARD, près de la DIGUE,
se trouvait une ancienne ÉCHOPPE appartenant à un joyeux DRILLE DÉGINGANDÉ,
une espèce de GREDIN à la LIPPE de FLIBUSTIER ESPIÈGLE.
Le DRÔLE y avait longtemps accueilli, au milieu des CANCRELATS,
une clientèle INTERLOPE qui faisait RIPAILLE
de CRABES, de COLINS, d'ÉPERLANS et de CABILLAUDS.
Les jours de KERMESSE,
tout le monde y DÉGRINGOLAIT pour s'y DOPER à la BIÈRE de HOUBLON
– parfois un peu FRELATÉE –
dans un VACARME qui donnait la TROUILLE aux HOBEREAUX
assez hardis pour s'y aventurer.
Mais ce ne fut qu'une ÉTAPE dans la vie de ce MATELOT.
Dix ans plus tard, toujours vêtu de LOQUES trouées
qu'il ne prenait pas la peine de faire STOPPER,
il était devenu revendeur de vieux BOUQUINS
qu'il ornait de RUBANS, comme de la LAYETTE.
Après une vie de CAUCHEMAR, c'était enfin pour lui le HAVRE de paix
qu'il avait toujours RELUQUÉ.

IV. Les voisines non indo-européennes

Avant d'entamer le dernier chapitre de ce voyage au pays des langues avec la grande diversité des emprunts à l'anglais, il faut encore dire quelques mots de ces langues d'Europe qui ne font pas partie de la famille indo-européenne et qu'on nomme finno-ougriennes : le hongrois, le lapon et le finnois.

Commencé dès le XVIe siècle, avec **coche**, **sabre** et **morse** (le mammifère marin), leur apport s'est modestement poursuivi au XVIIe siècle et au XVIIIe siècle avec **hussard** et **shako**, au XIXe siècle avec **paprika** et **soutache**, et au XXe avec **goulache** et **sauna**.

Mots d'origine finno-ougrienne

HONGROIS		FINNOIS	LAPON
coche	sabre	sauna	morse (par le russe)
czardas	schako		toundra (par le russe)
goulache	soutache		
hussard (all.)	tsigane (?)		
paprika			

Énigme 14

Tous les mots en petites capitales dans ce texte sont des emprunts à une même langue. Laquelle ?

Brève rencontre

Il avait une veste d'ASTRAKAN dans son ISBA.
Elle portait une cape de ZIBELINE dans sa DATCHA.
Ils allaient parcourir les STEPPES en TROÏKA,
Pour finir par s'enlacer devant une VODKA.

7. Les Temps modernes

L'ANGLAIS traverse la Manche

Après le XVIIe siècle, où la langue française s'est en quelque sorte repliée sur elle-même et où elle a peu emprunté, le XVIIIe siècle est de nouveau l'époque de l'ouverture vers les autres pays, avec une attirance particulièrement marquée vers l'Angleterre. Sur le plan linguistique, cela se traduit par un afflux considérable de vocabulaire concernant surtout la vie politique (**motion, législature, session**), mais aussi la vie pratique, avec la mode (**redingote**), le sport (**boxe, jockey**), la nourriture et la boisson (**bifteck, pudding, punch**), ou encore la médecine (**croup**). L'influence de l'anglais sera particulièrement marquée au moment de la Révolution[71], et le XIXe siècle verra se répandre une anglomanie qui ne fera que s'accroître au XXe siècle.

Les allers et retours

Toutefois, si l'on a aujourd'hui l'impression d'un envahissement du français par l'anglais, l'histoire a également gardé le souvenir d'un phénomène absolument inverse.

Il est incontestable que le français a récemment emprunté **standard, challenge** ou **sport** à l'anglais, mais il faut se rappeler que, de leur côté, les mots anglais *market, catch* et *chase* sont tous trois d'origine française, à une nuance près : ces emprunts au français sont beaucoup plus anciens et ils n'ont pas suivi tous les trois le même chemin. *Market* et *catch* sont passés par le normand (prononciation avec *k*), tandis que *chase* est la forme du parler de l'Île-de-france (prononciation avec *ch*). Il faudrait encore ajouter que **standard, challenge** et **sport**, qui nous semblent si typiquement anglais, ne sont en fait que le résultat du voyage de retour de trois mots qui étaient partis en Angleterre il y a plusieurs centaines d'années. Le mot anglais *standard* n'est autre que le français **étendard**, passé en anglais en 1154 et revenu avec un sens moins matériel, et **challenge**, un mot de l'ancien français **chalenge** (du latin *calumnia*), qui signifiait « défi » et qui a été emprunté par l'anglais en 1300. Quant à **sport**, l'anglais l'a formé à partir de l'ancien français **deport**, qui avait alors le sens de « passe-temps ».

Dans ces conditions, l'origine réelle de ces mots est-elle anglaise, est-elle française ? Est-ce le français qui a emprunté à l'anglais ou l'anglais au français ? Et ne devrait-on pas parler d'échange de bons procédés, plutôt que d'emprunts ? Même après avoir été réexportés vers le français, les termes **standard, challenge** ou **sport** n'en ont pas moins continué à prospérer en anglais. On emprunte, on rend, mais en même temps on garde ! (cf. *encadré* ci-dessous).

Sont-ils français ou anglais ?

Entre l'anglais et le français se prolonge une vieille histoire d'amour qui n'est pas près de se terminer. Témoin, cette liste, où les mots d'origine anglaise et ceux d'origine française ne sont pas toujours ceux que l'on pense :

auburn	dériver	interview
bar	falot	nurse
bateau	flanelle	paquebot
bol	fuel	pedigree
budget		

On aura peut-être reconnu au premier coup d'œil dans **paquebot** l'anglais *packet-boat,* dans **bol** l'anglais *bowl* et dans **flanelle** l'anglais *flannel,* mais peut-être avec un peu plus de mal, dans **falot** l'anglais *fellow,* dans **bateau**, l'anglais *boat* ou dans **dériver** l'anglais *drive.* Tous les autres mots sont, malgré les apparences, des mots français que l'anglais nous avait empruntés il y a bien longtemps : *auburn* à l'ancien français *alborne, bar* à *barre, bougette* à *budget ; fuel* à *fouaille, interview* à *entrevue, nurse* à *nourrice* et *pedigree* à *pied-de-grue*.

Entre l'anglais et le français : une longue histoire d'amour

Les va-et-vient lexicaux entre les deux langues ont en fait une longue histoire, qui remonte au milieu du XIe siècle, époque à laquelle

Guillaume le Bâtard, duc de Normandie, devient roi d'Angleterre. Comme près de 20 000 Normands le suivent outre-Manche, on parlera français à la cour d'Angleterre, et pendant plusieurs siècles, car, après les Normands, ce sont les Angevins qui, au XIIIe siècle, régneront sur le pays. L'anglais, qui était la langue parlée par le peuple, ne sera enseigné dans quelques *grammar-schools* qu'à partir du XIVe siècle, tandis que le français restera longtemps encore la langue écrite et celle de la haute société. Même le latin était alors enseigné par l'intermédiaire du français, et ce n'est qu'en 1731 que le français a cessé d'être la langue des tribunaux anglais.

Une conséquence prévisible de cette coexistence des deux langues : le vocabulaire de la langue anglaise, réputé à juste titre pour sa grande richesse, est en fait composé, pour plus de la moitié, de termes français. Selon une étude publiée en 1939[72], il apparaît que, entre le Moyen Âge et la Deuxième Guerre mondiale, l'anglais a emprunté au français plus de 5 000 mots, tandis que, pendant la même période, le français n'a emprunté qu'un peu plus de 3 000 mots à l'anglais.

La situation se retourne

Il est vrai qu'au Moyen Âge, le français avait fait quelques emprunts très précoces à l'anglais. Les noms des points cardinaux **nord, est, sud, ouest** entrent en français très tôt, bien qu'ils ne soient attestés qu'au XIIe siècle. C'est aussi le cas de quelques noms de vêtements, comme **guimpe** (XIIe) ou **paletot** (1350), et de termes de marine comme **havre** (XIIe), **bateau** (XIIe), **varech** (XIIe) ou **rade** (XVe). Du XVIe siècle datent **carpette** (de *carpet*), **dériver** (de *drive*) ou **héler** (lui-même originaire de l'ancien scandinave), mais les apports restent à cette époque encore bien modestes.

Les choses changent du tout au tout à partir de la fin du XVIIe siècle. Les institutions politiques anglaises commencent à susciter des commentaires enthousiastes en France et, entre 1680 et 1690, environ 8 000 Français vont quitter le pays pour aller s'installer en Angleterre. C'est à cette époque que commencent à se répandre dans la vie politique et intellectuelle de la France, des **anglicismes** de plus en plus nombreux (le mot est attesté pour la première fois en 1652). On adoptera alors, parmi bien d'autres, des mots anglais tels que **utopie, comité, club, constitution, convention** (dans le sens de « assemblée des deux Chambres du Parlement »). Dans le commerce et la vie mondaine feront leur apparition la **moire** en 1639 et le **mohair** en 1650, tous deux venus du même mot arabe par l'anglais, les *coffee-houses* (1684), légèrement francisées en **café-houses** huit ans plus tard, tandis que **football** apparaît à la fin du siècle (1698).

L'irrésistible ascension de l'anglais

Mais c'est surtout au XVIIIe siècle que les termes anglais pénètrent en masse dans le vocabulaire français, et cela au point que le *Dictionnaire de l'Académie* en admet une grande quantité dans son édition de 1762. Voltaire, qui était parti en Angleterre en 1726 et qui y était resté trois ans, se vantait d'avoir introduit en France à la fois la philosophie et les jardins anglais.

Le goût pour les mœurs anglaises se manifeste dans le vocabulaire avec **redingote**, de *riding-coat* (1725), **jockey** (1775) ou **spencer** (1801). Dans le monde des affaires, le mot **partenaire** apparaît tout d'abord sous la forme **partner** (1767), puis **parthenaire** (1773), plus tard sous sa forme actuelle **partenaire** (1784).

Nous sommes alors en pleine **anglomanie** (le mot date de 1745), cette anglomanie qui progressivement va céder la place au cours du XIXe et du XXe siècle à une **américanomanie** (le mot **anglo-américain** date de 1803). Car si, avec le développement des moyens de transport et l'invention des chemins de fer par les Anglais au XIXe siècle, on a vu affluer de nouveau une grande quantité de mots anglais dans le domaine des voyages et du tourisme (**steamer, wagon, tunnel, ticket, palace, confort, hall, cocktail**[73]), les progrès ultérieurs de toutes les techniques modernes, de l'astronautique à l'informatique de pointe, vont transporter le centre de diffusion aux États-Unis. C'est depuis lors l'anglais d'Amérique qui devient la source principale des emprunts lexicaux du français.

L'anglais retraverse l'Atlantique

Dès le XVIIIe siècle, l'influence américaine commençait déjà à se faire sentir, pour devenir manifeste surtout à partir de la Deuxième Guerre mondiale. En meme temps, le mouvement se précipitait, si bien que sur les 2 500 anglicismes recensés dans le français d'aujourd'hui[74], un anglicisme sur deux date du XXe siècle. Que l'on songe à **after-shave, badge, briefing, discount, drugstore, flash, kitchenette, listing, book, mailing, mixage, mixer, overdose, planning, livre de poche, supermarché, top niveau** ou **zoom**. Tous ces mots tiennent aujourd'hui une grande place dans le vocabulaire de la vie quotidienne de tout francophone, qu'il les emploie lui-même ou qu'il les entende prononcer autour de lui.

Mais les mots anglais n'ont pas tous eu la même fortune.

Les emprunts durables et les modes éphémères

Étiemble avait poussé un cri d'alarme en 1964 avec son ouvrage *Parlez-vous franglais* ?[75] Il y dénonçait l'afflux de termes anglais venus pour la plupart d'Amérique, et qui déferlaient alors en désordre dans la langue française. On y trouvait déjà des formes anglaises qui, depuis, ont fait leur chemin en français, mais aussi des emprunts éphémères.

Voici, pêle-mêle :

public relations (p. 258)
T.V. (p. 281)
covergirl (p. 318)
baby-cochon de lait (p. 46)
renoving (p. 221)
faire son shopping (p. 112)
la (*sic*) tee-shirt (p. 106)
bombing (p. 140)
le (*sic*) surboum (p. 111)
surf-riding (p. 57 et 267)
columnist « chroniqueur » (p. 44)
baby... (p. 75, 76)
training slacks (p. 93)
spray (p. 110)
computer (p. 150)
la *(sic)* polo-shirt (p. 106)
matching (p. 149)
packaging (p. 149)

Étiemble avait aussi observé, en dépouillant plusieurs numéros de la revue *Elle,* la progression du sigle USA (1946) par rapport à E.U. (1945) ainsi que celle de **pull-over** en regard de **chandail**. Ce dernier mot survit dans les premiers mois de 1946, mais il sera complètement détrôné par **pull-over**, le plus souvent abrégé en **pull** à partir de la seconde moitié de cette même année[76]. Le plus drôle, c'est que ni les Anglais ni les Américains ne connaissent le **pull-over**, qu'ils nomment **sweater**.

Vingt années plus tard, on voit que tous les mots relevés – et stigmatisés – par Étiemble n'ont pas eu la même chance de survie : alors que **pull-over, parking, scotch** (pour le « ruban adhésif ») ou **spray** se sont absolument implantés en français, on ne peut pas en dire autant de **surf-riding** (on parle plutôt de **surf**), de **T.V.** (on dit surtout **télé**) et de **public-relations** (qu'on remplace généralement par **relations publiques**, ou même, plus récemment et dans certains milieux, par **R.P.**) et de **computer** (qui a définitivement cédé la place à **ordinateur**).

Une étude reste à faire, de la durée de vie des milliers d'anglicismes recueillis, datés et classés par Étiemble, depuis plus de vingt ans.

De la science aux médias

Qu'ils soient ouvertement déclarés, comme **jogging** ou **play-back**, ou clandestins, comme **initier** (dans le sens de « commencer »), les anglicismes se signalent par une fréquence particulière dans certains

Mots venus de l'anglais

aberration
abolitionnisme
abolitionniste
absentéisme
abstract
acétylène
acné
actuaire
adrénaline
after-shave
agitateur
agnostique
air conditionné
allégeance
allô
aluminium
amateurisme
américaniser
américanisme
anesthésie
anglican
anglicisme
anode
antibiotique
antilope
aquaplaning
argon
arrimer
artefact
ASDIC
atomiseur
attaché-case
attraction
auburn
autocar
automation
baby-foot
baby-sitter
baby-sitting
badge
badminton
baffle
bagage
ball-trap
bang
bank-note
bar
barmaid
barman
barren grounds
baryum
bas-bleu
base-ball
BASIC
basket-ball
bateau
bazooka
be-bop
bébé
bermuda
best-seller
bifteck
big bang
bigot
black-out
blackbouler
blazer
blizzard
bloc-notes
bloomer
blue-jeans
blues
bluff
bobsleigh
bogie
bogue
bol
bookmaker
boom
boots
bosco (marine)
boston
bouledogue
boulingrin
bowling
box
box-calf
box-office
boxe
boy
boycotter
brain-trust
break (pause)
break (voiture)
breakfast
bréchet
brick (voilier)
bridge (cartes)
bridge (dents)
briefing
bristol
browning
brunch
brushing
bugle
building
bulldozer
business
businessman
by-pass
câbler
caddie
cake
call-girl
caméra
caméraman
camping
camping-car
camping-gaz
campus
car-ferry
caravaning
cardigan
carotte (fig.)
carriériste
carter
cartoon
cash
catalyse
catch
cathode
catogan
cattleya
cellophane
celluloïd
cent (monnaie)
challenge
challenger (n.)
charleston
charter
check-list
check-up
cheftaine
chelem
chemin de fer
chèque
cherry
cheviotte
chewing-gum
chien-loup
chiffe
chips
chiropracteur
clam
clergyman
clip (bijou)
clip (vidéo)
clown
club (canne)
club (cercle)
coalition
COBOL
coca-cola
cocker
cockpit
cocktail
coke (charbon)
cold-cream
colley
colloïde
colt
come-back
comité
compétitif
compétition
compost
computer (n.)
concerné
condenseur
condominium
conformiste
confort
confortable
consort
consortium
contact (lentilles de)
contacter (v.)
container (n.)
contraceptif
contraception
contredanse
contrôle
contrôler
convention
conventionnel
convertible
copyright
corned-beef
corner (n.m.)
corporation
cortisone
cosy-corner
court (n.m.)
couvrir (reportage)
cover-girl
cow-boy
crack
cracking
crawl
crème glacée
cricket
crooner
croquet
cross-country
croup
curling
cycle
cyclone
dada
dalmatien (chien)
daltonien
dancing
dandy
dealer (n.)
débatteur
décoder
déflation
défoliant
delco
delirium tremens
déodorant
département
déplacée (personne)
derby
dériver
derrick
désappointer
design
designer (n.m.)
desperado

→

Mots venus de l'anglais (suite)

détecter
détection
détective
dévaluation
dévaluer
développement
différent
(sans compl.)
digest
digital
dinosaurien
disco
discount
dispatcher (n.m.)
dispatching
dispensaire
disqualifier
distancer
distant (fig.)
docker
dogue
dominion
drague
drain
drastique
dribble
dribbler
drive (golf)
driver (n.)
drop-goal
drugstore
dry
duffel-coat
dumping
duplex
ébonite
échiquier
écraser
ECU
éditorial
effluve
électrocuter
électrode
électrolyse
électrolyte
électron
élévateur
elfe
émission
énergétique
entraîner
entrée
environnement
épistémologie
escalade
escalator
essayiste
est
establishment
est-allemand
esthète
excavateur
excentrique
exhaustif
exhibition
exportation
exporter
express
factuel
fading
fair-play
faisabilité
falot
falsifiable
fan
Far West
fast-food
ferry-boat
festival
fifty-fifty
film
finaliste
finish
fission
flash
flash-back
flipper (n.)
flipper (v.)
flirt
flirter
fluorescence
fluorescent
F.M.
folklore
football
footing
forcing
forfait
forme
(condition
physique)
Formica
forsythia
FORTRAN
fox-terrier
fox-trot
frac
franc-maçon
free-jazz
freezer (n.m.)
fuel
full (aux
cartes)
gadget
gaélique
gag
gallon
gang
gangster
garden-party
gas-oil
gay
gentleman
gibus
gigue
girl
globe-trotter
goal
golden (pomme)
golf
gorille
gospel
(mus.)
gourmet
Gramophone
grapefruit
gratification
gratifier
gratte-ciel
gravitation
grizzli
grog
groggy
groom
grouse
haddock
hall
hamburger
handicap
happening
haute-fidélité
haut-parleur
havre
héler
héliport
hi-fi
hippie
hit-parade
hobby
hold-up
holding
home
honorable
(titre)
hormone
hors-bord
hors-la-loi
hot-dog
hôtesse
houppelande (?)
hourra
hovercraft
humoriste
humoristique
humour
hypnotisme
immature
impédance
impérialisme
impérialiste
import-export
importation
importer
(commerce)
impulser
incidence
inconsistance
inconsti-
tutionnel
indélicat
indésirable
induction
infinitésimal
inflation
inflationniste
informel
ingénierie
inoculation
inoculer
insane
insanité
instrumenta-
lisme
insuline
interférence
interférer
interlude
international
interview
interviewer (v.)
introspection
invariant
investissement
ion
ionique
ionisation
ioniser
isolationnisme
isolationniste
isotope
item
itinérant
jam-session
jamboree
jaquette (dents)
jazz
jean
jeep
jerk
jéroboam
jerrycan
jersey
jet (avion)
job
jockey
jogging
joint (drogue)
joker
joule
juke-box
jumping
jury
kaléidoscope
kart
karting

→

Mots venus de l'anglais (suite)

kelvin
kérosène
kick
kidnapper (v.)
kidnappeur
kidnapping
kilt
kitchenette
klaxon
knickers
K.O.
krypton
label
lad
laser
lastex
leader
leasing
législatif
législation
législature
let (tennis)
lévitation
libéralisation
libéraliser
liberté de la presse
libre-échange
libre-pensée
libre-penseur
libre-service
lift
lifter (v.)
liftier
lifting
lilliputien
linoléum
linotype
liste civile
liste noire
listing
living
lob (tennis)
lobby
lock-out
locomotive
loft
logarithme
loge

looping
loquet
lord
loyalisme
loyaliste
lunch
lune de miel
lutte pour la vie
lyncher
macadam
machine à vapeur
made in
magnat
mailing
maintenance
Maison-Blanche
majorette
majorité
malformation
malnutrition
malt
malthusianisme
mamie
manager (n.)
marine (n.m.)
marketing
mass media
match
matérialisme
materner
meeting
mégalithe
mégaphone
mémorandum
mentalité
mess (cantine)
métropolitain
microphone
microprocesseur
mildiou
mile
mini-jupe
minorité
mixage

mixer (v.)
mixer (n.m.)
mobile (n.m.)
module
moleskine
monitorng
montre (contre la)
mormon
morphème
morse
motel
motion
motocross
mouchoir (dans un)
music-hall
napalm
négocier (virage)
negro spiritual
néolithique
net (tennis)
neutron
névrose
no man's land
nominer
non-conformiste
non-directif
non-retour (point de)
non-stop
nord
nord-américain
nuisance
nurse
nylon
objecteur de conscience
obstruction
occurrence
octet
off
officiel
offset

O.K.
omnium
once(n.f.)
open
opérationnel
opportunité
opposition
optimiser
optionnel
ordre du jour
orlon
oscar
ouest
ouest-allemand
out
outsider
overdose
oxford (tissu)
pacemaker
paddock
pair (noble)
pairesse
palace (hôtel)
paléolithique
paletot
pamphlet
panaméricain
pandémonium
panel
panorama
panthéisme
panthéiste
papier monnaie
paquebot
parapsychologie
parcmètre
parking
parlement
parlementaire
parquer
partenaire
patate (?)
patchwork
paternalisme
patronnesse

paupérisme
pause-café
payant
pedigree
pénalisation
pénaliser
penalty
pénéplaine
pénicilline
penny
performance
périscope
personnaliser
pesticide
pétition
pétrel
pétrochimie
philippine
photo-finish
photographie
pickles
pickpocket
pick-up
pictographie
pidgin
pingouin
ping-pong
pin-up
pionnier
pipeline
pitchpin
pixel (inform.)
placebo
planning
planning familial
plantation
planteur
plastic (n.m.)
plate-forme
play-back
play-boy
plein-emploi
plein-temps
plexiglas
pneumatique
poche (livre de)
pointer (chien)
poker

→

Mots venus de l'anglais (suite)

polaroïd
politicien
politique-fiction
pollution
polo (chemise)
pomelo
poney
pool
pop
pop art
pop-corn
pop music
popeline
populaire
popularité
population
porridge
portable
porte ouverte
porter (bière)
positionner
poster (n.m.)
pratiquement
précédent (n.m.)
préraphaélite
presbytérien
pressing
pression (groupe de)
pressurisation
pressuriser
prêt-à-porter
prime (n.f.)
privatiser
producteur
professionnel
prohibition
promotion
promotionnel
prorogation
proroger
prospecter
prospecteur
prospection
proton
providentiel
psychédélique
psychodrame
pub (bistrot)
pudding
pugiliste
pullman
pull-over
punch (boxe)
punching-ball
punk
purée de pois
puritain
puzzle
quaker
qualification
qualifier
quantification
quantifier
quasar (astr.)
question préalable
quorum
quota
racket
radar
rade (n.f.)
radical (polit.)
raglan
raid
rail
rallye
rami
rayonne
réaliser « se rendre compte »
récession
récital
record
recordman
redingote
reflex (photo)
réformiste
relations publiques
relax (adj.)
relaxer (se)
remake
reporter (n.)
reprographie
reps
réservation
respectabilité
responsabilité
revolver
revue
rhéostat
rhum
rifle
ring
rock
rocker (n.)
rocking-chair
romantique
romsteck
rosbif
rotor
round
royalties
rugby
rugbyman
rush
rushes
sabbatique (congé)
sanatorium
sandwich
scalp
scalper
scanner (n.)
science-fiction
scoop
scooter
score
scotch (adhésif)
scotch (whisky)
scout
scrabble
script
script-girl
sectoriel
sélect
sélection
self-control
self-made-man
self-service
sémiotique
sentimental
session
set
setter (chien)
sex-appeal
sexy
shaker (n.m.)
shérif
shetland
shoot
shooter
shopping
short (n.m.)
show
show-business
side-car
silicium
silicone
sinécure
sit-in
skateboard
skipper (n.m.)
sleeping
slip
slow (n.m.)
smash
smocks
smoking
snack
snob
snobisme
snow-boot
socquette
soda
sodium
sommet (conférence au)
sonar
sophistiqué
s.o.s.
soucoupe volante
sous-développé
souverain (pièce)
speaker
spectre
speech
spinnaker
spirite
spleen
sponsor
sport
spot
sprat
spray
sprint
sprinter (n.)
square (n.m.)
squash
squatter (n.)
staff (plâtre)
staff (état-major)
stand (comptoir)
standard
standardisation
standardiser
standing
star
starlette
starter (n.m.)
starting-block
station-service
steak
steamer
steeple-chase
stencil
sténographie
stéréoscope
sterling
steward
stick
stock
stock-car
stop
stopper « arrêter »
stout
stress
strip-tease
strontium
stylographe
sud

→

Mots venus de l'anglais (suite)

suffragette	tandem	tilt	trolleybus	visualiser
suggestif	tanker	timing	truisme	vitamine
suite (hôtel)	tansad	tique	trust	volcanologie
sulky (hipp.)	tartan	toast	tub	volley-ball
sunlight	taylorisme	torpille	tuner (n.m.)	volleyeur
supérette	tee-shirt	toupie	turf	vote
supermarché	téflon	tour-opérateur	tweed	vulcanisation
superproduction	télépathie	tourisme	twist	vulcaniser
superstar	téléphone	touriste	upérisation	vulcanologie
supporter (n.)	télex	tract	uppercut	walkman
suprématie	tender	training	utilitaire	water-ballast
surf	tennis	tramway	utopie	water-closet(s)
surprise-party	tennisman	transe	valable	water-polo
suspense	terminal	transept	vamp	watt
sweater	terminus	transistor	van	week-end
sweat-shirt	termite	trappeur	vaseline	western
sweepstake	test	traveller's	végétarien	whist
swing	thermo-	cheque	végétarisme	white-spirit
symposium	dynamique	travelling (ciné)	ventilateur	yachting
synopsis	thriller (n.m.)	trench-coat	verdict	yard
table ronde	tie-break	trial	viaduc	yé-yé
talkie-walkie	tilbury	tribal	vidéo	zoom

domaines, ceux de la technique, de la publicité, du spectacle et du sport, et ceux de la drogue.

Mettons à part les mots savants à base grecque ou latine, comme **sinécure, photographie, cyclone** ou **électrolyse, ioniser, pressuriser** ou **reprographie**, et qui auraient pu être formés en français sur le même modèle. Il reste une abondance de termes :

– dans le domaine technique ou scientifique, comme **big bang, dumping, fading** ou **randomisation** ;

– dans le vocabulaire des médias, de la publicité et du spectacle, tels que **best-seller, box-office, hit-parade, play-back, poster, remake, scoop** ou **sponsor**, auxquels il faudrait joindre les termes de sport comme **jogging, score, skipper** ou **skateboard** ;

– dans le vocabulaire de la drogue, d'un usage courant chez les jeunes, utilisé d'abord uniquement pour parler de la drogue, mais aujourd'hui étendu à bien d'autres domaines. On peut ainsi, dans le français des années 1990, **flasher, flipper, se shooter** ou **faire un trip**, sans que la drogue en soit la cause. On peut aussi être **accro** à l'informatique (ou, bien sûr, à la linguistique).

Les anglicismes de forme et les autres

Parmi les anglicismes, on peut reconnaître – en dehors des adoptions pures et simples, qui ont la même forme et le même sens : **club**, **copyright**, **détective**, **football** ou **handicap** – ceux qui s'attachent uniquement à la forme, les faux-amis, les pseudo-anglicismes et les traductions ou adoptions de sens.

Les adoptions plus ou moins approximatives et plus ou moins justifiées de la forme anglaise peuvent être illustrées par :

- **interférence**, pour **ingérence** ;
- armes **conventionnelles**, pour armes **traditionnelles**, **classiques**, opposées aux armes **atomiques** ou **chimiques** ;
- **convertible**, pour **transformable** ;
- **contacter**, pour **prendre contact** ;
- **contrôler**, pour **diriger** ;
- **déodorant**, pour **désodorisant** ;
- **digital**, pour **numérique** ;
- **grouse**, pour **coq de bruyère** ;
- **hold-up**, pour **attaque à main armée** ;
- **label**, pour **étiquette de garantie** ;
- **éditeur**, pour **responsable d'une publication**...

Les « faux amis » sont ces mots anglais dont les formes sont si proches de celles des mots français qu'elles entraînent de façon insidieuse à une confusion des sens. Ainsi :

- le verbe français **développer** pour l'anglais *(to) develop* (qui signifie en fait « mettre au point »[77]) ;
- l'adjectif français **versatile** pour l'anglais *versatile* (qui signifie « polyvalent, éclectique »[78]) ;
- le français **rampant** pour l'anglais *rampant* (qui signifie « menaçant, virulent, frénétique »[79]).

Les pseudo-anglicismes (ou faux anglicismes[80]) sont des inventions « made in France », formées avec des mots d'apparence anglaise mais qui n'existent pas sous cette forme, ou avec le même sens, en anglais :

tennisman, pour l'anglais *tennis player* ;

smoking, pour *dinner-jacket* en Angleterre et *tuxedo* en Amérique ;

lifting, qui se traduit par *face-lift* en anglais ;

sleeping, pour *sleeping-car* ;

parking, pour *parking place* ou *parking lot* ;

Décalcomanie et traduction

Toutes les expressions françaises notées ici sont des traductions de l'anglais, mais, en les observant attentivement, on remarquera que les mots de la liste de gauche gardent une forme très proche de l'anglais et sont donc de véritables *calques,* tandis que, dans ceux de la liste de droite, on retrouve si bien les structures habituelles des noms composés du français que rien, sinon l'histoire, ne permet d'y reconnaître une origine anglaise (seul **planning familial** fait exception).

On remarquera que **pause-café** et **station-service** ne suivent pas les modèles traditionnels du français, où l'on attendrait une préposition, comme dans **conférence au sommet** ou **livre de poche.**

Décalcomanie	
air conditionné	*air conditioned*
est-allemand	*East-German*
franc-maçon	*free-mason*
haut-parleur	*loud-speaker*
haute-fidélité	*high fidelity*
libre-échange	*free-trade*
libre-pensée	*free-thinking*
libre-penseur	*free-thinker*
maternage	*mothering*
nord-américain	*North-American*
ouest-allemand	*West-German*
papier-monnaie	*paper money*
parcmètre	*parking meter*
plein-emploi	*full employment*
plein-temps	*full time*
science-fiction	*science-fiction*
tour-opérateur	*tour operator*
pause-café	*coffee-break*
station-service	*service-station*

Traduction	
bas-bleu	*blue stocking*
chemin de fer	*railway*
conférence au sommet	*summit conference*
contre la montre	*against the watch*
crème glacée	*ice-cream*
dans un mouchoir	*in a handkerchief*
gratte-ciel	*sky-scraper*
groupe de pression	*pressure group*
hors-la-loi	*outlaw*
lentilles de contact	*contact lenses*
liberté de la presse	*liberty of the press*
liste civile	*civil list*
liste noire	*black list*
livre de poche	*pocket-book*
lune de miel	*honeymoon*
lutte pour la vie	*struggle for life*
machine à vapeur	*steam-engine*
Maison-Blanche	*White House*
mini-jupe	*mini-skirt*
objecteur de conscience	*conscientious objector*
ordre du jour	*order of the day*
planning familial	*family planning*
porte(s) ouverte(s)	*open door*
prêt-à-porter	*ready-to-wear*
purée de pois	*pea-soup*
relations publiques	*public relations*
soucoupe volante	*flying saucer*
table ronde	*round table*

bronzing, pour *sunbathing* ;
lunch, pour *wedding-breakfast* ;
baby-foot, camping-car ou **politique-fiction**, qui n'existent pas en anglais ;
brushing, pour *blow-drying*[81], etc.

Les traductions ne sont des anglicismes que par le sens, comme **bas bleu** (de *blue stocking*) ou **machine à vapeur** (de *steam-engine*).

Mais, à côté de la vraie traduction, qui retrouve la position la plus fréquente en français de l'adjectif après le nom, comme dans **bas bleu** ou qui introduit une préposition, comme dans **machine à vapeur**, il y a le calque pur et simple, qui se contente de décalquer la forme anglaise : par exemple, *paper money* en **papier monnaie** ou *free-thinking* en **libre pensée**. (cf. *encadré* Décalcomanie et traduction).

Quelques sigles et acronymes à base anglaise

ASDIC	Allied Submarine Detection Investigation Committee
BASIC	Beginners All purpose Instruction Code
COBOL	COmmon Business Oriented Language
DELCO	Dayton Engineering Laboratories COmpany
ECU	European Currency Unit
FORTRAN	FORmula TRANslation
F.M.	Frequency Modulation
K.O.	Knock-out

Des mots savants inventés par des savants (anglophones)

Les mots inventés	*Les savants*
acétylène, baryum, induction, silicium, sodium, strontium	Sir Humphrey Davy, chimiste et physicien anglais, 1778-1829
mégaphone	Thomas Edison, inventeur américain, 1847-1931
anode, cathode, ion	Michaël Faraday, physicien anglais, 1791-1867
photographie	John Herschel, astronome anglais, 1792-1821
logarithme	John Neper ou Napier, mathématicien écossais, 1550-1617
neutron	Lord Ernest Rutherford, physicien anglais, prix Nobel, 1871-1937

Ont aussi été créés par des savants de langue anglaise :
électron, fluorescence, microphone, périscope et **quantifier** ;
international et **sténographie** ;
hypnotisme, névrose et **télépathie** ;
vaseline, ventilateur et **vulcaniser.**

Pour en savoir davantage, se reporter au « Trésor des mots empruntés ».

Derrière ces noms se cachent des personnages

Avec le **colt**, le **revolver**, le **pullman**, le **gibus** et le **box(-calf)**, ce sont des personnages de la seconde moitié du XIXe siècle qui viennent à notre rencontre.

Voici d'abord Samuel Colt, colonel américain qui a probablement inventé le terme de **revolver** pour désigner un pistolet à barillet tournant, et qui a donné son nom à l'arme qu'il avait mise au point, le **colt**. À peu près à la même époque, Monsieur Gibus, chapelier anglais, donnait son nom au chapeau claque, le **gibus**, un haut-de-forme que l'on pouvait transporter aplati comme une galette, et Monsieur Pullman, industriel de Chicago, à des voitures de grand confort.

Quant au **box(-calf)** de nos chaussures, il perpétue le nom d'un bottier anglais, Joseph Box, célèbre à la fin du XIXe siècle pour la qualité de ses cuirs, fabriqués ensuite aux États-Unis par White Brothers and Co. La publicité de cette marque jouait sur les mots en représentant un veau (**calf**) dans une boîte (**box**)[82].

Quand une marque déposée devient un nom commun

De nombreux anglicismes commerciaux sont passés du statut de « marque déposée » à celui de nom commun. En voici quelques-uns :

- **celluloïd**, nom commercial formé sur *cellulose* ;
- **formica**, marque déposée : résine fabriquée à base d'aldéhyde formique (du latin *formica,* « fourmi ») et interprété par les anglophones comme *for mica* « pour du mica » ;
- **frigidaire**, marque de réfrigérateur ;
- **klaxon**, du nom d'une firme américaine fabriquant des avertisseurs de voiture ;
- **nylon**, contraction de *(vi)nyl* et de *(cott)on,* « coton » (marque déposée par Dupont de Nemours) ;
- **lastex**, formé à partir de *latex* et de *elastic* (marque déposée par Dunlop) ;
- **plexiglas**, où l'on reconnaît l'anglais *glass* « verre », et un verbe latin signifiant « plier » ;
- **rayonne**, calque de l'anglais *rayon,* mot formé sur *ray* « rayon (de lumière) », pour désigner une soie artificielle particulièrement brillante ;
- **scotch**, ruban adhésif (*tape*) de la marque Scotch.

L'anglais transporteur

Tout comme l'arabe, l'espagnol et le portugais, l'anglais a aussi été le véhicule de mots venus de pays lontains : d'Australie, de Polynésie et d'Asie (cf. 8. Les langues lointaines), et tout d'abord de :

Mots des langues indiennes d'Amérique :

ESQUIMAU : **igloo, kayak** ;

ALGONQUIN : **mocassin, opossum, skunks, squaw, toboggan, tomahawk, totem** (mais **caribou, manitou** et noix **pécan** semblent être passés par le français du Canada) ;

NAHUATL : **mescaline** (?).

Mots des langues d'Australie :

boomerang, dingo (chien sauvage), kangourou ;

MAORI : kiwi (le fruit et l'oiseau).

Mots des langues de Polynésie : tabou et tatouer.

Mots des langues d'Asie :

CINGHALAIS : atoll ;

TAMOUL : cinghalais (?), cari, patchouli, catamaran (et trimaran, lui-même formé sur catamaran) ;

GUJARATI : coolie ;

HINDI : baba (hippie), bungalow, dinghy ;

HINDOUSTANI : gymkhana, shampooing, tussor ;

TIBÉTAIN : polo (jeu), yack (buffle) ;

CHINOIS : kumquat, pongé (soie), typhon (?), ketchup (?) ;

MALAIS : kapok, thé (les formes arabe et portugaise *cha*, grecque *tsaï*, russe *tchaï* viennent directement du chinois).

Pour terminer, voici trois mots qui nous sont venus, non pas de l'anglais, mais du pidgin english :

le mot pidgin lui-même, qui n'est autre que le mot *business* prononcé *bigeon* en chinois, et repris par l'anglais sous la forme *pidgin* ;

le mot chow-chow (nom d'une race de chiens) ;

et l'expression tchin-tchin, du pidgin english de Canton tsing-tsing, « à votre santé ».

Énigme 15

Tous les mots en petites capitales dans ce texte sont des emprunts à une même langue. Laquelle ?

Télégramme

Date championnats JUDO et KARATÉ fixée 20 février – stop –
KIMONOS des GEISHAS seront exécutés sur place – stop –
SAMOURAÏS et BONZES porteront uniformes – stop – Prière
expédier 50 BONSAÏS, 20 bouteilles SAKÉ, 100 kilos KAKIS
et 100 litres huile de SOJA – stop – veuillez confirmer cours
du YEN avant expédition – stop – si cours trop élevé
scènes HARAKIRI seront à craindre – stop –
La fédération NIPPONE des sports.

8. Les langues lointaines

Nous avons tenu à regrouper dans un dernier chapitre tous les apports venus des langues lointaines : langues amérindiennes, langues africaines, langues d'Asie et langues de l'océan Indien et du Pacifique.

Les langues amérindiennes

La liste totale du vocabulaire en provenance des langues indiennes d'Amérique inclut également les mots passés par l'espagnol, le portugais et l'anglais, déjà commentés précédemment (cf. *encadré* Mots venus des langues amérindiennes).

Les langues africaines

La langue française s'est aussi enrichie de quelques mots des langues venues d'Afrique, et tout particulièrement dans le domaine de la zoologie, avec **chimpanzé, gnou, macaque, mandrill, okapi** et (mouche) **tsé-tsé,** ainsi que dans le domaine des produits de la terre, avec **banane, kola, igname, karité** « arbre à beurre » et **okoumé,** bois précieux du Gabon.

Les langues d'Asie

Chacune des langues d'Asie n'a donné que fort peu de mots, mais qui, par leur exotisme, font toujours un peu rêver. Parmi celles-ci, le japonais tient une place de choix.

Les mots japonais

Peu de surprises à la lecture de la liste des mots d'origine japonaise (cf. *encadré* Mots venus du japonais) : la **geisha,** le **jiu-jitsu** ou le **kimono** disent tout de suite leur origine. On pourrait peut-être hésiter sur le **kaki** ou la **mousmé,** mais s'il y a un mot vraiment japonais dans l'esprit des Français, c'est bien **hara-kiri.** Et, pourtant, posez la question au premier Japonais venu, il hésitera avant de répondre. En effet, ce que nous nommons hara-kiri en Occident ne se dit pas *harakiri* au Japon, mais *sepp poukou.* Le malentendu vient de ce que les Japonais utilisent des caractères chinois dans leur écriture et qu'ils peuvent les lire soit à la façon sino-japonaise (*sepp poukou*), qui est pour les Japonais la plus recommandable, soit à la façon japonaise (**hara-kiri**), celle qui a été retenue en français mais qui est considérée comme trop familière.

Mots venus des langues amérindiennes

ESQUIMAU

anorak
igloo
kayak
parka

ALGONQUIN

caribou
manitou
mocassin
opossum
pacane
skunks
squaw
toboggan
tomahawk
totem

IROQUOIS

séquoia (?)

CHOCTAW

bayou

NAHUATL

avocat
axolotl
cacahuète
cacao
chocolat
coyote
haricot (?)
mescaline
nopal (figuier)
ocelot
tomate

ARAWAK

barbaque (?)
barbecue (?)
cacique
canoë (angl.)
canot (esp.)
colibri
curare
goyave
hamac
iguane
maïs
mangrove (angl.)
marron « fugitif »
ouragan
palissandre (néerl.)
papaye
patate (douce)
pécari
savane

TUPI-GUARANI
(en majorité par le portugais)

acajou
agouti
aï (zool.)
ananas
ara
boucan (viande fumée)
cajou
cobaye
couguar
ipéca
jaguar
manioc
nandou (autruche)
ouistiti
palétuvier
pian (maladie)
piranha
sagouin
samba
sapajou
sarigue
tamanoir
tapioca
tapir
tatou
toucan

CARAÏBE

agami
caïman
cannibale
marigot
pirogue

QUECHUA
(en majorité par l'espagnol)

alpaga
caoutchouc
chinchilla
coca (plante)
condor
gaucho
guano
hévéa
inca
lama
maté
pampa
puma
quinine
quinquina
vigogne

Les mots **apache**, **maya**, **panama**, **sioux**, **sisal** et **topinambour** correspondent à des noms de peuples ou de lieux, que nous avons préféré ne pas attribuer à une langue déterminée.

Mots venus de langues africaines

BANTOU		MALINKÉ	WOLOF	ÉWÉ-FON
bamboula	macaque	balafon	bougnoule	gri-gris (?)
banane (port.)	(port.)	boubou	karité	vaudou
chimpanzé	okapi (angl.)			
igname (?)	okoumé			
[port. et esp.]	tsé-tsé			
	L. DE GUINÉE	L. DU SOUDAN	HOTTENTOT	
	mandrill	kola	gnou	

Mots venus du japonais

aïkido	dan	kakemono	mikado	shogun
(art martial)	geisha	(peinture)	mousmé	« chef milit. »
bonsaï	hara-kiri	kaki (fruit)	nippon	soja
bonze	jiu-jitsu	kamikaze	nô	yen
bushido	judo	karaté	saké	
(code d'honneur)	judoka	kimono	samouraï	

On peut aussi remarquer que le mot **jiu-jitsu** pose quelques problèmes de prononciation puisque, dans un dictionnaire de la prononciation du français, fondé sur une enquête réelle[83], on relève dix prononciations différentes !

Les autres langues d'Asie

Comme dans les listes précédentes, les langues de passage sont indiquées entre parenthèses.

CHINOIS : **cangue** (port.), **confucianisme**, **kaolin**, **ketchup** (angl.), **kumquat** (angl.), **kung fu**, **litchi**, **mah-jong**, **pongé** (angl.), **poussah**, **sampang** (malais), **shantung**, **typhon** (port.), **youyou** « canot ».

TIBÉTAIN : **dalaï-lama**, **lama** « moine », **polo** (angl.), **sherpa**, **yak** (angl.), **zébu** « buffle ».

MONGOL : **turc**.

TOUNGOUZE : **mammouth** (russe).

Les langues de l'Inde

Parmi celles-ci, on peut distinguer entre :

des LANGUES DRAVIDIENNES : tamoul, télougou, malayalam ;

des LANGUES INDO-EUROPÉENNES : marathe, gujarati, népalais, hindi, hindoustani, cinghalais, tsigane.

Langues dravidiennes :

TAMOUL : **cachou** (port.), **calicot**, **cari** (port.), **catamaran** (angl.), **cinghalais** (angl.), **curry** (angl.), **mangue** (port.), **paria** (port.), **patchouli** (angl.), **trimaran** (?), **vétiver**.

TÉLOUGOU : **corindon** « alumine cristallisée ».

MALAYALAM : **bétel** (port.), **jacquier** (port.), **teck** (port.).

Langues indo-européennes :

HINDI : **baba** « hippie » (angl.), **bégum**, **bengali** « passereau des Indes », **bungalow** (angl.), **dinghy** (angl.), **gavial**, **madras**, **sari**.

HINDOUSTANI : **gymkhana** (angl.), **shampooing** (angl.), **tussor** (angl.).

GUJARATI : **coolie** (angl.).

MARATHE : **mangouste**.

CINGHALAIS : **anaconda**, **atoll** (angl.), **cornac** (port.), **naja** (?), **tourmaline**.

NÉPALAIS : **panda**.

TSIGANE : **manouche**, **romanichel**, **surin** (?).

Langue de l'Inde non précisée : **cachemire**, **gibbon**, **gingembre**.

Les langues de l'Inde

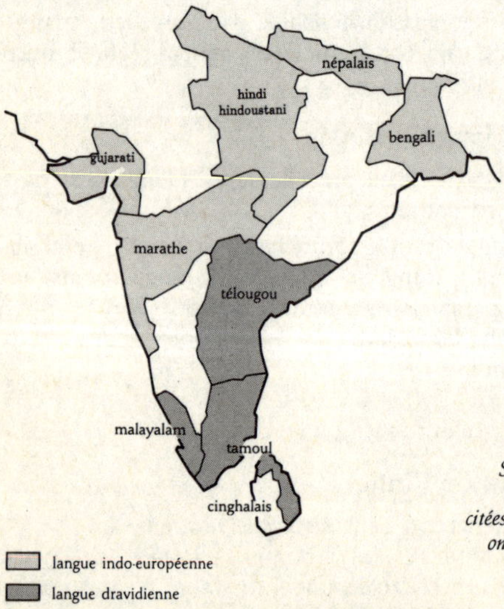

Seuls les noms des langues citées dans le texte ont été indiqués sur la carte

Les mentions des langues de passage, indiquées entre parenthèses, aident à comprendre l'existence de quelques doublets en français : **cari** et **curry**, par exemple, viennent tous deux du tamoul, mais le premier par l'intermédiaire du portugais, le second par celui de l'anglais. On aura sans doute aussi remarqué, parmi les mots venus des langues amérindiennes, **canoë** et **canot**, qui sont tous deux d'origine arawak, mais qui ont pris des chemins différents pour nous parvenir : **canoë** est passé par l'anglais, **canot** par l'espagnol.

Les langues de l'océan Indien

Seuls les noms des langues citées dans le texte ont été indiqués sur la carte.

Les langues de l'océan Indien et du Pacifique

Elles comprennent

les langues malayo-polynésiennes : le malgache ou merina (Madagascar), le malais, qui est la langue du commerce de tout l'océan Indien ;

les langues polynésiennes et les langues australiennes.

Langues malayo-polynésiennes :

MALAIS : **bambou** (port.), **béribéri**, **cacatoès** (néerl.), **cacatois** (port.), **calao**, **casoar**, **gong**, **jonque** (?), **kapok** (angl.), **orang-outan**, **pagaie**, **pangolin** (zool.), **rotin**, **sarbacane**, **thé** (angl.), **tupaïa** (zool.).

MALGACHE : **maki** (zool.), **rabane**, **raphia.**

Langue indonésienne non précisée : **émeu**, **java.**

Langues polynésiennes : **bikini** (maillot de bain), **paréo**, **tabou** (angl.), **tatouer** (angl.), **vahiné.**

Langues australiennes : **boomerang** (angl.), **dingo** (angl.), **kangourou** (angl.), **koala**, **kiwi** (du maori, par l'angl.).

N.B. Le classement des mots ayant pris pour origine des noms de peuples et de lieux, tels que **sherpa** ou **romanichel**, **madras** ou **bikini**, reste hypothétique.

Les voyages les plus longs

C'est sans doute le mot **sarbacane** qui a fait le plus long voyage. D'origine malaise (*sumpitan, sempitan*), ce mot a ensuite été emprunté par le persan, puis par l'arabe, qui l'a introduit en Espagne, où on le trouve sous la forme *cerbatana,* d'où la forme française *sarbatane,* qui est devenue finalement **sarbacane** par croisement avec **canne.** On pourrait encore citer le mot **typhon** dont l'origine lointaine est douteuse (soit grecque, soit chinoise), mais dont on croit pouvoir reconstituer le périple : il a transité par l'arabe et par le portugais, puis il a été probablement réemprunté à l'anglais avant de redevenir un mot français au milieu du XIXe siècle.

9. Un bilan tout provisoire

Une collecte dépassant toute espérance

Dans le préambule, on a déjà décrit la longue recherche préliminaire qui a consisté à compléter la liste de départ fournie par le *Petit Larousse* à mesure que l'on rencontrait des mots n'y figurant pas. Elle avait abouti à un total considérable : 8 088 mots exactement. Rappelons qu'une grande partie de ces 8 088 mots étaient soit trop anciens, soit trop savants, soit trop spécifiques à une région ou à un groupe d'usagers pour pouvoir faire l'objet d'une rubrique particulière. Le total en a été réduit à 4 063 mots : ceux qui constituent le « Trésor » de la deuxième partie de cet ouvrage. On trouvera aussi, dans l'*Index des langues,* la liste de plus de 120 idiomes auxquels le français a fait des emprunts.

Priorité aux substantifs

Après cette vision générale des emprunts du français aux diverses langues du monde, tout d'abord présentée par strates et en relation avec l'histoire des civilisations et des contacts de langues, et que l'on retrouvera, mot par mot, dans le répertoire alphabétique du « Trésor », il est temps de faire un bilan plus proprement linguistique de l'ensemble et, en particulier, de mettre en évidence les caractéristiques grammaticales de ces emprunts.

L'examen, qui n'a porté que sur les 4 063 mots du « Trésor », fait apparaître des résultats très contrastés :

substantifs	90 p. 100
verbes	un peu plus de 6 p. 100
adjectifs	un peu plus de 3 p. 100
adverbes	un peu moins de 1 p. 100

et seulement 6 interjections : **allô, bravo, hourra, O.K., peuchère, tchin-tchin.**

Remarquons au passage qu'aucune préposition ni aucune conjonction n'a été attestée, ce qui confirme la réticence des langues à échanger leurs outils grammaticaux.

Les verbes et les adjectifs

La plupart des langues n'ont fourni que des substantifs. Seules certaines d'entre elles ont donné également des verbes et des adjectifs, en particulier les langues germaniques anciennes, l'italien et l'anglais, mais, même pour ces langues, la proportion reste faible. En voici quelques exemples :

	verbes	*adjectifs*
GERMANIQUE ANCIEN	**attacher**	**bleu**
ANGLAIS	**dériver**	**falot**
ITALIEN	**dessiner**	**svelte**
NÉERLANDAIS	**démarrer**	**espiègle**
PROVENÇAL	**croustiller**	**jaloux**
ESPAGNOL	**caracoler**	**disparate**
ALLEMAND	**se blottir**	**mastoc**
ANCIEN SCANDINAVE	**cingler**	**joli**
GAULOIS	**briser**	**dru**
ARABE	**calfater**	**mesquin**
PERSAN	**roquer** (aux échecs)	**pers** (yeux)

Cet échantillon, purement qualitatif, met toutes les langues d'emprunt sur le même plan, mais les chiffres absolus sont très différents d'une langue à l'autre : 76 verbes proviennent du germanique ancien, 55 de l'anglais, 36 de l'italien, 35 du néerlandais, 15 du provençal, 14 de l'espagnol et seulement 3 de l'arabe et 1 du persan.

Pour les adjectifs et les adverbes, les chiffres sont moins sûrs, les adjectifs pouvant être également substantivés (**un loyaliste**) et les adverbes utilisés aussi bien en fonction nominale (**un adagio**) qu'adjectivale (**une voix off**).

Les adverbes font une percée marquée

Les adverbes – une quarantaine en tout – ne se retrouvent que dans quatre langues : l'italien, l'anglais, l'arabe et le germanique. Le plus grand nombre vient de l'italien, qui en fournit près de 30. Ils appartiennent surtout au vocabulaire que l'on peut rencontrer sur une partition musicale, mais que l'on emploie rarement dans la conversation courante (**allegro**, **andante**, **fortissimo** ou **crescendo**), à moins de les substantiver (un **allegro**, un **andante**, etc.). Retenons pourtant **incognito**, **franco**, **in petto** ou **couci-couça**, toujours utilisés en fonction adverbiale, ainsi que la locution **de mèche**, aux allures si françaises que l'on aurait envie d'y reconnaître une « mèche » alors que cette mèche-là n'est que le reflet lointain de **mezzo** « moitié ».

L'anglais n'a donné dans ce domaine que des expressions encore senties comme étrangères, telles que **fifty-fifty, off, out** , et un calque : **pratiquement** (dans le sens de « presque, à peu près ») qui, au contraire, n'est jamais repéré comme un emprunt à l'anglais.

Pour mémoire, rappelons aussi deux expressions arabes : **kif-kif** « la même chose », et **(pas) bezef** « (pas) beaucoup », réservées au discours très familier.

Les résultats de ce bilan sont donc finalement modestes, et sur la quarantaine d'adverbes candidats à la naturalisation, seuls deux d'entre eux ont réellement réussi à s'implanter dans la langue française : **guère** et **trop**. Ils sont tous deux d'origine germanique et ont été empruntés très anciennement : **guère** se retrouve dans **naguère**, « il n'y a guère », et **trop**, de la même racine que **troupe** et **troupeau**, est le résultat d'un glissement de sens, de la notion de « grande quantité » à celle de « trop grande quantité ».

Un tableau récapitulatif

Avant de terminer cet exposé par un tableau présentant des résultats quantitatifs, rappelons que les chiffres avancés n'ont pas une valeur absolue. Ils ne sont qu'indicatifs d'une réalité mouvante et pour laquelle, en outre, de nombreux points d'interrogation subsistent.

En effet, des doutes demeurent souvent sur l'attribution d'un mot à une langue plutôt qu'à une autre. Étant donné que le dialecte de l'Île-de-France avait fait passer à *ch* tous les *c* du latin devant un *a,* un mot commençant par un *c* devant un *a* en français est certainement un emprunt, mais il peut avoir autant de chances d'être passé par le picard (**cabaret, camp**) que par le provençal (**cadran, capot**), voire par l'italien (**camisole, campagne**) ou l'espagnol (**cabotage, camarade**).

Il faut aussi ajouter que les noms de personnages, de lieux ou de peuples qui ont donné naissance à des mots français ont été le plus souvent classés comme s'il s'agissait d'éléments du vocabulaire de la langue du pays d'origine :

lieux

astrakan	a été attribué	au russe
belon		au breton
berline		à l'allemand
cachemire		au hindi
jersey		à l'anglais
landau		à l'allemand
mousseline		à l'arabe

personnages réels

calepin	attribué	à l'italien
confucianisme		au chinois
dahlia		au suédois
raglan		à l'anglais
séquoïa		à l'iroquois

personnages fictifs

guignol	attribué	au lyonnais
pantalon		au vénitien
polichinelle		à l'italien

peuples

inca	attribué	au quechua
sherpa		au tibétain
topinambour		au tupi-guarani

On pourrait certainement discuter le bien-fondé de la présence de quelques mots dans certaines listes et les chiffres auxquels on aboutit pourraient sans doute être contestés. Mais cela ne saurait affecter sérieusement les résultats globaux du tableau final qui résume les données numériques de ce travail. Ces résultats ne représentent de toute façon qu'une vision instantanée du vocabulaire français à un moment de son histoire (cf. *encadré* Résultats chiffrés.)

Il ne faudrait pas en effet oublier qu'une langue qui vit est une langue qui change : la langue française continuera, comme par le passé, à puiser à sa guise dans les autres langues pour diversifier et enrichir son vocabulaire.

Résultats chiffrés

Langues d'emprunt	*Total mots recueillis*	*Trésor (mots étudiés)*	*Complément (mots non retenus)*
anglais	2 527	1 036	1 491
italien (et dialectes)	1 077	660	417
dial. gallo-romans	1 009	481	528
(dont provençal)	(509)	(242)	(267)
germanique ancien	616	497	119
(dont ancien scandinave)	(82)	(52)	(30)
arabe	420	212	208
allemand et dial. germaniques	351	138	213
(dont allemand)	(299)	(109)	(190)
espagnol (et dial.)	335	152	183
néerlandais	289	150	139
langues d'Asie	226	86	140
(dont japonais)	(72)	(24)	(48)
langues celtiques	219	155	64
(dont breton)	(39)	(20)	(19)
langues amérindiennes	214	99	115
langues slaves et baltes	132	52	80
langues malayo-polynésiennes et d'Océanie	128	31	97
persan	93	58	35
sanskrit	84	50	34
langues chamito-sémitiques (autres que l'arabe)	73	52	21
portugais	60	29	31
turc	52	23	29
langues africaines	48	17	31
pré-indo-européen	39	34	5
langues scandinaves modernes	36	20	16
langues créoles	21	4	17
langues finno-ougriennes	20	12	8
divers (arménien, basque, dalmate, osque, etc.)	19	13	6
Totaux	8 088	4 061	4 027

Les mots recueillis proviennent de différentes sources, dont le *Petit Larousse* et le *Petit Robert,* et correspondent à un ensemble d'environ 70 000 mots.

Les mots étudiés ont été sélectionnés en ne retenant que ceux qui se trouvaient dans le *Petit Dictionnaire de la langue française, 35 000 mots* Larousse, ou dans le *Micro-Robert Plus,* et correspondent à un ensemble de 35 000 mots.

Le « TRÉSOR » DES MOTS EMPRUNTÉS

A

abandon n.m.
du FRANCIQUE **ban*, « ordre, menace », par l'ANCIEN FRANÇAIS *bandon*, « pouvoir, autorité », d'où l'expression *a bandon*, « au pouvoir de » ; XIIe s.

abasourdir v.
d'un DIALECTE MÉRIDIONAL *bazir*, « s'évanouir », terme argotique d'où dérive *basourdir*, « tuer » ; *bazir* vient peut-être du LATIN POPULAIRE *basire*, « devenir jaune, cadavérique », du LATIN *basus*, de *badius*, « brun » ; XVIIe s.

abbé n.m.
de l'ARAMÉEN *abba*, « père », par le GREC et le LATIN ecclésiastiques ; XIe s.

abeille n.f.
du PROVENÇAL *abelha*, du LATIN *apicula*, diminutif de *apis*, « abeille » ; XIVe s.

aberration n.f. (effet optique)
de l'ANGLAIS *aberration*, « déviation », du LATIN *aberrare*, « errer au loin » ; XVIIe s.

abolitionnisme n.m. (suppression de l'esclavage)
de l'ANGLAIS *abolitionism*, formé sur le FRANÇAIS *abolition* ; XIXe s.

abolitionniste adj. et n.
de l'ANGLAIS *abolitionist*, formé sur le FRANÇAIS *abolition* ; XIXe s.

abri n.m.
d'un DIALECTE DE L'OUEST, du LATIN *apricari*, « s'exposer au soleil », puis « se mettre à l'abri » ; XIIe s.

abricot n.m.
de l'ARABE d'Espagne *al-barqûq*, par le CATALAN *abercoc*, le terme arabe venant lui-même par le GREC, du LATIN *praecoquum*, « (fruit) précoce » ; XVIe s.

absentéisme n.m.
de l'ANGLAIS *absenteeism*, dérivé de (*to*) *absent oneself*, formé sur le FRANÇAIS *s'absenter* ; XIXe s.

abstract n.m.
de l'ANGLAIS *abstract*, « résumé », lui-même du LATIN *abstractus*, « tiré de, séparé, extrait » ; XXe s.

acabit n.m.
peut-être de l'ANCIEN PROVENÇAL ; XVe s.

académie n.f.
de l'ITALIEN *accademia*, « académie littéraire », du GREC *akadêmia*, « jardin d'Athènes où enseignait Platon » ; XVIe s.

acajou n.m.
du TUPI *akajú* par le PORTUGAIS *acaju* ; XVIe s.

accabler v.
d'un DIALECTE NORMANNO-PICARD *accabler*, « écraser, abattre » ; XVe s.

accaparer v.
de l'ITALIEN *accaparrare*, « verser des arrhes (*caparra*) » ; XVIe s.

accolade n.f.
du PROVENÇAL *acoulada*, de *accola*, « embrasser, saisir au cou » ; XVIe s.

accordéon n.m.
de l'ALLEMAND *Akkordion*, création de son inventeur viennois, sur le modèle de *orphéon* ; XIXe s.

accorte adj.f.
de l'ITALIEN *accorta*, « avisée », qui a pris au XVIIIe s. le sens de « plaisante » ; XVe s.

accoster v.
du PROVENÇAL *accostar*, « s'approcher » (ou d'un DIALECTE NORMAND). A remplacé l'ancien verbe *accôter* au XVIe s.

acétylène n.m.
de l'ANGLAIS *acetylene*, de *acetyl-*, radical chimique rappelant que l'*acétylène* peut servir à préparer l'acide acétique. Nom donné par le chimiste Davy ; XIXe s.

acné n.f.
de l'ANGLAIS médical *acne*, du GREC *akmè*, transcrit par erreur *aknè* ; XIXe s.

acre n.m. (mesure agraire)
d'un DIALECTE NORMAND *acre*, venu du LATIN *ager*, « champ », par l'ANGLAIS *acre*, « surface de champ labourée en un jour » ; XIIe s.

action n.f. « part de société »
du NÉERLANDAIS *aktie* ; XVIIe s.

actuaire n.m.
de l'ANGLAIS *actuary*, « spécialiste des calculs statistiques (dans les compagnies d'assurances) », mot qui vient lui-même du LATIN *actuarius*, « scribe » ; XIXe s.

adagio n.m. (musique)
de l'ITALIEN *adagio*, « lentement » ; XVIIIe s.

adjudant n.m.
de l'ESPAGNOL *ayudante*, « aide, adjoint », de *ayudar*, « aider », du LATIN *adjutare* ; XVIIIe s.

adobe n.m. (brique séchée)
de l'ARABE *at-tûb*, « la brique », par l'ESPAGNOL *adobe* ; XIIe s.

adrénaline n.f.
de l'ANGLAIS *adrenalin*, de *adrenal* (*gland*) « (glande) adjacente au rein » (glande surrénale) ; XXe s.

adret n.m.
du DIALECTE DAUPHINOIS *adreit*, « droit (vers le soleil) » ; XXe s.

affaler v.
du NÉERLANDAIS *afhalen*, « tirer un cordage (vers le bas) » ; XVIIe s.

affres n.f.pl.
du GOTIQUE **aifr*, « horrible », par l'ANCIEN PROVENÇAL *afre*, « horreur » ; XVe s.

aficionado n.m.
de l'ESPAGNOL *afición*, « goût, inclination » ; XVIIe s.

after-shave n.m.
de l'ANGLAIS *after*, « après », et (*to*) *shave*, « raser » ; XXe s.

agami n.m. (oiseau)
du CARAÏBE GUYANAIS ; XVIIe s.

agence n.f.
de l'ITALIEN *agenzia* ; XVIIe s.

agio n.m.
de l'ITALIEN *aggio*, « différence de valeur monétaire » ; XVIIe s.

agitateur n.m.
de l'ANGLAIS *agitator*, « qui incite à l'agitation » ; le français avait déjà *agitateur* au sens de « cocher, charretier », mais le sens politique a été emprunté à l'anglais au XVIIIe s.

agnostique adj.
de l'ANGLAIS *agnostic*, mot formé par Thomas Huxley à partir du GREC *gnostos*, « connu », et du préfixe *a-* privatif ; XIXe s.

agouti n.m. (rongeur)
du TUPI-GUARANI *acouti* ; XVIe s.

agrafe n.f.
du GERMANIQUE **krappa*, « crochet », par l'ANCIEN FRANÇAIS *graf(f)e* ; XVe s.

agrès n.m.pl.
de l'ANCIEN SCANDINAVE *greidi*, « équipements » ; XVe s.

agrume n.m.
de l'ITALIEN *agrume*, « fruit à saveur acide », du LATIN *acrumen*, de *acer*, « aigre » ; XVIIIe s.

aï n.m. (petit mammifère)
encore appelé *paresseux*, du TUPI-GUARANI ; XVIe s.

aigle n.m. et f.
probablement du PROVENÇAL *aigla*, du LATIN *aquila* ; XIIe s.

aiglefin ou **églefin** n.m. (poisson)
du MOYEN NÉERLANDAIS *schelvish*, par l'ANCIEN FRANÇAIS *esclevis* et le FRANÇAIS *églefin* ; XIVe s.

aigrette n.f. (oiseau)
du PROVENÇAL *aigreta*, de *aigron*, « héron » ; XIVe s.

aigue-marine n.f.
du PROVENÇAL *aiga marina*, « eau de mer » ; XVIe s.

aiguière n.f.
du PROVENÇAL *aiguiera*, « vase à eau », dérivé du PROVENÇAL *aigo*, « eau », du LATIN *aqua* ; XIVe s.

aïkido n.m. (art martial)
du JAPONAIS *aïkido*, « la voie de la paix » ; XXe s.

aillade n.f.
de l'ANCIEN PROVENÇAL *alhada*, de *alh*, « ail » ; XVIe s.

aïoli ou **ailloli** n.m.
du PROVENÇAL *ai*, « ail », et *oli*, « huile » ; XVIIIe s.

air n.m. (musique)
de l'ITALIEN *aria*, « air », du LATIN *aera*, accusatif irrégulier de *aer*, lui-même emprunté au GREC *aer*, « air » ; XVIe s.

air conditionné n.m.
calque de l'ANGLAIS *air conditioned*, « climatisation », littéralement « mis dans de bonnes conditions grâce à l'air (renouvelé) » ; XXe s.

airelle n.f.
d'un DIALECTE CÉVENOL *airelo*, « airelle », dérivé du LATIN *atra*, « noire ».

Dans l'usage, *airelle* est le terme du Midi et *myrtille*, celui du Nord ; XVIe s.

ajonc n.m.
d'origine PRÉLATINE **jauga*, par un DIALECTE DE L'OUEST ; XIIIe s.

akvavit ou **aquavit** n.m.
d'une forme SCANDINAVE *akvavit*, « eau-de-vie » ; XXe s.

alambic n.m.
de l'ARABE *al-'anbîq*, « le vase » (venant lui-même du GREC *ambix*, « vase à distiller »), par l'ESPAGNOL *alambique* ; XIIIe s.

alarme n.f.
de l'ITALIEN *allarme*, de l'expression *all'arme, all'armi*, « aux armes ! » ; XIVe s.

albatros n.m.
peut-être de l'ARABE *al-gattas*, « espèce d'aigle marin », par le PORTUGAIS ou l'ESPAGNOL *alcatraz*, « pélican ». Il est parvenu ensuite en français par l'ANGLAIS *algatrass*, devenu *albatross*, « grand oiseau au plumage blanc » (peut-être par attraction du LATIN *albus*, « blanc ») ; XVIIe s.

alberge n.f. (sorte d'abricot)
du PERSAN *pârs*, « perse, de Perse », par le LATIN *persica*, par l'ARABE *al-berchiga* et l'ESPAGNOL *alberchiga* ; XVIe s.

albinos adj. et n.
du PORTUGAIS (ou de l'ESPAGNOL) *albinos*, « blancs », dans l'expression *negros albinos*, « nègres blancs », du LATIN *albus*, « blanc » ; XVIIIe s.

album n.m.
de l'expression ALLEMANDE *album amicorum*, « livre d'or », du LATIN *album amicorum* (littéralement « le livre blanc des amis »), qui servait à recueillir les autographes ; XVIIIe s.

alcade n.m. (maire espagnol)
de l'ARABE *al-qâdi*, « juge » ; XVIe s.

alcali n.m.
de l'ARABE *al-qilyi*, « la soude » ; XVIe s.

alchimie n.f.
de l'ÉGYPTIEN *kem*, « noir », par le GREC *khêmia*, « magie noire », par l'ARABE *al-kimiyâ* et le LATIN MÉDIÉVAL *alchimia* ; XIIIe s.

alcool n.m.
de l'ARABE *al-kohl*, « l'antimoine pulvérisé », par le LATIN MÉDIÉVAL. Le changement de sens est dû à l'alchimiste Paracelse ; XVIe s.

alcôve n.f.
de l'ARABE *al-qubba*, « la petite chambre », par l'ESPAGNOL *alcoba* ; XIIe s.

alêne ou **alène** n.f. (de cordonnier)
du GOTIQUE **alisna*, emprunté par le LATIN avant l'invasion franque ; XIIIe s.

alerte n.f.
de l'ITALIEN *all'erta !*, de *erta*, « hauteur », avec probablement à l'origine le sens de « Eh ! là-haut ! », cri d'alerte entre sentinelles postées sur les hauteurs ; XVIe s.

alezan adj.
de l'ARABE *al-hisan*, « le renard », par l'ESPAGNOL *alazán* ; XVIe s.

alfa n.m. (herbe)
de l'ARABE *halfa* ; XIXe s.

algarade n.f.
de l'ARABE *al-ghâra*, « l'attaque à main armée », par l'ESPAGNOL *algarada*, « razzia, incursion et brouhaha » ; XVIe s.

algèbre n.f.
de l'ARABE *al-djabr*, « la réduction » (de l'arithmétique à une forme plus sim-

ple), titre d'un ouvrage du savant Al-Khawarîzmi, devenu *algebra* en LATIN MÉDIÉVAL ; XIVe s.

algorithme n.m.
de l'ARABE *Al-Khawarîzmi*, nom d'un savant d'origine persane, par le LATIN MÉDIÉVAL *algorithmus* ; XVIe s.

allégeance n.f.
de l'ANGLAIS *allegiance*, formé sur l'ANCIEN FRANÇAIS *ligeance*, du LATIN *ligantia*, de *ligare*, « lier », avec un préfixe *al-*, sans doute sous l'influence de *alliance* ; XVIIe s.

allégretto n.m. (musique)
de l'ITALIEN *allegretto*, diminutif de *allegro*, « gai » ; XVIIIe s.

allégro n.m. (musique)
de l'ITALIEN *allegro*, « gai » ; XVIIIe s.

alléluia n.m.
de l'HÉBREU *hallelouyah*, « louez l'Éternel », par le LATIN ECCLÉSIASTIQUE *alleluia* ; XIIe s.

allier v.
d'un DIALECTE NORMAND, lui-même du LATIN *ligare*, « lier » ; XIIe s.

alligator n.m.
de l'ESPAGNOL *el lagarto*, « le lézard » (du LATIN *lacertus*), par l'ANGLAIS *alligator* ; XVIIe s.

allô interj.
de l'ANGLAIS *hello* (ou du FRANÇAIS *allons !*) ; XIXe s.

almanach n.m.
de l'ARABE *al-manakh*, venu lui-même du GREC *almenikhiaca*, « calendrier », par le LATIN MÉDIÉVAL *almanachus* ; XIVe s.

almée n.f. (danseuse)
de l'ARABE *âlme*, « savante (dans l'art de la danse) », de *'alima*, « savoir » ; XVIIIe s.

alose n.f. (poisson)
du GAULOIS, par le LATIN *alausa* ; XIIe s.

alouette n.f.
d'un mot GAULOIS devenu *alauda* en LATIN, d'où *aloe* en ANCIEN FRANÇAIS et son diminutif *alouette* ; XIIe s.

aloyau n.m.
du GAULOIS, par le LATIN et l'ANCIEN FRANÇAIS *aloel*, autre dérivé d'*aloe*, « alouette » ; XIVe s.

alpaga n.m. (mammifère et étoffe)
dérivé du QUECHUA *páco*, « roux », qui est la couleur de la laine de l'animal, par l'ESPAGNOL *alpaca* ; XVIIIe s.

alpage n.m.
dérivé de *Alpes*, d'origine LIGURE, par un DIALECTE DAUPHINOIS ; XVIIe s.

alpestre adj.
de l'ITALIEN *alpestre* ; XVIe s.

altesse n.f.
de l'ITALIEN *altezza* (ou de l'ESPAGNOL *alteza*), « hauteur » ; XVIe s.

altier adj.
de l'ITALIEN *altiero*, « fier » ; XVIe s.

alto n.m. (instrument de musique)
de l'ITALIEN *viola alta*, d'où (*violon*) *alto* ; XVIIIe s.

aluminium n.m.
de l'ANGLAIS *aluminium*, forme savante créée par le chimiste Davy à partir du LATIN *alumen*, « alun » ; XIXe s.

amadou n.m.
du PROVENÇAL *amador*, « amoureux », qualificatif appliqué à l'agaric, champignon facile à enflammer ; XVIIe s.

amalgame n.m.
d'un mot ARABE attesté sous la forme *amalgama* en LATIN des alchimistes ; XVe s.

amarrer v.
du NÉERLANDAIS *aanmaren* ; XIIIe s.

amateurisme n.m.
de l'ANGLAIS *amateurism*, « pratique d'un amateur », de *amateur*, lui-même emprunté au FRANÇAIS, du LATIN *amator*, « qui aime, amoureux » ; XIXe s.

ambassade n.f.
du GAULOIS **ambactos*, « client, serviteur », par le GOTIQUE *andbahti*. Le LATIN MÉDIÉVAL a formé le mot *ambactia*, d'où est issu le PROVENÇAL *ambaissada*, puis l'ITALIEN *ambasciata*, qui a donné lui-même le français *ambassade* ; XIVe s.

amble n.m. (allure d'un cheval)
probablement de l'ANCIEN PROVENÇAL *amblar*, lui-même du LATIN *ambulare*, « se promener » ; XIIe s.

ambre n.m.
de l'ARABE *'anbar*, « ambre gris », par le LATIN MÉDIÉVAL *ambar*, *ambra* ; XIIIe s.

amen n.m.
de l'HÉBREU *amen*, « ainsi soit-il », par le LATIN ECCLÉSIASTIQUE ; XIIe s.

américaniser v.
de l'ANGLAIS (*to*) *americanize*, « américaniser », avec, à l'origine, l'idée de distinguer les colons américains des Anglais d'Europe ; XIXe s.

américanisme n.m.
de l'ANGLAIS *americanism* ; XIXe s.

amiral n.m.
de l'ARABE *amir al-*(*bahr*), « prince de la (mer) », de *amir*, « émir, prince », et de *al-bahr*, « la mer » ; XIe s.

amour n.m.
du PROVENÇAL *amour*, du LATIN *amor* (qui, directement, aurait donné le FRANÇAIS *ameur*, comme *calor* > *chaleur*, *odor* > *odeur*) ; XIIIe s.

amouracher (s') v.
de l'ITALIEN *amorazzo*, *amoraccio*, « aventure galante » ; XVIe s.

anaconda n.m. (serpent)
du CINGHALAIS *anacondo* ; XIXe s.

analphabète adj. et n.
de l'ITALIEN *analfabeto*, du GREC *analphabetos* ; XVIe s.

analphabétisme n.m.
de l'ITALIEN *analfabetismo* ; XXe s.

ananas n.m.
du TUPI-GUARANI *naná*, par le PORTUGAIS *ananas*, puis par l'ESPAGNOL ; XVIe s.

anche n.f. (musique)
du GERMANIQUE **ankja*, par un DIALECTE DU CENTRE OU DE L'OUEST ; XVIe s.

anchois n.m.
du GÉNOIS *anciöa*, par l'intermédiaire de l'ESPAGNOL *anchoa* puis du PROVENÇAL, ces formes étant probablement à rattacher au GREC *aphuê*, « petit poisson », par le BAS LATIN **apiua* ; XVIe s.

andante n.m. (musique)
de l'ITALIEN *andante*, « allant », de *andare*, « aller » ; XVIIIe s.

andantino n.m. (musique)
de l'ITALIEN *andantino*, diminutif de *andante* ; XVIIIe s.

anesthésie n.f.
de l'ANGLAIS *anaesthesia*, du GREC *aisthêsia*, « sensation », et du préfixe *an-* privatif ; XVIIIe s.

ange n.m.
de l'HÉBREU *mal'ak*, « messager », par sa traduction en GREC *aggelos*, même sens, puis en LATIN *angelus* ; XIe s.

anglican adj. et n.m.
de l'ANGLAIS *Anglican*, « anglican », copié sur *Gallican* ; XVIe s.

anglicisme n.m.
de l'ANGLAIS *anglicism*, a d'abord signifié « anglomanie » ; XVIIIe s.

aniline n.f. (colorant)
du SANSKRIT *nila*, par le PERSAN, puis l'ARABE *an-nil* et le PORTUGAIS *anil* ; XVIe s.

anode n.f.
de l'ANGLAIS *anode*, mot créé par Faraday en 1834, du GREC *anodos*, de *ana-*, « en remontant », et de *odos*, « chemin » ; XIXe s.

anorak n.m.
de l'ESQUIMAU *anorak*, « qui protège contre le vent », de *anoré*, « le vent » ; XXe s.

antibiotique adj. et n.m.
de l'ANGLAIS *antibiotic*, « opposé au développement de la vie », du GREC *biotikos*, « vital », et du préfixe *anti-* ; XXe s.

antichambre n.f.
de l'ITALIEN *anticamera*, mot à mot « chambre de devant » ; XVIe s.

antilope n.f.
de l'ANGLAIS *antelope*, du LATIN MÉDIÉVAL *anthalopus*, « animal fabuleux » ; XVIIe s.

antimoine n.m.
adaptation d'un mot ARABE, par le LATIN *antimonium* ; XIIIe s.

antiquaille n.f.
de l'ITALIEN *anticaglia*, « antiquité », dont le sens, à l'origine, n'était pas péjoratif ; XVIe s.

apache n.m.
de l'APACHE (langue indienne du Nouveau-Mexique). Ce nom de peuple a désigné au XXe s. la pègre de la banlieue parisienne ; XIXe s.

apanage n.m.
d'un DIALECTE DU CENTRE, du LATIN MÉDIÉVAL *appanare*, d'où l'ANCIEN FRANÇAIS *apaner*, litt. « donner du pain », puis « doter une fille » ; XIIIe s.

apartheid n.m.
de l'AFRIKAANS *apartheid*, « séparation » ; XXe s.

appartement n.m.
de l'ITALIEN *appartamento*, de *appartare*, « séparer » ; XVIe s.

aquaplaning n.m. « dérapage sur une route mouillée »
PSEUDO-ANGLICISME formé sur *aquaplane*, lui-même hybride du LATIN *aqua*, « eau », et du FRANÇAIS *planer*. L'anglais *aquaplaning* correspond au sport de l'aquaplane ; XXe s.

aquarelle n.f.
de l'ITALIEN *acquarella*, de *acqua*, « eau » ; XVIIIe s.

aquatinte n.f.
de l'ITALIEN *acqua tinta*, « eau teintée » ; XIXe s.

ara n.m. (perroquet)
du TUPI-GUARANI *ará* ; XVIe s.

arabesque n.f.
de l'ITALIEN *arabesco*, « arabe » ; XVIe s.

arborer v.
de l'ANCIEN ITALIEN *arborare*, « dresser comme un arbre », du LATIN *arbor*, « arbre » ; XIVe s.

arcade n.f.
du PIÉMONTAIS-LOMBARD *arcada* ; XVIe s.

archipel n.m.
de l'ITALIEN *arcipelago*, formé à partir du GREC *arkhi-*, « principal », et *pelagos*, « mer » ; XVIe s.

architrave n.f.
de l'ITALIEN *architrave*, « poutre maîtresse » ; XVIe s.

ardillon n.m. « languette de boucle »
du FRANCIQUE **hard*, « filasse », d'où l'ANCIEN FRANÇAIS *hart*, « corde », et *ardillon*, « petit lien » ; XVe s.

argon n.m. (gaz rare)
de l'ANGLAIS *argon*, du GREC *argon*, «inactif» ; XIXe s.

argousin n.m. « officier des galères »
de l'ARABE *al-ghozz*, nom d'une tribu turque dont les membres servaient de bourreaux, par le PORTUGAIS *algoz*, « bourreau », avec influence de l'ESPAGNOL *alguazil*, « gendarme » ; XVIe s.

aria n.m. (musique)
de l'ITALIEN *aria*, « air » (de musique) [cf. air] ; XVIIIe s.

ariette n.f. (musique)
de l'ITALIEN *arietta*, diminutif de *aria*, « air » ; XVIIIe s.

arlequin n.m.
d'un DIALECTE ANGLO-NORMAND, du personnage de comédie *Hellequin*, *Herlekin* (dans le Jeu de la feuillée de Adam de la Halle), du MOYEN ANGLAIS *Herle king*, le roi Herle ; XVIe s.

arpège n.m.
de l'ITALIEN *arpeggio*, « jeu de harpe » et « exécution successive des notes d'un accord », dérivé de *arpa*, « harpe » ; XVIIIe s.

arpent n.m.
du GAULOIS *arepennis*, « mesure agraire », par le LATIN POPULAIRE *arependis* ; XIe s.

arquebuse n.f.
du MOYEN HAUT-ALLEMAND *hakenbühse*, de *bühse*, « canon », et de *haken*, « crochet ». L'arquebuse, première arme à feu portative, était si lourde que pour tirer on la fixait par un crochet sur une sorte de chevalet (peut-être avec influence des mots FRANÇAIS *arc* et *buse*, « faucon ») ; XVe s.

arrimer v.
du MOYEN ANGLAIS *rimen*, « arranger », de la même famille que l'ANGLAIS *room* ; XIVe s.

arsenal n.m.
de l'ARABE *dâr as-sinâ'a* « maison où l'on construit », puis « chantier naval », par le GREC *arsênalês* et le VÉNITIEN *arzana* ; XIIIe s.

artefact n.m.
de l'ANGLAIS *artefact*, du LATIN *artis factum*, « produit de l'art » ; XXe s.

artichaut n.m.
de l'ARABE *al-karchoûf*, « l'artichaut », par l'ESPAGNOL *alcachofa* et le dialecte LOMBARD *articiocco* ; XVIe s.

artisan n.m.
de l'ITALIEN *artigiano*, « qui exerce un métier, un art » ; XVIe s.

asdic n.m. (détection sous-marine)
sigle de l'ANGLAIS *Allied Submarine Detection Investigation Committee*, « Comité allié de recherches en détection sous-marine » ; XXe s.

aspirine n.f.
de l'ALLEMAND *Aspirin*, mot formé de *a-* privatif et de *spiraea*, pour indiquer que ce produit a été obtenu par synthèse

sans passer par les plantes de la famille des spirées d'où on l'extrayait précédemment ; XIXe s.

assassin n.m.
de l'ARABE *haschaschin*, « fumeurs de haschisch », ou dérivé de l'ARABE *assas*, « fondement (de la foi) », par l'ITALIEN *assassino* ; XVIIe s. (cf. 1re partie, chap. 4).

asticoter v.
de l'ALLEMAND *dass dich Gott*, « que Dieu te... », d'où le FRANÇAIS *dasticoter* puis *asticoter*, probablement introduit par les mercenaires allemands ou suisses au service de la France ; XVIIIe s.

astrakan n.m.
du nom de la ville russe d'*Astrakhan* ; XVIIIe s.

atoll n.m.
du CINGHALAIS des Maldives (langue indo-européenne) *atolu* (ou *atul*), par l'ANGLAIS *atoll* ; XVIIe s.

atomiseur n.m.
de l'ANGLAIS *atomizer*, « atomiseur », flacon d'où le liquide est projeté par un gaz comprimé (tandis que le *vaporisateur* fonctionne sous l'action d'une pression mécanique) ; XXe s.

attaché-case n.m.
de l'ANGLAIS *case*, « boîte », et *attaché*, « attaché diplomatique » ; XIXe s.

attacher v.
du FRANCIQUE **stakka*, « pieu », **stakon*, « ficher (un pieu) », par l'ANCIEN FRANÇAIS *estachier* ; XIe s.

attitude n.f.
de l'ITALIEN *attitudine*, « aptitude » puis « attitude » ; XVIIe s.

attraction n.f. (spectacle)
de l'ANGLAIS *attraction*, « spectacle », du LATIN *adtrahere*, « tirer vers soi » ; XIXe s.

aubade n.f.
du PROVENÇAL *aubada*, « concert à l'aube » ; XVe s.

aubaine n.f.
du FRANCIQUE **aliban*, « d'un autre ban », d'où « étranger ». Le droit d'*aubaine* faisait revenir au roi les biens d'un étranger - un *aubain* - mort dans ses États ; XVIIe s.

aubépine n.f.
d'un DIALECTE DE L'OUEST, du LATIN POPULAIRE **alb-ispina*, du LATIN *alba spina*, « blanche épine » ; XIIe s.

auberge n.f.
du PROVENÇAL, correspondant à l'ANCIEN FRANÇAIS *herberge*, « logement ». La forme en *her-* (qui a donné *héberger*) est due aux Francs tandis que la forme en *a-* (*auberge*) a été introduite en LATIN POPULAIRE par les mercenaires parlant d'autres langues germaniques ; XVe s.

aubergine n.f.
du SANSKRIT *vatin-ganah*, par le PERSAN *badindjân*, « aubergine », par l'ARABE *al-bâdindjân* et le CATALAN *albergina* ; XVIIIe s.

aubette n.f.
du FRANCIQUE **huba*, « toit », par l'ANCIEN FRANÇAIS *hobe* et par un DIALECTE DU NORD ; XVIIe s.

auburn adj.
de l'ANGLAIS *abrown*, *auburn*, lui-même emprunté à l'ANCIEN FRANÇAIS *auborne*, *alborne*, « blond » ; XIXe s.

aulne ou **aune** n.m. (arbre)
du FRANCIQUE **alira* par le LATIN *alinus*, « aulne », refait sur le modèle de *fraxinus*, « frêne » ; XIIe s.

aune n.f. (mesure)
du FRANCIQUE **alina*, « avant-bras », par le LATIN MÉDIÉVAL ; XIe s.

aurochs n.m.
de l'ALLEMAND *aurochs*, composé de *Auer*, « bison » et de *Ochs*, « bœuf » ; XVe s.

autocar n.m.
de l'ANGLAIS *car*, « voiture », et du suffixe d'origine grecque *auto*, « (qui se meut) par soi-même » ; XIXe s.

autodafé n.m.
du PORTUGAIS *auto-da-fé*, « acte de foi » ; XVIIIe s.

automation n.f.
de l'ANGLAIS *automation*, mot créé par un Américain, vice-président de la société Ford ; XXe s.

autostrade n.f.
de l'ITALIEN *autostrada*, de *auto*, « automobile », et de *strada*, « route » ; XXe s.

auvent n.m.
du GAULOIS **andebanno*, « grande corne », par l'ANCIEN PROVENÇAL *ambun* ; XIIe s.

aval n.m. (commerce)
de l'ARABE *al-wâla*, « le mandat », par l'ITALIEN *avallo* ; XVIIe s.

avalanche n.f.
d'abord connu sous la forme *lavanche*, du PRÉLATIN **lavanca*, par le LATIN POPULAIRE **labinca*, « éboulement », mot à suffixe LIGURE, par le SAVOYARD *lavantse*, puis par le SUISSE ROMAND *avalantse* ; XVIe s.

avanie n.f.
de l'ARABE *hawwân*, « rançon », par l'ITALIEN *avania*, « traitement humiliant imposé aux chrétiens par les Turcs » ; XVIe s.

avarie n.f.
de l'ARABE *'awârîya*, « dommages », par l'ITALIEN *avaria* ; XIIe s.

avatar n.m.
du SANSKRIT *avatara*, « descente d'un dieu sur terre » ; XIXe s.

aveline n.f. « noisette »
du PROVENÇAL *avelana*, « noisette », du LATIN (*nux*) *abellana*, « (noix) d'Abella (Campanie) » ; XIIIe s.

aven n.m. « gouffre »
d'un DIALECTE DU ROUERGUE ; XIIe s.

aviso n.m. (navire)
de l'ESPAGNOL *barco de aviso*, « bateau porteur des avis, des ordres » ; XVIIIe s.

avocat n.m. (fruit)
du NAHUATL *aucatl*, « avocat », par l'ESPAGNOL *aguacate* ; XVIIe s.

avoine n.f.
d'un DIALECTE DE L'EST. L'ANCIEN FRANÇAIS *aveine* était encore très usuel au XVIe s., du LATIN *avena* ; XVIIe s.

axolotl n.m. (amphibien)
du NAHUATL *axolotl* ; XVIIIe s.

ayatollah n.m. (chef religieux chiite)
de l'ARABE *ayat*, « signe », et *allah* « dieu » ; XXe s.

azerole n.f. (fruit)
de l'ARABE *az-zu'rûr*, « le néflier », par l'ESPAGNOL *acerola* ; XVIe s.

azimut n.m.
de l'ARABE *as-samt*, « le chemin » ; XVe s.

azur n.m.
du PERSAN *lâdjavard*, « lapis lazuli », par l'ARABE *lâzaward* et le LATIN MÉDIÉVAL *lazurus* ; XIe s.

B

baba n.m. (pâtisserie)
du POLONAIS *baba* ; XVIIIe s.

baba n.m.
du HINDI *bâbâ*, « papa », par l'ANGLAIS *baba* (ou *baba cool*), terme rapporté par les jeunes hippies ayant voyagé aux Indes ; XXe s.

babiole n.f.
probablement de l'ANCIEN ITALIEN *babbola*, « babiole » ; XVIe s.

bâbord n.m.(partie gauche du navire)
du NÉERLANDAIS *bakboord*, littéralement « bord du dos », de *boord*, « côté, bord », et *bak*, « dos », ainsi nommé parce que le pilote, gouvernant avec une godille fixée au côté droit du bateau, tournait le dos au côté gauche ; XVe s.

babouche n.f.
du PERSAN *pâpoûch*, « mule », par l'ARABE *bâboûdj* ; XVIe s.

baby-foot n.m.
faux anglicisme formé sur l'ANGLAIS *baby*, « petit », et sur *foot*, abréviation de *foot-ball* ; XXe s.

baby-sitter n.
de l'ANGLAIS *baby*, « bébé », et *sitter*, proprement « couveuse » ; XXe s.

baby-sitting n.m.
de l'ANGLAIS *baby*, « bébé », et *sitting*, proprement « action de couver » ; XXe s.

bac n.m.
du GAULOIS **baccus*, « auge », puis « bateau », par le LATIN (ou le NÉERLANDAIS *bak*, « auge ») ; XIIe s.

bâche n.f.
du GAULOIS *bascaude*, « baquet », par le LATIN *bascauda*, « bac à laver » et l'ANCIEN FRANÇAIS *baschoe*, « baquet » ; XIIe s.

backgammon n.m. (sorte de jeu de jacquet)
peut-être du GALLOIS (*gammon* aurait la même racine que *game*, « jeu »), par l'ANGLAIS ; XXe s.

bâcler v. (à l'origine « fermer avec une barre », XIIe s.)
du PROVENÇAL *baclar*, « fermer », du LATIN POPULAIRE *baculare*, « fermer avec

un bâton », du LATIN *baculum*, « bâton ». Le sens « exécuter rapidement et sans soin » date du XVIIe s.

bacon n.m.
du FRANCIQUE **bakko*, « jambon », par l'ANGLAIS *bacon*, emprunté lui-même à l'ANCIEN FRANÇAIS *bacon*, « lard salé ». L'ANGLAIS *bacon* a été réemprunté par le FRANÇAIS au XIXe s. avec le sens de « lard fumé » ; XIIIe s.

badaud n.m.
du PROVENÇAL *badau*, de *badar*, « bayer, rester bouche bée » ; XVIe s.

badge n.m.
de l'ANGLAIS *badge*, d'abord « insigne de la chevalerie », puis « insigne scout » et « insigne », d'origine inconnue ; XXe s.

badiane n.f. (anis)
du PERSAN *bâdyân*, « anis » ; XVIIe s.

badin adj. (enjoué)
du PROVENÇAL *badin*, « sot, niais », a gardé le sens de « niais » jusqu'au XVIIe s. ; XVe s.

badminton n.m. (jeu)
de l'ANGLAIS *Badminton*, nom d'un château ; XXe s.

baffle n.m.
de l'ANGLAIS d'Amérique *baffle*, proprement « écran » ; XXe s.

bafouer v.
du PROVENÇAL *bafa*, « rire sous cape » ; XVIe s.

bafouiller v.
d'un DIALECTE LYONNAIS *barfouiller*,« parler mal » ; XIXe s.

bagage n.m.
de l'ANGLAIS *bag*, « paquet » (ou de l'ANCIEN SCANDINAVE *baggi*, « paquet »), par l'ANCIEN FRANÇAIS *bague* ; XIIIe s.

bagarre n.f.
du BASQUE *batzarre*, « rassemblement », par le BÉARNAIS *batsarre* et le PROVENÇAL *bagarro* ; XVIIe s.

bagasse n.f. « résidu de canne à sucre »
de l'ESPAGNOL *bagazo*, « marc, résidu de fruits », dérivé du LATIN *baca*, « baie (de fruit) » ; XVIIIe s.

bagatelle n.f.
de l'ITALIEN *bagattella*, « tour de bateleur », peut-être de *gabbatella*, de *gabbare*, « berner, se moquer » ; XVIe s.

bagne n.m.
de l'ITALIEN *bagno*, « bain ». Les chrétiens prisonniers des Turcs à Constantinople étaient enfermés dans un établissement de bains, d'où le passage de *bagno*, « bain », à « bagne » ; XVIIe s.

bagnole n.f.
du GAULOIS *banne*, « panier d'osier », par le BAS LATIN *benna* et un DIALECTE DU NORD ; XIXe s.

bagou n.m.
d'un DIALECTE DE L'OUEST, de *bagouler*, « parler inconsidérément » ; XVIe s.

bague n.f.
du MOYEN NÉERLANDAIS *bagge*, « anneau » ; XIVe s.

baguette n.f.
de l'ITALIEN *bacchetta*, diminutif de *bacchio*, « bâton », du LATIN *baculum*, « bâton » ; XVIe s.

baie n.f. (petit golfe)
de l'ESPAGNOL *bahía*, « golfe », du BAS LATIN *baia*, « baie » ; XIVe s.

bakchich n.m.
du PERSAN *bakhchech*, « pourboire », de *bakhchidan*, « donner », par le TURC *bakchîch* ; XIXe s.

baklava n.m.
du TURC *baklava*, « gâteau » (pâte feuilletée au miel) ; XIXe s.

baladin n.m.
du PROVENÇAL *baladin*, « danseur de ballet », puis « bouffon » ; XVIe s.

balafon n.m. (instrument de musique)
du MALINKÉ *balafo*, « jouer du *bala* (instrument de musique) » ; XVIIe s.

balafre n.f.
du HAUT-ALLEMAND *be* (cf. le LATIN *bis*) et *leffur*, « lèvre », par l'ANCIEN FRANÇAIS *leffre*, « lèvre » (« lèvre d'une plaie ») ; XVIe s.

balai n.m.
du GAULOIS **banatlo*, « genêt », par le BRETON *benal* et aussi *balazn* ; XIIe s.

balalaïka n.f. (instrument de musique)
du RUSSE *balalaïka* ; XVIIIe s.

balancelle n.f. (embarcation)
du GÉNOIS *baransella*, qui correspond à l'ITALIEN *paranzella*, diminutif de *paranza*, « barque à voile latine », de *paro*, « paire », ces bateaux allant deux par deux ; XIXe s.

balcon n.m.
du LONGOBARD **balko*, « poutre », par l'ITALIEN *balcone*, « balcon » ; XVIe s.

baldaquin n.m.
de l'ITALIEN *baldacchino*, « soie de Bagdad », de l'ANCIEN ITALIEN *Baldacco*, « de Bagdad » ; XIVe s.

balèze ou **balès** adj.
du PROVENÇAL *bales*, « gros, fort » ; XXe s.

baliverne n.f.
peut-être du PROVENÇAL *baiuverno*, « étincelle » ; XVe s.

ballade n.f.
du PROVENÇAL *ballada*, « danse » ; XIIIe s.

ballast n.m. (marine)
de l'ANCIEN SCANDINAVE *barlast*, « gravier servant de lest », par le NÉERLANDAIS *ballast* et, pour le chemin de fer, par l'ANGLAIS *ballast* ; XIXe s.

balle n.f. (à jouer)
du LONGOBARD **ballo*, par l'ITALIEN DIALECTAL *balla*, « balle » ; XVIe s.

balle n.f. (paquet)
du FRANCIQUE **balla* ; XIIIe s.

balle ou **bale** n.f (de céréale)
du GAULOIS **balu*, « balle », par l'ANCIEN FRANÇAIS *baller*, « vanner » ; XVIe s.

ballerine n.f.
de l'ITALIEN *ballerina*, « danseuse » ; XIXe s.

ballet n.m.
de l'ITALIEN *balletto*, diminutif de *ballo*, « bal » ; XVIe s.

ballon n.m.
de l'ITALIEN *pallone*, « grosse balle », par l'ITALIEN DIALECTAL *ballone* ; XVIe s.

ballon n.m. (montagne)
de l'ALLEMAND *Belchen*, « sommet arrondi » (en Alsace), faussement pris pour *Bällchen*, « petite balle », d'où *ballon* ; XVIe s.

ball-trap n.m. (tir au pigeon)
de l'ANGLAIS *ball*, « balle » et *trap*, « piège » ; XIXe s.

balourd adj.
de l'ITALIEN *balordo*, « nigaud » ; XVIe s.

balustrade n.f.
de l'ITALIEN *balaustrata*, probablement par une forme dialectale du nord *balaustrada*, de *balaustro*, « balustre », du LATIN *balaustium*, « fleur de grenadier », dont le renflement rappelle celui d'un balustre ; XVIe s.

balustre n.m. (courte colonne renflée)
de l'ITALIEN *balaustro*, « balustre », du LATIN *balaustium*, « fleur de grenadier », par analogie de forme ; XVIe s.

bambin n.m.
de l'ITALIEN *bambino*, « petit enfant » ; XVIe s.

bamboche n.f.
dérivé de l'ITALIEN *bambocciata*, « bambochade », peinture de scènes rustiques du peintre hollandais Van Laer, surnommé *il Bamboccio*, « le Pantin ». Sur *bambochade*, venu probablement par un dialecte du nord de l'Italie, on a formé *bamboche*, « scène de bambochade », puis « ripaille » ; XVIIe s.

bambou n.m.
du MALAIS *bambu*, par le PORTUGAIS *bambu* ; XVIe s.

bamboula n.f.
du BANTOU *bombalon*, « tambour » ; XVIIIe s.

ban n.m. (vie féodale)
du FRANCIQUE **ban*, « ordre, menace » puis « juridiction, circonscription » ; XIIe s.

banane n.f.
du BANTOU, par le PORTUGAIS *banana* ; XVIIe s.

banc n.m.
du GERMANIQUE **banki*, « banc fixé au mur » ; XIe s.

banco n.m.
de l'ITALIEN *banco*, « banque » ; XVIIe s.

bande n.f. « lien »
du FRANCIQUE **binda*, « lien » ; XIIe s.

bande n.f. « troupe »
du GOTIQUE *bandwa*, « signe, étendard », par l'ANCIEN PROVENÇAL (ou l'ITALIEN) *banda*, « groupe » ; XIVe s.

banderille n.f.
de l'ESPAGNOL *banderilla*, diminutif de *bandera*, « drapeau » ; XVIIIe s.

banderole n.f.
de l'ITALIEN *banderuola*, diminutif de *bandiera*, « drapeau » ; XVe s.

bandit n.m.
de l'ITALIEN *bandito*, « banni », lui-même d'origine GOTIQUE ; XVIIe s.

bandoulière n.f.
de l'ESPAGNOL *bandolera*, de *banda*, « écharpe » ; XVIe s.

bang n.m.
de l'ANGLAIS *bang*, « boum, bruit violent d'explosion », qui vient lui-même peut-être de l'ANCIEN SCANDINAVE *banga*, « marteau » ; XXe s.

banjo n.m.
de l'ESPAGNOL *bandurria* (ou du PORTUGAIS *bandurra*), « mandore » (sorte de luth à trois cordes), par l'ANGLAIS d'Amérique *bandore*, et *banjo* (d'abord écrit *banjou*) ; XIXe s.

bank-note n.m.
de l'ANGLAIS *bank*, « banque », et *note*, « billet » ; XVIIIe s.

banlieue n.f.
du FRANCIQUE **ban*, « juridiction » et « lieue », par le LATIN *banleuca*. Littéralement, « l'espace d'environ une lieue entourant une ville et dans lequel s'exerce le droit de ban du seigneur » ; XIIIe s.

bannir v.
du FRANCIQUE **bannjan*, « donner un signal, proclamer » ; XIIIe s.

banque n.f.
de l'ITALIEN *banca*, « banc, comptoir » ; XVe s.

banqueroute n.f.
de l'ITALIEN *banca rotta*, « banc rompu », parce qu'on rompait le comptoir de ceux qui faisaient faillite ; XVe s.

banquet n.m.
de l'ITALIEN *banchetto*, diminutif de *banco*, « banc » ; XIVe s.

banquette n.f.
d'un DIALECTE LANGUEDOCIEN *banqueta*, « sorte de selle » ; XVe s.

banquise n.f.
formé sur un mot SCANDINAVE signifiant « banc de glace » ; XVIIIe s.

baobab n.m. (arbre)
de l'ARABE, par l'ÉGYPTIEN (ou d'une LANGUE AFRICAINE) ; XVIIIe s.

bar n.m. (comptoir)
de l'ANGLAIS *bar*, « barre », les consommateurs étant séparés du comptoir par une barre. L'ANGLAIS *bar* est lui-même un emprunt à l'ANCIEN FRANÇAIS *barre* ; XIXe s.

bar n.m. (poisson)
du MOYEN NÉERLANDAIS **baers*, « bar » ; XIIe s.

baragouin n.m.
du BRETON *bara*, « pain », et *gwin*, « vin » ; XIVe s.

baraka n.f. « chance »
de l'ARABE *baraka*, « bénédiction » ; XXe s.

baraque n.f.
d'origine IBÈRE, de *barro*, « boue », par l'ESPAGNOL *barraca*, « hutte en torchis » (ou par l'ITALIEN *baracca*) ; XVe s.

baratin n.m.
du PROVENÇAL *barat*, radical de *baraterie* (terme maritime), « tromperie » ; XIIIe s.

barbacane n.f. (meurtrière)
de l'ARABE *barbakh-khaneh*, littéralement « ouverture-maison », par le LATIN *barbacana* (ou peut-être du PERSAN) ; XIIe s.

barbaque n.f.
peut-être de l'ARAWAK *barbacoa*, « piquets de bois où l'on accroche, au-dessus d'un feu, de la viande à sécher ou à fumer », par l'ESPAGNOL *barbacoa* ; XIXe s.

barbaresque adj.
de l'ITALIEN *barbaresco*, « barbare » ; XVIe s.

barbecue n.m.
peut-être de l'ARAWAK *barbacoa*, « piquets de bois où l'on accroche, au-dessus d'un feu, de la viande à sécher ou à fumer » ; XXe s.

barbon n.m.
de l'ITALIEN *barbone*, « grande barbe » ; XVIe s.

barcarolle n.f.
du VÉNITIEN *barcaról*, « gondolier » puis « chant du gondolier », dérivé de *barca*, « barque » ; XVIIIe s.

barda n.m. (bagage)
de l'ARABE *barda'a*, « bât d'âne » ; XIXe s.

barde n.f. (morceau de lard)
de l'ARABE *al-barda'a*, « le bât (rembourré) », par l'ESPAGNOL *albarda*, « bât, selle et barde de lard » ; XIIIe s.

barde n.m. (chanteur)
du GAULOIS *bard*, « poète », par le LATIN *bardus*, même sens ; XVIe s.

bardeau n.m. (couverture de toit en bois)
de l'ARABE *barda'a*, « bât », par l'ANCIEN FRANÇAIS *barde*, « armure », la couverture en bardeau étant comparée à une armure à lamelles ; XVIe s.

bardot ou **bardeau** n.m.
de l'ARABE *barda'a*, « bât », par l'ITALIEN *bardotto*, « bête de somme » ; XVIe s.

barge n.f. « péniche »
du PROVENÇAL *barca*, « barque », du GREC *baris*, « barque égyptienne », par le LATIN MÉDIÉVAL *barga*, même sens ; XIe s.

barguigner v. « marchander »
du FRANCIQUE **borganjan*, « emprunter », probablement croisé avec **waidanjan*, « gagner » ; XIIIe s.

barmaid n.f.
de l'ANGLAIS *barmaid*, « serveuse de bar » ; XIXe s.

barman n.m.
de l'ANGLAIS *barman*, « serveur de bar » ; XIXe s.

barnum n.m.
de *Barnum*, nom d'un impresario AMÉRICAIN ; XIXe s.

baron n.m. (titre)
du GERMANIQUE **baro*, **barone*, « guerrier », introduit dans le monde romain avant l'arrivée des Francs par les mercenaires germains ; Xe s.

baroque adj. ([perle] irrégulière)
du PORTUGAIS *barroco*, probablement d'origine PRÉLATINE ; XVIe s.

baroud n.m. « combat »
de l'ARABE *baroud* ; XXe s.

barouf, baroufe ou **baroufle** n.m.
de l'ITALIEN *baruffa*, « bagarre » (peut-être d'origine germanique), attesté dans le sabir méditerranéen du XIXe s.

barque n.f.
de l'ANCIEN PROVENÇAL *barca*, du GREC *baris*, « barque égyptienne », par le LATIN *barca* ; XIe s.

barre n.f. (matériau long et rigide)
du GAULOIS **barro*, « extrémité », par le LATIN POPULAIRE **barra* ; XIIe s.

barren grounds n.m.pl. (géographie)
de l'ANGLAIS *barren grounds*, « terres stériles » ; XXe s.

barrette n.f. « bonnet carré de prêtre »
de l'ITALIEN *barretta* (auj. *berretta*), du LATIN DE BASSE EPOQUE *birrum*, « capote à capuchon » ; XIVe s.

barrique n.f.
d'un DIALECTE GASCON *barrico*, du LATIN POPULAIRE **barriculus* ; XVIe s.

bartavelle n.f. « perdrix »
du PROVENÇAL *bartavello*, « loquet », le cri de l'oiseau rappelant le bruit d'un loquet qu'on pousse, du LATIN POPU-

LAIRE **vertabella*, de *vertere*, « tourner » ; XVIIIe s.

baryum n.m.
de l'ANGLAIS *baryum*, mot créé par Davy, de l'anglais *baryta*, emprunté lui-même au FRANÇAIS *baryte* (sur le modèle de *alumine/aluminium*) ; XIXe s.

barzoï n.m. (lévrier)
du RUSSE *borzoï*, « lévrier » ; XXe s.

bas adj.
probablement de l'OSQUE, par le LATIN TARDIF *bassus* ; XIIe s.

basane n.f. (cuir de mouton)
de l'ARABE *bitâna*, « doublure », par l'ESPAGNOL *badana*, « basane », et le PROVENÇAL *bazana* ; XIIe s.

bas-bleu n.m.
traduction de l'ANGLAIS *blue-stocking*, « bas-bleu », surnom d'un brillant causeur, Mr Stillingfleet, qui se singularisait, dans le salon littéraire de lady Montaigue, par ses bas bleus ; XIXe s.

base-ball n.m.
de l'ANGLAIS d'Amérique *base-ball*, jeu dérivé du cricket, de *ball*, « balle » et de *base*, « ligne des piquets de jeu », peut-être sur le modèle du jeu de la balle au camp, dont les règles sont très voisines de celles du cricket ; XIXe s.

basic n.m.
sigle approximatif de l'ANGLAIS *Beginners All-purpose Symbolic Instruction Code*, « Code d'instructions symboliques à usage universel pour enseigner aux débutants », avec l'influence de l'adjectif anglais *basic*, « fondamental » ; XXe s.

basket-ball ou **basket** n.m.
de l'ANGLAIS *basket-ball*, « balle au panier » ; XIXe s.

basque n.f. (d'un vêtement)
du PROVENÇAL *basta*, « couture à grands points » et « ourlet », du LATIN POPULAIRE **bastire*, « bâtir (une robe) » ; XVIe s.

basque adj.
de l'ESPAGNOL *vasco* ; XVe s.

bas-relief n.m.
calque de l'ITALIEN *basso-rilievo* ; XVIIe s.

basse n.f. (musique)
de l'ITALIEN *basso* ; XVIIe s.

basson n.m. (musique)
de l'ITALIEN *bassone*, augmentatif de *basso* ; XVIIe s.

bastide n.f.
du PROVENÇAL *bastida*, « bâtie » ; XIVe s.

bastingage n.m.
du PROVENÇAL *bastengo*, « toile matelassée » que l'on fixait sur les rebords des bateaux, qui dérive de *basto*, « bât », c'est-à-dire « qui est rembourré comme un bât » ; XVIIIe s.

bastonnade n.f.
de l'ITALIEN *bastonata*, probablement par une forme dialectale du Nord, *bastonada*, « coup de bâton » ; XVe s.

bataillon n.m.
de l'ITALIEN *battaglione* ; XVIe s.

bâtard n. et adj.
probablement du GERMANIQUE **bansti*, « grange ». À l'origine, un bâtard était l'enfant d'un noble et d'une épouse illégitime, conçu ou né dans une grange ; XIIe s.

bateau n.m.
du VIEIL ANGLAIS *bat*, d'où l'ANGLAIS *boat* ; XIIe s.

batifoler v.
de l'ITALIEN *battifolle*, d'étymologie obscure ; XVIe s.

bâtir v.
du FRANCIQUE **bastjan*, « assembler » ; XIIe s.

baudet n.m.
du GERMANIQUE **bald*, « hardi, plein d'ardeur », d'où l'ANCIEN FRANÇAIS *bald*, *baud*, même sens. Le dérivé *Baudouin*, qui a désigné l'âne jusqu'au XVIe s., a pu favoriser la formation de *baudet*, qui peut être aussi un dérivé plaisant de *bald*, *baud*, « plein d'ardeur (amoureuse) » ; XVIe s.

baudroie n.f. (poisson)
du PROVENÇAL *baudroi* ; XVIe s.

bauge n.f. « gîte du sanglier »
du GAULOIS, variante de *bauche*, « sorte de mortier fait de boue et de paille hachée » et, par extension, le gîte fangeux du sanglier ; XVIe s.

bayadère n.f. « danseuse sacrée de l'Inde » et adj. (à rayures multicolores)
du PORTUGAIS *bailadeira*, « danseuse » ; XVIIIe s.

bayou n.m. « bras de rivière »
du CHOCTAW, langue amérindienne de Louisiane, *bajuk*, « petite rivière » ; XVIIe s.

bazar n.m.
du PERSAN, *bâzâr* « marché public », par le PORTUGAIS *bazar*, peut-être par l'intermédiaire du HINDI ; XVIe s.

bazooka n.m. (lance-roquettes)
de l'ANGLAIS *bazooka*, d'abord « trombone (instrument de musique) » le sens « lance-roquettes » étant sans doute dû à la forme encombrante de l'engin ; XXe s.

beaupré n.m.
du NÉERLANDAIS *bœgspriet*, de *bœg*, « proue » et de *spriet*, « mât » (ou du MOYEN ANGLAIS *bouspret*) ; XIVe s.

bébé n.m.
probablement de l'ANGLAIS *baby* ; XVIIIe s.

be-bop ou **bop** n.m.
de l'ANGLAIS *be-bop*, onomatopée ; XXe s.

bec n.m.
du GAULOIS, par le LATIN *beccus*, même sens ; XIIe s.

bécarre n.m.
de l'ITALIEN *b quadro*, « b (à panse) carré(e) » (cf. **bémol**) ; XVe s.

bedeau n.m.
du FRANCIQUE **bidal*, « officier de justice » ; XIIe s.

bédouin n.m. (nomade)
de l'ARABE *bedoui*, « habitant du désert » ; XVIe s.

beffroi n.m.
du GERMANIQUE *bergfrid*, de *berg*, « qui garde », et de *frid*, « la paix ». À l'origine, le beffroi était un ouvrage de défense ; XIIIe s.

bègue adj. et n.
peut-être du MOYEN NÉERLANDAIS **beggen*, « bavarder », par l'ANCIEN FRANÇAIS *beguer*, « bégayer » ; XIVe s.

béguine n.f. (religieuse)
du NÉERLANDAIS *beggaert*, « moine mendiant », qui se rattache peut-être à *beggen* avec le sens de « marmotter des prières » ; XIIIe s.

bégum n.f. (princesse)
dérivé du HINDI *beg*, « seigneur » ; XVIIe s.

bel canto n.m.
de l'ITALIEN *bel canto*, « beau chant » ; XXe s.

bélier n.m.
peut-être du NÉERLANDAIS *belhamel*, littéralement « mouton qui porte la cloche (*belle*, en MOYEN NÉERLANDAIS) » (ou formation onomatopéique sur « bêler ») ; XVe s.

belladone n.f. (plante vénéneuse)
de l'ITALIEN *bella donna*, « belle femme », par le LATIN des botanistes, ainsi nommée parce qu'en Italie elle servait à fabriquer une sorte de fard ; XVIe s.

belon n.f. (huître)
du Belon (nom d'une rivière de Bretagne) ; XXe s.

beluga ou **bélouga** n.m. « esturgeon »
du RUSSE *bieluha*, de *bielyi*, « blanc » ; XVIe s.

belvédère n.m.
de l'ITALIEN *belvedere*, de *bello*, « beau », et *vedere*, « voir » ; XVIe s.

bémol n.m. (musique)
de l'ITALIEN *b molle* (qui se disait aussi *b rotondo*, « b à panse ronde », s'opposant à *b quadro*, « b à panse carrée »), par l'ANCIEN FRANÇAIS *bemoulz* ; XVIe s.

bengali n.m. (oiseau)
du HINDI *bengali*, « du Bengale » ; XVIIIe s.

béni-oui-oui n.m. « qui approuve toujours l'autorité établie »
de l'ARABE *beni*, « fils de » ; XXe s.

benjoin n.m. (substance aromatique)
de l'ARABE *luban djawi*, « encens de Java », par le LATIN des botanistes *benzoe* ; XVIe s.

benne n.f.
du GAULOIS, par le LATIN *benna*, « sorte de panier d'osier servant de véhicule » ; XIIIe s.

benzène ou **benzine** n.m. et n.f.
de l'ARABE *luban djawi*, « encens de Java », par le LATIN des botanistes *benzoe* ; XVIe s.

bercail n.m.
d'un DIALECTE NORMANNO-PICARD, du LATIN POPULAIRE **berbicalis*, de *berbix*, « brebis » ; XIVe s.

berce n.f. (plante)
peut-être de l'ALLEMAND *Bartsch*, « myrtica » (plante) ; XIVe s.

bercer v.
du radical GAULOIS **bertâ-*, « secouer », par le LATIN de Gaule **bertiare* ; XIIe s.

béret n.m.
d'un DIALECTE BÉARNAIS *berret*, du LATIN POPULAIRE *birrum*, « capote à capuchon » ; XIXe s.

bergamote n.f.
du TURC *beg armûdi*, « poire du seigneur », de *armûdi*, « poire », et *beg*, « seigneur » (ou de *Bergama*, nom turc de la ville de Pergame) ; XIVe s.

berge n.f.
peut-être du GAULOIS, par le LATIN POPULAIRE **barica* ; XIVe s.

béribéri n.m. (maladie)
du MALAIS, diffusé par le CINGHALAIS *beri*, « faiblesse » ; XVIIIe s.

berline n.f.
du nom de la ville ALLEMANDE *Berlin* ; XVIIIe s.

berlingot n.m.
de l'ITALIEN *berlingozzo*, « petit gâteau rond typique de la Toscane », dérivé de

berlingaccio, « jeudi gras », jour où l'on mangeait ces gâteaux (ou dérivé de l'ANCIEN ITALIEN *berlengo*, « table de jeu ») ; XVIIe s.

berme n.f. « chemin le long d'un canal »
du NÉERLANDAIS *berm*, « bord d'une digue » ; XVIIe s.

bermuda n.m.
de l'ANGLAIS *bermuda*, du nom des îles Bermudes, où les Américains ont commencé à porter ce genre de short ; XXe s.

bernard-l'ermite ou **bernard-l'hermite** n.m.
d'un DIALECTE LANGUEDOCIEN (ou NORMAND) ; XVIIe s.

berne (en) loc.
du NÉERLANDAIS *berm*, « bord, repli » ; XVIIe s.

bernicle ou **bernique** n.f.
du BRETON *bernic*, par un DIALECTE DE L'OUEST ; XVIIIe s.

besogne n.f.
peut-être du FRANCIQUE **bisunnia*, « précaution, soin » ; XIIe s.

besoin n.m.
peut-être du FRANCIQUE **bisunnia*, « précaution, soin » ; XIIe s. (cf. besogne).

best-seller n.m.
de l'ANGLAIS *best-seller*, de (*to*) *sell*, « vendre », et *best*, « le mieux » ; XXe s.

bétel n.m.
du MALAYALAM *vettila*, par le PORTUGAIS *betel* ; XVIIe s.

beurre n.m.
probablement du LORRAIN *burre*, du LATIN *butyrum*, lui-même venu du GREC *boutyron*, « fromage de vache », de *bou*(*s*), « vache », et de *tyron*, « fromage ». Les Grecs avaient appris des Scythes de la mer Noire à employer comme aliment ce *beurre* qui ne leur servait que d'onguent ; XIIe s.

bey n.m. (régent tunisien)
du TURC *bey*, « seigneur » (*beg* en ancien turc [cf. **bergamote**]) ; XVIe s.

bezef ou **bésef** adv. « beaucoup »
d'un SABIR ARABE *bezzâf*, « beaucoup » ; XIXe s.

biais adj.
de l'ANCIEN PROVENÇAL *biais*, du GREC *epikarsios*, « oblique », qui aurait pénétré par les colonies grecques de la côte provençale sous la forme (*e*) *bigassius* ; XIIIe s.

biche n.f.
forme DIALECTALE NORMANNO-PICARDE, probablement du LATIN POPULAIRE **bistia*, dérivé du LATIN *bestia*, « bête » ; XIIe s.

bicoque n.f.
de l'ITALIEN *bicocca*, d'abord « petite forteresse », puis « maison misérable » ; XVIe s.

bidon n.m.
du SCANDINAVE *bida*, « vase » (ou du GREC MÉDIÉVAL *pithôn*, « tonneau ») ; XVe s.

bief n.m.
du GAULOIS **bedu*, « canal », par le LATIN POPULAIRE **bedum* ; XVIIe s.

bière n.f. (boisson)
probablement du NÉERLANDAIS *bier*, « boisson », qui a éliminé l'ancien mot *cervoise* ; XVe s.

bière n.f. « cercueil »
du FRANCIQUE **bera*, « civière pour les morts » ; XIe s.

bifteck n.m.
de l'ANGLAIS *beef-steak*, de *beef*, « bœuf », emprunté au FRANÇAIS, et de *steak*, « tranche à rôtir », de l'ANCIEN SCANDINAVE ; XIXe s.

bigarade n.f. « orange amère »
peut-être du PROVENÇAL *bigarrado*, « bigarré » ; XVIe s.

big bang n.m. (astronomie)
de l'ANGLAIS *big bang*, de *big*, « grand », et de *bang*, « bruit d'explosion », onomatopée venant peut-être de l'ANCIEN SCANDINAVE *banga*, « marteau » ; XXe s.

bigot adj. et n.
peut-être du VIEIL ANGLAIS *bi god*, « par Dieu » ; XVe s.

bigouden n.m. (coiffe)
du BRETON *bigouden* ; XIXe s.

biguine n.f. (danse)
du CRÉOLE ANTILLAIS *biguine* ; XXe s.

bijou n.m.
du BRETON *bizou*, « anneau », de *biz*, « doigt » ; XVe s.

bikini n.m. (maillot de bain)
de *Bikini*, nom d'un atoll tahitien du Pacifique (nom déposé) ; XXe s.

bilan n.m.
de l'ITALIEN *bilancia*, « balance » ; XVIe s.

bille n.f. (tronc d'arbre)
du GAULOIS, par le LATIN POPULAIRE **bilia* ; XIIe s. (cf. habiller).

bille n.f. « petite boule »
du FRANCIQUE **bikkil*, « dé » ; XIIe s.

billevesée nf.
d'un DIALECTE DE L'OUEST, peut-être de *beille*, « boyau », et de *vezée*, « boursouflé », d'où le sens, « boyau gonflé » et « chose vaine » ; XVe s.

biner v.
du PROVENÇAL *bina*, du LATIN POPULAIRE * *binare*, « faire une deuxième fois », appliqué au travail de la vigne ; XVIe s.

biniou n.m.
du BRETON *biniou* ; XIXe s.

bipasse → **by-pass**.

birbe n.m.
de l'ITALIEN *birbo*, « chenapan » ; XIXe s.

bisbille n.f.
de l'ITALIEN *bisbiglio*, « murmure », sens que le français avait gardé avant de prendre, au XVIIe s., celui de « dispute » ; XVIIIe s.

biscotte n.f.
de l'ITALIEN *biscotto*, « biscuit », de *bis*, « deux fois », et de *cotto*, « cuit » ; XIXe s.

bise n.f. « vent froid »
du FRANCIQUE **bisa*, **bisia*. A d'abord signifié « vent du nord-est » ; XIIe s.

bismuth n.m.
de l'ALLEMAND *Wismuth* (mot de la région de Saxe où ce métal fut d'abord exploité), par le LATIN des alchimistes *bisemutum* ; XVIe s.

bison n.m.
peut-être du GERMANIQUE *wisunt*, par le LATIN *bison* ; XVe s.

bisquer v.
du PROVENÇAL *bisca*, de *bico*, « bique » ; XVIIIe s.

bitte n.f.
de l'ANCIEN SCANDINAVE *biti*, « poutre de navire » ; XIVe s.

bivouac n.m.
de l'ALLEMAND DIALECTAL DE SUISSE *bîwacht*, « patrouille supplémentaire de nuit », de *bi-*, « auprès de », et de *wacht*, « garde, veillée », mot sans doute importé par les mercenaires suisses ; XVIIe s.

bizarre adj.
du BASQUE *bizar*, « barbe » puis « homme énergique », par l'ESPAGNOL *bizarro*, « hardi », puis par l'ITALIEN *bizzarro*, « emporté, capricieux » ; XVIe s.

blackbouler v.
de l'ANGLAIS (*to*) *blackball*, « mettre une boule noire » (pour marquer son opposition dans un vote) ; XIXe s.

black-out n.m. « obscurité totale »
de l'ANGLAIS *black*, « noir », et *out*, « totalement » ; XXe s.

blafard adj.
du MOYEN HAUT-ALLEMAND *bleichvar*, « de couleur pâle » ; XIVe s.

blague n.f. (à tabac)
du NÉERLANDAIS *blagen*, « gonfler » ; XVIIIe s.

blaireau n.m.
du FRANCIQUE **blari*, « tacheté de blanc » (ou du GAULOIS **blaros*) ; XIVe s.

blanc, blanche adj.
du FRANCIQUE **blank*, « brillant » ; XIe s.

blanquette n.f. (vin)
du PROVENÇAL *blanqueto*, dérivé de *blanco*, « blanc » ; XVIIe s.

blaser v.
du MOYEN NÉERLANDAIS *blasen*, « gonfler », le premier sens de *blaser* étant « être bouffi par la boisson » (ou de l'ANCIEN PROVENÇAL *blazir*, « faner », lui-même d'origine GERMANIQUE) ; XVIe s.

blazer n.m.
de l'ANGLAIS (*to*) *blaze* « flamboyer », d'après les rayures vives du vêtement ; XXe s.

blé n.m.
du FRANCIQUE **blad*, « produit des champs » (ou du GAULOIS **blato*, « farine ») ; XIe s.

bled n.m.
de l'ARABE MAGHRÉBIN *bled*, « terrain, pays, ville » ; XIXe s.

blêmir v.
de l'ANCIEN SCANDINAVE *blami*, « couleur bleuâtre » (ou du FRANCIQUE **blesmjan*, « faire pâlir ») ; XIe s.

blesser v.
du FRANCIQUE **blettjan*, « meurtrir » ; XIe s.

bleu adj.
du FRANCIQUE **blao*, « bleu », par l'ANCIEN FRANÇAIS *blo*, *blau*, *blef*, *bleve* ; XIIe s.

blini ou **blinis** n.m.
du RUSSE *bliny*, pluriel de *blin*, « sorte de crêpe à pâte levée » ; XIXe s.

blizzard n.m.
de l'ANGLAIS *blizzard*, « vent du nord » ; XIXe s.

bloc n.m.
du MOYEN NÉERLANDAIS *bloc*, « tronc d'arbre abattu » ; XIIIe s.

blockhaus n.m.
de l'ALLEMAND *Block*, « poutre », et *Haus*, « maison » ; XIXe s.

bloc-notes n.m.
de l'ANGLAIS *block-notes*, « feuilles en bloc ». On dit en anglais *memo-pad* ou *writing-pad* ; XIXe s.

blocus n.m.
du MOYEN NÉERLANDAIS *blockhuis*, « fortin », de *block*, « poutre, tronc d'arbre », et *huis*, « maison » ; XIVe s.

blond adj.
du GERMANIQUE **blund* ; XIe s.

bloomer n.m. (culotte bouffante)
du nom de l'Américaine Mrs *Bloomer*, qui mit ce vêtement à la mode ; XXe s.

blottir (se) v.
de l'ALLEMAND *blotten*, « écraser » ; XVIe s.

blue-jeans ou **blue-jean** n.m.
de l'ANGLAIS *blue-jean*, de *blue*, « bleu », et de *jeans*, toile ainsi nommée parce qu'elle venait de Gênes (prononcé *jeans*) ; XXe s.

blues n.m. (musique)
de l'ANGLAIS *blues*, pour *blue devils*, « idées noires » ; XXe s.

bluff n.m.
du NÉERLANDAIS *bluffen*, « se vanter », par l'ANGLAIS (*to*) *bluff*, « leurrer » ; XIXe s.

bluter v. (meunerie)
du NÉERLANDAIS *biutelen* ; XIIe s.

bobsleigh ou **bob** n.m.
de l'ANGLAIS *bobsleigh*, de (*to*) *bob*, « être ballotté », et de *sleigh*, « traîneau » ; XIXe s.

bocage n.m.
du GERMANIQUE **bosk*, « buisson, bois », par un DIALECTE NORMANNO-PICARD *bosc*, forme primitive de « bois » ; XIIe s.

bocal n.m.
de l'ITALIEN *boccale*, « broc, cruche », du BAS LATIN *baucalis*, même sens ; XVIe s.

bock n.m.
de l'ALLEMAND *Bockbier*, « bière forte », altération de *Einbeckbier*, « bière de Einbeck », prononcé *Einbockbier* par les Munichois et compris comme *ein Bock Bier* dans le reste du pays. En français, le sens a ensuite évolué du contenu au contenant ; XIXe s.

bogie ou **boggie** n.m. (chemin de fer)
de l'ANGLAIS *bogie*, d'abord « charrette à quatre roues » ; XIXe s.

bogue → **bug**.

bogue n.f. « enveloppe de châtaigne »
du BRETON *bolc'h*, « capsule du lin », par un DIALECTE DE L'OUEST ; XVIe s.

bois n.m. « forêt »
du GERMANIQUE **bosk*, « buisson, bois » ; XIe s.

boisseau n.m. (mesure)
probablement du GAULOIS **bosta*, « ce qu'on peut tenir dans la main », par le LATIN de Gaule **bostia*, qui a donné en ANCIEN FRANÇAIS *boisse* ; XIIIe s.

bol n.m. (récipient)
de l'ANGLAIS *bowl*, « jatte » ; XVIIe s.

bolchevik ou **bolcheviste** adj. et n.
du RUSSE *bolchevik*, « qui adhère à la majorité du parti social-démocrate » ; XXe s.

boléro n.m. (danse)
de l'ESPAGNOL *bolero*, « danseur professionnel » ; XIXe s.

bombe n.f.
de l'ITALIEN *bomba*, « projectile », du LATIN *bombus*, « bruit sourd » ; XVIIe s.

bonace n.f. (marine)
du PROVENÇAL *bonassa*, « calme plat », du LATIN POPULAIRE **bonacia*, mot refait à partir du LATIN CLASSIQUE *malacia*, « mollesse, faiblesse ». Cette forme, sentie comme venant de *malus*, « mauvais », a été refaite sur *bonus*, d'où *bonacia* ; XIIe s.

bonasse adj.
peut-être de l'ITALIEN *bonaccia*, « mer calme » ; XIIIe s.

bonbonne ou **bombonne** n.f.
du PROVENÇAL *boumbouno*, « sorte de bouteille » ; XIXe s.

bonde n.f. (trou d'écoulement)
du GAULOIS **bunda* ; XIVe s.

bonnet n.m.
probablement du GERMANIQUE, par le LATIN MÉDIÉVAL *abonnis*, d'abord « étoffe pour coiffure » ; XVe s.

bonsaï ou **bonzaï** n.m.
du JAPONAIS *bonsaï*, « arbre en pot », de *bon*, « pot », et *saï*, « arbre » ; XXe s.

bonze n.m.
du JAPONAIS *bozu*, « religieux bouddhiste », par le PORTUGAIS *bonzo* ; XVIe s.

bookmaker n.m.
de l'ANGLAIS *bookmaker*, « celui qui prend les paris », de (*betting*) *book*, « livre (des paris) », et *maker* ; XIXe s.

boom n.m.
de l'ANGLAIS *boom*, « détonation », onomatopée (ou du NÉERLANDAIS *bommen*) ; XIXe s.

boomerang n.m.
d'une LANGUE INDIGÈNE D'AUSTRALIE *wo-mur-rang* (nom de tribu), par l'ANGLAIS *boomerang* ; XIXe s.

boots n.m.pl. (chaussures montantes)
de l'ANGLAIS *boots*, « bottes » ; XXe s.

bop → **be-bop**.

boqueteau n.m.
d'un DIALECTE NORMANNO-PICARD *boquet*, variante de *bouquet* ; XIVe s.

bord n.m.
du FRANCIQUE **bord*, « bord d'un vaisseau » ; XIIe s.

bordel n.m.
du FRANCIQUE **borda*, « cabane de planches », par le PROVENÇAL *bordel* (ou par l'ITALIEN *bordello*) ; XVIIe s.

bosquet n.m.
du GERMANIQUE **bosk*, « buisson, bois », par l'ITALIEN *bosco*, « bois », et son diminutif *boschetto* « petit bois » ; XIIe s.

bossa nova n.f. (danse)
du PORTUGAIS du Brésil *bossa nova*, proprement « nouvelle vogue, nouvelle aptitude » ; XXe s.

bosse n.f.
peut-être du FRANCIQUE **bôtja*, « coup », puis « tumeur provoquée par un coup » ; XIIe s.

boston n.m. (jeu de cartes et danse)
du nom de la ville de *Boston*, aux États-Unis) ; XIXe s.

bot adj. (pied bot)
du GERMANIQUE **butta*, « émoussé, contrefait ». En ANCIEN FRANÇAIS et dans les DIALECTES DE L'EST, *bot* signifie « crapaud » ; XVIIe s.

botte n.f. (chaussure)
probablement du GERMANIQUE **butta*, « contrefait », par le MOYEN FRANÇAIS *bot*, avec le sens de « chaussure grossière » ; XIIe s.

botte n.f. (escrime)
de l'ITALIEN *botta*, « coup » ; XVIe s.

botte n.f. « gerbe »
du MOYEN NÉERLANDAIS *bote*, « touffe de lin » ; XIVe s.

boubou n.m. (grande chemise)
du MALINKÉ (langue de Guinée) *bubu*, « singe ». Traditionnellement, les Guinéens se vêtaient de peaux de singes ; XIXe s.

bouc n.m.
du GAULOIS **bucco*, « bouc » ; XIIe s.

boucan n.m. (tumulte)
de l'ITALIEN *baccano*, « tapage », du LATIN *bacchanal*, « fête de Bacchus » ; XVIIe s.

boucan n.m. (viande fumée)
du TUPI-GUARANI *moukem*, « viande fumée » ; XVIe s.

bouchot n.m. « parc à huîtres »
d'un DIALECTE POITEVIN, du LATIN MÉDIÉVAL *buccaudum*, du LATIN *bucca*, « bouche » ; XVIIe s.

boue n.f.
du GAULOIS **bawa*, « fange », par un DIALECTE SEPTENTRIONAL ; XIIe s.

bouée n.f.
du GERMANIQUE **baukn*, « signal », par l'ANCIEN FRANÇAIS **boie* ; XVe s.

bouffe adj. (opéra)
de l'ITALIEN *(opera) buffa*, « (opéra) plaisant, pour rire » ; XIXe s.

bouffon adj. et n.m.
de l'ITALIEN *buffone*, de *buffo*, « drôle » (*buffa*, « plaisanterie ») ; XVIe s.

bouge n.m.
du GAULOIS *bulga*, « sac de cuir », par le LATIN *bulga* et l'ANCIEN FRANÇAIS *bouge*, « sac de cuir, valise » (d'où *bougette*, cf. budget), avec changement de sens, « lieu de décharge » ; XIIIe s.

bougna ou **bougnat** n.m.
abréviation d'un DIALECTE AUVERGNAT, *charbougna*, « charbonnier » ; XIXe s.

bougnoule ou **bougnoul** n.m.
du WOLOF (langue du Sénégal) *bougnoul*, de *bou*, « qui est », et de *gnoul*, « noir » ; XIXe s.

boui-boui n.m.
d'un DIALECTE JURASSIEN, de *bouis*, « étable », du LATIN *bovile*, « étable à bœufs » ; XIXe s.

bouillabaisse n.f.
du PROVENÇAL, peut-être *boui-abaisso* « bouille abaisse » (« baisse le feu quand ça bout »), ou altération de *bouillepeis*, « poisson bouilli » ; XIXe s.

boulanger n.m.
du MOYEN NÉERLANDAIS *bolle*, « pain rond », par le LATIN MÉDIÉVAL *bulingarius*, « qui fabrique des pains ronds », et par le PICARD *boulenc* ; XIIe s.

bouleau n.m.
du GAULOIS, par le LATIN POPULAIRE **betullus* et l'ANCIEN FRANÇAIS *boul* ; XVIe s.

bouledogue ou **bulldog** n.m.
de l'ANGLAIS *bulldog*, composé de *bull*, « taureau », et de *dog*, « chien » ; XVIIIe s.

boulevard n.m.
du MOYEN NÉERLANDAIS *bolwerc*, « rempart » (littér. *werc*, « ouvrage », et *bol*, « madriers »), puis « promenade plantée d'arbres » ; XVe s.

boulingrin n.m.
de l'ANGLAIS *bowling green*, de *bowling*, « jeu de boules », et *green*, « (sur le) gazon » ; XVIIe s.

bouquet n.m. (végétation)
du GERMANIQUE *bosk*, « bois », par un DIALECTE NORMANNO-PICARD ; XVe s.

bouquetin n.m.
de l'ALLEMAND *Steinbock*, « bouc de rocher », par le SAVOYARD *boc estaign*, devenu *bouc estain* puis *bouquetin* ; XIIIe s.

bouquin n.m.
du MOYEN NÉERLANDAIS *boeckskijn* ou plutôt *boekelkijn*, « petit livre », diminutif de *boek*, « livre » ; XVe s.

bourbier n.m.
du GAULOIS **borva*, de la même famille que *Borvo*, divinité des eaux thermales (cf. les toponymes français *Bourbon*) ; XIIIe s.

bourbon n.m. (whisky)
abréviation de l'ANGLAIS d'Amérique *Bourbon whiskey*, « whisky fabriqué dans le comté de Bourbon (Kentucky) ». Le toponyme *Bourbon* vient du GAULOIS *Borvo*, divinité des eaux thermales ; XIXe s.

bourdaine n.f.
peut-être du PROVENÇAL, d'origine obscure ; XIIIe s.

bourde n.f. « bévue »
du FRANCIQUE **bihurdan*, qui a donné en ANCIEN FRANÇAIS **behorder*, « plaisanter », d'où *behourde* et ensuite *bourde* ; XIIe s.

bourg n.m.
du GERMANIQUE **burgs*, qui s'est fondu avec le BAS LATIN *burgus*, « forteresse », qui venait lui-même du GREC *pyrgos*, « tour » ; XIe s.

bourgade n.f.
de l'ITALIEN *burgata*, par un dialecte ITALIEN du Nord *burgada* (ou du PROVENÇAL *burgada*) ; XVe s.

bourgmestre n.m.
du MOYEN HAUT-ALLEMAND *burgmeister*, « maître d'un bourg » ; XIVe s.

bourrache n.f. (plante sudorifique)
de l'ARABE *bu*, « père », et *rach*, « sueur », par le LATIN MÉDIÉVAL *borrago* ; XIIIe s.

bourrasque n.f.
de l'ITALIEN *burrasca*, du LATIN *boreas*, « vent du nord » ; XVIe s.

bourriche n.f. « panier »
d'un DIALECTE PICARD *bourrache*, « natte d'osier » ; XVIe s.

bourrique n.f.
de l'ESPAGNOL *borrico*, « âne », du LATIN TARDIF **burricus* ; XVIIe s.

Bourse n.f. « place de change »
Ce sens particulier a été introduit au XIVe s., la Bourse de Bruges se trouvant dans l'hôtel de la famille Van Der Burse, dont la façade était ornée de trois bourses ; XVIe s.

boussole n.f.
de l'ITALIEN *bussola*, « petite boîte », forme dialectale de *bossolo*, de *bosso*, « buis », du LATIN *buxum*, lui-même issu du GREC *puxis*, « buis » (d'où vient aussi le FRANÇAIS « boîte »). A remplacé l'ancienne expression *aiguille de mer* ; XVIe s.

boutargue ou **poutargue** n.f. « œufs de poisson séchés »
de l'ARABE *bitârikha*, « œufs de poisson », par l'ESPAGNOL archaïque *botagra* et le PROVENÇAL *boutargo* ; XVIe s.

bouter v.
du FRANCIQUE **bôtan*, « frapper » ; XIe s.

boutique n.f.
probablement du PROVENÇAL *bottica*,

venu lui-même du GREC *apothêkê*, « magasin » ; XIIIe s.

bowling n.m.
de l'ANGLAIS d'Amérique *bowling*, « jeu de boules » ; XXe s.

box n.m. (emplacement)
de l'ANGLAIS *box*, « boîte, stalle, loge » ; XVIIIe s.

box-calf ou **box** n.m.
de l'ANGLAIS *box*, « boîte », et *calf*, « veau », marque de cuir déposée et rendue célèbre par une publicité américaine faite sur le nom du bottier anglais réputé Joseph *Box* et représentant un veau, *calf*, dans une boîte, *box* ; XIXe s.

boxe n.f.
de l'ANGLAIS *box*, « coup » ; XVIIe s.

box-office n.m.
de l'ANGLAIS *box-office*, de *box*, « loge de théâtre », et *office*, « guichet ». Le *box-office* mesure la cote d'un spectacle selon les recettes des guichets ; XXe s.

boy n.m.
de l'ANGLAIS *boy*, « valet », puis « jeune garçon », puis « serviteur indigène aux colonies », peut-être emprunté au participe passé de l'ANCIEN FRANÇAIS *embuier*, « entravé », du LATIN *boia*, « carcan » ; XVIIe s.

boyard n.m.
du RUSSE *boyarin*, « seigneur » ; XVe s.

boycotter v.
de l'ANGLAIS *Boycott*, nom d'un propriétaire irlandais mis en quarantaine pour sa dureté par la *Irish Land League*, « Ligue agraire irlandaise » ; XIXe s.

boy-scout → **scout**.

braconner v.
du GERMANIQUE **brakko*, par l'ANCIEN PROVENÇAL *bracon*, « race de chien de chasse ». *Braconner* est donc proprement « chasser avec des chiens de race braque » ; XIIIe s.

brader v.
du MOYEN NÉERLANDAIS *braden*, « rôtir », par les DIALECTES PICARD et WALLON, avec le sens de « rôtir » puis, par métaphore, « gaspiller » ; XIXe s.

braguette n.f.
du GAULOIS *braca*, « sorte de pantalon ample », par le PROVENÇAL *braga* et l'ANCIEN FRANÇAIS *brague*, « pantalon » ; XVIe s.

braies n.f.pl.
du GAULOIS *braca*, « sorte de pantalon ample » ; XIIe s.

brain-trust n.m.
de l'ANGLAIS *brain*, « cerveau », et *trust*, « groupement ». Nom donné à l'origine à l'équipe d'intellectuels dont s'entoura Franklin Roosevelt quand il devint président des États-Unis, en 1933 ; XXe s.

braise n.f.
du GERMANIQUE **brasa*, « bûcher, feu » ; XIIe s.

bramer v.
du GERMANIQUE **brammôn*, par le PROVENÇAL *bramar*, « mugir, braire » ; XVIe s.

brancard n.m.
d'un DIALECTE NORMAND, dérivé de *branque*, forme normande de *branche* ; XVIe s.

brandade n.f.
du PROVENÇAL *brandado*, « secousse, chose remuée », de *brandar*, « remuer », parce que la préparation de ce plat nécessite qu'on remue constamment les ingrédients ; XVIIIe s.

brandebourg n.m. (passementerie)
de *Brandenburg*, ville d'Allemagne ; XVIIe s.

brandir v.
du GERMANIQUE **brand*, « tison », puis « épée », par l'ANCIEN FRANÇAIS *brand*, même sens ; XIe s.

brandon n.m.
du GERMANIQUE **brand*, « tison », dérivé de l'ANCIEN FRANÇAIS *brander*, « s'embraser » ; XIIe s.

brandy n.m.
du NÉERLANDAIS *brandwijn*, « brandevin » (littéralement « vin brûlé »), par l'ANGLAIS *brandy*, de *(to) brand*, « brûler, distiller » ; XVIIe s.

braque n.m. (race canine)
du GERMANIQUE **brakko*, par l'ANCIEN PROVENÇAL *brac*, « chien de chasse » ; XIIIe s. (cf. **braconner**).

brasero n.m.
peut-être d'origine PRÉLATINE, par l'ESPAGNOL *brasero*, « brasier, bûcher » ; XVIIIe s.

brasser v. (de la bière)
du GAULOIS *braces*, « épeautre, sorte de blé » (cf. le GALLOIS *brag*, « malt »), par le LATIN POPULAIRE **braciare* et l'ANCIEN FRANÇAIS *brais*, « orge préparée pour la fabrication de la bière » ; XIIe s.

bravache n.m.
de l'ITALIEN *bravaccio*, forme péjorative de *bravo*, « brave » ; XVIe s.

bravade n.f.
de l'ITALIEN *bravata*, probablement par une forme dialectale italienne du Nord, *bravada*, de *bravare*, « faire le brave » ; XIVe s.

brave adj.
de l'ITALIEN (ou de l'ESPAGNOL) *bravo*, du LATIN *barbarus*, « barbare » (en passant par la forme **brabus*) ; XIVe s.

bravo interj.
de l'ITALIEN *bravo*, « fort, compétent » ; XVIIIe s.

bravoure n.f.
de l'ITALIEN *bravura*, dérivé de *bravo*, « brave » ; XVIIe s.

break n.m. (voiture)
de l'ANGLAIS *break*, « voiture à cheval » ; XIXe s.

break n.m. « interruption »
de l'ANGLAIS *break*, « interruption » ; XXe s.

breakfast n.m.
de l'ANGLAIS *break*, « interruption », et *fast*, « jeûne » ; XIXe s.

brèche n.f.
de l'ANCIEN HAUT-ALLEMAND *brecha*, « fracture » ; XIIe s.

bréchet n.m.
de l'ANGLAIS *brisket*, « hampe », lui-même emprunté à l'ANCIEN FRANÇAIS *bruschet* ; XVIe s.

brelan n.m.
du HAUT-ALLEMAND *bretling*, « petite planche », puis « table de jeu » ; XIIe s.

brème n.f. (poisson)
du FRANCIQUE **brahsima*, par l'ANCIEN FRANÇAIS *braisme* ; XIIe s.

bretelle n.f.
du HAUT-ALLEMAND *brittil*, « rêne » ; XIIIe s.

bretzel n.m. (pâtisserie)
de l'ALLEMAND *Brezel*, probablement par l'ALSACIEN *bretzel*, « bras », du LATIN *bracchium*. Le bretzel a la forme de deux bras enlacés ; XIXe s.

brick n.m. (voilier)
de l'ANGLAIS *brig*, abréviation de *brigantine*, « brigantin » (vaisseau à deux mâts), lui-même emprunté au FRANÇAIS *brigandin* ; XVIIIe s.

brick ou **brik** n.f. « sorte de crêpe »
de l'ARABE TUNISIEN *brick* ; XXe s.

bricole n.f.
probablement de l'ITALIEN *briccola*, « machine de guerre », avec des variations de sens mal expliquées. Le mot a pris en français le sens de « pièce de harnais » puis de « objet de peu d'importance » ; XIVe s.

bride n.f.
du MOYEN HAUT-ALLEMAND *bridel*, « rêne », forme apparentée à *brittil*, qui a donné « bretelle » ; XIIIe s.

bridge n.m. (soins dentaires)
de l'ANGLAIS *bridge*, « pont » ; XXe s.

bridge n.m. (jeu de cartes)
de l'ANGLAIS, par adaptation de *biritch*, d'origine inconnue ; XIXe s.

briefing n.m.
de l'ANGLAIS (*to*) *brief*, « donner des instructions », lui-même issu de l'ANCIEN FRANÇAIS *bref*, *brief*, « lettre », « écrit » (cf. encore aujourd'hui *un bref du pape*) ; XXe s.

brigade n.f.
de l'ITALIEN *brigata*, « troupe », probablement par une forme ITALIENNE DIALECTALE DU NORD, *brigada* ; XIVe s.

brigand n.m.
de l'ITALIEN *brigante*, « qui va en troupe », de *brigata*, « troupe » ; XIVe s.

brigue n.f.
de l'ITALIEN *briga*, « querelle » ; XIVe s.

briller v.
de l'ITALIEN *brillare*, « briller, avoir l'éclat du béryl », du LATIN *beryllus*, « béryl » (pierre précieuse) ; XVIe s.

brimer v.
d'un DIALECTE DE L'OUEST *brimer*, « battre » et aussi « geler, flétrir » ; XIXe s.

brin n.m.
peut-être du GAULOIS **brinos*, « jonc » (cf. le GALLOIS *brwyn*, « jonc ») ; XIVe s.

brindezingue adj. « un peu fou »
de l'ALLEMAND *Bring dir sie*, « je te la porte » (je bois à ta santé), probablement introduit par les mercenaires suisses ou allemands ; XVIIIe s.

bringue n.f. « fête, beuverie »
de l'ALLEMAND (*ich*) *bring* (*dir's*) « (je) porte un toast », probablement introduit par les mercenaires suisses ou allemands ; XVIe s.

bringue n.f. « personne mal bâtie »
d'un DIALECTE NORMAND, s'est d'abord dit d'un cheval ; XVIIIe s.

brio n.m.
du GAULOIS **brivo* ou **brigo*, « force », par l'ITALIEN *brio*, « vivacité » ; XIXe s.

brioche n.f.
du DIALECTE NORMAND *brier*, forme normande de *broyer*, « pétrir la pâte avec un brie (rouleau) » ; XVe s.

brique n.f.
du NÉERLANDAIS *bricke* ; XIIIe s.

briser v.
du GAULOIS, par le LATIN POPULAIRE **brisare* ; XIe s.

bristol n.m. (carte de visite)
de l'ANGLAIS *Bristol*, nom de ville ; XIXe s.

broc n.m. « cruche à bec »
du PROVENÇAL *broc*, de l'adjectif LATIN *brocchus*, « saillant » ; XIVe s.

brocanter v.
de l'ANCIEN HAUT-ALLEMAND *brocko*, « morceau », par le SUISSE ALLEMAND *brockenhaus*, « friperie » ; XVIIe s.

brocard n.m. « chevreuil »
du DIALECTE PICARD *broque*, « dague, bois de l'animal après la première année » ; XVe s.

brocart n.m. (étoffe)
de l'ITALIEN *broccato*, « tissu broché » ; XVIe s.

brocoli n.m. (légume)
de l'ITALIEN *broccoli*, « variété de choux » (au pluriel), contraction de *broccolo*, diminutif de *brocco*, « pousse, bourgeon », avec influence de *cavolo*, « chou » ; XVIe s.

brodequin n.m.
du MOYEN NÉERLANDAIS *broseken*, « petit soulier », diminutif de *brosen*, « soulier » ; XVe s.

broder v.
du FRANCIQUE **brozdon* ; XIIe s.

bronze n.m.
du PERSAN *berendj*, « laiton », par l'ITALIEN *bronzo*, dont l'étymologie latine *aes Brindisium*, « bronze de Brindisi », est peu probable ; XVIe s.

brouet n.m.
de l'ANCIEN HAUT-ALLEMAND **brod*, « bouillon », par l'ANCIEN FRANÇAIS *breu* ; XIIIe s.

brousse n.f.
du PROVENÇAL *brousso*, « broussaille » ; XIXe s.

browning n.m. (arme)
du nom de l'inventeur AMÉRICAIN *Browning* ; XXe s.

broyer v.
du GERMANIQUE **brekan*, « briser » ; XIIIe s.

brugnon n.m.
forme altérée en *brugnoun*, du PROVENÇAL *prugnoun*, dérivé du LATIN POPULAIRE **prunea*, « prune » ; XVIIe s.

bruine n.f.
d'un DIALECTE DE L'OUEST (ou du NORMAND) *bruine*, du LATIN *pruina*, « frimas », avec influence du FRANÇAIS *brume* ; XVIe s.

brume n.f.
de l'ANCIEN PROVENÇAL *bruma*, du LATIN *bruma*, proprement « (solstice) d'hiver » ; XIVe s.

brun adj.
du GERMANIQUE **brûn*, « brun, brillant » ; XIe s.

brunch n.m.
contraction de l'ANGLAIS *br(eakfast)*, « petit déjeuner », et *(l)unch*, « déjeuner » ; XXe s.

brushing n.m. (technique de coiffure)
dérivé de l'ANGLAIS *brush*, « brosse », emprunté à l'ANCIEN FRANÇAIS *broisse* (français moderne *brosse*) ; XXe s.

brusque adj.
de l'ITALIEN *brusco*, d'abord « âpre, aigre », puis « rude, rapide », peut-être du LATIN *ruscum*, « épineux », croisé avec *bruscus*, « bruyère » ; XVIe s.

bruyère n.f.
du GAULOIS **bruko*, « bruyère », par le LATIN POPULAIRE *brocarius*, probablement par des DIALECTES MÉRIDIONAUX ; XIIe s.

bûche n.f.
du GERMANIQUE **busk*, « baguette », par le LATIN POPULAIRE *buska* ; XIIe s.

budget n.m.
du GAULOIS *bulga*, « sac de cuir », par le LATIN *bulga* et par l'ANCIEN FRANÇAIS *bouge*, dont le diminutif *bougette*, « petit sac », à été emprunté par l'ANGLAIS sous la forme *budget*, « sac de voyage », puis avec le sens financier de « budget ». A été à son tour emprunté avec ce nouveau sens par le FRANÇAIS au XVIIIe s.

buée n.f.
du FRANCIQUE **bûkon*, « faire la lessive » ; XIIIe s.

buffle n.m.
de l'ITALIEN *bufalo*, « buffle », par le LATIN POPULAIRE *bufalus*, du LATIN CLASSIQUE *bubalus*. L'ANCIEN FRANÇAIS disait *bugle*, d'où *beugler* ; XIIIe s.

bug ou **bogue** n.m.
de l'ANGLAIS *bug*, « défaut », et plus précisément « mauvais fonctionnement d'un ordinateur » ; XXe s.

bugle n.m. « sorte de clairon »
de l'ANGLAIS *bugle*, abrév. de *bugle-horn*, « corne de bœuf », emprunté à l'ANCIEN FRANÇAIS *bugle*, « buffle, bœuf », du LATIN *buculus*, « jeune bœuf » ; XIXe s.

building n.m.
de l'ANGLAIS (*to*) *build*, « construire » ; XIXe s.

bulldog → **bouledogue**.

bulldozer n.m. (engin de terrassement)
de l'ANGLAIS (*to*) *bull-doze*, « intimider par la violence », (*a*) *bull-dose*, « volée de coups de fouet », littéralement « dose de taureau » ; XXe s.

bulletin n.m.
de l'ITALIEN *bollettino*, « billet », de *bolla*, « boule (de plomb attachée au sceau) » ; XVIe s.

bullionisme n.m.
de l'ANGLAIS *bullion*, « lingot » ; XXe s.

bun n.m. (petit pain)
de l'ANGLAIS *bun*, « petit gâteau », probablement de l'ANCIEN FRANÇAIS *bugne* (qui a donné *beignet*) ; XXe s.

bungalow n.m.
du HINDI *bangla*, « bengalais », par l'ANGLAIS *bungalow* ; XIXe s.

bunker n.m. (casemate)
de l'ALLEMAND *Bunker*, « soute à charbon » ; XXe s.

burgrave n.m.
de l'ALLEMAND *Burg*, « forteresse » puis « bourg », et *Graf*, « comte » ; XVe s.

burin n.m.
du GERMANIQUE, par l'ANCIEN ITALIEN *burino* ; XVe s.

burlesque adj.
de l'ITALIEN *burlesco*, « plaisant », de *burla*, « plaisanterie » ; XVIIe s.

burnous n.m. (manteau)
de l'ARABE *bournous*, « manteau à capuchon » ; XIXe s.

buse n.f. « conduit »
du MOYEN NÉERLANDAIS *buse*, *buyse*, par un DIALECTE DU NORD ; XVe s.

bushido n.m. (code d'honneur)
du JAPONAIS *bushido* ; XXe s.

business n.m.
de l'ANGLAIS *business*, formé sur *busy*, « occupé » ; XIXe s.

businessman n.m.
de l'ANGLAIS ***businessman***, « homme d'affaires » ; XIXe s.

buste n.m.
de l'ITALIEN ***busto***, du LATIN ***bustum***, « bûcher », puis « monument funéraire », souvent orné d'une statue du défunt ; XIVe s.

but n.m. « cible »
probablement du FRANCIQUE ****bût***, « souche, billot », qui a pris le sens de cible, dans le tir à l'arc ; XIIIe s.

butin n.m.
du MOYEN BAS-ALLEMAND ***bûte***, « partage » ; XIVe s.

by-pass ou **bipasse** n.m.
de l'ANGLAIS ***by-pass***, « dérivation », de ***by***, « à côté de », et ***pass***, « passage » ; XXe s.

C

cabale → **kabbale**.

caban n.m. (grande veste)
de l'ARABE *qabâ*, « manteau d'homme », par le SICILIEN *cabbanu* ; XVe s.

cabane n.f.
d'origine GAULOISE, par le LATIN MÉDIÉVAL *capanna* et le PROVENÇAL *cabana* ; XIVe s.

cabaret n.m.
d'un DIALECTE PICARD *camberete*, *cambrette*, « petite chambre », par le NÉERLANDAIS *cabret* ; XIIIe s.

cabas n.m.
du PROVENÇAL *cabas*, « corbeille de jonc », du LATIN POPULAIRE **capacius*, du LATIN *capax*, « qui contient beaucoup » ; XIVe s.

cabestan n.m.
du PROVENÇAL *cabestran*, de *cabestra*, « corde de poulie » ; XIVe s.

cabillaud n.m. « morue »
du NÉERLANDAIS *kabeljau* ; XIIIe s.

cabine n.f.
d'un DIALECTE PICARD *cabine*, « maison de jeu ». Le sens actuel de « cabine de navire » a été repris au XVIIIe s. à l'ANGLAIS *cabin*, emprunté lui-même à l'ANCIEN FRANÇAIS *cabane* ; XIVe s.

cabinet n.m. « chambre » et « meuble »
de l'ITALIEN *gabinetto*, « chambre » et « meuble », passé en FRANÇAIS avec ces deux sens, a été ensuite emprunté par l'ANGLAIS, qui l'a transmis au français avec le sens de « ensemble des ministres » ; XIXe s.

câble n.m.
d'un DIALECTE NORMAND correspondant à l'ANCIEN FRANÇAIS *chaable*, du BAS LATIN *capulum*, « sorte de corde » ; XIVe s.

câbler v. « envoyer un télégramme »
de l'ANGLAIS (*to*) *cable*, « télégraphier », de l'ANGLAIS *cable*, emprunté lui-même à l'ANCIEN FRANÇAIS *chaable* ; XIXe s.

caboche n.f.
d'un DIALECTE NORMANNO-PICARD, avec

le sens de « clou à grosse tête », vient de *bosse* avec un préfixe *ca-* ; XIIe s.

cabot n.m. (chien)
probablement d'un DIALECTE MÉRIDIONAL *cabot*, « têtard », dérivé de *cap*, « tête », et désignant des animaux à grosse tête ; XIXe s.

cabotage n.m.
de l'ESPAGNOL *cabo*, « cap, promontoire » ; XVIIe s.

caboulot n.m.
du CELTIQUE **buta*, « hutte », par un DIALECTE FRANC-COMTOIS *caboulot*, « réduit », issu de *boulot*, qui dérive lui-même de *boye*, « écurie, étable ». La forme *caboulot* provient d'un croisement avec *cabane* ; XIXe s.

cabrer (se) v.
de l'ANCIEN PROVENÇAL, formé, à partir du radical *cabr-*, de mots emprunté anciennement par le FRANÇAIS au PROVENÇAL (*cabret*, *cabrit*, « chèvre »). Cependant, le verbe PROVENÇAL *se cabra* n'est pas attesté avant le XVIIIe s. alors que *se cabrer* l'est à partir du XIIe s.

cabri n.m.
du PROVENÇAL *cabrit*, « chèvre », qui élimine l'ancien français *chevri*, tous deux issus du BAS LATIN *capritus*, du LATIN *capra*, « chèvre » ; XIVe s.

cabriole n.f.
de l'ITALIEN *capriola*, de *capriolo*, « chevreuil ». Le *b* de *cabriole* est probablement dû à l'influence de *cabri* ; XVIe s.

cacahuète ou **cacahouète** n.f.
du NAHUATL *tlalcacáuatl*, composé de *tlalli*, « terre », et de *cacáuatl* « cacao », littéralement « cacao de terre », par l'ESPAGNOL *cacahuate* (*tlal-* ayant été interprété comme l'article du mot *cacáuatl*) ; XIXe s.

cacao n.m.
du NAHUATL *cacáuatl*, par l'ESPAGNOL *cacao* ; XVIe s.

cacatoès n.m. (oiseau)
du MALAIS *kakatuwa*, « perroquet huppé, cacatoès », peut-être par le NÉERLANDAIS *kakatoes*, pluriel de *kakatoe* ; XVIIe s.

cacatois n.m. (voile)
du MALAIS *kakatuwa*, « cacatois », probablement par le PORTUGAIS *cacatua*, et non par l'intermédiaire du NÉERLANDAIS qui, pour cette voile, dit *bovembramsell* (cf. cacatoès) ; XVIIe s.

cachalot n.m.
du PORTUGAIS *cachalote*, « poisson à grosse tête », du PORTUGAIS POPULAIRE *cachola*, « tête, caboche » ; XVIIe s.

cachemire n.m.
de *Kashmir*, nom d'une province de l'Inde, par l'ANGLAIS *cashmere* ; XIXe s.

cachou n.m.
du TAMOUL (ou du MALAIS) *kâchu*, par le PORTUGAIS *cachu* ; XVIIe s.

cacique n.m. (chef)
d'un mot ARAWAK (de Saint-Domingue) signifiant « chef, petit roi », par l'ESPAGNOL *cacique* ; XVIe s.

cadastre n.m.
du VÉNITIEN *catastico*, lui-même issu du GREC *katastikhon*, « ligne par ligne », par le PROVENÇAL *cadastre* ; XVIe s.

caddie n.m. (golf)
abréviation de l'ANGLAIS *caddie cart*, « chariot à deux roues tiré par le joueur de golf ». Le petit chariot de manutention (à quatre roues) utilisé dans les magasins se nomme *trolley* en Angleterre et *cart* aux États-Unis. Le terme *caddie* a pour premier sens « portier,

commissionnaire » et vient sans doute du FRANÇAIS cadet (cf.**cadet**) ; XXe s.

cade n.m. (genévrier)
du PROVENÇAL *cade*, du BAS LATIN *catanum* ; XVIe s.

cadeau n.m.
du PROVENÇAL *capdel*, « chef » puis « lettre capitale », du LATIN POPULAIRE **capitellum*, de *caput*, « tête ». Le sens a évolué de « lettre capitale » (XIIIe s.) à « enjolivures » et à « paroles superflues » (Furetière, XVIIe s.), puis à « divertissement offert à une dame » (Molière, XVIIe s.), et enfin au sens actuel « don, présent » (à la fin du XVIIIe s.) ; XIIe s.

cadenas n.m.
du PROVENÇAL *cadenat*, dérivé de *cadena*, « chaîne », du LATIN *catena* ; XVIe s.

cadence n.f.
de l'ITALIEN *cadenza*, du LATIN *cadere*, « tomber », d'où le sens primitif de « chute », avant celui de « rythme », en français comme en italien ; XVIe s.

cadet n.m.
d'un DIALECTE GASCON *capdet*, « chef », qui correspond au PROVENÇAL *capdel* et à l'ANCIEN FRANÇAIS *chadel*, tous trois issus du LATIN POPULAIRE **capitellus*, de *caput*, « tête » ; XVe s.

cadi n.m. (magistrat musulman)
de l'ARABE *qâdi*, « juge » (même étymologie que *alcade*) ; XIVe s.

cadogan → **catogan**.

cadre n.m.
de l'ITALIEN *quadro*, « carré, cadre », du LATIN *quadrus* ; XVIe s.

cafard adj. (bigot, hypocrite)
de l'ARABE *kafir*, « mécréant, renégat », de *kafara*, « renier » ; XVe s.

café n.m.
de l'ARABE *qahwa*, prononcé à la TURQUE *kahvé*, par l'intermédiaire du VÉNITIEN *caffè* ; XVIIe s.

cafetan ou **caftan** n.m. (vêtement)
du PERSAN *khaftân*, « vêtement militaire », par l'ARABE *qaftân* ; XVIe s.

cafétéria n.f.
de l'ESPAGNOL *cafetería*, « boutique où l'on vend du café », par l'ANGLAIS d'Amérique *cafeteria*, « sorte de restauration en libre-service » ; XXe s.

cafouiller v.
d'un DIALECTE NORMANNO-PICARD, probablement de *fouiller*, avec le préfixe péjoratif *ca-* ; XVIIIe s.

cagibi n.m.
d'un DIALECTE DE L'OUEST, peut-être altération de *cabane* ; XIXe s.

cagnotte n.f.
d'un DIALECTE GASCON *cagnoto*, « cuveau de vendange », de *cana*, « récipient ». Le sens a évolué de « cuveau de vendange » à « corbeille pour les enjeux », puis à « enjeux conservés » ; XIXe s.

cagot n.m. « faux dévot »
du DIALECTE BÉARNAIS *cagot*, « lépreux blanc », désignant par dérision les bigots, peut-être de *cagar*, « chier » ; XVIe s.

cagoule n.f.
d'un DIALECTE POITEVIN, d'abord *cogole*, du LATIN ECCLÉSIASTIQUE *cuculla*, « capuche » ; XVIe s.

cahoter v.
du FRANCIQUE **hottôn*, « balancer », et du préfixe *ca-* péjoratif ; XVIe s.

caïd n.m.
de l'ARABE *qâid*, « chef de tribu » ; XIXe s.

caïeu ou **cayeu** n.m. « bourgeon »
d'un DIALECTE PICARD *cael*, « petit chien », correspondant à l'ANCIEN FRANÇAIS *chael*, du LATIN *catellus*, « petit chien ». Employé par métaphore pour désigner un bourgeon ; XVIIe s.

caillebotis n.m. (marine)
d'un DIALECTE DE L'OUEST, du verbe *caillebotter*, composé de *cailler* et de *botter*, « mettre en bottes », d'où « mettre en masse caillée », et *caillebotte*, « sorte de fromage blanc ». Le *caillebotis* rappelle les formes en damier où se font les *caillebottes* ; XVIIe s.

caillou n.m.
d'un radical PRÉ-INDO-EUROPÉEN **cal*, « pierre », par le GAULOIS **caljavo*, même sens, par un DIALECTE NORMANNO-PICARD et par l'ANCIEN FRANÇAIS *chaillo* ; XIIe s.

caïman n.m.
du CARAÏBE *acayuman*, par l'ESPAGNOL *caimán* ; XVIe s.

caïque n.m. (embarcation)
du TURC *qaiq*, « barque », par l'ITALIEN *caicco* ; XVIe s.

caisse n.f.
du PROVENÇAL *caissa*, « caisse », du LATIN POPULAIRE **capsa*, « coffre » ; XIVe s.

caisson n.m.
de l'ITALIEN *cassone*, « grande caisse », augmentatif de l'ITALIEN *cassa*, « caisse » ; XVe s.

cajoler v.
d'un DIALECTE PICARD *gaiole*, « cage », du LATIN *caveola*, « petite cage », a pris, au XVIIe s., le sens de « échanger de doux propos » (sous l'influence d'*enjôler*) ; XVIe s.

cajou n.m. (noix de)
du TUPI *caju*, abréviation de *acaju*, « anacardier », par le PORTUGAIS *caju* ; XVIIIe s.

cajun adj. et n.m.
graphie correspondant à la prononciation à l'anglaise du mot *acadien* ; XVIIIe s.

cake n.m.
de l'ANGLAIS *cake*, « gâteau », abrév. de *plum-cake*, « gâteau aux raisins secs » (sic) et non aux prunes ; XVIIIe s.

calanque → **calmar**.

calanque n.f.
probablement du radical PRÉ-INDO-EUROPÉEN **cal*, « pierre », par le PROVENÇAL *calanco*, « crique » ; XIIe s.

calao n.m. (oiseau)
du MALAIS *calao* ; XVIIIe s.

cale n.f. (dans un navire)
du PROVENÇAL *calo* ; XVIIe s.

calebasse n.f.
probablement de l'IBÈRE **calapaccia* (d'où l'ESPAGNOL *galápago*, « tortue », et *caparazón* « carapace »), par l'ESPAGNOL *calabaza*, « courge, citrouille », puis « gourde, calebasse » ; XVIe s.

calèche n.f.
du TCHÈQUE *kolesa*, « sorte de voiture », par l'ALLEMAND *Kalesche* ; XVIIe s.

caleçon n.m.
de l'ITALIEN *calzone*, augmentatif de *calza*, « chausse, bas », qui vient lui-

même du LATIN *calceus*, « chaussure, petite botte » ; XVIe s.

calepin n.m.
de l'ITALIEN *Calepino*, nom de l'auteur d'un Dictionnaire de la langue latine (1502). Le terme *calepin* a d'abord désigné « le dictionnaire de Calepino », qui était un gros dictionnaire plurilingue, puis « un dictionnaire quelconque » et, à la fin du XVIIe s., un « carnet de notes » ; XVIe s.

calfater v.
de l'ARABE *qalafat*, de *qafr*, « asphalte », peut-être par le GREC BYZANTIN *kalaphátes*, ou de *calafatar*, que l'on retrouve dans les principales langues méditerranéennes du Moyen Âge ; XIVe s.

calibre n.m.
de l'ARABE *qâlib*, « forme, moule », par l'ITALIEN *calibro* ; XVe s.

calicot n.m.
de *Calicut*, nom de ville du sud de l'Inde, dans une région où l'on parle une langue dravidienne, le TAMOUL ; XVIIe s.

calife n.m.
de l'ARABE *al-khalîfa*, « vicaire, lieutenant (de Mahomet) », d'où l'ANCIEN FRANÇAIS *algalife* ; XIIe s.

califourchon (à) loc.
du BRETON *kall*, « testicule », et du FRANÇAIS *fourche*, par un DIALECTE DE L'OUEST *a caleforchies*, « les jambes écartées » ; XVIIe s.

câliner v.
d'un DIALECTE NORMAND *caliner*, « se reposer à l'ombre pendant les grandes chaleurs », qui dérive du mot NORMAND *caline*, « chaleur étouffante », du LATIN *calere*, « faire chaud » ; XVIe s.

calisson n.m.
du PROVENÇAL *calissoun*, altéré en *canissoun*, « clayon (de pâtissier) », dérivé du LATIN *canna*, « roseau » ; XIXe s.

call-girl n.f.
de l'ANGLAIS *call-girl*, de *call*, « appel (téléphonique) », et *girl*, « fille » ; XXe s.

calmar ou **calamar** n.m.
de l'ITALIEN *calamaro* « écritoire portative », du LATIN *calamarius*, « qui contient des roseaux (du LATIN *calamus*) pour écrire ». Le sens de « céphalopode » est venu au XVIe s., sans doute en raison du liquide couleur d'encre noire que ce mollusque répand en s'enfuyant ; XIIIe s.

calme n.m.
de l'ITALIEN *calma*, emprunté au GREC *kauma*, « chaleur brûlante » et, par extension « tranquillité de la mer par temps chaud » ; XVe s.

calot n.m. « grosse bille »
du FRANCIQUE **skala*, par un DIALECTE DE L'OUEST *cale*, dérivé de *écale*. Un *calot*, à l'origine, est une noix écalée, c'est-à-dire une noix ayant perdu l'enveloppe végétale qui recouvre sa coque ; XVIIe s.

calquer v.
de l'ITALIEN *calcare*, « presser, fouler », du LATIN *calcare* ; XVIIe s.

calumet n.m.
d'un DIALECTE NORMANNO-PICARD *calumo*, « chalumeau », avec changement de suffixe. A désigné au Canada « le roseau pour pipe » puis la « pipe » des Indiens d'Amérique du Nord ; XVIIe s.

calvaire n.m.
de l'HÉBREU *golgotha*, « lieu du crâne », nom de la colline où fut crucifié le Christ, traduit en LATIN sous la forme

calvariae locus, de *locus*, « lieu », et de *calvariae*, « du crâne » ; XIIe s.

camaïeu n.m. (tons différents d'une même couleur)
de l'ARABE *qamâ'il*, « boutons de fleurs » ; XIIIe s. (cf. camée).

camail n.m. (pèlerine)
de l'ANCIEN PROVENÇAL *capmalh*, de *cap*, « tête », et *malh*, « maille », d'où le premier sens « armure de tête en maille de fer » et, par extension, au XVIe s., « pèlerine à capuchon » portée par le prêtre sur le surplis ; XIIIe s.

camarade n.
de l'ESPAGNOL *camarada*, « chambrée » puis « compagnon de chambrée » et « compagnon », dérivé de l'ESPAGNOL *camara*, « chambre », du LATIN *camera*, « voûte », lui-même emprunté au GREC *kamara* ; XVIe s.

camarilla n.f. (coterie d'intrigants)
de l'ESPAGNOL *camarilla*, « cabinet particulier du roi », de *camara*, « chambre » ; XIXe s.

cambrer v.
d'un DIALECTE NORMANNO-PICARD *cambre*, « courbe », du LATIN *camurum*, « recourbé, voûté » ; XVe s.

cambrioleur n.m.
du PROVENÇAL *cambro*, « chambre », par l'ARGOT *cambriole*, « vol », d'où le sens premier de « dévaliseur de chambre » ; XIXe s.

cambrousse n.f.
du PROVENÇAL *cambrous*, « valet, femme de chambre », confondu avec le PROVENÇAL *cambrousso*, « bouge, cahute », d'après le LATIN *camera*, « chambre » ; XVIIIe s.

cambuse n.f. (marine)
du NÉERLANDAIS *kombuis*, « cuisine de navire » ; XVIIIe s.

came n.f. (en mécanique)
du NÉERLANDAIS *kamme*, « peigne », la came étant une sorte de dent dans le mécanisme des moulins (ou de l'ALLEMAND *Kamm*, « peigne ») ; XVIIIe s.

camée n.m.
peut-être de l'ARABE *qamâ'il*, « boutons de fleurs » (ou du GREC), par l'ITALIEN *cammèo*, « camée » ; XVIIIe s.

camelot n.m. (colporteur)
du TURC *hamâl*, « porteur », par le PROVENÇAL *camalo*, « portefaix », peut-être croisé avec l'argot ancien *coesmelot*, « petit mercier » ; XIXe s.

caméra n.f. « appareil de prises de vues cinématographiques »
de l'ANGLAIS *camera*, « appareil photographique », emprunté au LATIN des physiciens *camera* (*obscura*), « chambre (noire) » ; XIXe s.

caméraman n.m.
de l'ANGLAIS *cameraman*, « opérateur de prises de vues » ; XXe s.

camérier n.m. (dignitaire ecclésiastique)
de l'ITALIEN *cameriere*, « valet de chambre » ; XIVe s.

caméristе n.f.
de l'ESPAGNOL *camarista*, de *camara*, « chambre » (avec influence de l'ITALIEN *camerista*) ; XVIIIe s.

camion n.m.
d'un DIALECTE NORMANNO-PICARD, d'origine inconnue ; XIVe s.

camisole n.f.
de l'ITALIEN *camiciola*, « chemisette », diminutif de *camicia*, « chemise » (ou

du PROVENÇAL *camisola*, « casaque ») ; XVIe s.

camoufler v.
de l'ITALIEN *camuffare*, « déguiser », avec influence de *camouflet* pour le *-l-* ; XIXe s.

camp n.m.
d'un DIALECTE PICARD (ou PROVENÇAL), peut-être par l'ITALIEN *campo*, « champ (de bataille) », du LATIN *campus*, « large espace » ; XVe s.

campagne n.f.
probablement de l'ITALIEN *campagna* (ou du PROVENÇAL, ou d'un DIALECTE PICARD), du BAS LATIN *campania*, « plaine », qui est aussi l'origine du FRANÇAIS *champagne* ; XVIe s.

campagnol n.m. (petit rongeur)
de l'ITALIEN *campagnolo*, « campagnard » ; XVIIIe s.

campanile n.m.
de l'ITALIEN *campanile*, « clocher », de *campana*, « cloche », venu lui-même du BAS LATIN *campana*, « vase en airain de Campanie » ; XVIe s.

camphre n.m.
du SANSKRIT *karpoûra*, par le PERSAN *kâfoûr*, par l'ARABE *kâfoûr* et par le LATIN MÉDIÉVAL *camphora* ; XIIIe s.

camping n.m. « action de camper »
de l'ANGLAIS *camping*, « action de camper », de *camp*, issu lui-même de l'ANCIEN FRANÇAIS *camp*, du LATIN *campus*, « large espace » ; XXe s.

camping-car n.m.
de l'ANGLAIS *camping-car*, de *car*, « voiture » et de *camping*, issu lui-même de l'ANCIEN FRANÇAIS *camp*, du LATIN *campus*, « large espace » ; XXe s.

camping-gaz n.m. (marque déposée)
formé par analogie avec l'ANGLAIS *camping-car* et le FRANÇAIS *buta(ne)-gaz* ; XXe s.

campus n.m.
de l'ANGLAIS *campus*, lui-même du LATIN *campus*, « large espace », sens que l'on retrouve en FRANÇAIS dans des expressions comme « le champ de Mars » (à Paris) ; XXe s.

canaille n.f.
de l'ITALIEN *canaglia*, de *cane*, « chien », et qui a remplacé l'ANCIEN FRANÇAIS *chiennaille* ; XVe s.

canari n.m. (oiseau)
de l'ESPAGNOL *canario*, « serin des Canaries » ; XVIe s.

canasta n.m. (jeu de cartes)
de l'ESPAGNOL *canasta*, « corbeille » ; XXe s.

cancrelat n.m.
du NÉERLANDAIS *kakkerlak*, « blatte », originaire d'Amérique du Sud, avec influence de *cancre* ; XVIIIe s.

candi adj. inv.
du SANSKRIT *khanda*, par le PERSAN *qand*, par l'ARABE *qandî*, « sucre de canne » ; XIIIe s.

canette ou **cannette** n.f. (bouteille)
d'un DIALECTE PICARD, dérivé de *cane*, « cruche », issu du LATIN *canna*, « roseau » et aussi « récipient » ; XVIIIe s.

canevas n.m.
d'un DIALECTE PICARD *canevach*, « toile de chanvre », de *caneve*, « chanvre » ; XIIIe s.

cangue n.f. (carcan chinois)
du CHINOIS *kang-kia*, « mettre au carcan » (ou de l'ANNAMITE *gong*, « carcan »), par le PORTUGAIS *canga* ; XVIIe s.

canif n.m.
du FRANCIQUE **knif* (cf. l'ANGLAIS *knife*) ; XVe s.

canne n.f.
probablement de l'HÉBREU *ganeh*, « roseau », par le GREC *kanna*, « roseau », le LATIN *canna* et l'ANCIEN PROVENÇAL *cana* ; XIIIe s.

cannelle n.f.
de l'ITALIEN *cannella*, « petit tuyau », en raison de la forme que prend l'écorce de cannelle séchée, diminutif de *canna*, « roseau » ; XIIe s.

cannelloni n.m.
de l'ITALIEN *cannelloni*, « gros tuyaux », de *cannella*, « tuyau » ; XXe s.

cannelure n.f.
de l'ITALIEN *cannellatura* (auj. *scannellatura*) ; XVIe s.

cannette → **canette**.

cannibale n. et adj.
probablement du CARAÏBE *caribal*, « habitant des Caraïbes », et « hardi », par l'ESPAGNOL *canibal*, altération de *caribal* ; XVIe s.

cannisse ou **canisse** n.f.
du PROVENÇAL *canis*, dérivé du LATIN *canna*, « roseau » ; XVIIe s.

canoë n.m.
de l'ARAWAK *canaoa*, par l'ESPAGNOL *canoa* et l'ANGLAIS d'Amérique *canoe* ; XIXe s.

canon n.m. (artillerie)
de l'ITALIEN *cannone*, « gros tube » puis « canon », de *canna*, « tube » ; XIVe s.

cañon ou **canyon** n.m.
de l'ESPAGNOL d'Amérique *cañon*, augmentatif de *caño*, « tube » ; XIXe s.

canot n.m.
de l'ARAWAK *canaoa*, par l'ESPAGNOL *canoa* ; XVIe s.

cantate n.f.
de l'ITALIEN *cantata*, « chantée », de *cantare*, « chanter » ; XVIIIe s.

cantatrice n.f.
de l'ITALIEN *cantatrice*, « chanteuse », du LATIN *cantatrix* ; XVIIIe s.

cantilène n.f.
de l'ITALIEN *cantilena*, « chanson monotone », du LATIN *cantilena*, « chant, refrain » ; XVe s.

cantine n.f.
de l'ITALIEN *cantina*, « cave », de *canto*, « coin, réserve » ; XVIIe s.

canton n.f.
du LOMBARD *cantone*, augmentatif de *canto*, « coin » (ou du PROVENÇAL) ; XVe s.

cantonade n.f.
du PROVENÇAL *cantonada*, « coin d'un bâtiment » ; XVIIe s.

canut n.m. (ouvrier en soierie)
d'un DIALECTE LYONNAIS, peut-être dérivé de *canne*, d'après *cannette*, « bobine de soie » ; XIXe s.

caoutchouc n.m.
du QUECHUA *cáuchuc*, par l'ESPAGNOL *caucho* ; XVIIIe s.

cap n.m. (promontoire)
du PROVENÇAL *cap*, « tête », du LATIN *caput* ; XIVe s.

caparaçon n.m. « armure de cheval »
peut-être de l'IBÈRE **calapaccia*, par l'ESPAGNOL *caparazón*, de *capa*, « manteau » ; XVe s.

cape n.f. (grand manteau)
de l'ITALIEN *cappa* ; XIIe s.

capeline n.f.
de l'ITALIEN *cappellina*, « petit chapeau », de *cappello*, « chapeau » ; XVIe s.

capilotade n.f.
de l'ESPAGNOL *capirotada*, « préparation culinaire où les mets sont enveloppés comme dans un capuchon (*capirote*) » ; XVIe s.

capiteux adj.
de l'ANCIEN ITALIEN *capitoso*, « obstiné », avec une évolution de sens semblable à celle de *entêté* ; XVIIIe s.

capiton n.m. (bourre de soie)
de l'ITALIEN *capitone*, « grosse tête », et « sorte de soie grossière » servant à capitonner ; XVIe s.

capon adj. et n. « peureux »
peut-être de l'argot ITALIEN *accapone*, par le PROVENÇAL ; XVIIe s.

caporal n.m.
de l'ITALIEN *caporale*, « chef », de *capo*, « tête » ; XVIe s.

capot adj. inv. (aux cartes)
probablement du PROVENÇAL ; XVIIe s.

capoter v.
du PROVENÇAL *faire cabot*, « saluer », employé par dérision, de *cap*, « tête » ; XVIIe s.

câpre n.f.
de l'ITALIEN *cappero*, du LATIN *capparis* ; XVe s.

caprice n.m.
de l'ITALIEN *capriccio*, de *capra*, « chèvre » ; XVIe s.

capuchon n.m.
de l'ITALIEN *cappuccio*, de *cappa*, « cape » ; XVIe s.

capucin n.m.
de l'ITALIEN *cappuccino*, « (moine) vêtu d'un manteau à capuchon » ; XVIe s.

car n.m. (véhicule)
d'un DIALECTE NORMAND *car*, « char », revenu au XIXe s. comme emprunt à l'ANGLAIS d'Amérique *car*, « wagon », puis « voiture » ; XIIe s.

carabin n.m.
probablement du PROVENÇAL *escarrabin*, « ensevelisseur de pestiférés » ; XVIe s.

caracal n.m. « sorte de lynx »
du TURC *qaraqâlac*, « oreille noire », par l'ESPAGNOL *caracal*, « lynx » ; XVIIIe s.

caraco n.m. « blouse »
peut-être du TURC *kerake*, par un DIALECTE DE L'OUEST ; XVIIIe s.

caracoler v.
dérivé de l'ESPAGNOL *caracol*, « escargot » puis « spirale » et « volte-face (en équitation) » ; XVIIe s.

carafe n.f.
de l'ARABE *gharrâf'*, « pot à boire », par l'ESPAGNOL *garrafa* et l'ITALIEN *caraffa* ; XVIe s.

carafon n.m.
de l'ITALIEN *caraffone*, « grande carafe » ; XVIIe s.

carambolage n.m.
du SANSKRIT *karmaranga*, par le MARATHE (langue indo-iranienne) *karambal*, puis par le PORTUGAIS, qui l'a transmis à l'ESPAGNOL *carambola*, « fruit exotique de couleur rouge », devenu par métaphore « boule rouge d'un jeu de bil-

lard », puis « coup double (au billard) » ; XIXe s.

carambouille n.f.
peut-être du SANSKRIT *karmaranga*, par le MARATHE (langue indo-iranienne) *karambal* puis par le PORTUGAIS, qui l'a transmis à l'ESPAGNOL *carambola*, « fruit exotique de couleur rouge », devenu par métaphore « boule rouge d'un jeu de billard », puis « coup double (au billard) » et, par extension, « tromperie » ; XXe s.

caramel n.m.
du PORTUGAIS *caramelo*, d'abord « glaçon », par l'ESPAGNOL *caramel* (auj. *caramelo*), altération du LATIN MÉDIÉVAL *cannamella*, « canne à sucre » ; XVIIe s.

carapace n.f.
peut-être de l'IBÈRE **calapaccia*, par l'ESPAGNOL *carapacho* (ou par le PORTUGAIS *carapaça*) ; XVIIe s.

carapater (se) v.
peut-être altération d'un mot TURC signifiant « plier bagage » ; XIXe s.

carassin n.m. (poisson)
du TCHÈQUE (ou d'une autre langue SLAVE) par l'ALLEMAND DIALECTAL *karas* et par un DIALECTE LORRAIN ; XVIIe s.

carat n.m.
de l'ARABE *qîrât* « petit poids » (1/24 de denier) [venu lui-même du GREC *keration* « graine de caroubier »], par le LATIN MÉDIÉVAL *carratus*, les graines de caroubier servant d'unité de mesure pour les très faibles masses ; XIVe s.

caravane n.f.
du PERSAN *kârvân* ; XIIIe s.

caravaning n.m.
de l'ANGLAIS *caravaning*, « faire du camping automobile », de *caravan*, emprunté au FRANÇAIS *caravane*, venu lui-même du PERSAN ; XXe s.

caravansérail n.m.
du PERSAN *kârvânsarâ*, de *kârvân*, « caravane », et *sarâ*, « logement », peut-être par le TURC *karwan-serai* ; XVIIe s.

caravelle n.f.
du PORTUGAIS *caravela*, diminutif dérivé du BAS LATIN *carabus*, « embarcation d'osier doublé de cuir », venu lui-même du GREC *karabos*, « embarcation » (proprement « crabe de mer ») ; XVe s.

cardan n.m.
du nom de l'inventeur ITALIEN *Cardano*, qui mit au point un dispositif de stabilisation des boussoles sur les navires ; XIXe s.

carde n.f. « côte comestible des cardons »
du PROVENÇAL *cardo*, « cardon », du LATIN *carduus*, « chardon » ; XVIe s.

carde n.f. « instrument de cardage »
d'un DIALECTE DU NORD (ou du PROVENÇAL), du LATIN *carduus*, « chardon », par analogie du chardon avec un outil à carder ; XIIIe s.

cardigan n.m. (veste en laine)
du nom du comte de *Cardigan*, général ANGLAIS qui commanda, pendant la guerre de Crimée, la charge de la brigade légère et rendit célèbre ce modèle de veste ; XXe s.

cardon n.m. (plante)
du PROVENÇAL *cardoun*, « chardon » puis « cardon » ; XVIe s.

caresser v.
de l'ANCIEN ITALIEN *carezzare*, « chérir », de *caro*, « cher, qui est aimé » ; XVe s.

car-ferry n.m.
de l'ANGLAIS *car*, « wagon », et *ferry*, « passage » ; XXe s.

cargaison n.f.
du PROVENÇAL *carguesoun*, « chargement », dérivé de *carga*, « charger » ; XVIe s.

cargo n.m.
de l'ESPAGNOL *cargo*, « charge », par l'ANGLAIS *cargo-boat*, « bateau de charge » ; XXe s.

carguer v. « serrer les voiles »
du PROVENÇAL *carga*, « charger » puis « carguer », du LATIN *carricare*, de *carrus*, « chariot » ; XVIIe s.

cari ou **curry** n.m.
du TAMOUL *kari*, par le PORTUGAIS *cari* ou par l'ANGLAIS *curry* ; XVIIe s.

cariatide ou **caryatide** n.f.
de l'ITALIEN *cariatidi*, lui-même du GREC *karyatides*, proprement « femmes de Karyes (Péloponnèse) », représentées sous forme de colonnes ; XVIIe s.

caribou n.m. (renne)
de l'ALGONQUIN, peut-être du MICMAC *kalibou* ; XVIIe s.

caricature n.f.
de l'ITALIEN *caricatura*, « charge », employé au figuré, dérivé du LATIN POPULAIRE **carricare*, « charger » ; XVIIIe s.

carlin n.m. (race canine)
de *Carlin*, surnom de l'acteur ITALIEN Carlo Bestinazzi, célèbre par son masque noir rappelant le museau de ces chiens ; XIXe s.

carlingue n.f.
de l'ANCIEN SCANDINAVE *kerling*, « pièce de bois renforçant la carène ». Le sens actuel date du début du XXe s. ; XVIe s.

carmin n.m.
du SANSKRIT *krmis*, par le PERSAN *qermez*, par l'ARABE *qirmiz*, « carmin », et par le LATIN MÉDIÉVAL *carminium* ; XIIe s.

carnage n.m.
de l'ANCIEN ITALIEN *carnaggio*, « chair déchirée », de *carne*, « chair », du LATIN *carnem*, d'où vient aussi l'ANCIEN FRANÇAIS *charnage*, « carnage » ; XVIe s.

carnassier adj. et n.
du PROVENÇAL *carnasso*, « viande abondante », du LATIN *carnem*, « chair » ; XVIe s.

carnassière n.f. « gibecière »
du PROVENÇAL *carnassiero*, de *carnasso*, « viande abondante » ; XVIIIe s.

carnaval n.m.
de l'ITALIEN *carnevale*, « mardi gras », de *carne*, « viande », et *levare*, « ôter », le mardi gras commençant la période du carême, où la viande était interdite ; XVIe s.

carnavalesque adj.
de l'ITALIEN *carnevalesco* ; XIXe s.

carne n.f. (mauvaise viande)
de l'ITALIEN *carne*, « viande » (ou du NORMAND *carne*, « charogne ») ; XIXe s.

carnier n.m. « petite gibecière »
du PROVENÇAL *carn*, « chair » ; XVIIIe s.

carotte n.f. (récompense)
de l'ANGLAIS *(to) dangle a carrot*, « agiter une carotte (devant un âne) » ; XXe s.

caroube n.f. « fruit du caroubier »
de l'ARABE *kharrûba*, par le LATIN MÉDIÉVAL *carrubia* ; XVIe s.

carpette n.f.
de l'ANCIEN ITALIEN *carpita*, de *carpire*, « déchirer, effilocher », d'où est issu l'ANCIEN FRANÇAIS *carpite*, « sorte de ta-

pis », qui a ensuite été emprunté par l'ANGLAIS *carpet*, avant de revenir en FRANÇAIS sous la forme *carpette* ; XVIe s.

carquois n.m.
du PERSAN *tarkach*, « étui à flèches », par l'ARABE *tirkâch*, le GREC BYZANTIN *tarkasion* et le LATIN MÉDIÉVAL *tarcassius* ; XIIe s.

carrière n.f. « espace à parcourir »
de l'ANCIEN PROVENÇAL *carriera*, « rue », du LATIN *via carraria*, « voie pour les chars » ; XVIe s.

carriériste n.
de l'ANGLAIS *careerist*, lui-même formé sur le FRANÇAIS *carrière* ; XXe s.

carriole n.f.
du GAULOIS, par le LATIN *carrus*, « char à quatre roues », par le BAS LATIN, **carrium*, par l'ANCIEN PROVENÇAL *carriola*, « chaise à roues » ; XVIe s.

carrosse n.m.
du GAULOIS, par le LATIN *carrus*, « char à quatre roues », par l'ITALIEN *carro* et son dérivé *carrozza* ; XVIe s.

carrousel n.m.
de l'ARABE *kurradj*, « jouets faits de petits chevaux », par l'ITALIEN *carosello*, « tournoi de cavaliers » ; XVIe s.

cartel n.m. (ornement, et pendule)
de l'ITALIEN *cartello*, « affiche », de *carta*, « papier » ; XVIe s.

cartel n.m. « entente commerciale »
de l'ALLEMAND *Kartell*, « défi » ; XXe s.

carter n.m. (protection d'un mécanisme)
faux anglicisme formé sur le nom de son inventeur ANGLAIS, *Carter*, alors qu'en anglais on dit *casing* ou *gear-box* ; XIXe s.

carton n.m.
de l'ITALIEN *cartone*, « gros papier », augm. de *carta*, « papier » ; XVIe s.

cartoon n.m.
abréviation de l'ANGLAIS *animated cartoon*, « dessin animé », de l'ANGLAIS *cartoon*, « esquisse » (au XVIIe s.), lui-même emprunté au FRANÇAIS *carton* ; XXe s.

cartouche n.m. (encadrement)
de l'ITALIEN *cartoccio*, « cornet de papier », de *carta*, « papier » ; XVIe s.

cartouche n.f. (munition)
de l'ITALIEN *cartuccia*, « rouleau de papier (contenant une charge de poudre) » ; XVIe s.

caryatide → **cariatide**.

casanier adj.
de l'ANCIEN ESPAGNOL *casañero*, dérivé, comme l'ANCIEN FRANÇAIS *casenier*, du LATIN *casa*, « chaumière » ; XVIe s.

casaque n.f.
du PERSAN *kajâkand*, « jaquette » ; XVe s.

cascade n.f.
forme septentrionale de l'ITALIEN *cascata*, « tombée », de *cascare* « tomber », du LATIN POPULAIRE **casicare*, « tomber » ; XVIIe s.

case n.f. (compartiment)
de l'ESPAGNOL *casa*, « division (sur un échiquier) » ; XVIIe s.

case n.f. (hutte)
du PORTUGAIS *casa*, « maison », du LATIN *casa*, « cabane » ; XVIIe s.

casemate n.f.
de l'ITALIEN *casamatta*, de *casa*, « maison », et *matta*, d'étymologie obscure ; XVIe s.

caserne n.f.
du PROVENÇAL *cazerna*, « groupe de quatre personnes », du LATIN POPULAIRE **quaderna*, altération du LATIN *quaterna*, « quatre à la fois » ; XVIe s.

cash adv.
de l'ANGLAIS *cash*, « cassette » puis « argent comptant », venant lui-même de l'ANCIEN FRANÇAIS *casse*, « caisse, cassette » ; XXe s.

casher → **kasher**.

casino n.m.
de l'ITALIEN *casino*, diminutif de *casa* ; XVIIIe s.

casoar n.m. (oiseau)
du MALAIS *kasuvari*, par le LATIN des naturalistes *casuaris* ; XVIIIe s.

casque n.m.
de l'ESPAGNOL *casco*, « tesson » puis « crâne » ; XVIe s.

cassate n.f. (glace aux fruits confits)
de l'ARABE *qaṣ'a* « grande assiette creuse », par l'ITALIEN *cassata*, « gâteau sicilien », puis « glace aux fruits confits » ; XXe s.

casserole n.f.
formation méridionale à partir du PROVENÇAL *cassa*, du LATIN POPULAIRE *cattia*, « poêle » ; XVIe s.

cassette n.f.
d'un DIALECTE NORMAND, du LATIN *capsa*, « petit coffre » (ou de l'ITALIEN *cassetta*) ; XIVe s.

cassis n.m. (fruit)
d'un DIALECTE POITEVIN *cassis*, par analogie avec *casse*, « fruit du cassier », qui a les mêmes propriétés laxatives ; XVIe s.

cassolette n.f.
du PROVENÇAL *casoleta*, « petite casserole » (ou de l'ANCIEN ESPAGNOL *cazoleta*, « petite casserole ») ; XVe s.

cassoulet n.m.
d'un DIALECTE LANGUEDOCIEN *cassoulet*, « plat de grès, terrine », diminutif de *cassolo*, lui-même diminutif de *casso*, « casserole » ; XIXe s.

castagnettes n.f. pl.
de l'ESPAGNOL *castañetas*, diminutif de *castaña*, « châtaigne », du LATIN (*nux*) *castanea*, lui-même emprunté au GREC *kastanon* ; XVIe s.

caste n.f.
du PORTUGAIS *casta*, du LATIN *castus*, « pur, sans mélange », appliqué d'abord aux classes sociales de l'Inde ; XVIIe s.

castel n.m.
du PROVENÇAL *castel*, « château » ; XVIIe s.

castrat n.m.
d'un DIALECTE GASCON *castrat*, « (animal) châtré », repris au XVIIIe s. à l'ITALIEN *castrato*, « châtré », en parlant d'un homme à voix de soprano ; XVIe s.

casuiste n.m.
de l'ESPAGNOL *casuista*, du LATIN ECCLÉSIASTIQUE *casus*, « cas de conscience » ; XVIIe s.

catafalque n.m.
de l'ITALIEN *catafalco*, d'origine incertaine ; XVIIe s.

catalyse n.f.
de l'ANGLAIS *catalysis*, mot créé par le savant suédois Berzélius à partir du GREC *katalusis*, « dissolution » ; XIXe s.

catamaran n.m.
du TAMOUL *katta*, « lien », et *maram*,

« bois », par l'ANGLAIS *catamaran* ; XIXe s.

catch n.m.
abréviation de l'ANGLAIS *catch as catch can*, « attrape comme tu peux », de (*to*) *catch*, « saisir », emprunté lui-même à une forme NORMANDE correspondant à l'ANCIEN FRANÇAIS *chacier* (FRANÇAIS MODERNE *chasser*) ; XXe s.

cathode n.f.
de l'ANGLAIS *cathode*, mot créé par Faraday en 1834, formé sur le GREC *catha*, « en bas, qui descend », et *odos*, « chemin » ; XIXe s.

catimini (en) loc.
d'un DIALECTE PICARD *catte-mini*, « chatteminette », de *catte*, « chat », et *mini*, « mine », croisé avec *catamini*, « menstrues », du GREC BYZANTIN *katamênia* (de *mên*, « mois ») ; XIVe s.

catogan ou **cadogan** n.m. (coiffure)
du nom d'un noble ANGLAIS, le comte de *Cadogan*, qui lança cette coiffure ; XVIIIe s.

cattleya ou **catleya** n.m.
formé sur le nom du botaniste ANGLAIS William *Cattley* ; XIXe s.

cauchemar n.m.
du MOYEN NÉERLANDAIS *mare*, « fantôme », et de l'impératif du verbe *caucher*, né de la fusion de l'ANCIEN FRANÇAIS *cauchier* et du PICARD *cauquer*, tous deux ayant le sens de « fouler, presser » ; XVIe s.

causse n.f.
d'un DIALECTE ROUERGAT *causse*, « terre calcaire », du LATIN POPULAIRE **calcinus*, du LATIN *calcem*, « chaux » ; XVIIIe s.

cavalcade n.f.
de l'ITALIEN *cavalcata*, « chevauchée », par le PIÉMONTAIS *cavalcada* ; XVIe s.

cavale n.f. (jument)
de l'ITALIEN *cavalla*, féminin de *cavallo*, « cheval ». Employé poétiquement dès le XVIIe s. ; XVIe s.

cavalier n.m.
de l'ITALIEN *cavaliere* ; XVe s.

caviar n.m.
du TURC *khâviâr*, par l'ITALIEN *caviale*. En français, jusqu'à la fin du XVIIe s., on a dit *caviat* et *cavial* ; XVIe s.

cédille n.f.
de l'ESPAGNOL *cedilla* ou *zedilla*, diminutif de *zeda* (ou *zeta*), « petit z », inscrit au-dessous du *c* à partir du XVIe s. ; XVIIe s.

cédrat n.m. (citron)
de l'ANCIEN ITALIEN *cedro* (ITALIEN *cedrato*), du LATIN *citrus*, « cédratier » ; XVIIe s.

céleri n.m.
de l'ITALIEN (LOMBARD) *seleri*, du LATIN *selinon*, « céleri », lui-même issu du GREC *selinon*, « céleri » et « persil » ; XVIIe s.

cellophane n.f.
de l'ANGLAIS *cellophane*, abréviation de *cell*(*ulose*) et du radical GREC -*phane*, de *phanein*, « paraître » (marque déposée) ; XXe s.

celluloïd n.m.
de l'ANGLAIS *celluloid*, nom commercial formé sur *cellulose*, pour un produit inventé aux États-Unis par action de la nitrocellulose sur le camphre (marque déposée en Angleterre en 1871) ; XIXe s.

cent n.m. (monnaie)
de l'ANGLAIS *cent*, emprunté au FRANÇAIS *cent* et qui a d'abord signifié « cent » (encore aujourd'hui, *per cent*, « pour cent ») avant de désigner, en 1782, la « centième » partie du dollar

(comme le centime pour le franc) ; XIXe s.

cèpe n.m.
d'un DIALECTE GASCON *cep*, « tronc », appliqué aux champignons ; XVIIIe s.

cervelas n.m.
de l'ITALIEN (MILANAIS) *cervellato*, « saucisse de viande et de cervelle de porc » ; XVIe s.

cervoise n.f.
du GAULOIS *cervesia* ; XIIe s.

chabichou n.m. (fromage)
altération d'un DIALECTE LIMOUSIN *chabrichou*, de *chabra*, « chèvre » ; XIXe s.

chabraque ou **schabraque** n.f. (couverture de cheval)
du TURC *tchaprak*, par le HONGROIS ou par l'ALLEMAND *Schabracke* ; XIXe s.

chacal n.m.
du PERSAN *chaqâl*, par le TURC *tchaqâl*. Peut-être d'origine SANSKRITE *çrgâla* ; XVIIe s.

chafouin n.m. « putois »
d'un DIALECTE DU CENTRE ou DE L'OUEST, de *chat* et de *fouin*, « fouine » ; XVIIe s.

chagrin n.m. (cuir grenu)
du TURC *çâgri*, altéré par croisement avec « grain » ; XVIe s.

chah, schah ou **shah** n.m.
du PERSAN *châh*, « roi » ; XVIe s.

chahuter v.
du DIALECTE VENDÔMOIS *chahuter*, « crier comme un chat-huant » ; XIXe s.

chai n.m. (cellier)
du GAULOIS *caio*, par un DIALECTE POITEVIN-SAINTONGEAIS signifiant « quai » ; XVIIe s.

chaise n.f.
d'un DIALECTE ORLÉANAIS ou CHAMPENOIS, d'abord *chaiere*, du LATIN *cathedra*, « chaise à dossier », du GREC *kathedra*, « siège » ; XIVe s.

châle n.m.
du PERSAN *chal*, « tissu » et « châle », par le HINDI *shal*, puis par l'ANGLAIS ; XVIIIe s.

chalet n.m.
probablement du PRÉLATIN **cala*, « lieu abrité », par un DIALECTE SUISSE ROMAND ; XVIIIe s.

challenge n.m.
de l'ANGLAIS *challenge*, « défi », du LATIN *calumnia*, « fausse accusation, calomnie ». L'ANCIEN FRANÇAIS avait le mot *chalenge*, « accusation » XIe s. puis *défi* XIIe s., mais ces mots n'ont pas survécu après le XVIIe s. *Challenge* a été réemprunté à l'ANGLAIS au XIXe s.

challenger ou **challengeur** n.m.
de l'ANGLAIS *challenger*, « celui qui défie » ; XXe s.

chaloupe n.f.
peut-être du FRANCIQUE *skala*, « coquille », par un DIALECTE DE L'OUEST *chalope*, « coquille de noix » (ou du PROVENÇAL *calup*, « petite embarcation ») ; XVIe s.

chalut n.m.
d'un DIALECTE DE L'OUEST, ou du NORMAND, d'origine obscure ; XVIIIe s.

chamade n.f.
du PIÉMONTAIS *ciamada*, « appel », correspondant à l'ITALIEN *chiamata*, de *chiamare*, « appeler », du LATIN *clamare* ; XVIe s.

chamarrer v.
de l'ARABE *sammûr*, « belette sibé-

rienne », par l'ESPAGNOL *zamarra*, « vêtement de peau » ; XVIe s.

chambarder v.
du PROVENÇAL *chambarda*, d'origine obscure ; XIXe s.

chambellan n.m.
du FRANCIQUE **kamerling*, dont le premier élément représente le LATIN *camera*, « chambre » ; XIe s.

chambouler v.
peut-être d'un DIALECTE MÉRIDIONAL *cambo*, « jambe », par croisement avec *sabouler*, « tomber en vacillant sur ses jambes » ; XIXe s.

champi ou **champis** adj. « enfant trouvé »
d'un DIALECTE BERRICHON *champi*, « enfant trouvé dans les champs » ; XIVe s.

champion n.m.
du GERMANIQUE **kampjo*, « combattant », de **kamp*, « champ de bataille », emprunté au LATIN *campus* par les mercenaires germaniques ; XIe s.

changer v.
du GAULOIS, par le BAS LATIN *cambiare*, « échanger, troquer » ; XIIe s.

chantoung → **shantung**.

chapka, chapska ou **schapska** n.m. (bonnet de fourrure)
du POLONAIS *czapka*, « couvre-chef » (ou du RUSSE *shapka*) ; XIXe s.

char n.m.
du GAULOIS, par le LATIN *carrus*, « char à quatre roues » ; XIe s.

charabia n.m.
de l'ARABE *al-'arabîya*, « la langue arabe », par l'ESPAGNOL *algarabía*, « langue arabe » (ou d'un DIALECTE AUVERGNAT ou PROVENÇAL) ; XIXe s.

charade n.f.
du PROVENÇAL (ou d'un DIALECTE LANGUEDOCIEN) *charrado*, « causerie », de *charra*, « bavarder », de formation expressive ; XVIIIe s.

charlatan n.m.
de l'ITALIEN *ciarlatano*, « qui parle avec emphase », probablement de *cerretano*, « habitant de Cerreto », ville d'Ombrie célèbre par ses revendeurs de médicaments et d'indulgences ; XVIe s.

charleston n.m. (danse)
de *Charleston*, ville de Caroline du Sud ; XIXe s.

charpente n.f.
du GAULOIS, par le LATIN *carpentum*, « char à deux roues », par l'ANCIEN FRANÇAIS *charpent*, « corps humain » ; XVIe s.

charrue n.f.
du GAULOIS, par le LATIN POPULAIRE *carruca*, « carrosse » puis « charrue à roues », s'opposant à *aratrum* (ANCIEN FRANÇAIS *araire*), « charrue sans roues » ; XIIe s.

charter n.m.
de l'ANGLAIS (*to*) *charter*, « affréter », de *charter*, « charte, contrat », de l'ANCIEN FRANÇAIS *chartre*, issu du LATIN *chartula*, diminutif de *charta*, « feuille de papyrus (pour écrire) » ; XXe s.

chavirer v.
de l'ANCIEN PROVENÇAL *capvirar*, « tourner la tête vers le bas » ; XVIIe s.

chéchia n.f. (coiffure)
de l'ARABE *châchîya*, du nom de la ville de Chach (Ouzbékistan) où l'on fabriquait des bonnets ; XVIe s.

check-list n.f.
de l'ANGLAIS (*to*) *check*, « vérifier », de

l'ANCIEN FRANÇAIS *eschec* (cf. chèque), et de *list*, « liste » ; XXe s.

check-up n.m.
de l'ANGLAIS (*to*) *check*, « vérifier », de l'ANCIEN FRANÇAIS *eschec* (cf. chèque), et *up*, « complètement » ; XXe s.

cheftaine n.f.
de l'ANGLAIS *chieftain*, « chef de clan écossais », par réfection de l'ANCIEN ANGLAIS *chevetaine* (XIIIe s.), emprunté à l'ANCIEN FRANÇAIS *chevetaine*, « capitaine », dérivé, comme son doublet *capitaine*, du BAS LATIN *capitaneus*, de *caput*, « tête ». Comme c'était le cas en ancien français, l'anglais *chieftain* désigne un homme. Le français cheftaine désigne une femme, probablement par analogie avec *châtelain/châtelaine* ; XXe s.

cheik, cheikh ou **scheik** n.m. (chef de tribu)
de l'ARABE *cheikh*, « vieillard » ; XVIIe s.

chelem ou **schelem** n.m. (terme de bridge)
de l'ANGLAIS *slam*, « écrasement », d'abord emprunté sous la forme *schlem* ; XVIIIe s.

chemin n.m.
mot GAULOIS (en BRETON *kamm*, « le pas »), par le LATIN POPULAIRE **camminus* ; XIe s.

chemin de fer n.m.
traduction de l'ANGLAIS *railway*, de *rail* « barre (de fer) », et *way*, « chemin » ; XVIIIe s.

chenapan n.m.
de l'ALLEMAND *Schnapphahn*, « maraudeur », mais qui désignait aussi « une sorte d'arquebuse », probablement introduit par les mercenaires suisses ; XVIIe s.

chéneau n.m. (gouttière)
d'un DIALECTE DU CENTRE (ou de l'EST), correspondant au français « chenal », avec influence de *chêneau*, « jeune chêne » ; XVe s.

chèque n.m.
de l'ANGLAIS *check* puis *cheque*, de (*to*) *check*, « vérifier ». Le premier sens de *to check* est « faire échec », par emprunt à l'ANCIEN FRANÇAIS *eschec*, « échec » ; XIXe s.

chérif n.m. « prince arabe »
de l'ARABE *charîf*, « noble », par l'ITALIEN *sceriffo* ; XVIe s..

cherry n.m. (liqueur)
de l'ANGLAIS *cherry*, « cerise », lui-même de l'ANCIEN FRANÇAIS *cherise*, pris pour un pluriel, d'où l'absence de *s* à la fin du mot anglais ; XIXe s.

chérubin n.m.
de l'HÉBREU *keroûbîm*, désignant « les anges » dans l'Ancien Testament (Genèse, III, 24) ; XIe s.

chevaleresque adj.
de l'ITALIEN *cavalleresco*, de *cavaliere*, « cavalier » et « chevalier » ; XVIIe s.

cheviotte n.f. (laine)
de l'ANGLAIS *Cheviot hills*, du nom des monts Cheviot, en Écosse, où est élevée une race particulière de moutons ; XIXe s.

chewing-gum n.m.
de l'ANGLAIS (*to*) *chew*, « mâcher », et *gum*, « gomme », emprunté lui-même à l'ANCIEN FRANÇAIS *gomme*, du LATIN *gummi* ; XXe s.

chicotin n.m. (aloès)
de *suqutra*, nom ARABE de l'île de Socotrin (Yémen) ; XVIe s.

chien-loup n.m.
traduction de l'ANGLAIS *wolf-dog*, de *wolf*, « loup », et *dog*, « chien » ; XVIIIe s.

chiffe n.f.
du MOYEN ANGLAIS *chip*, « petit morceau », d'abord *chipe*, puis *chiffe*, sous l'influence de l'ANCIEN FRANÇAIS *chiffre*, « zéro », et, au figuré, « objet sans valeur, personne insignifiante » ; XVIIe s.

chiffre n.m.
de l'ARABE *sifr*, « vide, zéro », par le LATIN MÉDIÉVAL *cifra*, « zéro », et l'ITALIEN *cifra*, « signe » (XVe s.). La découverte du zéro, qui multipliait par 10 la valeur du chiffre placé à sa gauche, a complètement transformé les méthodes de calcul. Le mot latin *cifra* en est donc venu à désigner cette méthode de calcul et, par extension, chaque signe de la numération. Pour exprimer une valeur nulle, on a alors emprunté à l'ITALIEN le mot *zero*, contraction du mot *zefiro*, venu lui-même de l'ARABE *sifr*. Les termes *chiffre* et *zéro* sont donc issus du même mot ARABE *sifr*.

chignole n.f. « guimbarde »
forme NORMANDE correspondant à l'ANCIEN FRANÇAIS *ceognole* ou *cignole*, « manivelle de puits », du LATIN POPULAIRE *cigoniola*, « petite cigogne », par analogie de la manivelle avec le long bec de l'oiseau ; XVIIIe s.

chiite adj. et n.
de l'ARABE « sectaire », de *chi'a*, « parti » ; XVIIIe s.

chimpanzé n.m.
mot d'une LANGUE AFRICAINE du Congo ; XVIIIe s.

chinchilla n.m.
probablement du QUECHUA, par l'ESPAGNOL *chinchilla* « mouffette du Brésil » (ou diminutif de *chinche*, « punaise », du LATIN *cimex*, « punaise »), ces deux animaux ayant une odeur fétide ; XVIe s.

chiot n.m.
d'un DIALECTE DU CENTRE OU DE L'OUEST, correspondant à l'ANCIEN FRANÇAIS *chael*, « petit chien », du LATIN *catellum* ; XVIe s.

chiourme n.f. (rameurs d'une galère)
du GÉNOIS *ciurma*, du LATIN *celeusma*, « chant rythmé qui règle les mouvements des rameurs », du GREC *keleusma* (proprement « exhortation, encouragement ») ; XVe s.

chipolata n.f.
de l'ITALIEN *cipollata*, « saucisse à l'oignon », de *cipolla*, « oignon » ; XVIIIe s.

chips n.f. pl. (pommes de terre frites)
de l'ANGLAIS *chips*, « copeaux », de (*to*) *chip*, « trancher » ; XXe s.

chique n.f. « tabac à mâcher »
peut-être d'un DIALECTE NORMANNO-PICARD *chique*, « morceau de pain », qui viendrait du LATIN POPULAIRE **cicca* ; XVIe s.

chiquenaude n.f.
peut-être d'un DIALECTE PICARD (ou du PROVENÇAL *chicanaudo*, de *chica*, « donner une chiquenaude ») ; XVIe s.

chiropracteur n.m.
de l'ANGLAIS *chiropractor*, formé sur le GREC *kheiros*, « main », et *praxis*, « pratique » ; XXe s.

chistera n.f.
du BASQUE *xistera*, peut-être par l'ESPAGNOL *chistera* ; XXe s.

chocolat n.m.
du NAHUATL hispanisé **chocoauatl*, abréviation de *pochocacáua-atl*, « bois-

son de cacao et de noix de cajou », par l'ESPAGNOL *chocolate* ; XVIIe s.

choisir v.
du GOTIQUE **kausjan*, « éprouver, goûter » ; XIIe s.

chope n.f. « grand verre à boire »
de l'ALLEMAND *Schoppen*, « mesure de liquide » (ou du NÉERLANDAIS *schopen*), par un DIALECTE DU NORD-EST ; XIXe s.

chopine n.f. (petite bouteille de vin)
dérivé de l'ALLEMAND *Schoppen*, « mesure de liquide » (ou du NÉERLANDAIS *schopen*). La chopine était aussi autrefois une mesure de capacité ; XIIe s.

choquer v. « heurter »
du NÉERLANDAIS *schokken* (ou de l'ANGLAIS *to shock*, « heurter ») ; XIIIe s.

choucroute n.f.
du DIALECTE ALSACIEN *sûrkrût*, de *sûr*, « aigre », et *krût*, « herbe », correspondant à l'ALLEMAND *Sauerkraut* ; XVIIIe s.

chouette n.f. (oiseau de nuit)
du FRANCIQUE **kawa*, « corneille », par le LATIN POPULAIRE **cawa* et l'ANCIEN FRANÇAIS *choe*, croisé lui-même avec l'ANCIEN FRANÇAIS *çuete*, d'origine onomatopéique ; XIIe s.

chou-fleur n.m.
calque de l'ITALIEN *cavolo-fiore*, de *cavolo*, « chou », et *fiore*, « fleur » ; XVIIe s.

chow-chow n.m. (race canine)
d'un PIDGIN ANGLO-CHINOIS ; XXe s.

christiania n.m. (virage en ski)
de *Christiania*, ancien nom d'Oslo ; XXe s.

cible n.f.
d'un DIALECTE ALÉMANIQUE de Suisse *schîbe* ; XVIIe s.

ciboule n.f. (oignon)
de l'ANCIEN PROVENÇAL *cebula*, du LATIN *caepulla*, diminutif de *caepa*, « oignon » ; XVe s.

cicérone n.m.
de l'ITALIEN *Cicerone*, « Cicéron » ; XVIIIe s.

cidre n.m.
de l'HÉBREU *chekar*, « boisson fermentée », par le GREC *sikera*, même sens, et le LATIN ECCLÉSIASTIQUE *sicera*, altéré en **cisera*, « boisson enivrante » ; XIIe s.

cigale n.f.
du PROVENÇAL *cigala*, du LATIN *cicada* ; XVe s.

cigare n.m.
de l'ESPAGNOL *cigarro*, lui-même peut-être de l'ESPAGNOL *cigarra*, « cigale », du LATIN *cicada*, par analogie de forme ; XVIIIe s.

cigarillo n.m.
de l'ESPAGNOL *cigarrillo*, « cigarette », diminutif de *cigarro* (cf. cigare) ; XXe s.

cigogne n.f.
du PROVENÇAL *cegonha*, *cigogna*, du LATIN *ciconia* ; XIIe s.

cimeterre n.m.
du PERSAN *chamchêr*, « épée », par le TURC *chimchîr* et peut-être par l'ITALIEN *scimitarra* ; XVe s.

cinghalais adj. et n.m.
peut-être du TAMOUL *cingala* (ou du SANSKRIT *Sinhalam*, « Ceylan »), par l'ANGLAIS ; XVIIIe s.

cingler v. « faire voile »
de l'ANCIEN SCANDINAVE *sigla*, devenu en ANCIEN FRANÇAIS *singler*, croisé avec *cingler*, altération de *sangler*, « frapper avec une sangle », du LATIN *cingula*, « sangle » ; XIe s.

citadelle n.f.
de l'ITALIEN *cittadella*, diminutif de l'ANCIEN ITALIEN *cittade*, « cité » (aujourd'hui *città*) ; XVe s.

citadin n.m.
de l'ITALIEN *cittadino*, dérivé de l'ANCIEN ITALIEN *cittade*, « cité » ; XIVe s.

citrouille n.f.
d'un DIALECTE ITALIEN *citruolo*, du LATIN *citrium*, « concombre » ; XVIe s.

civette n.f. (mammifère)
de l'ARABE *zabâd*, « musc », produit par l'animal appelé (*gatt*) *az-zabâd*, « (chat) musqué », par l'ITALIEN (*gatto*) *zibetto* ; XVIe s.

claie n.f.
du GAULOIS, par le LATIN POPULAIRE *clêta* ; XIe s.

clam n.m. (coquillage)
de l'ANGLAIS (*to*) *clam*, « serrer », probablement à cause de la force de fermeture des valves de ce coquillage ; XIXe s.

clan n.m. (tribu)
du GAÉLIQUE *clann*, « famille, race », par l'ANGLAIS *clan* ; XVIIIe s.

clapier n.m.
d'une racine PRÉCELTIQUE **clapp-*, « pierre », par l'ANCIEN PROVENÇAL *clapier*, dérivé de *clap*, « amas de pierres » ; XIIIe s.

clebs, cleb ou **clébard** n.m. (chien)
de l'ARABE *kelb*, « chien » ; XIXe s.

clenche n.f. (loquet)
du FRANCIQUE **klinka*, par un DIALECTE PICARD *clenque*, « clenche » ; XIIIe s.

clergyman n.m.
de l'ANGLAIS *clergyman*, de *man*, « homme », et *clergy*, « clergé », lui-même emprunté au VIEUX FRANÇAIS *clergie*, « état de clerc » ; XIXe s.

clip n.m. (bijou)
de l'ANGLAIS *clip*, « pince, agrafe » ; XXe s.

clip ou **vidéoclip** n.m.
de l'ANGLAIS (*to*) *clip*, « tailler », d'où *clip*, « extrait » ; XXe s.

cliver v. « fendre »
du NÉERLANDAIS *klieven*, « fendre » ; XVIIIe s.

cloche n.f.
de l'IRLANDAIS *cloc*, importé en France par les missionnaires irlandais, par le LATIN POPULAIRE *clocca* ; XIIe s.

cloque n.f.
d'un DIALECTE PICARD correspondant à l'ANCIEN FRANÇAIS *cloche*, avec le sens figuré de « bulle » ; XVIIIe s.

clovisse n.f. (coquillage)
du PROVENÇAL *clauvisso*, altération de *clausisso*, « qui se ferme », de *claus*, « clos ». Ce coquillage se ferme quand on le touche ; XIXe s.

clown n.m.
de l'ANGLAIS *clown*, « paysan, rustre » puis « bouffon » chez Shakespeare, et enfin « personnage du cirque » ; XIXe s.

club n.m. « canne de golf »
de l'ANGLAIS *club*, lui-même de l'ANCIEN SCANDINAVE *klubba*, « bâton » ; XIXe s.

club n.m. (association)
de l'ANGLAIS *club*, lui-même de l'ANCIEN SCANDINAVE *klubba*, « bâton », avec changement de sens (cf. (*a*) *clump of trees*, « bouquet d'arbres ») ; XVIIIe s.

coalition n.f.
de l'ANGLAIS *coalition*, lui-même emprunté à l'ANCIEN FRANÇAIS *coalition*,

« coalescence, union », du LATIN *coalitus*, « uni » ; XVIIIe s.

cobalt n.m.
de l'ALLEMAND *Kobalt*, variante de *Kobold*, « lutin », probablement « lutin des mines » ; XVIe s.

cobaye n.m.
peut-être du TUPI-GUARANI *sabuja*, passé en PORTUGAIS sous la forme *çabuja* puis *cobaya* (par disparition de la cédille) ; XVIIIe s.

cobol n.m. (langage informatique)
de l'ANGLAIS *COmmon Business Oriented Language* ; XXe s.

cobra n.m.
du PORTUGAIS *cobra de capelo*, « couleuvre à capuche » (à cause du repli en forme de capuchon que ce reptile a sur la tête), du LATIN POPULAIRE **colobra*, « couleuvre » ; XVIe s.

coca n.m.
du QUECHUA *cuca*, peut-être lui-même issu de l'AYMARA (langue du Pérou), par l'ESPAGNOL *coca* ; XVIe s.

coca-cola n.m.
de l'ANGLAIS *coca-cola*, du QUECHUA *coca* (plante dont les feuilles contiennent de la cocaïne) et d'une LANGUE AFRICAINE *cola*, « noix de kola » (nom déposé) ; XXe s.

cocagne n.f.
peut-être du GOTIQUE **koka*, « gâteau » (ou du NÉERLANDAIS *kokenje*, « gâteau »), par le PROVENÇAL *coucanha*, « friandise », ou l'ITALIEN *cuccagna*, « cocagne » ; XIIIe s.

coche n.m. (bateau)
du MOYEN NÉERLANDAIS *cogghe*, *cogge*, par le NORMANNO-PICARD *coque* ; XIIIe s.

coche n.m. (voiture)
du HONGROIS *kocsi*, du nom de la ville de Kocz (ou du TCHÈQUE *kotchi*, « [voiture] à niche »), par l'ALLEMAND *Kutsche* ; XVIe s.

cochenille n.f. (insecte)
de l'ESPAGNOL *cochinilla*, « cloporte », peut-être du MOZARABE *conchililla*, du GREC *kokkhylion*, « coquille » ; XVIe s.

cocker n.m. (race canine)
de l'ANGLAIS *cocker*, « chien pour la chasse à la bécasse », de (*wood*)*cock*, « bécasse » ; XIXe s.

cockpit n.m.
de l'ANGLAIS *cockpit*, d'abord « enceinte pour les combats de coqs » (de *cock*, « coq », et de *pit*, « trou »), puis « habitacle du pilote » ; XIXe s.

cocktail n.m.
de l'ANGLAIS *cocktail*, étymologie obscure. Le sens de « boisson » vient de l'argot américain ; XVIIIe s.

coco n.m. « fruit du cocotier »
du PORTUGAIS *coco*, « croquemitaine » puis « noix de coco » ; XVIe s.

cocon n.m.
du PROVENÇAL *coucoun*, « cocon » et aussi « coque d'œuf », dérivé du PROVENÇAL *coco*, « coque » ; XVIIe s.

coda n.f. (musique)
de l'ITALIEN *coda*, « queue » ; XIXe s.

cohue n.f.
du BRETON *cochuy* ; XIIIe s.

coiffe n.f.
du GERMANIQUE *kuffia*, « casque », par le LATIN POPULAIRE *cofia* ; XIe s.

coke n.m. (charbon)
de l'ANGLAIS *coke*, « coke » ; XIXe s.

cola ou **kola** n.m. (plante)
d'une langue du SOUDAN ; XVIIe s.

colback n.m. (bonnet de fourrure)
du TURC *qalpâq* ; XIXe s.

cold-cream n.m. (pommade)
de l'ANGLAIS *cold*, « froid, rafraîchissant », et *cream*, « crème », emprunté lui-même au FRANÇAIS *crème* ; XIXe s.

colibri n.m. (oiseau)
de l'ARAWAK *colibri* ; XVIIe s.

colimaçon n.m.
d'un DIALECTE NORMANNO-PICARD *calimaçon*, probablement contraction de *cali-* (issu lui-même du FRANCIQUE *skala*, « coquille ») et de *limaçon*, ancien nom de l'« escargot » ; XIVe s.

colin n.m. (poisson)
d'une ancienne forme du NÉERLANDAIS *kool*(*visch*), de *kool*, « charbon », et de *vis*(*ch*), « poisson » (ou peut-être de l'ANGLAIS *coal-fish*), à cause de la couleur noire du dos de ce poisson, qui s'appelait *carbonarius* en LATIN MÉDIÉVAL ; XVIIe s.

colis n.m.
de l'ITALIEN *colli*, pluriel de *collo*, « cou », d'où « charge portée sur le cou » ; XVIIIe s.

colley n.m. (race canine)
de l'ANGLAIS *collie*, peut-être de *coaly*, « charbonneux », à cause de la couleur de son poil ; XIXe s.

colloïde n.m.
de l'ANGLAIS *colloid*, formé sur le GREC *kolla*, « colle, gomme » ; XIXe s.

colmater v.
de l'ITALIEN *colmata*, participe passé de *colmare*, « combler » ; XIXe s.

colonel n.m.
de l'ITALIEN *colonnello*, « chef d'une colonne » ; XVIe s.

colonnade n.f.
de l'ITALIEN *colonnato*, probablement par un dialecte septentrional ; XVIIIe s.

coloris n.m.
de l'ITALIEN *colorito*, « coloré », de *colorire*, « colorier » ; XVIIe s.

colt n.m.
de *Colt*, nom de l'inventeur AMÉRICAIN de ce revolver ; XIXe s.

colza n.m.
du NÉERLANDAIS *coolzaad*, de *cool*, « chou », et de *zaad*, « semence », par un DIALECTE WALLON OU ROUCHI ; XVIIe s.

combe n.f.
du GAULOIS **cumba*, « vallée », par un DIALECTE MÉRIDIONAL ; XIIe s.

come-back n.m.
de l'ANGLAIS *come back*, « retour » ; XXe s.

comité n.m.
de l'ANGLAIS *committee*, « commission », lui-même issu de l'ANCIEN FRANÇAIS *committé*, « désigné », ancien participe passé (aujourd'hui *commis*) du verbe *commettre*. Le mot anglais a pénétré en français avec le sens de « réunion de personnes désignées » et s'est ensuite répandu - en perdant un *m* et un *t* - dans tous les comités de la Révolution - ; XVIIe s.

commandite n.f.
de l'ITALIEN *accomandita*, « société commerciale » ; XVIIe s.

commando n.m.
du PORTUGAIS *comando*, de *comandar*, « commander », par l'intermédiaire de l'ANGLAIS *commando*, qui l'a emprunté

au PORTUGAIS lors de la guerre des Boers ; XIXe s.

commodore n.m.
du NÉERLANDAIS *kommandeur* (venu lui-même du FRANÇAIS *commandeur*), par l'ANGLAIS *commodore* ; XVIIIe s.

comparse n.
de l'ITALIEN *comparsa*, « acteur qui ne parle pas sur la scène », proprement « apparition », sur *comparire*, « apparaître » ; XVIIe s.

compartiment n.m.
de l'ITALIEN *compartimento*, de *compartire*, « partager » ; XVIe s.

compère-loriot n.m.
d'un DIALECTE PICARD *compère-loriot*, « loriot » (oiseau), de *merle-(l)oriot*, puis *père-loriot* et *compère-loriot*. Le mot a aussi pris le sens « orgelet » par confusion avec la forme *leurieul*, venue de *orjeul*, du LATIN *hordeolum*, « orgelet », de *(h)ordeum*, « orge » ; XIXe s.

compétitif adj.
de l'ANGLAIS *competitive*, dérivé de l'ANGLAIS *competition*, lui-même formé sur le LATIN *competitio* ; XXe s.

compétition n.f.
de l'ANGLAIS *competition*, du LATIN *competitio*, « accord » puis « rivalité » ; XVIIIe s.

compliment n.m.
de l'ESPAGNOL *cumplimiento*, dérivé de *cumplir con alguien*, « être poli envers quelqu'un » ; XVIIe s.

compost n.m. (terreau)
de l'ANGLAIS *compost*, emprunté à l'ANCIEN FRANÇAIS *compost*, du LATIN *compositum*, « composé » (d'où vient le français *composite*) ; XVIIIe s.

composteur n.m. (imprimerie)
de l'ITALIEN *compositore*, « compositeur » ; XVIIe s.

computer n.m.
de l'ANGLAIS *computer*, « calculateur », de *compute*, « calculer », issu lui-même de l'ANCIEN FRANÇAIS *computer*, du LATIN *computare*, « calculer » (d'où le FRANÇAIS « compter »). Supplanté aujourd'hui par *ordinateur* ; XXe s.

concerné part. passé
de l'ANGLAIS *(to be) concerned*, bien que le verbe *concerner* existe en FRANÇAIS depuis le XIVe s. (mais son emploi au passif est condamné par l'Académie) ; XIXe s.

concert n.m.
de l'ITALIEN *concerto*, « concert, entente », du LATIN *concertus*, « concerté » ; XVIe s.

concerto n.m.
de l'ITALIEN *concerto* « concert, entente », du LATIN *concertus* « concerté » ; XVIe s.

concombre n.m.
du PROVENÇAL *cocombre*, du BAS LATIN *cucumer*, du LATIN *cucumerem* ; XIVe s.

condenseur n.m.
de l'ANGLAIS *condenser*, de *(to) condensate*, du LATIN *condensare*, « épaissir » ; XVIIIe s.

condominium n.m. (double souveraineté sur un pays)
de l'ANGLAIS *condominium*, du LATIN *con*, « avec », et *dominium*, « souveraineté ». Ce mot en anglais a aussi aujourd'hui le sens de « copropriété » ; XIXe s.

condor n.m. (oiseau de proie)
du QUECHUA *cúntur*, par l'ESPAGNOL *condor* ; XVIe s.

condottiere n.m.
de l'ANCIEN ITALIEN *condottiere*, « chef de mercenaires », du LATIN *conducti*, « mercenaires » ; XVIIIe s.

confessionnal n.m.
de l'ITALIEN *confessionale* ; XVIIe s.

confetti n.m.
de l'ITALIEN *confetti*, pluriel de *confetto*, « dragée », dérivé du LATIN *conficere*, « préparer, confire » ; XIXe s.

confident n.m. et adj.
de l'ITALIEN *confidente*, « confiant » ; XVIe s.

conformiste adj. et n.
de l'ANGLAIS *conformist*, de (*to*) *conform*, issu lui-même du FRANÇAIS *conformer* ; XVIIe s.

confort n.m.
de l'ANGLAIS *comfort*, lui-même de l'ANCIEN FRANÇAIS *confort*, « soutien, réconfort » ; XIXe s.

confortable adj.
de l'ANGLAIS *comfortable*, « confortable », dérivé du FRANÇAIS *conforter*, « soutenir » ; XVIIe s.

confucianisme n.m.
du CHINOIS *kongfuzi*, « maître Kong » (Confucius) ; XIXe s.

congédier v.
de l'ITALIEN *congedare*, dérivé de *congedo*, « congé », emprunté lui-même à l'ANCIEN FRANÇAIS *congiet*, du LATIN *commeatum*, « permission » ; XIVe s.

congère n.f. « amas de neige »
du DIALECTE DAUPHINOIS, du LATIN POPULAIRE *congeria*, du LATIN *congeries*, « amas, tas » ; XIXe s.

congre n.m. (poisson)
du PROVENÇAL *congre*, du LATIN *conger*, « congre » ; XIVe s.

conquistador n.m.
de l'ESPAGNOL *conquistador*, « conquérant » ; XIXe s.

conserve (de) loc.
de l'ANCIEN PROVENÇAL *conserva* (ou de l'ITALIEN *conserva*), du LATIN *conservum*, de *con*, « ensemble », et *servus*, « esclave » ; XIVe s.

consort adj.
de l'ANGLAIS *consort*, « époux », du LATIN *consors*, « qui partage le sort » ; XIVe s.

consortium n.m.
de l'ANGLAIS *consortium*, du LATIN *consortium*, « association » ; XIXe s.

contact (lentilles de) n.f.pl.
traduction de l'ANGLAIS *contact lenses*, du LATIN *contactus* et du LATIN *lens, lentis*, « lentille » (la plante) ; XXe s.

contacter v.
de l'ANGLAIS (*to*) *contact*, « prendre contact » ; XXe s.

container ou **conteneur** n.m. (récipient)
de l'ANGLAIS *container*, de (*to*) *contain*, « contenir » ; XXe s.

contour n.m.
de l'ITALIEN *contorno*, « contour » ; XIVe s.

contraceptif adj.
de l'ANGLAIS *contraceptive*, contraction de *contra*, « contre », et de *conceptive*, « qui a trait à la conception », du LATIN *conceptio* ; XXe s.

contraception n.f.
de l'ANGLAIS *contraception*, contraction

de *contra*, « contre », et de *conception*, « conception », du LATIN *conceptio* ; XXe s.

contralto n.m.
de l'ITALIEN *contralto*, « proche de l'alto », d'où l'ancien terme FRANÇAIS équivalent *haute-contre* ; XVIIIe s.

contraste n.m.
de l'ITALIEN *contrasto*, de *contrastare*, « s'opposer à » ; XVIe s.

contrebande n.f.
de l'ITALIEN (VÉNITIEN) *contrabbando*, de *contra*, « contre », et de *bando*, « ban », avec le sens de « (marchandise) interdite » ; XVIe s.

contrebasse n.f.
de l'ITALIEN *contrabbasso*, « près de la basse » ; XVIe s.

contredanse n.f. (danse)
de l'ANGLAIS *country-dance*, de *country*, « campagne », et de *dance*, « danse » ; XVIIe s.

contrôle n.m. « maîtrise »
de l'ANGLAIS *control*, « maîtrise ». Le FRANÇAIS *contrôle*, de *contre-rolle*, « copie d'un rôle, d'une liste », existait déjà mais avec le seul sens de « vérification » ; XXe s.

contrôler v. « diriger »
de l'ANGLAIS (*to*) *control*, « diriger », alors que le FRANÇAIS *contrôler* n'avait que le sens de « vérifier » ; XXe s.

convention n.f. « réunion, congrès »
de l'ANGLAIS *convention*, dérivé de *convent*, « assemblée, congrégation », lui-même emprunté au FRANÇAIS *convent* (ensuite devenu *couvent*), du LATIN *conventus*, « assemblée » ; XIXe s.

conventionnel adj. « traditionnel »
de l'ANGLAIS *conventional*. Dans le domaine de l'armement, *conventionnel* est opposé à *atomique* ; XXe s.

convertible adj. « transformable »
de l'ANGLAIS *convertible*, « transformable » ; XXe s.

coolie n.m. « porteur »
du GUJARATI *kuli*, nom de peuple, par l'ANGLAIS *coolie* ; XVIe s.

coprah n.m.
du SANSKRIT *kharpara*, par le MALAYALAM *koppara*, « noix de coco », et par le PORTUGAIS *copra* (puis peut-être par l'ANGLAIS *copra*) ; XVIIe s.

copte adj. et n. « chrétien d'Égypte »
probablement de l'ARABE, lui-même du GREC *aiguptios*, « égyptien », avec chute de la première syllabe ; XVIIe s.

copyright n.m.
de l'ANGLAIS (*to*) *copy*, « copier », et *right*, « droit » ; XIXe s.

coq n.m. « cuisinier sur un navire »
du NÉERLANDAIS *kok*, « cuisinier » (ou de l'ITALIEN *cuoco*, issu du LATIN *coquus*, « cuisinier ») ; XVIIe s.

coquemar n.m. « bouilloire »
probablement du NÉERLANDAIS *kookmoor*, de *kooken*, « bouillir », et *moor*, « maure, noir », par extension « chaudron noirci (par le feu) » (en ROUCHI, on trouve aussi *coquenoir*) ; XIIIe s.

Coran n.m.
de l'ARABE *al-qur'ân* « la lecture » (*alcoran* avant le XIVe s.) ; XVIIe s.

cordillère n.f.
de l'ESPAGNOL *cordillera*, dérivé de *cuerda*, « corde », du LATIN *chorda*, « boyau, corde » ; XVIIe s.

corindon n.m. (alumine cristallisée)
du TÉLOUGOU ; XIXe s.

cornac n.m.
du CINGHALAIS *kûruneka*, « conducteur d'éléphants », par le PORTUGAIS *cornaca* ; XVIIe s.

corned-beef n.m.
de l'ANGLAIS *corned-beef*, de *corned*, « salé » (de *corn*, « grain de sel »), et de *beef*, « bœuf », lui-même emprunté au FRANÇAIS ; XVIIIe s.

corner n.m. (football)
de l'ANGLAIS *corner* (*kick*), « (coup de pied) à partir du coin », emprunté lui-même à l'ANCIEN FRANÇAIS *cornier*, du LATIN POPULAIRE *cornarius* ; XIXe s.

corniche n.f.
de l'ITALIEN *cornice*, du LATIN *cornice(m)*, « corneille », peut-être par analogie avec le bec de cet oiseau ; XVIe s.

coron n.m. (habitation minière)
d'un DIALECTE PICARD-WALLON *coron*, « bout, extrémité (de la rue) », de *cor*, « coin, angle » ; XIXe s.

corozo n.m. « matière blanche végétale »
de l'ESPAGNOL de l'Équateur *corozo*, « fruit d'un palmier » ; XIXe s.

corporation n.f.
de l'ANGLAIS *corporation*, du LATIN *corporari*, « se former, prendre corps » ; XVIe s.

corral n.m. « parc à bétail »
de l'ESPAGNOL *corral*, « basse-cour » ; XIXe s.

corrida n.f.
de l'ESPAGNOL *corrida*, de *correr*, « courir » ; XIXe s.

corridor n.m.
de l'ITALIEN *corridore*, « (galerie de fortification) où l'on peut courir » ; XVIIe s.

corroyer v. « apprêter le cuir »
du GOTIQUE **garedan*, « pourvoir à qqch. », de *ga*, « avec », et de *reths*, « provisions », introduit par les mercenaires germaniques qui servaient dans l'armée romaine, d'où le LATIN POPULAIRE *conredare* et l'ANCIEN FRANÇAIS *conreer*, *correer* et enfin *corroyer*, « préparer » ; XIe s.

corsaire n.m.
de l'ITALIEN *corsaro*, « capitaine de navire autorisé à faire la guerre de course », dérivé du LATIN *cursus*, « course » ; XVe s.

cortège n.m.
de l'ITALIEN *corteggio*, « suite de personnes qui accompagnent un personnage important » ; XVIIe s.

cortisone n.f.
abréviation de l'ANGLAIS *corticosterone*, de *cortico-* (du LATIN *cortex*, « écorce »), de *-stero-* (abréviation de *sterol*, nom d'une famille d'alcools polycycliques) et de *-one* (suffixe indiquant la fonction cétone) ; XXe s.

corvette n.f.
du NÉERLANDAIS *kerver*, « bateau chasseur », par un DIALECTE PICARD ; XVe s.

cosaque n.m.
du RUSSE *kasak*, « cavalier » ; XVIIe s.

costume n.m.
de l'ITALIEN *costume*, « coutume » ; XVIIe s.

cosy-corner ou **cosy** n.m.
de l'ANGLAIS *cosy*, « confortable », et de *corner*, « coin » ; XXe s.

coton n.m.
de l'ARABE *qutun*, « coton », par l'ITALIEN *cotone* ; XIIe s.

cottage n.m.
peut-être d'une forme NORMANDE non attestée **cotage* (ou d'un radical GERMANIQUE *kot*, « cabane »), par l'ANGLAIS *cottage*, « cabane de paysan », puis « maison de campagne » ; XVIIIe s.

cotte n.f. « sorte de tunique »
du FRANCIQUE **kotta*, « tunique ». A pris aussi le sens de « jupe, robe » dans les DIALECTES DE L'EST ; XIIe s.

couci-couça loc.
de l'ITALIEN *così-così*, « ainsi-ainsi », avec influence de « comme ci comme ça », du LATIN *eccum sic*, littéralement « voici ainsi » ; XVIIe s.

coucoumelle n.f. (champignon)
du PROVENÇAL *coucoumèlo*, « oronge blanche ou coucoumelle » ; XIXe s.

couffin n.m. (panier)
de l'ARABE *qûffa*, par le PROVENÇAL *coufo*, le terme arabe venant lui-même du LATIN *cophinus*, « corbeille » ; XVIIe s.

couguar ou **cougouar** n.m.
du TUPI-GUARANI *susuarana*, par le PORTUGAIS avec l'orthographe *çuçuarana*, puis, par perte des cédilles, *cucuarana* ; XVIIIe s.

coupole n.f.
de l'ITALIEN *cupola*, du LATIN *cupula*, « petite cuve », la forme d'une coupole évoquant une cuve renversée ; XVIIe s.

couque n.f. « pain d'épice »
du NÉERLANDAIS *koek* ; XIXe s.

courge n.f.
d'un DIALECTE DE L'OUEST, du LATIN *cucurbita*, « gourde » ; XIVe s.

coursive n.f.
de l'ANCIEN ITALIEN *corsiva*, « passage » ; XVIIe s.

court n.m. (de tennis)
de l'ANGLAIS *court*, de l'ANCIEN FRANÇAIS *court*, *cort*, « cour », du LATIN *cohort(em)*, « cour de ferme » ; XXe s.

courtisan n.m.
de l'ITALIEN *cortigiano*, de *corte*, « cour », probablement par le PROVENÇAL *cortezan* ; XVe s.

couscous n.m.
de l'ARABE *kouskous* (probablement d'origine BERBÈRE) ; XVIIIe s.

cousette n.f. (apprentie couturière)
d'un DIALECTE NORMAND, dérivé du LATIN POPULAIRE *cosere*, « coudre », du LATIN *consuere*, « coudre ensemble » ; XIXe s.

coutelas n.m.
de l'ITALIEN *coltellaccio*, « gros couteau », augmentatif et péjoratif de *coltello*, « couteau » ; XVIe s.

couvrir v. (un événement)
de l'ANGLAIS (*to*) *cover* ; XXe s.

cover-girl n.f.
de l'ANGLAIS *cover*, « couverture (de magazine) », et *girl*, « fille » ; XXe s.

cow-boy n.m.
de l'ANGLAIS *cowboy*, « vacher », de *cow*, « vache », et *boy*, « valet », puis « garçon ». Le mot a pris, au XIXe s., le sens américain illustré plus tard par les films de western, et c'est avec ce sens que le français l'a emprunté ; XIXe s.

coyote n.m. (espèce de chacal)
du NAHUATL *cóyotl*, « chacal », par l'ESPAGNOL *coyote* ; XIXe s.

crabe n.m.
du MOYEN NÉERLANDAIS *crabbe* (ou de l'ANCIEN NORMAND *krabbi*) ; XIIe s.

crachin n.m.
d'un DIALECTE DE L'OUEST, dérivé de *cracher* ; XIXe s.

crack n.m. « champion »
de l'ANGLAIS *crack*, « excellent », à l'origine se disait seulement d'un cheval de course ; XIXe s.

cracking n.m. (industrie du pétrole)
de l'ANGLAIS *(to) crack*, « fractionner », le cracking consistant à briser les grosses molécules du pétrole brut pour obtenir des produits pétroliers légers (essences et gaz) ; XXe s.

craindre v.
du radical GAULOIS **crit-* (cf. le GALLOIS *crito*, « tremblement »), par le LATIN POPULAIRE *cremere*, altération du LATIN *tremere*, « trembler, craindre » ; XIe s.

cramoisi adj.
du SANSKRIT *krmis*, par le PERSAN *qermez*, par l'ARABE *qirmizi*, « rouge de kermès (cochenille) », par le GREC BYZANTIN *khermezi* et l'ITALIEN *chermizi*, *cremisi*. Les cochenilles (ou kermès) sont des insectes dont les œufs servaient à fabriquer un colorant écarlate ; XIVe s.

crampe n.f.
du FRANCIQUE **kramp*, « courbé » ; XIe s.

crampon n.m.
du FRANCIQUE **kramp*, « courbé » ; XIIIe s.

cran n.m. (entaille)
du GAULOIS **crinare*, par l'ANCIEN FRANÇAIS *crener*, « entailler » ; XIIe s.

crapaud n.m.
du FRANCIQUE **krappa*, « crochet », par l'ANCIEN FRANÇAIS *crape*, « grappe », à cause des pattes crochues de l'animal ; XIIe s.

craquelin n.m. (pâtisserie)
du MOYEN NÉERLANDAIS *crakelinc* ; XIIIe s.

cravache n.f.
du TURC *qurbâtch*, « fouet de cuir », par le SLAVE (POLONAIS OU RUSSE) *karbatch* et l'ALLEMAND *Kurbatsche* ; XVIIIe s.

cravant n.m. (oie sauvage)
du GAULOIS **crago*, par un DIALECTE DE L'OUEST ; XVIe s.

cravate n.f.
de l'ALLEMAND DIALECTAL *Krawat*, « Croate », probablement introduit par les mercenaires allemands ; XVIIe s.

crawl n.m.
abréviation de l'ANGLAIS *crawl-stroke*, de *(to) crawl*, « ramper », et de *stroke*, « mouvement » ; XXe s.

crédence n.f. (buffet)
de l'ITALIEN *credenza*, « croyance, confiance ». A pris le sens de « buffet » d'après la locution *fare la credenza*, « faire l'essai des mets avant de les servir », puis « buffet où se posent les plats » ; XVIe s.

crème glacée n.f.
traduction de l'ANGLAIS *ice-cream*, déformation de *iced-cream*, de *cream*, « crème », emprunté lui-même au FRANÇAIS *crème*, et de *iced*, « glacée » ; XXe s.

créole adj. et n.
du PORTUGAIS *crioulo*, « esclave élevé dans la maison des maîtres », dérivé de *criar*, « nourrir, élever », par l'ESPAGNOL *criollo* ; XVIIe s.

crescendo n.m.
de l'ITALIEN *crescendo*, « en croissant », de *crescere*, « croître » ; XVIIIe s.

cresson n.m. (plante)
du FRANCIQUE **kresso* ; XIIe s.

crétin n.m. et adj.
d'un DIALECTE SAVOYARD OU VALAISAN *cretin*, forme correspondant au FRANÇAIS *chrétien* et devenue ensuite péjorative ; XVIIIe s.

crevette n.f.
d'un DIALECTE NORMANNO-PICARD *crevette*, correspondant à l'ANCIEN FRANÇAIS *chevrette* ; XVIe s.

cric n.m.
du MOYEN HAUT-ALLEMAND *kriec*, « engin pour tourner une machine de guerre » ; XVe s.

cricket n.m. (jeu de plein air)
de l'ANGLAIS *cricket*, peut-être de l'ANCIEN FRANÇAIS *criquet*, « bâton servant de but au jeu de boules » ; XIIIe s.

crinoline n.f.
de l'ITALIEN *crinolino*, de *crino*, « crin », et de *lino*, « lin » (proprement : tissu dont la trame est de crin et la chaîne est de lin) ; XIXe s.

crique n.f.
de l'ANCIEN SCANDINAVE *kriki*, « crique », par le NORMAND ; XIVe s.

criquet n.m.
du MOYEN NÉERLANDAIS *criekel*, *crekel*, par un DIALECTE NORMANNO-PICARD *créqueillon* et par l'ANCIEN FRANÇAIS *crequet* (ou onomatopée) ; XIIe s.

croc n.m.
du FRANCIQUE **krok*, « crochet » ; XIIe s.

croissant n.m. (pâtisserie)
traduction de l'ALLEMAND *Hörnchen*, « petite corne », pâtisserie en forme de croissant turc et fabriquée à Vienne après la levée du siège de la ville par les Turcs en 1689 ; XVIIe s.

cromlech n.m. (archéologie)
du GALLOIS *cromlech*, de *crum*, « courbe », et *lech*, « pierre » ; XVIIIe s.

crooner n.m. « chanteur de charme »
de l'ANGLAIS *crooner*, de (*to*) *croon*, « beugler », « gémir » et « chanter à bouche fermée » ; XXe s.

croquet n.m.
de l'ANGLAIS *croquet*, altération de l'ANCIEN FRANÇAIS *crochet*, « jeu de boules » ; XIXe s.

cross-country ou **cross** n.m.
de l'ANGLAIS *cross-country*, de *cross*, « à travers », et de *country*, « campagne » ; XIXe s.

crotte n.f.
du FRANCIQUE **krotta*, « fiente » puis « boue » ; XIIe s.

croup n.m. « diphtérie »
de l'ANGLAIS *croup*, issu lui-même d'un DIALECTE ÉCOSSAIS (*to*) *croup*, « émettre un cri rauque » ; XVIIIe s.

croustade n.f.
du PROVENÇAL *crostado*, dérivé de *crousto*, « croûte », du LATIN *crusta*, « ce qui enveloppe » ; XIIe s.

croustiller v.
dérivé du PROVENÇAL *croustilla*, « petite croûte » ; XVIe s.

cruzado n.m. (monnaie)
du PORTUGAIS du Brésil *cruzado*, de *cruz*, « croix » ; XXe s.

csardas ou **czardas** n.f. (danse)
du HONGROIS *czardas* ; XIXe s.

cuirasse n.f.
du DIALECTE ARAGONAIS *cuyraza*, dérivé du LATIN POPULAIRE *coriaceus*, du LATIN *corium*, « cuir » ; XIIIe s.

curaçao n.m.
de *Curaçao*, nom d'une île des Antilles ; XIXe s.

curare n.m.
de l'ARAWAK *urari*, « poison végétal paralysant » ; XVIIIe s.

curling n.m. (jeu sur la glace)
de l'ANGLAIS *curling*, de (*to*) *curl*, « enrouler, faire boucler » ; XVIIIe s.

curry → **cari**.

cycle n.m. « véhicule à deux roues »
de l'ANGLAIS *cycle*, abréviation de *bicycle*, « bicyclette » ; XIXe s.

cyclone n.m.
de l'ANGLAIS *cyclone*, mot créé par le savant anglais Piddington sur le GREC *kukloma*, « queue de serpent », de *kuklos*, « cercle » ; XIXe s.

czar n.m.
adapté de la forme POLONAISE pour *tzar*, du LATIN *Caesar* ; XIXe s.

czardas → **csardas**.

D

dada n.m. (marotte)
adaptation de l'ANGLAIS *hobby*(*-horse*), proprement « cheval aubin (dont l'allure est défectueuse) », puis « cheval de bois », et enfin « passe-temps » ; XVIIIe s.

dague n.f.
du PROVENÇAL *daga*, « épée » (ou de l'ITALIEN *daga*), d'origine incertaine, peut-être du LATIN POPULAIRE *daca ensis,* « glaive de Dacie » ; XIIIe s.

dahlia n.m. (fleur)
de *Dahl*, nom d'un botaniste SUÉDOIS ; XIXe s.

dalaï-lama n.m. (chef bouddhiste)
du MONGOL *dalaï*, « océan (de savoir) » et du TIBÉTAIN *blama*, « maître » ; XVIIe s.

dalle n.f.
de l'ANCIEN SCANDINAVE *daella*, « gouttière », par le NÉERLANDAIS *dal*, « planche » puis « pierre plate », par le NORMANNO-PICARD ; XIVe s.

dalmatien n.m. (race canine)
de l'ANGLAIS *Dalmatian*, « dalmatien », et « dalmate, de Dalmatie » ; XXe s.

daltonien adj. et n.m. (qui voit mal les couleurs)
du nom du physicien ANGLAIS *Dalton* ; XIXe s.

daman n.m. (petit mammifère)
de l'ARABE ; XIXe s.

damas n.m. (étoffe)
du nom de la ville de *Damas* (Syrie) ; XIVe s.

damasquiner v.
de l'ITALIEN *damaschino*, « de Damas », d'abord attesté en FRANÇAIS dans l'adjectif *damasquin* ; XVIe s.

dame-jeanne n.f. « bonbonne »
du PROVENÇAL *damajano*, « grosse bouteille ventrue », sans doute par analogie avec le corps féminin, comme on a *christine*, « grande bouteille en grès » en DIALECTE NORMAND ou *jacqueline*, « cruche de grès à long ventre » dans les DIALECTES DU NORD ; XVIe s.

dan n.m. (grade au judo)
du JAPONAIS *dan* ; XXe s.

dancing n.m.
abréviation de l'ANGLAIS *dancing-house*, *dancing-hall*, « maison de danse », de (*to*) *dance*, « danser », qui vient lui-même du FRANÇAIS. Il s'agit d'un faux anglicisme car, en ANGLAIS, *dancing* ne signifie que « danse, action de danser » et jamais « lieu de danse » ; XXe s.

dandy n.m.
de l'ANGLAIS *dandy*, « élégant », d'origine obscure. *Dandy* inaugure, avec *fashionable*, la longue suite de termes relatifs à la mode empruntés à l'anglais au XIXe s. : *fashion*, *high life*, *snob*, *select*, *smart*, etc. ; XIXe s.

danser v.
du FRANCIQUE **dintjan*, « se mouvoir de-ci de-là », par un DIALECTE DU NORD ; XIIe s.

dariole n.f. (sorte de flan)
peut-être d'un DIALECTE PICARD *doriole*, « doré », altéré en *dariole* ; XIVe s.

darne n.f. (tranche de poisson)
du BRETON *darn*, « morceau », XVIe s.

dartre n.f. (maladie de la peau)
du GAULOIS, par le LATIN POPULAIRE *derbita* ; XVIe s.

datcha n.f.
du RUSSE *datcha*, « maison de campagne » ; XXe s.

datte n.f.
du PROVENÇAL *datil*, « datte », du LATIN *dactylus*, emprunté au GREC *daktulos*, « doigt » ; XIIe s.

daube n.f. (en cuisine)
de l'ITALIEN *addobbo*, « assaisonnement » (ou de l'ESPAGNOL *doba*, de *dobar*, « cuire à l'étouffée ») ; XVIIe s.

dauphin n.m. (mammifère marin)
de l'ANCIEN PROVENÇAL *delfin*, du LATIN *delphinus*, emprunté au GREC *delphis* ; XIIe s.

daurade ou **dorade** n.f.
de l'ANCIEN PROVENÇAL *daurada*, « dorée », reconstruit à partir du LATIN *aurata*, « dorée » et aussi « dorade » ; XVIe s.

dealer n.m. « revendeur de drogue »
de l'ANGLAIS *dealer*, « marchand » ; XIXe s.

débatteur n.m.
de l'ANGLAIS *debater*, de (*to*) *debate*, « discuter », de *debate*, « discussion », lui-même emprunté au FRANÇAIS *débat* ; XIXe s.

débiter v. « découper »
de l'ANCIEN SCANDINAVE *biti*, « poutre » (qui a donné *bitte* d'amarrage), d'où « découper du bois de construction » ; XIVe s.

débraillé adj.
du GAULOIS *braca*, « sorte de pantalon ample », par le LATIN *braca*, par l'ANCIEN FRANÇAIS *braiel*, « ceinture » (lui-même dérivé de *braie*), et du préfixe *dé-* ; XVIe s.

décaniller v. « déguerpir »
du DIALECTE LYONNAIS *canille*, « jambe », dim. de *canne* ; XVIIIe s.

dèche n.f. « manque d'argent »
du PROVENÇAL *decho*, « tare », de *decaire*, « déchoir » (ou abréviation du FRANÇAIS *déchoir*) ; XIXe s.

déchirer v.
du FRANCIQUE **skerjan*, « gratter » ; XIIe s.

décoder v.
adaptation de l'ANGLAIS (*to*) *decode*,

« déchiffrer », dérivé de l'ANCIEN FRANÇAIS *code*, du LATIN *codex*, « tablette pour écrire, testament » ; XXe s.

décombres n.m.pl.
du GAULOIS **comboro*, par l'ANCIEN FRANÇAIS *combre*, « barrage dans une rivière », d'où *décombrer* et *décombre*, « action de désencombrer » (XVe s.), puis *décombres*, « ruines » ; XIXe s.

decrescendo adv.
de l'ITALIEN *decrescendo*, « en décroissant », de *decrescere*, « décroître » ; XVIIIe s.

défalquer v.
de l'ITALIEN *defalcare*, « retrancher », du LATIN MÉDIÉVAL *defalcare*, « couper avec la faux (LATIN *falx*) » ; XIVe s.

déflation n.f.
de l'ANGLAIS *deflation*, « dégonflement », dérivé du LATIN *flatus*, « souffle, respiration » ; XXe s.

défoliant n.m.
de l'ANGLAIS *defoliant*, dérivé de (*to*) *defoliate*, « faire perdre ses feuilles à (un arbre) », du LATIN *defoliare*, « effeuiller » ; XXe s.

dégingandé adj.
peut-être du MOYEN NÉERLANDAIS *henge*, « gond de porte », par un DIALECTE DU NORD et attesté dans l'ANCIEN FRANÇAIS *déhingander*, « disloquer » ; XVIe s.

dégobiller v. « vomir »
peut-être dérivé de *gobille*, « gorge », d'un DIALECTE LYONNAIS OU POITEVIN ; XVIIe s.

dégoter ou **dégotter** v. « trouver »
du GAULOIS *gal*, par le NORMAND *gau*, « pierre », peut-être par un DIALECTE DE L'OUEST « jeu de gô », consistant à déplacer une pierre, appelée *gô* ; XVIIe s.

dégouliner v.
d'un DIALECTE DE L'OUEST *dégouler*, « s'épancher », de *goule*, « gueule » ; XVIIIe s.

dégrader v.
de l'ITALIEN *digradare*, « dégrader (en parlant des couleurs) », de *grado*, « degré » ; XVIIe s.

dégringoler v.
du NÉERLANDAIS *kringeln*, « s'entortiller », par un DIALECTE NORMANNO-PICARD ; XVIIe s.

déguerpir v.
du FRANCIQUE **werpan*, « jeter », par l'ANCIEN FRANÇAIS *guerpir*, « abandonner » ; XIIe s.

délabrer v.
du PROVENÇAL *deslabrar*, « déchirer » ; XVIe s.

delco n.m. (nom déposé)
acronyme de l'ANGLAIS *Dayton Engineering Laboratories COmpany* ; XXe s.

delirium tremens n.m.
terme formé en 1813 par le médecin ANGLAIS Sutton à partir du LATIN *delirium*, « délire », et *tremens*, « tremblant » ; XIXe s.

déluré adj.
du FRANCIQUE **lopr*, « appât », par un DIALECTE BERRICHON *déleurré*, « qui ne se laisse plus prendre au piège », lui-même dérivé de *leurre*, « appât » ; XVIIIe s.

démarcation n.f.
de l'ESPAGNOL *demarcación*, terme employé par le pape Alexandre VI, en 1493, pour marquer les limites entre les « Indes orientales » (pour le Portugal) et les « Indes occidentales » (pour l'Espagne) ; XVIIIe s.

démarrer v.
dérivé du NÉERLANDAIS *aanmarren*, « amarrer », avec un changement de préfixe et de sens « rompre ses amarres » ; XVIe s.

déodorant n.m.
de l'ANGLAIS *deodorant*, sur le LATIN *odor*, « odeur » ; XXe s.

département n.m. « section d'une administration »
de l'ANGLAIS *department*, « ministère, rayon d'un magasin, service d'un bureau ». Le mot *département* existait en FRANÇAIS depuis le Moyen Âge mais avec le sens de « action de partager », du FRANÇAIS *partir*, « partager » ; XXe s.

dépiauter v.
d'un DIALECTE DU NORD, dérivé de *piau*, « peau » ; XIXe s.

déplacée adj. (personne)
calque de l'ANGLAIS *displaced* (*person*), « personne obligée de quitter son pays pour des raisons politiques », de (*to*) *displace*, emprunté lui-même à l'ANCIEN FRANÇAIS *desplacer* ; XXe s.

déraper v.
du GOTIQUE **rapon*, par l'ANCIEN PROVENÇAL *rapar* et le PROVENÇAL MODERNE *derapar*. S'écrivait d'abord *desrapper*, en parlant de « l'ancre qui n'accroche pas sur le fond » ; XVIIIe s.

derby n.m. (hippisme)
du nom du comte de *Derby*, noble anglais qui institua cette course de chevaux en 1780 ; XIXe s.

dériver v. (être entraîné par le courant)
de l'ANGLAIS (*to*) *drive*, devenu *driver* en FRANÇAIS), puis *dériver* sous l'influence d'un autre verbe français *dériver*, « détourner un cours d'eau », du LATIN *derivare*, de *rivus*, « ruisseau » ; XVIe s.

dérober v.
du FRANCIQUE **raubôn*, « dépouiller », par l'ANCIEN FRANÇAIS *rober* ; XIIe s.

derrick n.m. (tour de forage)
de l'ANGLAIS *derrick*, « bourreau de potence », d'après le nom d'un célèbre bourreau anglais (1600). Le sens du mot a évolué en anglais de « potence » à « grue », puis à « tour de forage » ; XIXe s.

derviche n.m. (religieux)
du PERSAN *darvîch*, « pauvre » et « derviche » ; XVIe s.

désappointer v.
de l'ANGLAIS (*to*) *disappoint*, « décevoir », lui-même issu de l'ANCIEN FRANÇAIS *desappointer*, « destituer » ; XVIIIe s.

désastre n.m.
de l'ITALIEN *disastro*, lui-même de l'ITALIEN *disastrato*, « né sous une mauvaise étoile », formé de *dis-*, préfixe négatif, et *astro*, « étoile » ; XVIe s.

design /dizajn/ n.m. « style, création »
de l'ANGLAIS *design*, « dessin » ; XXe s.

designer /dizajnœr/ n.m.
de l'ANGLAIS *designer*, « dessinateur, spécialiste du design » ; XXe s.

désinvolte adj.
de l'ESPAGNOL *desenvuelto*, « dégagé (dans ses manières) », probablement par l'ITALIEN *disinvolto*, lui-même emprunté à l'ESPAGNOL ; XVIIe s.

désinvolture n.f.
de l'ESPAGNOL *desenvoltura*, par l'ITALIEN *disinvoltura* ; XIXe s.

desperado n.m.
de l'ANGLAIS *desperado*, « personne désespérée », altération de l'ANGLAIS *des-*

perate d'après les mots ESPAGNOLS en *-ado* ; XIXe s.

dessein n.m.
de l'ITALIEN *disegno*, à la fois « dessein » et « dessin ». Jusqu'à la fin du XVIIIe s., *dessein* (avec les deux sens) était plus usuel que *dessin* ; XVIIIe s.

dessin n.m.
de l'ITALIEN *disegno* ; XVe s.

dessinateur n.m.
de l'ITALIEN *disegnatore* ; XVIIe s.

dessiner v.
de l'ITALIEN *disegnare*, du LATIN *designare*, « dessiner, désigner », dérivé de *signum*, « signe » ; XVIIe s.

détecter v.
de l'ANGLAIS (*to*) *detect*, « découvrir », formé à partir du LATIN *detegere*, « mettre à découvert » ; XIXe s.

détection n.f.
de l'ANGLAIS *detection*, « découverte de ce qui est dissimulé » (XVe s.). Le mot est passé en français vers 1929 dans le langage technique ; XXe s.

détective n.m.
de l'ANGLAIS *detective* ; XXe s.

déterminisme n.m.
de l'ALLEMAND *Determinismus* ; XVIIIe s.

dévaluation n.f.
de l'ANGLAIS *devaluation* ; XXe s.

dévaluer v.
de l'ANGLAIS (*to*) *devaluate* ; XXe s.

développement n.m. (mise en valeur)
de l'ANGLAIS *development*, dont l'un des sens, « action de rendre utilisable », a été récemment emprunté par le FRANÇAIS ; XXe s.

diesel n.m. (moteur)
du nom de l'inventeur ALLEMAND *Diesel* ; XXe s.

différent adj.
de l'ANGLAIS *different*. Le mot existait en FRANÇAIS mais ne pouvait s'employer qu'avec un complément ; XXe s.

digest n.m.
de l'ANGLAIS *digest*, qui désignait d'abord uniquement le « recueil de lois de l'empereur Justinien », tout comme l'ANCIEN FRANÇAIS *digeste*, tous deux venant du LATIN *digesta*. Au XVIe s., le mot anglais *digest* a pris le sens de « recueil de matières classées méthodiquement et résumées ». Ce terme est entré en français avec la diffusion de la *Sélection du Reader's Digest*, traduit de l'anglais ; XXe s.

digital adj.
de l'ANGLAIS d'Amérique *digital*, « numérique », refait à partir d'une forme ancienne, *digit*, « nombre (inférieur aux dix doigts de la main) », du LATIN *digitus*, « doigt » ; XXe s.

digue n.f.
du MOYEN NÉERLANDAIS *dijc* ; XVe s.

diktat n.m.
de l'ALLEMAND *Diktat*, « ce qui est imposé », du LATIN *dictat*, « il prescrit » ; XXe s.

dilettante n.
de l'ITALIEN *dilettante*, « qui s'adonne à un art par plaisir », de *dilettarsi*, « prendre plaisir à faire qqch » ; XVIIIe s.

dinghy n.m. « canot pneumatique »
du HINDI *dengi*, « petit bateau », par l'ANGLAIS *dinghy* ; XXe s.

dingo n.m. (chien sauvage)
d'une LANGUE INDIGÈNE D'AUSTRALIE

dingo, « chien sauvage », par l'ANGLAIS *dingo* ; XXe s.

dinosaurien n.m.
de l'ANGLAIS *dinosaurian*, du GREC *deinos*, « terrible », et *sauros*, « lézard » ; XIXe s.

disco n.f. (musique)
de l'ANGLAIS *disco*, abréviation de *discotheque*, lui-même emprunté au FRANÇAIS *discothèque* ; XXe s.

discount n.m.
de l'ANGLAIS *discount*, « escompte, remise », lui-même venu du FRANÇAIS *décompte*, « ce qu'il y a à déduire d'une somme à payer » ; XXe s.

discourtois adj.
de l'ITALIEN *discortese*, dérivé de *cortese*, venu lui-même du PROVENÇAL *cortes*, « courtois » ; XVIe s.

discrédit n.m.
de l'ITALIEN *discredito* ; XVIIIe s.

disgrâce n.f.
de l'ITALIEN *disgrazia*, « malheur » ; XVIe s.

disgracié adj. (défavorisé par la nature)
de l'ITALIEN *disgraziato*, « malheureux » ; XVIe s.

disgracieux adj.
de l'ITALIEN *disgrazioso*, « disgracieux » ; XVIe s.

disparate adj.
de l'ESPAGNOL *disparate*, « sottise, extravagance », mais avec le sens du LATIN *disparatus*, « diversifié » ; XVIIe s.

dispatcher /dispatʃœr/ n.m.
de l'ANGLAIS *dispatcher*, « messager » puis « répartiteur », emprunté à l'ANCIEN FRANÇAIS *depechier* (FRANÇAIS MODERNE *dépêcher*) ; XXe s.

dispatching n.m.
de l'ANGLAIS (*to*) *dispatch*, « répartir, organiser », emprunté à l'ANCIEN FRANÇAIS *depechier* (FRANÇAIS MODERNE *dépêcher*) ; XXe s.

dispensaire n.m.
de l'ANGLAIS *dispensary*, à partir du LATIN *dispendere*, « distribuer », d'où « lieu où l'on dispense (des soins) » ; XVIIIe s.

dispos adj.
de l'ITALIEN *disposto*, « disposé » ; XVe s.

disqualifier v.
de l'ANGLAIS (*to*) *disqualify*, dérivé de (*to*) *qualify*, qui vient lui-même du FRANÇAIS *qualifier* ; XIXe s.

distancer v.
de l'ANGLAIS (*to*) *distance*, « séparer par un espace » puis « dépasser », verbe formé sur le substantif ANGLAIS *distance*, lui-même emprunté à l'ANCIEN FRANÇAIS *distance*. Le verbe *distancer*, « éloigner », existait en ancien français, mais était sorti de l'usage au XVIIe s. ; XIXe s.

distant adj.
de l'ANGLAIS *distant*, « qui garde ses distances, refuse toute familiarité ». Le mot *distant* existait déjà en FRANÇAIS, mais uniquement pour des objets ; XIXe s.

diva n.f.
de l'ITALIEN *diva*, « actrice ou cantatrice célèbre » ; XIXe s.

divan n.m. (meuble)
de l'ARABE ÉGYPTIEN ; XIXe s.

djellaba n.f. (robe longue)
de l'ARABE MAROCAIN *djellabia* ; XIXe s.

do n.m. (musique)
de l'ITALIEN *do*, mot créé par les luthiers italiens pour remplacer *ut* dans la gamme, probablement d'après la première syllabe du nom du musicien florentin G.B. *Doni* ; XVIIIe s.

dock n.m. « bassin et entrepôt »
du NÉERLANDAIS *dok*, probablement par l'ANGLAIS *dock* ; XVIIe s.

docker n.m.
de l'ANGLAIS *docker*, dérivé de l'ANGLAIS *dock*, « quai » ; XIXe s.

doge n.m.
du VÉNITIEN *doge*, du LATIN *ducem*, « chef » ; XVIIe s.

dogue n.m. (race canine)
de l'ANGLAIS *dog*, « chien » ; XIVe s.

dolce adv. (musique)
de l'ITALIEN *dolce*, « doucement » ; XVIIIe s.

dollar n.m.
de l'ALLEMAND *thaler*, par le BAS-ALLEMAND *daler*, devenu *dollar* en ANGLAIS d'Amérique ; XVIIIe s.

dolmen n.m.
du BRETON *taol*, « table », et *men*, « pierre », création des archéologues ; XIXe s.

dôme n.m. « coupole »
du PROVENÇAL *doma*, venu lui-même du GREC *dôma*, « maison » puis « toiture de forme ronde » ; XVIe s.

dominion n.m.
de l'ANGLAIS *dominion*, emprunté à l'ANCIEN FRANÇAIS *dominion*, « domination », du LATIN *dominion(em)*, de *dominium*, « propriété » ; XIXe s.

donzelle n.f.
de l'ANCIEN PROVENÇAL *donzela*, « demoiselle » ; XIIe s.

doper v. « stimuler »
du NÉERLANDAIS *doop*, « sauce », par l'AMÉRICAIN *dope*, « drogue », d'où le verbe (*to*) *dope*, « droguer » ; XXe s.

doping n.m.
du NÉERLANDAIS *doop*, « sauce », par l'AMÉRICAIN *dope*, « drogue », d'où le verbe (*to*) *dope*, « droguer » ; XXe s.

dorade → daurade.

douane n.f.
du PERSAN *dîvân*, « bureau administratif » et « recueil de poèmes », par l'ARABE *diwan*, « salle de réunion » et « registre », puis par l'ANCIEN ITALIEN *doana*, « douane » (aujourd'hui *dogana*) ; XIVe s.

doublon n.m. (pièce de monnaie)
de l'ESPAGNOL *doblón*, « double », le *doublon* valant le double d'un écu ; XVIe s.

douche n.f.
de l'ITALIEN *doccia*, proprement « conduite d'eau », probablement de *doccione*, « tuyau », du LATIN *ductio*, « action de conduire » ; XVIe s.

douille n.f.
du FRANCIQUE **dulja*, « bobèche, douille » ; XIVe s.

drague n.f.
de l'ANGLAIS (*to*) *drag*, « traîner, tirer » ; XVIe s.

drain n.m.
de l'ANGLAIS (*to*) *drain*, « assécher » ; XIXe s.

draisienne n.f. (vélocipède)
du nom de l'inventeur ALLEMAND *Drais* ; XIXe s.

drakkar n.m. (navire)
de l'ANCIEN SCANDINAVE *drakkar*, « dragon » (qui ornait la proue des navires des Vikings) ; XXe s.

drastique adj. (très sévère)
de l'ANGLAIS *drastic*, « énergique, draconien », le mot existant déjà en FRANÇAIS, mais avec le sens « qui purge énergiquement », du GREC *drastikos*, « actif » ; XIXe s.

dribble n.m. (au football)
de l'ANGLAIS *dribble*, « filet d'eau », puis terme de football, le changement de sens restant obscur ; XXe s.

dribbler v.
de l'ANGLAIS (*to*) *dribble*, « goutter, dégouliner », puis terme de football, le changement de sens restant obscur ; XXe s.

drille n.m. « luron »
du NÉERLANDAIS *drillen*, qui a donné l'ANCIEN FRANÇAIS *driller*, « courir çà et là » (étymologie incertaine) ; XVIIe s.

drisse n.f.
de l'ITALIEN *drizza*, du verbe *drizzare*, « dresser (un mât), hisser (une voile) » ; XVIIe s.

drive n.m. (tennis, golf)
de l'ANGLAIS *drive*, « coup énergique » ; XIXe s.

driver n.m. « jockey d'un sulky »
de l'ANGLAIS *driver*, « conducteur » ; XIXe s.

drogue n.f.
d'étymologie incertaine, peut-être du NÉERLANDAIS *droog*, « sec » (ou de l'ARABE *dûrawa*, « balle de blé ») ; XIVe s.

drôle adj. et n.
du MOYEN NÉERLANDAIS *drol*, *drolle*, « lutin » ; XVIe s.

drop-goal n.m. « coup de pied en demi-volée »
de l'ANGLAIS *dropped goal*, « but marqué par un *dropkick* (coup de pied en demi-volée) » ; XIXe s.

dru adj.
du GAULOIS **druto*, « fort, vigoureux » ; XIIe s.

drugstore n.m.
de l'ANGLAIS *drugstore*, composé de l'ANGLAIS *drug*, « médicament », lui-même de l'ANCIEN FRANÇAIS *drogue*, et de *store*, « magasin », de l'ANCIEN FRANÇAIS *estor*, du LATIN *instaurare*, « renouveler » ; XXe s.

druide n.m. (prêtre des Gaulois)
du GAULOIS, dérivé de **dervo*, « chêne », par le LATIN *druida* ; XIIIe s.

dry adj. et n.m. (boisson)
de l'ANGLAIS *dry*, « sec (en parlant d'un vin) » ; XIXe s.

ducasse n.f. (fête)
d'un DIALECTE DU NORD *ducasse*, de l'ANCIEN FRANÇAIS *dicasse*, abréviation de *Dédicace*, fête religieuse ; XVe s.

ducat n.m.
de l'ITALIEN *ducato*, monnaie à l'effigie d'un duc (ITALIEN *duca*) ; XIVe s.

duce n.m.
de l'ITALIEN *duce*, « chef », du LATIN *duce*(*m*) ; XXe s.

duègne n.f.
de l'ESPAGNOL *dueña*, « dame », du LATIN *domina* ; XVIIe s.

duffel-coat ou **duffle-coat** n.m.
de l'ANGLAIS *coat*, « manteau », et de *duffel*, « drap de Duffel, ville des Flandres belges » ; XXe s.

dumping n.m. « vente à perte »
de l'ANGLAIS *dumping*, « chose dont on se débarrasse », dérivé de (*to*) *dump*, « mettre à la décharge publique » ; XXe s.

dune n.f.
du GAULOIS **duno*, « hauteur », par le LATIN POPULAIRE *dunum* et par le NÉERLANDAIS *dunen*, *dune* (aujourd'hui *duin*) ; XIIIe s.

duo n.m.
de l'ANCIEN ITALIEN *duo* (aujourd'hui *due*), « deux » ; XVIe s.

dupe adj.
d'un DIALECTE DE L'OUEST *duppe*, pour *d'huppe*, la huppe étant un oiseau réputé stupide ; XVe s.

duplex n.m.
de l'ANGLAIS *duplex apartment*, « appartement sur deux étages », XXe s.

duvet n.m.
de l'ANCIEN SCANDINAVE, *dunn*, d'où l'ANCIEN FRANÇAIS *dun*, *dum* et *dumet*, dont l'altération en *duvet* reste inexpliquée. On retrouve des traces de la forme *dun* de l'ancien français dans *édredon*, littéralement « duvet de l'eider » (espèce de canard) ; XIVe s.

E

ébène n.f.
de l'ÉGYPTIEN, par le GREC *ebenos* et le LATIN *ebenus* ; XIIe s.

éblouir v.
du FRANCIQUE **blaudi*, « faible », par le LATIN POPULAIRE* *exblaudire* ; XIIe s.

ébonite n.f. (matière plastique)
de l'ANGLAIS *ebonite*, formé sur *ebony*, « ébène » ; XIXe s.

ébouriffé adj.
du PROVENÇAL *esbourifat*, « qui a les cheveux comme de la bourre » ; XVIIe s.

écaille n.f.
du GOTIQUE **skalja*, « tuile », par un DIALECTE NORMANNO-PICARD ; XIIe s.

écale n.f.
du GOTIQUE **skalja*, « tuile », par un DIALECTE NORMANNO-PICARD ; XIIe s.

écarlate adj.
de l'ARABE *siqillat*, « tissu décoré de sceaux », par le PERSAN *saqerlât* et le LATIN MÉDIÉVAL *scarlatum*. L'ARABE *siqillat* remonte lui-même au LATIN *sigillatus*, « décoré de sceaux », par l'intermédiaire du GREC. Noter que l'étoffe persane était bleue ; on ne sait pas exactement quand la couleur rouge est devenue prédominante ; XIIe s.

échanson n.m.
du FRANCIQUE **skankjo*, par le LATIN MÉDIÉVAL *scantio*, « celui qui sert à boire » ; XIIe s.

échantillon n.m.
du DIALECTE LYONNAIS *eschandillon*, de *eschandiller*, « vérifier les mesures des marchands », du LATIN *scandere*, « monter ». Du LATIN *scandaculum*, « jauge », est venu le sens de « échelle pour mesurer », puis « étalon », puis « essai, épreuve » et enfin « morceau coupé d'étoffe » ; XIIIe s.

écharde n.f.
du FRANCIQUE **skarda*, « entaille » ; XIIIe s.

écharpe n.f.
du FRANCIQUE **skerpa*, « sacoche en bandoulière », emprunté au LATIN *scirpus*, « jonc », avec lequel on tressait des sacoches ; XIIe s.

échasse n.f.
du FRANCIQUE **skatja ou *skakkja*. A d'abord signifié « jambe de bois » ; XIIe s.

échauguette n.f.
du FRANCIQUE **skârwahta*, « guet fait par la troupe », de *skâra*, « troupe », et de *wahta*, « guet », a ensuite pris le sens de « guérite de guet » puis de « petite tour » ; XIe s.

échecs n.m.pl.
du PERSAN *châh*, « roi », par l'expression ARABE *châh mât*, « le roi est mort », au jeu d'échecs, par l'ANCIEN FRANÇAIS *eschac* ; XIe s.

échevin n.m.
du FRANCIQUE **skapin*, « juge », attesté par le LATIN POPULAIRE *scabinus* ; XIIe s.

échine n.f.
du FRANCIQUE **skina*, à la fois « os de la jambe » et « aiguille », avec un changement de sens inexpliqué ; XIe s.

échiquier n.m. (chancelier de l')
adaptation de l'ANGLAIS *exchequer*, « trésor public », emprunté à l'ANCIEN FRANÇAIS *eschequier*, « trésor royal », qui vient sans doute du LATIN POPULAIRE *scaccarium*, « échiquier », à cause du tapis de table orné de carreaux qui servait à faire des comptes à la cour de Normandie ; XVIIIe s.

échoppe n.f.
de l'ANCIEN NÉERLANDAIS *schoppe*, « boutique » ; XIIe s.

éclair n.m. (d'orage)
d'un DIALECTE NORMAND, dérivé du LATIN POPULAIRE **exclariare*, « éclairer » ; XIIe s.

éclisse n.f. « éclat de bois »
du FRANCIQUE **slitan*, « fendre », par le LATIN **slitia* et, sans doute, par le PICARD *esclier* ; XIe s.

écobuer v. « défricher »
d'un DIALECTE DE L'OUEST, dérivé de *gobe*, « motte de terre » ; XVIe s.

écope n.f.
du NÉERLANDAIS *schoppe*, « pelle de bois » ; XIVe s.

écot n.m.
du FRANCIQUE **skot*, « contribution » ; XIIe s.

écoutille n.f.
du GOTIQUE **skauts*, « bord », par l'ESPAGNOL *escotilla* ; XVIe s.

écran n.m.
du NÉERLANDAIS *scherm*, « paravent » ; XIVe s.

écraser v.
du VIEIL ANGLAIS *crasen*, venu peut-être lui-même de l'ANCIEN SCANDINAVE *krasa*, « briser » ; XVIe s.

écrevisse n.f.
du FRANCIQUE **krebitja* ; XIIIe s.

écrou n.m. (registre de prison)
du NÉERLANDAIS *schroode*, « morceau (de parchemin) », d'où le sens de « registre » ; XIIe s.

ECU n.m. (monnaie européenne)
sigle de l'ANGLAIS *European Currency Unit*, « unité de monnaie européenne ». L'ANCIEN FRANÇAIS *écu*, « bouclier » puis « pièce de monnaie » (sur laquelle figurait l'écu de France), vient du LATIN *scutum*, « bouclier » ; XXe s.

écubier n.m. « ouverture à l'avant d'un bateau »
sans doute de l'ESPAGNOL *escobén*, même sens ; XIVe s.

écume n.f.
du FRANCIQUE **skum*, par le LATIN POPULAIRE **scuma* (avec sans doute le sens de « savon liquide ») et influence du LATIN, où « écume » se disait *spuma* ; XIIe s.

edelweiss n.m.
de l'ALLEMAND *edel*, « noble », et *weiss*, « blanc » ; XIXe s.

éden n.m.
de l'HÉBREU *eden*, « volupté », nom de lieu du paradis terrestre dans la Bible ; XVIIIe s.

éditorial n.m.
de l'ANGLAIS *editorial*, dérivé de *editor*, « rédacteur en chef », lui-même emprunté au LATIN *editor*, « auteur, fondateur » ; XIXe s.

édredon n.m.
d'une langue SCANDINAVE, peut-être de l'ISLANDAIS *aedardun*, « duvet de l'eider (canard) », par l'ALLEMAND *Eiderdaun*. L'ANCIEN FRANÇAIS *ederdon* est ensuite devenu *édredon* ; XVIIIe s.

effluve n.m.
adaptation de l'ANGLAIS *effluvium*, formé à partir du LATIN *effluvium*, de *effluere* (*ex-fluere*), « couler au-dehors », emprunté par les savants français à leurs collègues britanniques ; XVIIIe s.

effraie n.f.
d'un DIALECTE DE L'OUEST ou du CENTRE *effraie*, pour *orfraie* ; XVIe s.

égailler (s') v.
d'un DIALECTE DE L'OUEST *égailler*, « disperser » puis « répartir », probablement du LATIN POPULAIRE **aequaliare*, « rendre égal » ; XVIe s.

églefin → **aiglefin**.

égrillard adj.
de l'ANCIEN SCANDINAVE **skridla*, « glisser », par le NORMAND *égriller*, « glisser », et son dérivé *esgrillard*, « malfaiteur » ; XVIe s.

eider n.m.
emprunté à l'ANCIEN SCANDINAVE au XIIIe s. et réemprunté à l'ISLANDAIS *aedar*, « sorte de canard » ; XVIIIe s.

élaguer v.
du FRANCIQUE **lag*, « entaille faite dans un arbre », par un DIALECTE NORMAND *elend* ; XVIe s.

élan n.m. « sorte de cerf »
du BALTE *elnis*, par le HAUT-ALLEMAND *Elend* ; XVe s.

eldorado n.m.
de l'ESPAGNOL *el dorado*, « le doré » pour « le pays de l'or » ; XVIIe s.

électrocuter v.
de l'ANGLAIS (*to*) *electrocute*, contraction de *electro-*, du GREC *electron*, « ambre », et de (*to*) *execute*, « exécuter », emprunté à l'ANCIEN FRANÇAIS *executer* ; XIXe s.

électrode n.f.
de l'ANGLAIS *electrode*, créé par Faraday, pour remplacer le mot *pole*, à partir du GREC *electron*, « ambre » ; XIXe s.

électrolyse n.f.
de l'ANGLAIS *electrolyse*, formé à partir du préfixe *electro-* formé à partir du GREC *electron*, « ambre » et de (*ana*)*lyse*, « analyse » ; XIXe s.

électrolyte n.m.
de l'ANGLAIS *electrolyte*, formé à partir du préfixe *electro-*, du GREC *electron*, « ambre » et du suffixe *-lyte*, du GREC *lutos*, « soluble » ; XIXe s.

électron n.m.
de l'ANGLAIS *electron*, formé par Stoney à partir du GREC *electron*, « ambre », dont la propriété d'attirer les corps légers, comme le liège, avait déjà été remarquée dans l'Antiquité ; XIXe s.

élévateur n.m. (ascenseur à grain)
de l'ANGLAIS *elevator*, à partir du LATIN *elevare* ; XIXe s.

elfe n.m. (divinité scandinave)
de l'ANCIEN SCANDINAVE *alfr*, par l'ANGLAIS *elf* ; XVIIe s.

élixir n.m.
de l'ARABE *al-iksîr*, « la pierre philosophale » et « le médicament », venu lui-même du GREC *ksêron*, « médicament » ; XIVe s.

ellébore n.f.
du PERSAN *bêronî*, par l'ARABE *al-biruni*, et le LATIN *(h)elleborus* ; XIIIe s.

émail n.m.
du FRANCIQUE **smalt*, par l'ANCIEN FRANÇAIS *esmal* puis *esmail* ; XIIIe s.

embarcadère n.m.
de l'ESPAGNOL *embarcadero*, de *barca*, « barque » ; XVIIIe s.

embarcation n.f.
de l'ESPAGNOL *embarcación* ; XVIIIe s.

embardée n.f.
du PROVENÇAL *embarda*, « embourber », de *bard*, « boue » ; XVIIe s.

embargo n.m.
de l'ESPAGNOL *embargar*, « empêcher », du LATIN POPULAIRE *imbarricare*, de *barra*, « barre » ; XVIIe s.

embarrasser v.
du PORTUGAIS *embaracar*, « empêcher, entraver », de *baraco*, « corde », par l'ESPAGNOL *embarazar* ; XVIe s.

emberlificoter v.
d'un DIALECTE CHAMPENOIS, déformation de *embirelicoquier*, d'origine obscure et à multiples variantes (*embrelicoquer*, *emberloquer*) ; XIXe s.

embrun n.m.
du PROVENÇAL *embrun*, du verbe *embruma*, « bruiner » ; XIXe s.

embuscade n.f.
de l'ITALIEN *imboscata*, dérivé de *bosco*, « bois » (par une forme septentrionale) ; XVe s.

embusquer v.
de l'ITALIEN *imboscare* (cf. embuscade). L'ANCIEN FRANÇAIS avait *embûcher*, « se mettre en embuscade » (terme de vénerie) ; XVe s.

émeri n.m.
de l'ITALIEN *smeriglio*, lui-même du GREC ANCIEN *smyris*, par le GREC BYZANTIN *smeri* ; XVe s.

émeu ou **émou** n.m. (espèce d'autruche)
d'une langue INDONÉSIENNE ; XVIIe s.

émir n.m.
de l'ARABE *amir*, « celui qui ordonne » ; XVIe s.

émission n.f. (production d'ondes ou de corpuscules)
de l'ANGLAIS *emission*. Le mot FRANÇAIS *émission*, attesté depuis le XIVe s., ne concernait que les liquides et la voix ; XVIIIe s.

émoi n.m.
du FRANCIQUE **magan*, « pouvoir », par le LATIN POPULAIRE **exmagare*, « faire perdre son pouvoir, troubler », d'où l'ANCIEN FRANÇAIS *esmayer*, « se troubler », et *esmoi*, « trouble » ; XIIe s.

emparer (s') v.
de l'ANCIEN PROVENÇAL *amparar*, du LATIN POPULAIRE **anteparare*, « faire des préparatifs avant d'être attaqué » (litt. *ante*, « avant, devant », et *parare*, « se protéger ») ; XVIe s.

empiffrer (s') v.
du MOYEN HAUT-ALLEMAND *pifer*, « fifre », de *pfeiffen*, « siffler », par l'ITALIEN *piffero*, « fifre ». Au XVIe s., *pifre* est attesté dans le sens de « fifre » et de « personne ventrue » (qui s'en met plein le fifre, plein la gorge) ; XVIe s.

encarter v.
de l'ITALIEN *incartare*, de *carta*, « papier », et « feuillet d'un livre » ; XVIe s.

encastrer v.
de l'ITALIEN *incastrare*, « emboîter, enchâsser », de *castrare*, « tailler, couper ». L'ANCIEN FRANÇAIS avait un verbe *enchâtrer* de même sens ; XVIIe s.

énergétique adj.
de l'ANGLAIS *energetic*, « qui agit efficacement », puis « relatif à l'énergie », formation savante à partir du GREC *energêtikos*, formé sur *energeia*, « force, action, influence » ; XVIIIe s.

engouer (s') v.
d'un DIALECTE DE L'OUEST, formé sur *goue*, « joue », avec le sens de « avaler goulûment » (XIVe s.). Le sens figuré date du XVIIe s.

engoulevent n.m. (passereau)
d'un DIALECTE DE L'OUEST, dérivé de *engouler*, « avaler » (de *goule*, « gueule »), et de *vent* ; XVIIIe s.

enliser (s') v.
d'un DIALECTE NORMAND *s'enlizer*, dérivé de *lize*, « sable mouvant » ; XIXe s.

entraîner v. (au sport)
de l'ANGLAIS (*to*) *train*, emprunté au FRANÇAIS *traîner*, qui, jusqu'au XVIe s., signifiait « éduquer quelqu'un, dresser un animal » ; XIXe s.

entraver v. « comprendre »
d'un DIALECTE DU NORD-EST *enterver*, « comprendre », du LATIN *interrogare*, « interroger » ; XVe s.

entrechat n.m.
de l'ITALIEN (*capriola*) *intrecciata*, « (saut) entrelacé » ; XVIIe s.

entrée n.f. (dans un dictionnaire)
de l'ANGLAIS *entry*, « action d'enregistrer dans une liste » puis « ce qui est enregistré », emprunté lui-même au FRANÇAIS *entrée*, du LATIN *intrata*, de *intrare*, « entrer » ; XXe s.

entresol n.m.
de l'ESPAGNOL *entresuelo*, de *suelo*, « sol, plancher » ; XVIIe s.

environnement n.m.
de l'ANGLAIS *environment*, « environnement social, milieu ». Le mot FRANÇAIS *environnement* n'avait que le sens spatial, on y a ajouté le sens social du mot anglais au XXe s.

épagneul n.m. (race canine)
de l'ESPAGNOL *español*, du LATIN POPULAIRE *hispaniolus*, de *Hispania*, « Espagne » ; XIVe s.

épargner v.
du GERMANIQUE **sparanjan*, issu de **sparon*, « épargner » ; XIe s.

épeiche n.f. (oiseau)
de l'ALLEMAND *Specht*, « pic » ; XVIe s.

éperlan n.m. (poisson)
du MOYEN NÉERLANDAIS *spierlinc*, par un DIALECTE NORMAND ; XVIe s.

éperon n.m.
du FRANCIQUE **sporo*, par le LATIN MÉDIÉVAL *sporonus* ; XIe s.

épervier n.m.
du FRANCIQUE **sparwâri* ; XIe s.

épier v.
du FRANCIQUE **spehôn*, par un DIALECTE LORRAIN ; XIe s.

épieu n.m.
du FRANCIQUE **speut*, d'abord *espiet*, puis *espiel* et *épieu* ; XVe s.

épinard n.m.
du PERSAN *esfanâdj*, par l'ARABE ANDALOU *isbinâkh* et le LATIN MÉDIÉVAL *spinachium* ; XIVe s.

épinette n.f.
de l'ITALIEN *spinetta*, dérivé de *spina*, « épine ». Dans cet instrument, les cordes sont pincées avec des plumes ressemblant à des épines ; XVIe s.

épissure n.f.
du NÉERLANDAIS *splissen*, « fendre » ; XVIIe s.

épistémologie n.f.
de l'ANGLAIS *epistemology*, formé sur le GREC *épistêmê*, « science », et *logia*, « étude » ; XXe s.

équille n.f. (poisson)
d'un DIALECTE NORMAND *équille*, « lançon », peut-être du LATIN *schidia*, « copeau » ; XVIe s.

équiper v.
du GERMANIQUE *skip*, « bateau », par une forme NORMANNO-PICARDE *eschiper*, « embarquer » puis « pourvoir un navire du nécessaire » ; XIIe s.

érable n.m.
du GAULOIS **abolos*, « sorbier », par le LATIN MÉDIÉVAL *acerabulus*, par fusion du LATIN *acer*, « érable », et du GAULOIS *abolos*, « sorbier » ; XIIIe s.

erg n.m. « dunes de sable »
de l'ARABE *erg*, « dune » ; XIXe s.

ersatz n.m.
de l'ALLEMAND *Ersatz*, « objet de remplacement » ; XXe s.

esbroufe n.f.
du PROVENÇAL *esbroufa*, « s'ébrouer » ; XIXe s.

escabèche n.f.
de l'ARABE *sikbâdj*, « plat de viande au vinaigre », probablement par le CATALAN *escabetx* et l'ESPAGNOL *escabeche* ; XIVe s.

escadre n.f.
de l'ESPAGNOL *escuadra*, « équerre » puis « escadron (formé en carré) » (ou de l'ITALIEN *squadra*, « bataillon, escouade ») ; XVIIe s.

escadrille n.f.
de l'ESPAGNOL *escuadrilla*, dérivé de *escuadra* (cf. escadre) ; XXe s.

escadron n.m.
de l'ITALIEN *squadrone*, augmentatif de *squadra*, « bataillon » ; XVe s.

escalade n.f.
de l'ITALIEN *scalata*, « assaut à l'aide d'échelles », de *scala*, « échelle » ; XVe s.

escalade n.f. (au sens figuré)
adaptation de l'ANGLAIS *escalation*, « aggravation » ; XXe s.

escalator n.m.
de l'ANGLAIS *escalator*, contraction de l'ANGLAIS *esca(lade)*, « montée », du LATIN POPULAIRE *scalare* et de *(elev)ator*, « ascenseur », du LATIN *elevare* (nom déposé) ; XXe s.

escale n.f.
de l'ITALIEN *scala*, « échelle », puis « lieu où l'on mettait une échelle pour débarquer » ; XVIe s.

escalier n.m.
du PROVENÇAL *escalié*, « degré », dérivé de *escala*, « échelle », du LATIN *scala* ; XVIe s.

escalope n.f.
du FRANCIQUE **skalja*, « tuile », par un DIALECTE DU NORD-EST ; XVIIIe s.

escamoter v.
de l'ESPAGNOL *escamotar*, de *escamar*, « écailler », issu du LATIN POPULAIRE **squamare*, sur *squama*, « écaille » ; XVIe s.

escampette (poudre d') loc.
de l'ITALIEN *scampare*, « décamper » ; XVIe s.

escapade n.f.
de l'ITALIEN *scappata* (ou de l'ESPAGNOL *escapada*), « échappée » ; XVIe s.

escarbille n.f.
du NÉERLANDAIS *schrabhoelie*, dérivé de *schrabben*, « gratter », par un DIALECTE WALLON ; XVIIIe s.

escarcelle n.f.
peut-être du PROVENÇAL *escarcello*, du LATIN *excerptus*, « extrait, mis de côté » ; XIIIe s.

escargot n.m.
du PROVENÇAL *escaragol*, de *caragou*, sous l'influence du LATIN *scarabaeus*, « escargot (espèce de scarabée) » ; XIVe s.

escarmouche n.f.
peut-être du FRANCIQUE **skirmjan*, « protéger », avec influence de l'ANCIEN FRANÇAIS *muchier*, « cacher », par l'ITALIEN *scaramuccia*, « escarmouche » ; XIVe s.

escarole → scarole.

escarpé adj.
du GOTIQUE **skrapa*, « soutien », par l'ITALIEN *scarpa*, « talus d'un rempart » ; XVIe s.

escarpin n.m.
de l'ITALIEN *scarpino*, diminutif de *scarpa*, « chaussure » ; XVIe s.

escarpolette n.f.
peut-être du GERMANIQUE **skarpô*, « talus », d'où le premier sens de « rempart ». Le passage au sens de « balançoire », attesté dans les DIALECTES MÉRIDIONAUX, reste difficile à expliquer ; XVIIe s.

esclaffer (s') v.
du PROVENÇAL *esclafa*, « éclater », de *clafa*, « frapper bruyamment » ; XVIe s.

escogriffe n.m.
d'un DIALECTE ORLÉANAIS signifiant « voleur », peut-être à partir de « escroc » et de « griffe » ; XVIIe s.

escompte n.m.
de l'ITALIEN *sconto* ; XVIe s.

escompter v.
de l'ITALIEN *scontare*, « décompter » ; XVIIe s.

escompteur n.m.
de l'ITALIEN *scontatore* ; XVIe s.

escopette n.f.
de l'ITALIEN *schioppetto*, diminutif de *schioppo*, « arme à feu », du LATIN *stloppus* ou *scloppus*, « bruit produit en frappant sur une joue gonflée » ; XVIe s.

escorte n.f.
de l'ITALIEN LITTÉRAIRE *scorta*, « action

de guider », de *scorgere*, « guider », du LATIN POPULAIRE **excorrigere*, « guider, accompagner de l'œil » ; XVIe s.

escrime n.f.
du FRANCIQUE **skirmjan*, « protéger », par l'ANCIEN PROVENÇAL *escrima*, « escrime », et par l'ANCIEN ITALIEN *scrima*. En ANCIEN FRANÇAIS existait *escremie*, terme tombé en désuétude ; XVe s.

escroc n.m.
de l'ITALIEN *scrocco*, *scroccone*, « écornifleur », de *crocco*, « crochet » ; XVIIe s.

escroquer v.
de l'ITALIEN *scroccare*, « décrocher » ; XVIe s.

esgourde n.f. « oreille »
du PROVENÇAL *escouto*, de *escouta*, « écouter », avec influence de *dégourdi* ; XIXe s.

espadon n.m. (poisson)
de l'ITALIEN *spadone*, augmentatif de *spada*, « épée » ; XVIIe s.

espadrille n.f.
d'un DIALECTE DES PYRÉNÉES *espardillo*, altération de *espart*, « sparte (plante textile) », du LATIN *spartum* (d'où le FRANÇAIS *sparterie*) ; XIXe s.

espalier n.m.
de l'ITALIEN *spalliera*, de *spalla*, « épaule », puis « appui » ; XVIe s.

espiègle adj.
du NÉERLANDAIS *Till Uilenspiegel*, personnage légendaire, célèbre par ses farces ; XVIe s.

espion n.m.
du GERMANIQUE **speha*, par l'ITALIEN *spione*. L'ANCIEN FRANÇAIS avait le mot *espie*, tombé en désuétude ; XIIIe s.

esplanade n.f.
d'une forme septentrionale de l'ITALIEN *spianata*, de *spianare*, « aplanir », du LATIN *explanare*, de *planus*, « plat, uni » ; XVe s.

esquif n.m.
du LONGOBARD **skif*, « bateau » (ou du GREC *skyphos*, « vase »), par l'ANCIEN ITALIEN *schifo*, « esquif » ; XVe s.

esquinter v.
du PROVENÇAL *esquinta*, « déchirer », du LATIN POPULAIRE *exquintare*, « mettre en cinq morceaux », XIXe s.

esquisse n.f.
de l'ITALIEN *schizzo*, « giclée, esquisse », du LATIN *schedius*, « improvisé » ; XVIe s.

esquisser v.
de l'ITALIEN *schizzare*, « gicler, esquisser », du LATIN *schedium*, « vers improvisé, impromptu » ; XVIe s.

esquiver v.
du FRANCIQUE **skiuh*, « farouche », par l'ITALIEN *schivare*, « éviter », de *schivo*, « dédaigneux, dégoûté » ; XVIIe s.

essayiste n.
de l'ANGLAIS *essayist*, « auteur d'essais littéraires », de *essay*, emprunté à l'ANCIEN FRANÇAIS *essai*, du LATIN *exigere*, « achever, mesurer » ; XIXe s.

essieu n.m.
d'un DIALECTE PICARD, du LATIN POPULAIRE *axilis*, dérivé du LATIN *axis*, « axe » ; XVIe s.

est adj. et n.m. (point cardinal)
de l'ANGLAIS *east* ; XIIe s.

establishment n.m.
de l'ANGLAIS *establishment*, « groupe des dirigeants, élite », emprunté lui-même

à l'ANCIEN FRANÇAIS *establissement* ; XXe s.

estacade n.f.
du LONGOBARD **stikka*, « pieu », par l'ITALIEN *stecca*, « pieu », et *steccata*, « palissade » ; XVIe s.

estafette n.f.
du LONGOBARD **staffa*, « trace du pied, pas » puis « étrier où on met le pied », par l'ITALIEN *staffa*, « étrier », et son diminutif *staffetta*, qui a pris le sens de « courrier » ; XVIIe s.

estafilade n.f.
du LONGOBARD **staffa*, « trace du pied, étrier », par l'ITALIEN *staffile*, « courroie qui tient l'étrier, étrivière », et son dérivé *staffilata*, « coup d'étrivière ou de fouet », d'où le sens « trace de coup, entaille » ; XVIe s.

est-allemand adj.
calque de l'ANGLAIS *East-German* ; XXe s.

estaminet n.m.
du GERMANIQUE correspondant à l'ALLEMAND *Stamm*, « tronc », de *stamon*, « poteau », par le WALLON *staminê*, par un DIALECTE PICARD. L'*estaminet* est d'abord « une salle à plusieurs poteaux » puis « une salle réservée aux habitués » ; XVIIe s.

estampe n.f.
du FRANCIQUE **stampôn*, « piler, écraser », par l'ITALIEN *stampa*, « presse, imprimerie » ; XVIe s.

estamper v.
du FRANCIQUE **stampôn*, « piler, écraser », par l'ITALIEN *stampare*, « imprimer » ; XIIIe s.

estampille n.f.
du FRANCIQUE **stampôn*, « piler, écraser », par l'ESPAGNOL *estampilla*, diminutif de *estampa*, « empreinte » ; XVIIe s.

ester n.m. (corps chimique)
de l'ALLEMAND *Ester*, mot créé par le chimiste allemand Gmelin ; XIXe s.

esthète n.m.
adaptation de l'ANGLAIS *aesthete* ; XIXe s.

estoc n.m.
du FRANCIQUE **stok*, « bâton, pieu », par l'ANCIEN FRANÇAIS *estochier*, « frapper » ; XIIIe s.

estocade n.f.
du FRANCIQUE **stok* « bâton, pieu », par l'ITALIEN *stoccata*, « coup de bâton », dérivé de *stocco*, « pieu » ; XVIe s.

estompe n.f. « crayon de papier pour étaler le pastel »
du NÉERLANDAIS *stomp*, « chicot, bout (de chandelle) » ; XVIIe s.

estourbir v.
d'un DIALECTE GERMANIQUE *storb*, « mort », probablement introduit par les mercenaires suisses, ou par l'ALSACIEN ; XIXe s.

estrade n.f.
de l'ESPAGNOL *estrado*, « salle d'audience, au sol couvert de tapis », du LATIN *stratum*, « couverture de lit » ; XVIIe s.

estrade (battre l') loc. « courir les chemins »
de l'ITALIEN *strada*, « route », du LATIN TARDIF *strata* (*via*), « route pavée » ; XVe s.

estragon n.m.
de l'ARABE *tarkhoun*, venu lui-même du GREC *dracontion*, « serpentaire » (bot.), par le LATIN des botanistes *tarchon* et *tarcon*, d'où l'ANCIEN FRANÇAIS *targon*, altéré en *estragon* au XVIe s.

estrapade n.f.
d'une forme septentrionale de l'ITALIEN *strappata*, de *strappare*, « tirer violemment » ; XVe s.

estropier v.
de l'ITALIEN POPULAIRE *stroppiare*, pour *storpiare*, du LATIN POPULAIRE **exturpiare*, « enlaidir », de *turpis*, « laid, difforme » ; XVe s.

estudiantin adj.
de l'ESPAGNOL *estudiantino*, adjectif dérivé de *estudiante*, « étudiant » ; XXe s.

esturgeon n.m.
du FRANCIQUE **sturjo*, par un DIALECTE GASCON ; XIIe s.

étai n.m.
du NÉERLANDAIS *staeye*, « soutien », par l'ANCIEN FRANÇAIS *estaie* ; XIVe s.

étain n.m.
du GAULOIS, par le LATIN *stagnum*, « plomb argentifère », puis *stannum*. L'étamage, selon Pline, serait une invention gauloise ; XIIe s.

étal n.m.
du FRANCIQUE **stall*, « position, demeure, écurie ». En français, le sens s'est restreint à « étalage », puis à « table de boucher » ; XIe s.

étalon n.m. (mesure)
peut-être du FRANCIQUE **stihhil*, « objet pointu », d'où l'ANCIEN FRANÇAIS *estel*, « pieu, poteau », et son dérivé *estelon* (altéré en *étalon*), « pieu, bâton garni de marques pour mesurer » ; XIVe s.

étambot n.m.
de l'ANCIEN SCANDINAVE **stafnbord*, « planche d'étrave », par l'ANCIEN FRANÇAIS *estambord* ; XVIIe s.

étape n.f.
du MOYEN NÉERLANDAIS *stapel*, « entrepôt », par l'ANCIEN FRANÇAIS *estaple*, « marché, entrepôt » ; XVIIIe s.

étau n.m.
du FRANCIQUE **stok*, « bâton, pieu », dont le pluriel *estocs* représente « deux pièces de bois ou de fer qu'on serre » ; XVIIe s.

étendard n.m.
du FRANCIQUE **standhart* ; XIIe s.

étioler v.
d'un DIALECTE CHARENTAIS, peut-être altération de *éteule*, « chaume », avec le sens de « devenir semblable à du chaume » ; XVIIe s.

étoffe, étoffer n.f. et v.
peut-être de l'ANCIEN HAUT-ALLEMAND **stopfôn*, « rembourrer, calfater » ; XIIIe s.

étrier n.m.
du FRANCIQUE **streup*, « courroie utilisée comme étrier par les Germains », par le LATIN *strepus* ; XIe s.

étrille n.f. (espèce de crabe)
d'un DIALECTE NORMAND, du LATIN POPULAIRE *strigila*, du LATIN *strigilis*, « étrille » ; XIIIe s.

étriquer v.
du NÉERLANDAIS *stijken*, « étirer », par un DIALECTE NORMANNO-PICARD *estriquier*, « allonger, arc-bouter » ; XVIIIe s.

étron n.m.
du FRANCIQUE **strunt*, par le LATIN MÉDIÉVAL *strundius* ; XIIIe s.

excavateur n.m.
de l'ANGLAIS *excavator*, du LATIN *excavare*, « creuser » ; XIXe s.

excentrique adj. « original »
de l'ANGLAIS *eccentric*, formé sur le LATIN *excentricus*, « hors du centre ». Le

mot français existait antérieurement mais avec le sens propre de « loin du centre ». Le sens figuré a été emprunté à l'anglais au XIXe s.

exhaustif adj.
de l'ANGLAIS *exhaustive*, de (*to*) *exhaust*, « épuiser », du LATIN *exhaustus*, « épuisé » ; XIXe s.

exhibition n.f.
de l'ANGLAIS *exhibition*, « exposition ». Le mot français *exhibition* ne connaissait pas ce nouveau sens avant de l'emprunter à l'ANGLAIS au XVIIIe s.

exportation n.f.
de l'ANGLAIS *exportation*, « vente de produits nationaux à l'étranger ». Le FRANÇAIS *exportation* n'avait que le sens de « action d'emporter » quand il fut emprunté par les Anglais au début du XVIe s. ; XVIIIe s.

exporter v.
de l'ANGLAIS (*to*) *export*, « envoyer et vendre des produits nationaux à l'étranger », lui-même emprunté au FRANÇAIS du XVIe s. *exporter*, « transporter, emporter » ; XVIIIe s.

express adj.
de l'ANGLAIS *express*, « exprimé, explicite » puis « fait exprès, spécial », emprunté lui-même au FRANÇAIS *exprès*, *expresse*, du LATIN *expressus*, « exprimé ». Le mot *express*, emprunté à l'ANGLAIS avec le sens de « spécial », a été appliqué dans le domaine des chemins de fer aux **trains spéciaux**, ceux qui ne s'arrêtaient pas partout et qui, de ce fait, sont devenus des « trains rapides » ; XIXe s.

F

fabliau n.m.
d'un DIALECTE PICARD, correspondant à l'ANCIEN FRANÇAIS *fablel*, *fableau* (XIIe s.), du LATIN *fabula*, de *fari*, « parler » ; XVIe s.

façade n.f.
d'une forme septentrionale de l'ITALIEN *facciata*, de *faccia*, « face » ; XVIe s.

fâcher v.
d'un DIALECTE DE L'OUEST, du LATIN POPULAIRE *fasticare*, du LATIN *fastidiare*, « éprouver du dégoût, de l'aversion » ; XVe s.

faciliter v.
de l'ITALIEN *facilitare*, dérivé du LATIN *facilitas*, « facilité » ; XVe s.

factuel adj.
de l'ANGLAIS *factual*, « relatif aux faits », de *fact*, « fait », formé d'après *actual*, « réel » ; XXe s.

fada adj. et n.
du PROVENÇAL *fada*, « niais », dérivé du PROVENÇAL *fat*, « fou » (ou, par ironie, de *fado*, « fée », c'est-à-dire « servi par les fées ») ; XXe s.

fadaise n.f.
du PROVENÇAL *fadeza*, « sottise », de *fat*, « sot, fou » ; XVIe s.

fading n.m.
de l'ANGLAIS *fading*, de (*to*) *fade*, « s'effacer, s'évanouir », de l'ANCIEN FRANÇAIS *fader*, du LATIN POPULAIRE **fatidus*, où l'on peut reconnaître le LATIN *fatuus*, « insipide », et *vapidus*, « inanimé » ; XXe s.

fado n.m. (chant)
du PORTUGAIS *fado*, « destin », du LATIN *fatum* ; XXe s.

fagne n.f. « marais »
du GOTIQUE **fannja*, « boue » (cf. fange), par le WALLON ; XIXe s.

fagot n.m.
du PROVENÇAL *fagot*, sans doute emprunté du GREC *phakelos*, « faisceau » ; XIIIe s.

faïence n.f.
de l'ITALIEN *Faenza*, ville où se fabriquait la faïence ; XVIe s.

faille n.f. « fissure »
d'un DIALECTE WALLON ; XVIIIe s.

failli n.
de l'ITALIEN *fallito*, de *fallire*, « manquer (d'argent), faire faillite » ; XVIIe s.

faillite n.f.
de l'ITALIEN *fallita*, de *fallire*, « manquer (d'argent), faire faillite » ; XVIIe s.

fair-play adj.
de l'ANGLAIS *fair-play*, « franc jeu, jeu loyal ». Ce mot s'emploie comme nom en ANGLAIS et comme adjectif en FRANÇAIS ; XIXe s.

faisabilité n.f.
de l'ANGLAIS *feasibility*, de *feasible*, « faisable », lui-même emprunté à l'ANCIEN FRANÇAIS *faisible* ; XXe s.

faisan n.m.
de l'ancien PROVENÇAL *faisan*, du GREC *phasianos* (*ornis*), « (oiseau) de Phase (en Colchide) », par le LATIN *phasianus* ; XIIe s.

faisselle n.f. « égouttoir à fromage »
d'un DIALECTE DE L'OUEST, du LATIN POPULAIRE *fiscella*, « faisselle », du LATIN *fiscus*, « corbeille de jonc » ; XIIe s.

faîte n.m.
du FRANCIQUE **first*, d'où l'ANCIEN FRANÇAIS *fest*, *feste* (ou du LATIN *fastigium*, « faîte ») ; XIIe s.

fakir n.m.
de l'ARABE *faqir*, « pauvre » ; XVIIe s.

falaise n.f.
du FRANCIQUE **falisa*, par un DIALECTE NORMANNO-PICARD ; XIIe s.

falbala n.m.
peut-être du PROVENÇAL *farbélla*, « frange, dentelle » (ou du FRANCOPROVENÇAL) ; XVIIe s.

falot n.m. (lanterne)
de l'ITALIEN *faló*, « feu de signalisation », altération du GREC *pharos*, « phare » ; XIVe s.

falot adj.
de l'ANGLAIS *fellow*, « compagnon » (l'expression *good fellow* a été francisée par Rabelais en *goud fallot*). Sous l'influence de *palot*, le sens du mot a évolué de « gai, plaisant » au XVe s., à « terne, effacé » au XXe s.

falsifiable adj. (terme de logique)
de l'ANGLAIS *falsifiable* « (proposition) dont on peut prouver la fausseté », de (*to*) *falsify*, « falsifier », du LATIN *falsificare*. Le nouveau sens, emprunté à l'ANGLAIS, a pénétré en France vers 1960 par la traduction d'ouvrages scientifiques ; XXe s.

fan adj. et n.
de l'ANGLAIS *fan*, abréviation de *fanatic*, « fanatique, enthousiaste », emprunté lui-même au FRANÇAIS *fanatique*, du LATIN *fanaticus*, « inspiré », de *fanum*, « temple » ; XXe s.

fanal n.m.
de l'ARABE *fanâr*, venu lui-même du GREC *phanos*, « lanterne », par l'ITALIEN *fanale* (ou du SICILIEN *fano*) ; XIVe s.

fandango n.m.
de l'ESPAGNOL *fandango*, d'origine incertaine, peut-être à relier au PORTUGAIS *fado*, du LATIN *fatum*, « destin » ; XVIIIe s.

fanfaron adj.
de l'ARABE *farfâr*, « bavard, léger », par l'ESPAGNOL *fanfarrón* ; XVIe s.

fange n.f.
du GERMANIQUE **fanga*, ou de **fanja*, pluriel d'un GOTIQUE **fani*, « boue », par le LATIN POPULAIRE *fania*, même sens ; XIIe s.

fanon n.m.
du FRANCIQUE **fano*, « morceau d'étoffe » ; XIIe s.

fantasque adj.
de l'ITALIEN *fantastico*, « fantastique » ; XVe s.

fantassin n.m.
de l'ITALIEN *fantaccino*, diminutif de *fante*, « enfant » et, anciennement « simple soldat » (du LATIN *infans*, « qui ne parle pas ») ; XVIe s.

fantoche n.m.
de l'ITALIEN *fantoccio*, « marionnette », de *fante*, « enfant » (du LATIN *infans*, « qui ne parle pas ») ; XIXe s.

faquin n.m.
de l'ITALIEN *facchino*, étymologie obscure, peut-être d'origine ARABE, ou du NÉERLANDAIS *fak*, « poche » (ANCIEN FRANÇAIS *facque*, « poche ») ; XVIe s.

faramineux adj.
d'un DIALECTE DU CENTRE OU DE L'OUEST *bête faramine*, « animal fantastique », issu d'un dialecte MÉRIDIONAL *faramio*, « bête sauvage », qui vient lui-même du LATIN *fera*, « bête sauvage » ; XVIIIe s.

farandole n.f.
du PROVENÇAL *farandoulo*, issu peut-être lui-même de *barandello*, « farandole languedocienne », de la famille de *branda*, « danser » ; XVIIIe s.

faraud adj.
de l'ancien PROVENÇAL *faraut*, « héraut » ; XVIIIe s.

fardeau n.m.
de l'ARABE *fard*, « charge d'un chameau », par l'ANCIEN FRANÇAIS *farde*, même sens ; XIIe s.

farder v.
du FRANCIQUE **farwidhon*, « teindre » ; XIIe s.

farfadet n.m.
du PROVENÇAL *farfadet*, altération de *fadet*, « feu follet », dérivé de *fado*, « fée » ; XVIe s.

faribole n.f.
peut-être de l'ANCIEN PROVENÇAL *falabourdo*, qui viendrait du LATIN *frivolus*, « frivole » ; XVIe s.

farniente n.f.
contraction de l'ITALIEN *far*(*e*), « faire », et *niente*, « rien » ; XVIIe s.

fart n.m. « graisse pour ski »
du NORVÉGIEN *fart* ; XXe s.

far-west n.m.
de l'ANGLAIS *far*, « éloigné », et *west*, « ouest » ; XIXe s.

fascisme n.m.
de l'ITALIEN *fascismo*, de *fascio*, « faisceau », du LATIN *fascis* ; XXe s.

fasciste adj. et n.
de l'ITALIEN *fascista*, de *fascio*, « faisceau », du LATIN *fascis* ; XXe s.

fast-food n.m.
de l'ANGLAIS *fast*, « rapide », et *food*, « nourriture » ; XXe s.

fat adj.
du PROVENÇAL *fat*, « sot, fou », du LATIN *fatuus*, « insipide » et aussi « insensé, bouffon » ; XVIe s.

fauteuil n.m.
du FRANCIQUE **faldistôl*, « siège pliant », par l'ANCIEN FRANÇAIS *faldestueil* puis *faudeteuil* et *fauteuil* ; XVIIe s.

fauve adj.
du FRANCIQUE **falw*, par le LATIN MÉDIÉVAL *falvus* ; XVIe s.

favela n.f. « sorte de bidonville »
du PORTUGAIS du Brésil *favela*, dérivé de *fava*, « fève », du LATIN *faba*, « fève » ; XXe s.

favori, favorite adj.
de l'ITALIEN *favorire*, « favoriser » ; XVIe s.

fayot n.m. « haricot »
du PROVENÇAL *faïou*, « haricot », du LATIN POPULAIRE *fabeolus*, du LATIN *phaseolus*, « haricot » ; XVIIIe s.

fedayin ou **feddayin** n.m.
de l'ARABE *fed(d)ayin*, « ceux qui se sacrifient » ; XXe s.

feldspath n.m.
de l'ALLEMAND *Feldspath*, « spath des champs » ; XVIIIe s.

félibre n.m.
du PROVENÇAL *felibre*, peut-être du LATIN POPULAIRE *fellibris*, « nourrisson (des Muses) », du LATIN *fellare*, « sucer, téter » ; XIXe s.

fellaga ou **fellagha** n.m.
de l'ARABE *fellag*, « coupeur de route » ; XXe s.

fellah n.m.
de l'ARABE *fallâh*, « cultivateur » ; XIXe s.

félon adj.
du FRANCIQUE **fillo*, de **filljo*, « celui qui fouette un esclave », par le LATIN MÉDIÉVAL *fello, fellonis* ; Xe s.

felouque n.f. (voilier)
de l'ARABE ANCIEN *foulk* (aujourd'hui *feloûka*), par l'ESPAGNOL *faluca*, même sens ; XVIIe s.

fennec n.m. (sorte de renard)
de l'ARABE ; XIXe s.

ferroviaire adj.
de l'ITALIEN *ferroviario*, de *ferrovia*, « chemin de fer » ; XXe s.

ferry-boat n.m.
de l'ANGLAIS *ferry-boat*, de (*to*) *ferry*, « transporter », et de *boat*, « bateau » ; XVIIIe s.

festin n.m.
de l'ITALIEN *festino*, « petite fête », de *festa*, « fête » ; XVIe s.

festival n.m.
de l'ANGLAIS *festival*, « relatif à une fête », de l'ANCIEN FRANÇAIS *festivel*, « de fête », du LATIN MÉDIÉVAL *festivalis* ; XIXe s.

feston n.m.
de l'ITALIEN *festone*, « ornement de fête », de *festa*, « fête » ; XVIe s.

fétiche n.m. et adj.
du PORTUGAIS *feitiço* (n.m.) , « sortilège » et (adj.) « artificiel », du LATIN *facticius*, « artificiel, imité de la nature » ; XVIIe s.

feutre n.m.
du FRANCIQUE **filtir* ; XIIe s.

fez n.m.(calotte de laine)
de *Fès*, ville du Maroc ; XVIIIe s.

fiasco n.m.
de l'ITALIEN *far fiasco*, « échouer » ; XIXe s.

fiasque n.f.
de l'ITALIEN *fiasco*, « bouteille » ; XIXe s.

fief n.m.
du FRANCIQUE **fëhu*, « bétail », par le LATIN MÉDIÉVAL *feudum*, d'où l'ANCIEN FRANÇAIS *feu, fieu* puis *fief* ; XIIIe s.

fifre n.m.
du MOYEN HAUT-ALLEMAND *pifer*, « fifre », de *pfeiffen*, « siffler », par un DIALECTE SUISSE ALLEMAND *pfiffer*, « joueur de fifre », d'où l'ANCIEN FRANÇAIS *pifre*, « fifre » ; XVIe s.

fifrelin n.m.
de l'ALLEMAND *Pfifferling*, « girolle, petit champignon », puis « chose de peu d'importance » ; XIXe s.

fifty-fifty adv. « moitié-moitié »
de l'ANGLAIS *fifty-fifty*, « cinquante-cinquante » ; XXe s.

figer v.
d'un DIALECTE PICARD, formé sur *fie*, « foie », du LATIN POPULAIRE *fedicare*, « prendre l'aspect du foie » ; XIIe s.

fignoler v.
d'un DIALECTE MÉRIDIONAL *finioler* puis *fignoler*, dérivé de *fin*, dans le sens de « délicat », du LATIN *finis* ; XVIIIe s.

figue n.f.
de l'ANCIEN PROVENÇAL *figa*, du LATIN POPULAIRE *fica*, du LATIN *ficus*, « figue » et « figuier » ; XIIe s.

figurine n.f.
de l'ITALIEN *figurina*, « statuette » ; XVIe s.

filigrane n.m.
de l'ITALIEN *filigrana*, de *fili*, « fils », et *grana*, « grain » (les filets des filigranes ont été d'abord garnis de grains) ; XVIIe s.

film n.m.
de l'ANGLAIS *film*, « membrane végétale ou animale » au XIe s., puis « pellicule mince servant de revêtement » au XVIe s., et enfin « feuille de matière plastique recouverte d'une couche sensible » au XIXe s. C'est à la naissance du cinéma (1895) que le FRANÇAIS a emprunté le mot ; XXe s.

filon n.m.
de l'ITALIEN *filone*, « gros fil », de *filo*, « fil » ; XVIe s.

filoselle n.f.
de l'ITALIEN DIALECTAL *filosello*, « cocon (de ver à soie) », du LATIN POPULAIRE **follicellus*, « petit sac » ; XVIe s.

filou n.m.
d'un DIALECTE DE L'OUEST, correspondant au FRANÇAIS *fileur* (*de laine*) ; XVIe s.

finale ou **final** n.m. (d'un opéra)
de l'ITALIEN *finale*, de *fine*, « (la) fin » ; XVIIIe s.

finaliste n.m.
de l'ANGLAIS *finalist*, composé sur le substantif ANGLAIS *final*, « (une) finale » (dans une compétition sportive), du LATIN *finalis*, de *finis*, « fin » ; XXe s.

finish n.m.
de l'ANGLAIS *finish*, de (*to*) *finish*, « terminer », de l'ANCIEN FRANÇAIS *feniss-*, du LATIN *finire*, « finir » ; XIXe s.

fioriture n.f. (en musique)
de l'ITALIEN *fioritura*, de *fiorire*, « fleurir » ; XIXe s.

fioul → **fuel**.

firme n.f.
de l'ITALIEN (ou de l'ESPAGNOL) *firma*, « signature » (du LATIN MÉDIÉVAL *firma*, « convention »), par l'ANGLAIS *firm*, « signature, griffe », puis « maison de commerce ». Du LATIN *firma* viennent aussi en FRANÇAIS le terme juridique *ferme* et ses dérivés *affermer*, *fermage*, *fermier* ; XIXe s.

fission n.f.
de l'ANGLAIS *fission*, « rupture », du LATIN *fission(em)*, « action de fendre » ; XXe s.

fjord ou **fiord** n.m.
du NORVÉGIEN *fjord* ; XIXe s.

flacon n.m.
du FRANCIQUE **flaska*, « bouteille clissée (revêtue d'une claie d'osier) », par le LATIN POPULAIRE *flasconem* ; XVIe s.

flageolet n.m. (haricot)
de l'ITALIEN *fagiuolo*, par le diminutif du mot PICARD *fageole*, « haricot », du LATIN POPULAIRE **fabeolus*, croisement entre *faba*, « fève », et *phaseolus*, du GREC *phasêlos*, « haricot » (ou du PROVENÇAL *faioulet*) ; XIXe s.

flamand adj.
du FRANCIQUE *flaminc* ; XIe s.

flamant n.m. (oiseau échassier)
du PROVENÇAL *flamenc*, « flamboyant », de *flamma*, « flamme », d'après la couleur du plumage de cet oiseau ; XVIe s.

flamenco n.m. (danse)
de l'ESPAGNOL *flamenco*, « flamand » (à l'origine) ; XIXe s.

flammèche n.f.
croisement du FRANCIQUE **falawiska*, « cendre », et du LATIN *flamma*, « flamme » ; XIIe s.

flan n.m. (pâtisserie)
du FRANCIQUE **flado* ; XIVe s.

flanc n.m.
du FRANCIQUE **hlanka*, « hanche » ; XIe s.

flanelle n.f.
du GALLOIS *gwlanen*, « étoffe de laine », de *gwlân*, « laine », par l'ANGLAIS *flannel* ; XVIIe s.

flâner v.
de l'ANCIEN SCANDINAVE *flana*, « aller çà et là », par un DIALECTE NORMAND ; XVIIe s.

flapi adj.
d'un DIALECTE LYONNAIS *flapir*, « amollir », de *flap*, « mou », probablement par croisement du LATIN *flaccus*, « flasque », et de l'ALLEMAND *schlapp*, « mou » ; XIXe s.

flaque n.f.
du NÉERLANDAIS *vlacke*, « étang », par le NORMANNO-PICARD *flache*, « mou » (ou par un DIALECTE DU NORD) ; XIVe s.

flash n.m.
de l'ANGLAIS *flash*, « éclair » ; XXe s.

flash-back n.m.
de l'ANGLAIS *flash*, « éclair », et *back*, « retour en arrière » ; XXe s.

flasque n.f. (bouteille)
de l'ITALIEN *fiasca*, « bonbonne », ou *fiasco*, « bouteille » ; XVIe s.

flasque adj.
forme PICARDE correspondant à l'ANCIEN FRANÇAIS *flache*, « mou », de l'adjectif LATIN *flaccus*, « flasque » ; XIIIe s.

flatter v.
du FRANCIQUE *flat*, « caresser du plat de la main », d'où l'expression populaire *faire du plat* ; XIIe s.

flèche n.f. (arme)
du FRANCIQUE **fliugika*, « celle qui vole » ; XIIe s.

flemme n.f.
de l'ITALIEN *flemma*, « paresse », du LATIN TARDIF *phlegma*, « humeur » ; XIXe s.

flétan n.m.
du NÉERLANDAIS *vleting*, « flétan, sorte

de raie », diminutif de *vlete*, « flet (poisson de la même famille) » ; XVIe s.

flétrir v. (déshonorer)
du FRANCIQUE **flatjan*, « lancer, pousser », de **flat*, « plat », premier sens « marquer au fer rouge » ; XIIe s.

fleuret n.m.
de l'ITALIEN *fioretto*, « petite fleur », pour désigner une épée terminée par un bouton, comparé à un bouton de fleur ; XVIe s.

flibustier n.m.
du NÉERLANDAIS *vrijbuiter*, « pirate », littéralement « libre coureur de butin », par l'ANGLAIS *frebetter* (aujourd'hui *freebooter*, de *free*, « libre », et de *booter*, « qui profite »), altéré en *flibuster* ; XVIIe s.

flipper /flipœr/ n.m. (billard électrique)
de l'ANGLAIS *flipper*, dérivé de (*to*) *flip*, « donner une secousse vive » ; XXe s.

flipper v. (être abattu)
de l'ANGLAIS (*to*) *flip*, « être agité, excité ». A changé de sens en passant en FRANÇAIS, probablement par l'argot de la drogue ; XXe s.

flirt n.m.
de l'ANGLAIS (*to*) *flirt*, « s'agiter, papillonner », puis « folâtrer, faire la cour », de l'ANCIEN FRANÇAIS *fleureter*, « conter fleurette » réemprunté sous sa forme anglaise au XIXe s.

flirter v.
de l'ANGLAIS (*to*) *flirt*, « s'agiter, papillonner », puis « folâtrer, faire la cour », venu de l'ANCIEN FRANÇAIS *fleureter*, « conter fleurette » ; XIXe s.

florès (faire) loc.
peut-être du PROVENÇAL *faire flori*, « être prospère », du LATIN *floridus*, « fleuri » (ou de *flores*, « fleurs », ou encore du nom du héros d'un roman du XVIe s., *Florès de Grèce*) ; XVIIe s.

florin n.m.
de l'ITALIEN *fiorino*, de *fiore*, « fleur », monnaie florentine ornée de fleurs de lis ; XIVe s.

flot n.m.
du NÉERLANDAIS *vlot*, « flot » (ou de l'ANCIEN SCANDINAVE *flod*, ou encore du LATIN *fluctus*, « flot ») ; XIIe s.

flotte n.f. (escadre)
de l'ANCIEN SCANDINAVE *flotti*, « flotte, radeau », avec influence de l'ANCIEN FRANÇAIS *flote*, « troupe, multitude » (emprunté à l'ANCIEN ITALIEN *fiotto*, « foule », du LATIN *fluctus*, « flot »). Autre hypothèse : de l'ESPAGNOL *flota*, « flotte » ; XIIe s.

flotter v.
du NÉERLANDAIS *vlot*, « flot » (ou de l'ANCIEN SCANDINAVE *flod*, ou encore du LATIN *fluctuare*, « flotter ») ; XIIe s.

flottille n.f.
de l'ESPAGNOL *flotilla*, diminutif de *flota*, « flotte », lui-même emprunté au FRANÇAIS *flotte* ; XVIIe s.

fluorescence n.f.
de l'ANGLAIS *fluorescence*, créé par le savant anglais Stokes, qui comparait les propriétés lumineuses de l'opale (*opalescence*) et celles d'un autre minerai, le spath-fluor (d'où *fluorescence*) ; XIXe s.

fluorescent adj.
de l'ANGLAIS *fluorescent*, dérivé de *fluorescence* ; XIXe s.

flûte n.f. (instrument de musique)
du PROVENÇAL *flahuto*, du croisement de *flaujol*, « flageolet » (petite flûte) et de *lahut*, « luth » ; XIIe s.

F.M. n.f.
sigle de l'ANGLAIS *frequency modulation*, « modulation de fréquence » ; XXe s.

foc n.m. (voile)
du NÉERLANDAIS *fok*, « misaine » ; XVIIIe s.

fœhn ou **föhn** n.m.
d'un DIALECTE SUISSE ALLEMAND *foehn*, du LATIN *favonius*, « vent doux, zéphyr » ; XIXe s.

folklore n.m.
de l'ANGLAIS *folk-lore*, de *folk*, « peuple », et *lore*, « science » ; XIXe s.

fonte n.f. (partie de la selle)
de l'ITALIEN *fonda*, « bourse (de cuir) », du LATIN *funda*, « fronde » puis « bourse » ; XVIIIe s.

football n.m.
de l'ANGLAIS *football*, « balle au pied » ; XIXe s.

footing n.m.
de l'ANGLAIS *foot*, « pied », faux anglicisme, de création française, car le mot anglais *footing* n'a que les sens de « position, situation, empattement » ; XIXe s.

forban n.m.
du FRANCIQUE **firbannjan*, par l'ANCIEN FRANÇAIS *forbannir*, « bannir » ; XVIIe s.

forçat n.m.
de l'ITALIEN *forzato*, du verbe *forzare*, « forcer » (cf., en français, les *travaux forcés*) ; XVIe s.

forcing n.m.
de l'ANGLAIS *forcing*, de (*to*) *force*, « forcer », du FRANÇAIS *force*, du BAS LATIN *fortia* ; XXe s.

forfait n.m. (terme de course)
de l'ANGLAIS *forfeit*, lui-même emprunté à l'ANCIEN FRANÇAIS *forfait*, « crime », de *forfaire*, « faire en dehors de (la loi) », à ne pas confondre avec *forfait*, « prix fixé d'avance », de l'ANCIEN FRANÇAIS *fueur*, *fur*, « taux », comme dans « au fur et à mesure », et qui vient du LATIN *forum*, « tribunal » (d'où l'expression « en son for intérieur ») ; XIXe s.

format n.m.
de l'ITALIEN *formato*, de *formare*, « former » ; XVIIIe s.

forme n.f. (condition physique)
de l'ANGLAIS *form*, « condition physique », emprunté au FRANÇAIS *forme*, du LATIN *forma* ; XIXe s.

formica n.m. (revêtement plastique)
de l'ANGLAIS *Formica*, marque déposée, résine formée à partir d'aldéhyde formique, l'acide formique ayant été décelé chez la fourmi rouge (LATIN *formica*, « fourmi »), interprété aussi, en anglais, comme *for mica*, « pour du mica » ; XXe s.

forsythia n.m. (arbuste à fleurs)
de l'ANGLAIS *forsythia*, formé sur le nom de William Forsyth, botaniste anglais ; XIXe s.

forte adv. (musique)
de l'ITALIEN *forte*, « fort » ; XIXe s.

fortin n.m.
de l'ITALIEN *fortino*, diminutif de *forte*, « forteresse » ; XVIIe s.

fortissimo adv.
de l'ITALIEN *fortissimo*, superlatif de *forte*, « fort » ; XVIIIe s.

fortran n.m. (langage informatique)
contraction de l'ANGLAIS *for*(*mula*) *tran*(*slation*), « traduction de formules » ; XXe s.

foudre n.m. (grand tonneau)
de l'ALLEMAND *Fuder*, « grand tonneau » ; XVIIe s.

fougue n.f.
de l'ITALIEN *foga*, « fuite précipitée, impétuosité », du LATIN *fuga*, « fuite » ; XVIe s.

foulard n.m.
probablement du PROVENÇAL *foulat*, « foulé », rapproché du FRANÇAIS *foulé*, « sorte de drap léger » ; XVIIIe s.

foulque n.f. (oiseau)
du PROVENÇAL *folca*, du LATIN *fulica* ; XIVe s.

fourbe adj. et n.
peut-être de *fourbir*, du FRANCIQUE **furbjan*, « nettoyer », au sens métaphorique de « voler » ; XVe s.

fourbir v.
du FRANCIQUE **furbjan*, « nettoyer » ; XIIe s.

fourguer v.
du PROVENÇAL *fourza*, « fouiller » (ou de l'ITALIEN *frugare*), du LATIN POPULAIRE **furicare*, lui-même du LATIN *furari*, « dérober » ; XIXe s.

fournir v.
du FRANCIQUE **frumjan*, « exécuter » ; XIIe s.

fourrage n.m.
du FRANCIQUE **fodr*, **fodar*, « paille », par l'ANCIEN FRANÇAIS *feurre*, *fouarre*, « paille » ; XIIe s.

fourreau n.m.
du FRANCIQUE **fôdr*, « fourreau », par l'ANCIEN FRANÇAIS *fuerre* ; XIe s.

fox-terrier n.m.
de l'ANGLAIS *fox-terrier*, de *fox*, « renard » et de *terrier*, emprunté à l'ANCIEN FRANÇAIS *chien-terrier*, chien qui fait sortir les bêtes de leur « terrier » ; XIXe s.

fox-trot n.m.
de l'ANGLAIS *fox-trot*, « allure du renard » puis « sorte de danse », de *fox*, « renard » et *trot*, « trot », emprunté au FRANÇAIS ; XXe s.

frac n.m.
de l'ANGLAIS *frock-(coat)*, où *frock* est emprunté à l'ANCIEN FRANÇAIS *froc*, qui vient lui-même du FRANCIQUE (cf. froc) ; XVIIIe s.

fracas n.m.
de l'ITALIEN *fracasso*, de *fracassare*, « fracasser » ; XVe s.

fracasser v.
de l'ITALIEN *fracassare*, combinaison du LATIN *frangere*, « briser », et *quassare*, « secouer » ; XVe s.

frais n.m.pl. (dépenses)
croisement du FRANCIQUE **fridu*, « paix » et du LATIN *fractum*, « ce qui est brisé », par l'ANCIEN FRANÇAIS *fret* ; XIIIe s.

frais, fraîche adj.
du FRANCIQUE **frisk*, « frais » ; XIIe s.

fraiser v.
du FRANCIQUE **frisi*, « bord », par extension « évaser un trou » ; XIIe s.

framboise n.f.
du FRANCIQUE **brambasia*, « mûre » (le fruit) ; XIIe s.

franc, franche adj.
du FRANCIQUE **frank*, « Franc » puis « libre, qui dit ce qu'il pense » ; XIe s.

franc-maçon n.m.
calque de l'ANGLAIS *freemason*, composé de *free*, « libre », et de *mason*,

emprunté à l'ANCIEN FRANÇAIS *masson* (FRANÇAIS MODERNE *maçon*) ; XVIIIe s.

franco adv.
de l'ITALIEN (*porto*) *franco* « (port) franc », aujourd'hui *franco di porto* ; XVIIIe s.

frangin n.m.
d'un DIALECTE LYONNAIS *frangin*, « camarade », peut-être dérivé de *frange*, « ouvrier qui fait des franges » (ou du PIÉMONTAIS *franzin*, « frère ») ; XIXe s.

frangipane n.f. (pâtisserie)
du nom de *Frangipani*, marquis ITALIEN qui inventa un parfum, d'abord pour parfumer les gants, plus tard employé dans la pâtisserie ; XVIIIe s.

frapper v.
probablement du FRANCIQUE **hrappan* ; XIIe s.

frasque n.f.
de l'ITALIEN *frasche*, « balivernes », pluriel de *frasca*, « rameau, brindille », du LATIN DE BASSE ÉPOQUE **fraxicare*, « rompre », correspondant au LATIN *fractus*, « brisé » ; XVe s.

fredaine n.f.
du FRANCIQUE **fra-aidi*, **fra-aitheis*, « qui a renié son serment », par l'ANCIEN PROVENÇAL *fraidin* et l'ANCIEN FRANÇAIS *fredain*, « mauvais » ; XVe s.

fredonner v.
d'un DIALECTE MÉRIDIONAL, du LATIN *fritinnire*, « gazouiller » ; XVIe s.

free-jazz n.m.
de l'ANGLAIS *free jazz*, « jazz libre » ; XXe s.

freezer n.m.
de l'ANGLAIS *freezer*, de (*to*) *freeze*, « geler » ; XXe s.

frégate n.f.
de l'ITALIEN *fregata*, du GREC (*naous*) *aphraktos*, « (vaisseau) non ponté » ; XVIe s.

frelater v.
du NÉERLANDAIS *verlaten*, « transvaser (du vin) », puis « altérer par mélange » ; XVIe s.

freluquet n.m.
du NÉERLANDAIS *vierlinc*, par l'ANCIEN FRANÇAIS *ferlin*, puis *frelin*, « quart de denier », altéré en *freluque*, d'où le diminutif *freluquet*, « menue monnaie », puis « homme frivole » ; XVIe s.

fresque n.f.
de l'ITALIEN *fresco*, « frais », de l'expression (*dipingere*) *a fresco*, « (peindre) à frais (sur du mortier frais) » ; XVIe s.

fret n.m.
du NÉERLANDAIS *vrecht*, « droit de passage, prix du transport » ; XIIIe s.

freux n.m.
du FRANCIQUE **hrôk*, « corneille » ; XVe s.

frichti n.m.
de l'ALSACIEN *frichti*, correspondant à l'ALLEMAND *Frühstück*, « petit déjeuner » ; XIXe s.

frimas n.m.
du FRANCIQUE **hrim*, **frim*, par l'ANCIEN FRANÇAIS *frume*, « frimas » ; XVe s.

friquet n.m. (moineau)
du FRANCIQUE **frik*, « avide, entreprenant », par l'ANCIEN FRANÇAIS *frique* ; XVIe s.

frise n.f. (architecture)
de l'ITALIEN *fregio*, « ornement », du BAS LATIN *phrygium*, « broderie », d'après les étoffes brochées d'or de Phrygie ; XVIe s.

frise (cheval de) loc.
calque du NÉERLANDAIS *Friese ruiter*, « cavalier de Frise » ; XVIe s.

frisquet adj.
du NÉERLANDAIS *frisc*, « frais », par l'ANCIEN FRANÇAIS *frisque*, « vif » ; XIXe s.

fritz n.m. (allemand)
abréviation de l'ALLEMAND *Friedrich*, « Frédéric », XXe s.

froc n.m.
du FRANCIQUE **hrok*, « habit » ; XIIe s.

fronce n.f.
du FRANCIQUE **hrunka*, « ride » ; XIe s.

frontalier adj. et n.m.
du PROVENÇAL *frountalié*, « limitrophe » (ou du CATALAN *frontaler*) ; XVIIIe s.

fronton n.m.
de l'ITALIEN *frontone*, augmentatif de *fronte*, « front, façade » ; XVIIe s.

frousse n.f. (frayeur)
du PROVENÇAL *frous*, « cri strident » ; XIXe s.

fruits de mer loc.
calque de l'ITALIEN *frutti di mare* ; XXe s.

fruste adj.
de l'ITALIEN *frusto*, « usé », de *frustare*, « mettre en morceaux, user » ; XVIe s.

fuchsia n.m. (fleur)
du nom du botaniste ALLEMAND *Fuchs* ; XVIIe s.

fuchsine n.f.
de l'ALLEMAND *Fuchs*, traduction de *Renard*, nom de l'industriel pour lequel travaillait le chimiste FRANÇAIS Verquin quand il découvrit ce colorant ; XIXe s.

fuel ou **fioul** n.m.
abréviation de l'ANGLAIS *fuel oil*, de *fuel*, « combustible », et de *oil*, « huile », dont les deux composantes viennent de l'ANCIEN FRANÇAIS : *fuel*, de *fouaille*, « bois de chauffage, combustible », du LATIN POPULAIRE *focalia*, et *oil*, de *oile*, « huile », du LATIN *oleum*, « huile d'olive » ; XXe s.

fugue n.f. (musique)
de l'ITALIEN *fuga*, « fugue » ; XVIe s.

fugue n.f. (fuite)
de l'ITALIEN *fuga*, « fuite », emprunté dans ce sens au XVIIIe s.

führer n.m.
de l'ALLEMAND *Führer*, « guide », traduction de l'ITALIEN *duce*, « chef » ; XXe s.

full n.m. (terme du jeu de poker)
de l'ANGLAIS *full*, « plein » ; XIXe s.

fumerolle n.f.
de l'ITALIEN *fumaruolo*, « conduit de cheminée », en parlant du Vésuve ; XIXe s.

futurisme n.m.
de l'ITALIEN *futurismo* ; XXe s.

G

gabardine n.f.
de l'ESPAGNOL *gabardina*, d'abord « espèce de justaucorps » puis « manteau de toile imperméable » ; XIXe s.

gabarit n.m. (dimensions)
du GOTIQUE **garwi*, « préparation », par le PROVENÇAL *garbi* altéré en *gabarrit*, « grâce, gentillesse », puis « belle forme, modèle » ; XVIIe s.

gabegie n.f.
probablement de l'ANCIEN SCANDINAVE *gabb*, « raillerie, duperie », par un DIALECTE LORRAIN ; XVIIIe s.

gabelle n.f. (ancien impôt sur le sel)
de l'ARABE *al-qabâla*, « recette », puis « impôt », par l'ITALIEN *gabella*, « impôt sur certaines denrées » ; XIVe s.

gabier n.m. (matelot)
dérivé à partir de *gabie*, emprunté lui-même à l'ANCIEN PROVENÇAL *gabio*, « cage », puis « hune » ; XVIIe s.

gable ou **gâble** n.m. (pignon)
de l'ANCIEN SCANDINAVE *gaft*, « plafond », par un DIALECTE NORMAND ; XIVe s.

gâcher v. (le plâtre)
du FRANCIQUE **waskan*, « laver » ; XIIe s.

gadget n.m.
de l'ANGLAIS *gadget*, peut-être du FRANÇAIS *gâchette* avec le sens de « petit outil, petit mécanisme » ; XXe s.

gadoue n.f. (boue)
d'un DIALECTE DE L'OUEST ou DU CENTRE ; XVIe s.

gaélique adj.
de l'ANGLAIS *gaelic*, du nom des Celtes des îles Britanniques, dits *Gaëls* ; XIXe s.

gaffe n.f.
du GOTIQUE **gaffan*, « saisir », par l'ANCIEN PROVENÇAL *gaf*, de *gafar*, « saisir ». Au sens primitif, « perche munie d'un croc », est venu s'ajouter, au XIXe s., le sens de « maladresse » ; XIVe s.

gag n.m.
de l'ANGLAIS *gag*, « remarque ajoutée par un acteur au milieu de son texte », puis « remarque ou action comique » ; entré en France avec le cinéma américain ; XXe s.

gagner v.
du FRANCIQUE **waidanjan*, « se procurer de la nourriture, faire du butin » ; XIIe s.

gai adj. (joyeux)
du FRANCIQUE **gahi*, « impétueux », ou du GOTIQUE **gâheis*, « vif, rapide » ; XIIe s.

gaillard n.m.
du GAULOIS **gal*, « bravoure », par le GALLO-ROMAN *galia*, « force » ; XIe s.

gala n.m.
de l'ITALIEN *gala*, venu lui-même de l'ANCIEN FRANÇAIS *gale*, « réjouissance » ; XVIIIe s.

galantine n.f.
d'un PARLER DE DALMATIE *galatina*, variante dialectale du LATIN *gelatina* ; XIIIe s.

galbe n.m.
du GOTIQUE **garwon*, **garwi*, « belle forme », par l'ITALIEN *garbo*, « grâce, belle forme, galbe » ; XVIe s.

galéjade n.f.
du PROVENÇAL *galéjado*, « plaisanterie », dérivé lui-même, à travers *galeja*, « plaisanter », de *se gala*, « se réjouir » ; XIXe s.

galère n.f.
peut-être de l'ARABE *qalija*, par le GREC BYZANTIN *galéa*, par le CATALAN, le PROVENÇAL ou le GÉNOIS *galera* ; XVe s.

galerie n.f.
de l'ITALIEN *galleria*, du LATIN MÉDIÉVAL *galeria*, issu peut-être lui-même de *galilaea*, « de Galilée », le terme *galilée* désignant en ANCIEN FRANÇAIS « le porche d'une église », là où vient le peuple pour se convertir, à l'image du peuple galiléen ; XIVe s.

galet n.m.
du GAULOIS **gallos*, par l'ANCIEN FRANÇAIS *gal*, « caillou », qui a donné normalement un diminutif *jalet* (encore vivant dans le Maine) et *galet* dans un DIALECTE NORMANNO-PICARD ; XIIe s.

galetas n.m.
du TURC (ou du GREC BYZANTIN) *Galata*, nom d'une tour de Constantinople ; XIVe s.

galette n.f.
du GAULOIS **gallos*, par l'ANCIEN FRANÇAIS *gal*, « caillou », ou par un DIALECTE NORMANNO-PICARD *galet*, à cause de la forme ronde ; XIIIe s.

gallo ou **gallot** adj. et n.m.
du BRETON *gall*, « français », c'est-à-dire « qui ne parle pas breton » ; XIXe s.

gallon n.m. (mesure de capacité)
de l'ANGLAIS *gallon* (4,545 litres), du NORMAND *gallon*, autre forme du FRANÇAIS *jalon*, du LATIN MÉDIÉVAL *galon(em)* ; XVIIe s.

galoche n.f. (sorte de sabot)
du GAULOIS **gallos*, par l'ANCIEN FRANÇAIS *gal*, « caillou », ou par le NORMAND ou le PICARD, la semelle épaisse de cette chaussure invitant à une comparaison avec une pierre plate ; XIVe s.

galoper v.
du FRANCIQUE **wala hlaupan*, « bien courir » ; XIIIe s.

galoubet n.m. (sorte de flûte)
du GOTIQUE **galaubei*, « qui a de la valeur », par l'ANCIEN PROVENÇAL *galaubia*, « magnificence », et le PROVENÇAL *galoubet*, qui semble être un nom de famille. La liaison avec le sens actuel est inconnue ; XVIIIe s.

gambas n.f.pl. (grosses crevettes)
du CATALAN *gambas*, du LATIN POPULAIRE *gambarus* ; XXe s.

gambade n.f.
du PROVENÇAL *cambado*, de *cambo*, « jambe » (ou de l'ITALIEN *gambata*, « coup de pied ») ; XVe s.

gamelle n.f.
de l'ESPAGNOL (ou de l'ITALIEN) *gamella*, du LATIN *camella*, « écuelle » ; XVIe s.

gamin n.m. (enfant)
peut-être d'un DIALECTE FRANC-COMTOIS ; XVIIIe s.

ganache n.f. (personne stupide)
de l'ITALIEN *ganascia*, « mâchoire », du LATIN *ganathum*, du GREC *gnathos* (qui a donné le FRANÇAIS *prognathe*) ; XVIIe s.

gandoura n.f. (vêtement)
du BERBÈRE *qandur*, par l'ARABE MAGHRÉBIN *gandoura* ; XIXe s.

gang n.m.
de l'ANGLAIS *gang*, « équipe, bande » ; XXe s.

gangster n.m.
de l'ANGLAIS *gangster*, composé sur le modèle de *young*, « jeune », *youngster*, « jeune homme » ; XXe s.

gangue n.f. (enveloppe)
de l'ALLEMAND *Gang*, « chemin, filon » ; XVIIIe s.

ganse n.f.
du PROVENÇAL *ganso*, « boucle », emprunté au GREC *gampsos*, « courbé » ; XVIe s.

gant n.m. (pour protéger les mains)
du FRANCIQUE **wanth*, « symbole de passage de propriété » ; XIe s.

garance n.f. (rouge vif)
du FRANCIQUE **wratja*, par le LATIN POPULAIRE *warantia* ; XIe s.

garant adj.
participe présent du FRANCIQUE **warjan*, « garantir comme vrai » ; XIe s.

garbure n.f. « soupe béarnaise »
d'un DIALECTE BÉARNAIS *garburo*, d'origine obscure ; XVIIIe s.

garçon n.m.
du FRANCIQUE **wrakjo*, « valet » puis « enfant mâle », même mot que *gars* (cas régime) ; XIe s.

garden-party n.m.
de l'ANGLAIS *garden-party*, de *garden*, « jardin », et *party*, « réception » ; XIXe s.

garder v.
du FRANCIQUE **wardôn*, « veiller, être sur ses gardes » ; XIe s.

gardian n.m.
du PROVENÇAL *gardian*, « gardien » ; XXe s.

gardon n.m. (poisson)
peut-être du FRANCIQUE, origine obscure ; XIIIe s.

garenne n.f.
probablement du FRANCIQUE **wardôn*, « garder », par le LATIN POPULAIRE *warenna*. Le mot avait au Moyen Âge le sens de « lieu où l'on garde le gibier » ; XIIIe s.

garer v.
du FRANCIQUE **warôn*, « avoir soin », peut-être par le PROVENÇAL *se garar*, « se garer » ; XVe s.

garnir v.
du FRANCIQUE **warnjan*, « pourvoir, munir » ; XIe s.

garrigue n.f.
d'origine PRÉLATINE, sans doute IBÈRE, par le PROVENÇAL *garriga*, de *garric*, « sorte de chêne » ; XVIe s.

garrot n.m. (lien, supplice)
du FRANCIQUE **wrokkan*, « tordre, tourner avec force », par l'ANCIEN FRANÇAIS *garokier*, « garrotter », d'où *guaroc* et *garrot*, avec à l'origine le sens de « bâton, trait d'arbalète » ; XIVe s.

garrot n.m. (encolure)
du PROVENÇAL *garrot*, dérivé de *garra*, « jarret » ; XIIIe s.

gars n.m.
du FRANCIQUE **wrakjo*, « valet », puis « enfant mâle », même mot que *garçon* (cas sujet) ; XIe s.

gas-oil, gasoil ou **gazole** n.m.
de l'ANGLAIS d'Amérique *gas-oil*, formé sur *fuel oil* (cf. fuel) ; XXe s.

gaspacho n.m.
de l'ESPAGNOL *gaspacho*, « sorte de potage froid à base de tomates » ; XIXe s.

gaspiller v.
du GAULOIS **waspa*, « nourriture, déchet », par croisement entre un DIALECTE DE L'OUEST *gapailler* et le PROVENÇAL *gaspiha*, « grappiller, gaspiller » ; XVIe s.

gâteau n.m.
du FRANCIQUE **wastil*, « nourriture », par le LATIN MÉDIÉVAL *wastellum*, d'où l'ANCIEN FRANÇAIS *wastel*, puis *gastel*, et *gâteau* ; XIIe s.

gâter v.
influence du FRANCIQUE **wast-*, « ravager », sur le LATIN *vastare*, « dévaster », devenu *wastare*, d'où l'ANCIEN FRANÇAIS *guaster* et *gâter*, qui, jusqu'au XVIIe s., a signifié « dévaster » ; XIe s.

gaucho n.m. (gardien de troupeau)
du QUECHUA *cachu*, « camarade », par l'ESPAGNOL *gaucho* ; XIXe s.

gaufre n.f. (pâtisserie)
du FRANCIQUE *wafel*, « rayon de miel » ; la forme *walfre* est attestée en ANCIEN FRANÇAIS ; XIIe s.

gaule n.f. « perche »
du FRANCIQUE **walu*, « bâton » ; XIIIe s.

gaulois n.m.
du FRANCIQUE **Walha*, « pays des Walhs ». *Walha*, par métathèse, est devenu *Wahla*, puis *Gaule* ; XVe s.

gausser (se) v. (se moquer)
peut-être d'un DIALECTE NORMAND ; XVIe s.

gave n.m. (torrent)
d'une RACINE PRÉLATINE *gab-*, par le LATIN POPULAIRE *gabarus*, par un DIALECTE BÉARNAIS *gabe* ; XVIIe s.

gaver v. (nourrir abondamment)
d'une RACINE PRÉLATINE *gab-*, *gav-*, « gorge, gosier, goitre », d'où l'ANCIEN FRANÇAIS *gave*, « gorge », par un DIALECTE NORMANNO-PICARD (ou par le PROVENÇAL *gavar* et *gava*, « jabot ») ; XVIIe s.

gavial n.m. (sorte de crocodile)
du HINDI *gharviyal*, « crocodile » ; XVIIIe s.

gavotte n.f.
d'une RACINE PRÉLATINE *gab-*, *gav-*, « gorge, gosier, goitre », par le PROVENÇAL *gavoto*, « danse des gavots (montagnards des Alpes et du Massif central) » ; XVIe s.

gay n.m. et adj. « homosexuel »
de l'ANGLAIS *gay*, « homosexuel mâle », l'adjectif anglais *gay*, « joyeux », ayant

été emprunté précédemment au FRANÇAIS ; XXe s.

gazelle n.f.
de l'ARABE *ghazâl*, *ghazala* ; XIIIe s.

gazette n.f.
de l'ITALIEN *gazzetta*, du nom du journal vénitien *Gazeta dele novità*, qui tient son nom de son prix : une *gazeta* (auj. *gazzetta*), « pièce de monnaie vénitienne » sur laquelle était représentée une petite pie (ITALIEN *gazza*, « pie ») ; XVIIe s.

gazole → **gas-oil**.

gazon n.m.
du FRANCIQUE **waso*, « motte de terre garnie d'herbes » ; XIIIe s.

géhenne n.f.
de l'HÉBREU *ge-hinnom*, « vallée de l'Hinnom (lieu maudit) », par le GREC *geenna* et le LATIN ECCLÉSIASTIQUE *gehenna* ; XIIIe s.

geisha n.f.
du JAPONAIS *geisha*, « chanteuse et danseuse japonaise » ; XIXe s.

gélatine n.f.
de l'ITALIEN *gelatina*, du LATIN *gelatus*, « gelé » ; XVIIe s.

gène n.m. « qui détermine les caractères héréditaires »
de l'ALLEMAND *Gen*, par l'ANGLAIS *gene*, emprunté au GREC *gênes*, de *genos*, « naissance, origine ». Mot créé par Johannsen en 1911 ; XXe s.

gêne n.f.
du FRANCIQUE **jehan*, « avouer », d'où l'ANCIEN FRANÇAIS *jehir*, *gehir*, « avouer » puis « faire avouer », et *gehine*, « torture ». Jusqu'au XVIIIe s., *gêne* a gardé le sens très fort de « tourment » ; XVIe s.

généralissime n.m.
de l'ITALIEN *generalissimo*, dérivé de *generale* ; XVIIe s.

genette n.f. (petit mammifère)
de l'ARABE *djarnait*, par l'ESPAGNOL *jineta* ; XIIIe s.

gentleman n.m.
de l'ANGLAIS *gentleman*, lui-même calque du FRANÇAIS *gentilhomme* ; XVIIe s.

gerbe n.f. (brassée)
du FRANCIQUE *garba*, par l'ANCIEN FRANÇAIS *jarbe* ; XIVe s.

gerboise n.f. (petit mammifère)
de l'ARABE MAGHRÉBIN *djerbou*, par le LATIN des naturalistes *gerboa* ; XVIIIe s.

gerfaut n.m.
du GERMANIQUE *gerfalko*, composé de *ger*, « vautour », et *falko*, « faucon » ; XIVe s.

germain adj. « germanique »
du CELTIQUE *gair*, « voisin », et *man*, « peuple », par le LATIN *Germanus*, « Germain » ; XVIe s.

geyser n.m.
de l'ISLANDAIS *Geysir*, nom d'une source d'eau chaude du sud de l'Islande, par l'ANGLAIS *geyser* ; XVIIIe s.

ghetto n.m.
de l'ITALIEN *ghetto*, du VÉNITIEN *gheto*, « fonderie », nom d'une petite île de Venise servant au XVIe s. de résidence forcée aux juifs et où, à l'origine, se trouvaient des fonderies ; XVIIe s.

gibbon n.m. (singe)
du HINDI, par l'ANGLAIS ; XVIIIe s.

giberne n.f. (boîte à cartouches)
de l'ITALIEN *giberna* du LATIN tardif *zaberna*, « bissac » ; XVIIIe s.

gibet n.m.
du FRANCIQUE **gibb*, « bâton fourchu » ; XIIe s.

gibus n.m.
de l'ANGLAIS *gibus-hat* ou *gibus*, « chapeau gibus », du nom de son inventeur anglais, Mr *Gibus* ; XIXe s.

gifle n.f.
du FRANCIQUE **kifel*, « mâchoire », par l'ANCIEN FRANÇAIS *gif*, « joue ». Le mot FRANÇAIS *gifle* a conservé le sens de « joue » jusqu'au XVIIe s. Le sens moderne de « soufflet » date de 1807 ; XIIIe s.

gigantesque adj.
de l'ITALIEN *gigantesco*, de *gigante*, « géant » ; XVIe s.

gigot n.m. (cuisse de mouton)
du GERMANIQUE **giga*, « gigue » (instrument de musique), par analogie avec la forme de cet instrument ; XVe s.

gigue n.f. (danse)
de l'ANGLAIS *jig*, peut-être emprunté à l'ANCIEN FRANÇAIS *giguer*, « gambader, danser » ; XVIIe s.

gilet n.m.
du TURC *yelek*, par l'ARABE ALGÉRIEN *jaleco*, « casaque des captifs chrétiens chez les Maures », par l'ESPAGNOL *gileco* (aujourd'hui *chaleco*) ; XVIIIe s.

gin n.m. (boisson)
du NÉERLANDAIS *genever*, par l'ANGLAIS *genever* (ou *geneva*) abrégé en *gin*. Le mot NÉERLANDAIS vient lui-même du FRANÇAIS *genièvre*, issu du LATIN *juniperus*, même sens ; XVIIIe s.

gingembre n.m. (condiment)
d'une LANGUE DE L'INDE, par le GREC *zingiberis* et le LATIN *zingiberi* ; XVIIe s.

girafe n.f.
de l'ARABE *zarâfa*, par l'ITALIEN *giraffa* ; XIIIe s.

girandole n.f.
de l'ITALIEN *girandola*, diminutif de *girandà*, « gerbe de feu », du LATIN *gyrare*, « tourner » ; XVIIe s.

girelle n.f. (poisson)
du PROVENÇAL *gir*, « tournoiement », du LATIN *gyrus*, « cercle, tour » ; XVIe s.

girl n.f. (au music-hall)
de l'ANGLAIS *girl*, « fille, jeune fille » ; XXe s.

giron n.m.
du FRANCIQUE **gairo*, **goiro*, « pièce d'étoffe en pointe » ; XIIe s.

girond, gironde adj. « bien fait »
du PROVENÇAL *giroundo*, « hirondelle », altération de *ironda*, « aronde », par croisement avec *gira*, « tourner » ; XIXe s.

girouette n.f.
de l'ANCIEN SCANDINAVE *vedrviti*, par le NORMAND *wirewite*, croisé avec *girer*, « tourner » ; XVIe s.

gitan adj. et n.m.
de l'ESPAGNOL *gitano*, « gitan », altération du LATIN *Egyptanus*, « Égyptien » ; XIXe s.

givre n.m.
du PRÉLATIN **gevro* ou **givro*, par l'ANCIEN FRANÇAIS *joivre* ; XVIIe s.

glaise n.f.
du GAULOIS **glisa*, par le LATIN *glisomarga*, « terre glaise » ; XIIe s.

glaner v.
du GAULOIS **glenn*, « ramasser », du LATIN POPULAIRE *glenare*, « glaner » ; XIIIe s.

glasnost n.f. « transparence »
du RUSSE *glasnost'*, formé du radical *glas*, « voix », et des suffixes *n + ost'*. Ce terme, traduit par « transparence », signifie en fait « ce qui est dit à haute voix » ; XXᵉ s.

glisser v.
du FRANCIQUE **glidan*, avec croisement de l'ANCIEN FRANÇAIS *glier* avec *glacer* ; XIIᵉ s.

globe-trotter n.m.
de l'ANGLAIS *globe-trotter*, de *globe*, « globe terrestre, monde » et de (*to*) *trot*, « trotter », lui-même emprunté à l'ANCIEN FRANÇAIS *troter*, « trotter » ; XIXᵉ s.

gneiss n.m. (roche)
de l'ALLEMAND *Gneiss* ; XVIIIᵉ s.

gnocchi n.m.
de l'ITALIEN *gnocchi*, pluriel de *gnocco*, « boulette de pâte » ; XIXᵉ s.

gnôle, gnole ou **gniole** n.f.
d'un DIALECTE BOURGUIGNON *gnole*, « espèce de sureau », dont on faisait une eau-de-vie de mauvaise qualité (ou d'un DIALECTE LYONNAIS *gniole*, « coup », aphérèse de *torgniole*, cf. *boire un coup*) ; XIXᵉ s.

gnou n.m. (sorte d'antilope)
du HOTTENTOT *gnou* ; XVIIIᵉ s.

goal n.m. « gardien de but »
de l'ANGLAIS *goal-*(*keeper*), « (gardien de) but » ; XIXᵉ s.

gobelet n.m.
du GAULOIS **gobbo*, « bouche », par l'ANCIEN FRANÇAIS *gobel* ; XIIIᵉ s.

gober v.
du GAULOIS **gobbo*, « bouche » ; XVIᵉ s.

goberger (se) v.
du GAULOIS **gobbo*, « bouche », par l'ANCIEN FRANÇAIS *se gober*, « se vanter », et *gobert*, « facétieux » ; XVIᵉ s.

godet n.m. (récipient)
du NÉERLANDAIS *codde*, « morceau de bois cylindrique » ; XIIIᵉ s.

godille n.f. (aviron)
d'un DIALECTE DU NORD, d'origine obscure ; XVIIIᵉ s.

goéland n.m.
du BRETON *gwelan*, « mouette » ; XVIᵉ s.

goémon n.m.
du BRETON *gwemon*, « varech » ; XIVᵉ s.

goinfre adj. et n.
peut-être par croisement d'un DIALECTE GASCON *gouin*, « homme de mauvaise vie », et d'un DIALECTE DU CENTRE *goulafre*, de *goule*, « gueule », avec influence de *bâfrer* ; XVIᵉ s.

goitre n.m.
d'un DIALECTE RHODANIEN, attesté en ANCIEN FRANÇAIS (*goitron*, « gorge »), du LATIN POPULAIRE *gutturio*, « gorge, gosier » ; XVᵉ s.

golden n.f. (sorte de pomme)
de l'ANGLAIS *golden* (*delicious*), « (délicieuse) dorée » (nom d'espèce) ; XXᵉ s.

golf n.m.
de l'ANGLAIS *golf*, d'étymologie obscure, peut-être du NÉERLANDAIS *kolf*, « bâton » ; XVIIIᵉ s.

golfe n.m.
de l'ITALIEN *golfo*, du GREC *kolpos*, « pli, creux, golfe » ; XIIIᵉ s.

gomina n.f.
de l'ESPAGNOL *Gomina*, nom déposé, de *goma*, « gomme » ; XXᵉ s.

gondole n.f. (embarcation)
du VÉNITIEN *gondola*, du GREC *kondy*, « vase » ; XIIIe s.

gonfler v.
d'un DIALECTE DU SUD-OUEST, du LATIN *conflare*, « souffler, gonfler » ; XVIe s.

gong n.m. (instrument de musique)
du MALAIS ; XVIIe s.

gorgonzola n.m. (fromage)
du nom de la ville ITALIENNE de *Gorgonzola* ; XIXe s.

gorille n.m. (garde du corps)
de l'ANGLAIS *gorilla*, « garde du corps », passé en français avec ce sens ; XXe s.

gosier n.m.
du GAULOIS *gos-*, par le LATIN POPULAIRE *geusiae*, « joue » ; XIIIe s.

gospel n.m. (musique)
de l'ANGLAIS *gospel-song*, de *song*, « chant » et de *gospel*, « évangile », du VIEIL ANGLAIS *godspel*, « la bonne nouvelle » (de *god*, « bon », et de *spel*, « nouvelle »), traduction littérale du GREC *euaggelion*, qui a donné le LATIN *evangelium* et le FRANÇAIS *évangile* ; XXe s.

gouache n.f.
de l'ITALIEN *guazzo*, « détrempe », du LATIN *aquatio*, « action de mouiller » ; XVIIIe s.

gouailler v. (se moquer)
probablement d'une RACINE PRÉLATINE *gab-*, *gav-*, « gorge, gosier, goitre », par un DIALECTE DE L'OUEST, de la même famille que *engouer* ; XVIIIe s.

goualante n.f. « chanson »
d'un DIALECTE DE L'OUEST *goualer*, « chanter » ; XIXe s.

gouape n.f. (voyou)
de l'ESPAGNOL *guapo*, d'abord « effronté », puis « beau », par le PROVENÇAL *gouapo*, « gueux, libertin » ; XIXe s.

goudron n.m.
de l'ARABE d'Égypte *qatran* (ARABE CLASSIQUE *qâtirân*), par l'ITALIEN *catrame* et l'ANCIEN FRANÇAIS *catram* puis *gotram* ; XVIe s.

goujat n.m. (malotru)
de l'HÉBREU *goja*, « servante chrétienne », qui a donné le PROVENÇAL *goujo*, « servante, fille » et son dérivé *goujat*, « garçon », mot encore présent dans le DIALECTE LANGUEDOCIEN ; XVe s.

goulag n.m.
abréviation du RUSSE *Glavnoïe Oupravlenie Laguereï*, « Direction générale des camps » ; XXe s.

goulasche ou **goulache** n.m. ou f. (plat de viande)
du HONGROIS ; XXe s.

goule n.f. (vampire)
de l'ARABE *ghoûl*, « démon » ; XIXe s.

goupillon n.m.
du MOYEN NÉERLANDAIS *wisp*, « bouchon de paille », par l'ANCIEN FRANÇAIS *guipon*, avec influence de *écouvillon* ; XVIe s.

gourbi n.m.
probablement du BERBÈRE, par l'ARABE ALGÉRIEN *gourbi*, « habitation » ; XIXe s.

gourdin n.m. (gros bâton)
de l'ITALIEN *cordino*, « cordelette », diminutif de *corda*, « corde », avec altération de forme et de sens due au FRANÇAIS *gourd*, du LATIN POPULAIRE *gurdus*, « lourdaud, grossier » ; XVIe s.

gourgandine n.f. (femme dévergondée)
d'un DIALECTE DU CENTRE OU DU MIDI, d'origine obscure ; XVIIe s.

gourme n.f. (dermatose)
du FRANCIQUE **worm*, « pus » ; XIIIe s.

gourmet adj. et n.
de l'ANGLAIS *gourmet*, lui-même d'origine française, ANCIEN FRANÇAIS *gromme*, « valet goûteur de vin » ; XVe s.

gourou ou **guru** n.m.
du SANSKRIT *guru*, « vénérable » ; XXe s.

goyave n.f. (fruit exotique)
de l'ARAWAK *guyaba*, par l'ESPAGNOL *guayaba* ; XVIIe s.

grabuge n.m.
de l'ANCIEN ITALIEN *bugliare*, « embrouiller », par l'ITALIEN *garbuglio* ; XVIe s.

grade n.m. (hiérarchie et mesure d'angle)
de l'ITALIEN *grado*, « marche, degré », du LATIN *gradus* ; XVIe s.

gradin n.m.
de l'ITALIEN *gradino*, diminutif de *grado*, « marche (d'escalier) » ; XVIIe s.

graffigner v. « égratigner »
de l'ANCIEN SCANDINAVE *krafla*, « poinçon » ; XIIIe s.

graffiti n.m.
du pluriel de l'ITALIEN *graffito*, croisement de *graffio*, « égratignure », du LONGOBARD *krapfo*, « ongle », et de *grafio*, « stylet », du GREC *graphein*, « écrire » ; XIXe s.

graillon n.m.
d'un DIALECTE NORMAND *grailler*, « griller » ; XVIIe s.

gramophone n.m.
de l'ANGLAIS *Grammophone*, nom déposé formé sur le GREC *gramma*, « ce qui est écrit, lettre », et *phonê*, « son », par imitation, à l'envers, de l'ANGLAIS *phonogram*, créé trente ans plus tôt ; XIXe s.

grandiose adj.
de l'ITALIEN *grandioso*, dérivé de *grande*, « grand » ; XVIIIe s.

granit ou **granite** n.m. (roche)
de l'ITALIEN *granito*, « grenu » ; XVIIe s.

grapefruit n.m. (pamplemousse)
de l'ANGLAIS *grapefruit*, de *fruit*, « fruit » (du LATIN *fructus*), et de *grape*, « grain » (du FRANÇAIS *grappe*) ; XXe s.

grappe n.f.
du FRANCIQUE **krâppo*, « crochet » ; XIe s.

grappin n.m.
du FRANCIQUE **krâppo*, « crochet », par le PROVENÇAL *grapin* ; XIVe s.

gratification n.f. (valorisation)
de l'ANGLAIS *gratification* ; XXe s.

gratifier v. (satisfaire sur le plan psychologique)
de l'ANGLAIS (*to*) *gratify*, « faire plaisir », repris d'un ancien sens du FRANÇAIS *gratifier* ; XXe s.

gratte-ciel n.m.
traduction de l'ANGLAIS *sky-scraper*, de *sky*, « ciel », et de (*to*) *scrape*, « gratter » ; XIXe s.

gratter v.
du FRANCIQUE **krattôn* ; XIIe s.

graver v.
du NÉERLANDAIS *graven*, « entailler une matière dure ». Le premier sens

(jusqu'au XIVe s.) était « tracer une raie dans les cheveux » ; XIIe s.

gravir v.
du FRANCIQUE **krawjan*, « griffer, grimper en s'aidant de ses griffes » ; XVIIe s.

gravitation n.f.
de l'ANGLAIS *gravitation*, « gravitation », mot formé en 1645 par Newton sur le LATIN *gravitatio*, dérivé de *gravis*, « lourd, pesant », et adopté par le FRANÇAIS au XVIIIe s.

grèbe n.m. (oiseau)
d'un DIALECTE SAVOYARD, d'origine obscure ; XVIe s.

gredin n.m.
du MOYEN NÉERLANDAIS *gredish*, « avide ». Le premier sens en français était « mendiant » ; XVIIe s.

gréer v.
de l'ANCIEN SCANDINAVE *greida*, « équiper », par l'ANCIEN FRANÇAIS *agréier* ; XVIIe s.

grège adj.
de l'ITALIEN (*seta*) *greggia*, « (soie) brute » (littéralement « du troupeau ») ; XVIIe s.

grêle n.f.
du FRANCIQUE **grisilôn* ; XIIe s.

grelot n.m.
du MOYEN HAUT-ALLEMAND *grillen*, « crier » (de *grill*, « aigu »), par le BOURGUIGNON *grilot* ou *grillot*, variante de « grillon » ; XIVe s.

grès n.m.
du FRANCIQUE **griot*, « gravier » ; XIIe s.

grésil n.m.
du FRANCIQUE **grisilôn* ; XIIe s.

grésiller v.
d'un DIALECTE NORMAND *grediller*, « griller », sous l'influence de *grésil* ; XIVe s.

gressin n.m. (sorte de biscotte)
de l'ITALIEN *grissino*, du PIÉMONTAIS *grissin*, variante de *ghersin*, « fil de pain » ; XIXe s.

grève n.f. « bord de l'eau »
probablement du GAULOIS, par le LATIN POPULAIRE **grava*, « sable » puis « plage de sable ». Le sens moderne de *grève* vient de ce que les ouvriers sans travail se réunissaient à Paris sur la grève de la Seine, devant l'Hôtel de Ville ; XIIe s.

gribiche adj. f. (sauce)
du NÉERLANDAIS *kribbisch*, « grognon », par un DIALECTE NORMAND *gribiche*, « méchante femme ». Le changement de sens reste mystérieux ; XIXe s.

gribouiller v.
d'un DIALECTE PICARD *gribouiller*, pour *grabouiller*, « barbouiller, griffonner », d'origine obscure (peut-être du NÉERLANDAIS) ; XVIIe s.

griffer v.
du FRANCIQUE *grif*, « griffe » ; XIVe s.

grigou n.m. (avare)
d'un DIALECTE LANGUEDOCIEN *grigou*, « gredin », du LATIN *graecus*, « grec » ; XVIIe s.

gri-gri ou **gris-gris** n.m.
d'une LANGUE AFRICAINE (peut-être l'EWÉ de Guinée) *gri-gri*, « esprit malfaisant », puis « fétiche » (ou onomatopée, car la suite *gr* n'est pas attestée aujourd'hui en EWÉ) ; XVIe s.

grimace n.f.
probablement du FRANCIQUE **grima*, « masque », par l'ANCIEN FRANÇAIS *grimuche* ; XIVe s.

grincheux adj.
du NORMANNO-PICARD *grincher*, « grincer » ; XIXe s.

gringalet n.m.
du GALLOIS *Kreinkaled*, nom du cheval de sire Gauvain, dans la légende du roi Arthur (ou du SUISSE ALLEMAND *gränggeli*, « homme chétif ») ; XIIe s.

griot n.m. « sorcier »
peut-être du PORTUGAIS *criado*, « serviteur », premières attestations sous la forme *guiriot* ; XVIIe s.

griotte n.f. (cerise)
du PROVENÇAL *agriota*, de *agre*, « aigre » ; XVIe s.

gripper v.
du FRANCIQUE **gripan*, « saisir violemment » (d'où le FRANÇAIS *grippe*, « (maladie) qui saisit ») ; XVe s.

gris adj.
du FRANCIQUE **grîs* ; XIIe s.

grisou n.m.
d'un DIALECTE WALLON *grisou*, « (feu) grégeois », par l'ANCIEN FRANÇAIS *grécois*, du LATIN POPULAIRE *graeciscus*, du LATIN *graecus*, « grec » ; XVIIIe s.

grizzli ou **grizzly** n.m. (ours)
de l'ANGLAIS *grizzly bear*, de *bear*, « ours » et de *grizzly*, « grisâtre », de *grizzle*, qui vient de l'ANCIEN FRANÇAIS *grisel*, « gris » ; XIXe s.

groenendael n.m. (race canine)
du FLAMAND *Groenendael*, « de la vallée (*dael*) verte (*groen*) », ville de Belgique ; XXe s.

grog n.m.
de l'ANGLAIS *grog*, « ration de rhum coupé d'eau », de *Old Grog*, sobriquet de l'amiral Vernon, qui avait imposé cette boisson et qui portait toujours un manteau de *grogram* (tissu côtelé dont le nom vient du FRANÇAIS *gros-grain*) ; XVIIIe s.

groggy adj.
de l'ANGLAIS *groggy*, « ivre », dérivé de *grog*, « boisson au rhum » ; XXe s.

grole n.f. « chaussure »
d'origine dialectale indéterminée, peut-être PROVENÇALE ; XIXe s.

grommeler v.
du NÉERLANDAIS *grommen*, « grogner », par le fréquentatif *grommelen* ; XIVe s.

groom n.m.
de l'ANGLAIS *groom*, « valet », lui-même issu peut-être de l'ANCIEN FRANÇAIS *gromme*, « valet », d'où est dérivé *gourmet*, dont le sens premier était « valet de marchand de vin » ; XVIIe s.

groseille n.f.
du FRANCIQUE **krûsil*, « frisé », premier élément du HAUT-ALLEMAND *kruselbere*, littéralement « baie frisée » ; XIIe s.

grotesque adj.
de l'ITALIEN *grottesca*, de *grotta*, « grotte », avec le sens de « peinture de grotte » puis de « peinture grossière » ; XVIe s.

grotte n.f.
de l'ITALIEN *grotta*, venu du GREC *kryptê*, « souterrain », par le LATIN *crypta*, a éliminé l'ANCIEN FRANÇAIS *croute*, représentant régulier de *crypta* ; XVIe s.

grouiller v.
peut-être du MOYEN NÉERLANDAIS *grollen*, « grommeler ». Le verbe a ensuite pris le sens de « s'agiter en masse confuse » ; XVe s.

groupe n.m.
du FRANCIQUE **kruppa*, « masse arron-

die », par le LONGOBARD et l'ITALIEN *gruppo*, « nœud, assemblage » ; XVIIe s.

grouse n.f.
de l'ANGLAIS d'Écosse *grouse*, « coq de bruyère » ; XVIIIe s.

gruau n.m. (grain de céréale)
du FRANCIQUE **grût*, par l'ANCIEN FRANÇAIS *gru* ; XIIe s.

gruger v.
du NÉERLANDAIS *gruizen*, « écraser », de *gruis*, « grain » ; le sens premier de *gruger* était « écraser » ; le sens de « tromper » n'apparaît qu'au XVIIe s.

gruyère n.m.
du nom de la région SUISSE de *la Gruyère*, d'où est originaire ce fromage ; XVIIe s.

guano n.m. « déjections d'oiseaux »
du QUECHUA *uánu*, « fumier, engrais », par l'ESPAGNOL *guano* ; XVIe s.

guenille n.f.
étymologie incertaine, peut-être d'un radical GAULOIS **wadana*, « eau », par un DIALECTE DE L'OUEST ; XVIIe s.

guenon n.f.
étymologie incertaine, peut-être d'un radical GAULOIS **wadana*, « eau » ; XVIe s.

guenuche n.f. « femme de mauvaise vie » et « poupée »
du GAULOIS **wadana*, « eau », étymologie incertaine, peut-être par un DIALECTE CHAMPENOIS ; XVIe s.

guépard n.m.
de l'ITALIEN *gatto-pardo*, de *gatto*, « chat », et de *pardo*, du LATIN *pardus*, « panthère » ; XVIIIe s.

guêpe n.f.
du FRANCIQUE **wefsa*, croisé avec le LATIN *vespa*, prononcé [wespa], d'où *guêpe* ; XIIe s.

guère adv.
du FRANCIQUE **waigaro*, « beaucoup », l'expression s'employant, à partir du XVIIe s., surtout négativement : *ne...guère*, « pas...beaucoup » ; XIe s.

guérilla n.f.
de l'ESPAGNOL *guerrilla*, diminutif de *guerra*, « guerre » ; XIXe s.

guérillero n.m.
de l'ESPAGNOL *guerrillero*, « soldat d'une guérilla » ; XIXe s.

guérir v.
du FRANCIQUE **warjan*, « protéger », par l'ANCIEN FRANÇAIS *guarir*, *garir*, « défendre, protéger » ; sens actuel à partir du XIIe s. ; XIe s.

guérite n.f.
du PROVENÇAL *garida*, de *garir*, « protéger, défendre » ; XIIIe s.

guerre n.f.
du FRANCIQUE **werra*, « émeute, tumulte », qui a éliminé le LATIN *bellum*, « combat », trop proche de *bellus*, « beau » ; XIe s.

guêtre n.f.
probablement du FRANCIQUE **wrist*, « cou-de-pied » ; XVe s.

guetter v.
du FRANCIQUE **wahtôn*, « veiller » ; XIe s.

gueux n.m. et adj.
du MOYEN NÉERLANDAIS *guit*, « vaurien » ; XVe s.

gui n.m. (plante)
peut-être du FRANCIQUE **wîhsila* « griotte », croisé avec le LATIN *viscum*, « gui » et « glu » (cette dernière étant

souvent faite en écrasant des boules de gui) ; XIVe s.

guibole ou **guibolle** n.f. « jambe »
altération d'un DIALECTE NORMAND *guibon*, *guibonne*, origine obscure (peut-être de l'ANCIEN FRANÇAIS *giber*, « secouer », ou du PROVENÇAL *guimba*, « sauter ») ; XIXe s.

guichet n.m.
probablement de l'ANCIEN SCANDINAVE *vik*, « cachette », avec influence éventuelle de l'ANCIEN FRANÇAIS *huisset*, « petite porte » ; XIIe s.

guide n.m.
du FRANCIQUE **wîtan*, « indiquer une direction », par l'ANCIEN FRANÇAIS *guis*, *guion*, lui-même influencé par l'ITALIEN (ou l'ANCIEN PROVENÇAL) *guida*, « celui qui guide » ; XIVe s.

guider v.
du FRANCIQUE **wîtan*, « indiquer une direction », par l'ANCIEN FRANÇAIS *guier*, lui-même influencé par l'ITALIEN (ou l'ANCIEN PROVENÇAL) *guidare*, « guider » ; XIVe s.

guigne n.f. (cerise)
probablement du FRANCIQUE **wîhsila*, « griotte », par le LATIN MÉDIÉVAL *guina* ; XIVe s.

guigner v.
du FRANCIQUE **winkan* ou **winkjan*, « faire signe » ; XIIe s.

guignol n.m.
de *Guignol*, nom d'un personnage de marionnettes lyonnaises ; XIXe s.

guignolet n.m. (liqueur)
du FRANCIQUE **wîhsila*, « griotte, guigne », par le LATIN MÉDIÉVAL *guina*, par un DIALECTE ANGEVIN *guignolet*, diminutif de *guigne* ; XIXe s.

guilledou n.m.
du FRANCIQUE **wigila*, « ruse », par l'ANCIEN FRANÇAIS *guille*, « ruse », croisé avec l'adverbe *doux* ; XVIe s.

guillocher v.
de l'ITALIEN *ghiocciare*, de *gocciare*, de *goccia*, « goutte » ; XVIe s.

guimbarde n.f.
du PROVENÇAL *guimbardo*, « danse », de *guimba*, « sauter, gambader » ; XVIe s.

guimpe n.f. (corsage)
du FRANCIQUE **wimpil*, « banderole », par l'ANCIEN FRANÇAIS *guimple* ; XIIe s.

guindeau n.m. « cabestan »
de l'ANCIEN SCANDINAVE *windass*, composé de *winda*, « hisser, tourner », et de *ass*, « la barre », par l'ANCIEN FRANÇAIS *guindas* ; XIIe s.

guinder v. (raidir)
de l'ANCIEN SCANDINAVE *winda*, « hisser à l'aide d'un treuil » ; XIIe s.

guingois (de) loc. (de travers)
probablement du GERMANIQUE *gîga*, de même racine que *gigue*, « instrument de musique », et *giguer*, « gambader », altéré en *ginguer*, *guinguer*, « sauter », d'où *guingois* ; XVe s.

guinguette n.f.
probablement du GERMANIQUE *gîga*, par l'ANCIEN FRANÇAIS *gigue*, « instrument de musique », et *giguer*, « gambader », croisé avec *guinguet*, « étroit », d'où (*maison*) *guinguette* ; XVIIe s.

guirlande n.f.
peut-être du FRANCIQUE **wêron*, « garnir », par le PROVENÇAL *guirlanda* et l'ITALIEN *ghirlanda* ; XVe s.

guise (en) loc.
du FRANCIQUE **wisa*, « manière » ; XIe s.

guitare n.f.
de l'ARABE *qîtâra*, issu lui-même du GREC *kithara* (qui a donné le FRANÇAIS *cithare*), par l'ESPAGNOL *guitarra* ; XIVe s.

guru → **gourou**.

gymkhana n.m.
de l'HINDOUSTANI *gend khana*, « maison de danse », par l'ANGLAIS *gymkhana*, d'abord « garden-party », puis « compétition sportive de voitures » ; XXe s.

H

habiller v.
du GAULOIS, par le LATIN POPULAIRE **bilia*, « tronc d'arbre », par l'ANCIEN FRANÇAIS *abillier*, « préparer, apprêter (une bille de bois) », qui, par rapprochement avec *habit*, a ensuite pris le sens de « vêtir » au XVe s. (cf. bille.)

hâbleur adj. et n.m.
de l'ancien verbe *hâbler*, « se vanter », emprunté à l'ESPAGNOL *hablar*, « parler », du LATIN *fabulari*, « raconter » ; XVe s.

hache n.f.
du FRANCIQUE **hâppja* ; XIIe s.

hachisch → **haschisch**.

haddock n.m. (aiglefin, généralement fumé)
de l'ANGLAIS *haddock*, emprunté lui-même à l'ANGLO-NORMAND *hadoc* ; XVIIIe s.

hagard adj.
probablement du GERMANIQUE ; ce mot désignait à l'origine un faucon resté sauvage ; XIVe s.

haie n.f.
du FRANCIQUE **hagja* ; XIIe s.

haillon n.m.
du MOYEN HAUT-ALLEMAND *hadel*, « lambeau », XVe s.

haïr v.
du FRANCIQUE **hatjan* ; XIe s.

haler v.
du NÉERLANDAIS *halen*, « tirer », XIIe s.

hâler v.
peut-être du FRANCIQUE **hallôn*, « dessécher » (ou du LATIN POPULAIRE **assulare*, dérivé du LATIN CLASSIQUE *assare*, « rôtir ») ; XIIe s.

hall n.f.
de l'ANGLAIS *hall*, lui-même du FRANCIQUE **halla*, « vaste lieu couvert » ; XVIIe s.

hallali n.m.
peut-être du FRANCIQUE **hara*, « cri pour exciter les chiens », par l'ANCIEN FRANÇAIS *hare*, puis *hale*, pour *hare à lui* (ou onomatopée) ; XVIIIe s.

halle n.f.
du FRANCIQUE **halla*, « vaste lieu couvert » ; XIIIe s.

hallebarde n.f.
du MOYEN HAUT-ALLEMAND *helmbarte*, de *barte*, « hache », et *helm*, « à poignée », par l'ITALIEN *alabarda* ; XIVe s.

hallier n.m.
du FRANCIQUE **hasal*, par le LATIN POPULAIRE *hasla*, « rameau » ; XVe s.

halte n.f.
de l'ALLEMAND *Halt*, « arrêt », de *halten*, « s'arrêter », par un DIALECTE PICARD pour le sens « lieu où l'on séjourne » ; XVIe s.

hamac n.m.
de l'ARAWAK *hamacu*, par l'ESPAGNOL *hamaca* ; XVIe s.

hamburger n.m. « steak haché »
de l'ANGLAIS *Hamburger* (*steak*), « (steak) de Hambourg ». L'origine de la référence à la ville de Hambourg pour qualifier un steak est inconnue. Les Américains utilisent aujourd'hui *burger* comme suffixe dans de nombreux composés, comme *cheeseburger*, « steak au fromage » ; XXe s.

hameau n.m.
du FRANCIQUE **haim*, « village », par l'ANCIEN FRANÇAIS *ham*, « village » (ou par le DIALECTE PICARD *hem*) ; XIIIe s.

hampe n.f. (manche)
du FRANCIQUE *hant*, « main », croisé avec le LATIN *hasta*, « lance, tige », par l'ANCIEN FRANÇAIS *hante*, « lance, manche » ; XVIe s.

hamster n.m. (petit rongeur)
de l'ALLEMAND *Hamster* ; XVIIIe s.

hanche n.f.
du FRANCIQUE **hanka* ; XIIe s.

handball n.m.
de l'ALLEMAND *Handball*, de *Hand*, « main », et *Ball*, « balle » ; XXe s.

handicap n.m.
de l'ANGLAIS *hand i(n) cap*, « main dans le chapeau », sorte de jeu où les joueurs mettaient leurs affaires personnelles aux enchères entre eux et misaient dans un chapeau, puis dans les courses de chevaux, poids supplémentaire à faire porter aux chevaux les plus forts ; XIXe s.

hangar n.m.
du FRANCIQUE **haimgard*, de *haim*, « village », et *gard*, « enclos » ; XIVe s.

hanneton n.m. (insecte)
du FRANCIQUE **hano*, « coq » ; XIe s.

hanter v.
de l'ANCIEN SCANDINAVE *heimta*, « ramener les moutons des pâturages à l'étable », de la même racine GERMANIQUE **haim* que *hameau*. Le verbe *hanter*, « fréquenter habituellement », existe en FRANÇAIS depuis le XIIe s. Il a emprunté le sens « fréquenté par des fantômes » à l'ANGLAIS *haunted*, lui-même provenant du FRANÇAIS *hanter* ; XIXe s.

happening n.m.
de l'ANGLAIS *happening*, « événement », de (*to*) *happen*, « arriver, survenir » ; XXe s.

happer v.
onomatopée, probablement d'origine GERMANIQUE *happ-* ; XIIe s.

hara-kiri n.m.
du JAPONAIS *harakiri*, « ouverture du ventre », de *hara*, « ventre », et *kiri*, « couper » ; XIXe s. (cf. 1re partie, chap. 8).

harangue n.f. (discours)
du FRANCIQUE **hari-hring*, « réunion de

l'armée », par l'ANCIEN ITALIEN *aringa* (ou par le LATIN POPULAIRE *harenga*) ; XVe s.

haras n.m.
d'origine obscure, peut-être de l'ANCIEN SCANDINAVE *hârr*, « au poil gris » ; XIIe s.

harasser v.
du FRANCIQUE **hara*, « cri pour exciter les chiens », par l'ANCIEN FRANÇAIS *harer*, « exciter les chiens » ; XVIe s.

harde n.f. « troupeau »
du FRANCIQUE **herda*, « troupeau » ; XIIe s.

hardi adj.
du FRANCIQUE **hardjan*, « rendre dur », par l'ANCIEN FRANÇAIS *hardir*, « rendre courageux », d'où le participe passé *hardi*, « courageux » ; XIe s.

harem n.m.
de l'ARABE *ḥaram*, « ce qui est défendu », d'où le sens de « femme à qui un homme étranger n'a pas le droit de rendre visite » ; XVIIe s.

hareng n.m.
du FRANCIQUE **haring* ; XIIe s.

hargne n.f.
du FRANCIQUE **harmjan*, « tourmenter » ; XIIIe s.

haricot n.m. (ragoût de mouton)
du FRANCIQUE **harion*, par l'ANCIEN FRANÇAIS *harigoter*, « couper en morceaux » ; XIVe s.

haricot n.m. (fève)
du NAHUATL *ayacotl*, avec influence de l'ANCIEN FRANÇAIS *harigoter* (d'où vient *haricot* de mouton) ; XVIIe s.

haridelle n.f. (cheval efflanqué)
probablement de l'ANCIEN SCANDINAVE *hârr*, « au poil gris » ; XVIe s.

harmonica n.m.
de l'ALLEMAND *Harmonika*, formé sur le LATIN *harmonica*, « harmonieuse » ; XVIIIe s.

harnais n.m.
de l'ANCIEN SCANDINAVE **hernest*, « provision pour l'armée », d'où « équipement d'un homme d'armes », puis « équipement de son cheval » ; XIIe s.

haro interj.
du FRANCIQUE **hara*, par l'ANCIEN FRANÇAIS *hare*, « cri pour exciter les chiens » ; XIIe s. (cf. harasser).

harpe n.f. (instrument de musique)
du GERMANIQUE **harpa* ; XIIe s.

harpon n.m.
de l'ANCIEN SCANDINAVE **harpa*, « action de tordre », par l'ANCIEN FRANÇAIS *harper*, « empoigner » ; XVe s.

hasard n.m.
de l'ARABE *az-zahr*, « dé, jeu de dés », par l'ESPAGNOL *azar*, « hasard » ; XIIe s.

haschisch ou **hachisch** n.m.
de l'ARABE *hâchich*, « herbe » ; XVIe s.

hase n.f. « femelle du lièvre »
de l'ALLEMAND *Hase*, « lièvre » ; XVIe s.

hâte n.f. (précipitation)
du FRISON **haist*, « violence » ; XIIe s.

hauban n.m.
de l'ANCIEN SCANDINAVE *höfud benda*, de *benda*, « lien », et *höfud*, « sommet du mât », d'où le FRANÇAIS *hauban* ; XIIe s.

haubert n.m.
du FRANCIQUE **halsberg*, « ce qui pro-

tège le cou », de *bergen*, « protéger », et *hals*, « cou », par l'ANCIEN FRANÇAIS *halberc* ; XIIIe s.

hautboïste n.m.
de l'ALLEMAND *Oboist* ; XIXe s.

haute-fidélité n.f.
calque de l'ANGLAIS *high fidelity*, « haute-fidélité » ; XXe s.

haut-parleur n.m.
calque de l'ANGLAIS *loud-speaker*, de *loud*, « fort », et de *speaker*, « celui qui parle » ; XXe s.

hauturier adj. (de haute mer)
du PROVENÇAL *auturié*, de *auturo*, « hauteur », la navigation hauturière étant une navigation en haute mer où l'on ne peut se diriger que par la hauteur des étoiles ; XVIIe s.

havane n.m. et adj. (tabac)
de l'ESPAGNOL *habana*, « havane », de *La Habana*, « (la ville de) La Havane » ; XIXe s.

hâve adj.
du FRANCIQUE **haswi*, « blême » ; XIIe s.

havre n.m.
du MOYEN ANGLAIS *haefen*, lui-même issu de l'ANCIEN SCANDINAVE *höfn* (ou du NÉERLANDAIS *haven*, « port ») ; XIIe s.

havresac n.m.
de l'ALLEMAND *Habersack* (ou du NÉERLANDAIS *haversak*), « sac à avoine » ; XVIIe s.

heaume n.m.
du FRANCIQUE **helm*, « casque » ; Xe s.

hégire n.f.
de l'ARABE *al-hedjra*, « la fuite (de Mahomet, de La Mecque à Médine) », par l'ITALIEN *hegira* ; XVIe s.

héler v.
de l'ANGLAIS (*to*) *hail*, « saluer », du substantif *hail*, « santé, bonheur, prospérité », de l'ANCIEN SCANDINAVE ; XVe s.

héliport n.m.
de l'ANGLAIS *heliport*, contraction de *heli(copter)*, « hélicoptère », emprunté au FRANÇAIS, et de *(air)port*, « aéroport », du LATIN *aer*, « air » et *portus*, « port » ; XXe s.

henné n.m. (colorant végétal)
de l'ARABE *al-hinna*, « le henné » ; XVIe s.

hennin n.m.
peut-être du NÉERLANDAIS *henninck*, « coq » ; XVe s.

héraut n.m.
du FRANCIQUE **hariwald*, « chef d'armée » ; XIIe s.

hère n.m. « miséreux »
peut-être de l'ALLEMAND *Herr*, « seigneur », par dérision, ou de *haire*, désignant le pèlerin qui porte la *haire* (du GERMANIQUE **harja*, « vêtement grossier fait de poils ») ; XVIe s.

héroïne n.f. (drogue)
de l'ALLEMAND *Heroin*, formé sur le GREC *Eros*, par allusion aux effets de ce produit ; XXe s.

héron n.m.
du FRANCIQUE **haigiro* ; XIIe s.

hertz n.m. (unité de fréquence)
du nom du physicien allemand *Hertz* ; XXe s.

hêtre n.m.
du FRANCIQUE **haistr*, dérivé de **haisi*, « buisson, fourré » ; a éliminé l'ANCIEN FRANÇAIS *fou*, du LATIN *fagus* ; XIIIe s.

heurter v.
du FRANCIQUE **hurt*, « heurter comme un bélier » ; XIIe s.

hévéa n.m.
du QUECHUA *hyeve*, « arbre à caoutchouc », latinisé par les botanistes en *hévéa* ; XVIIIe s.

hi-fi adj.
acronyme de l'ANGLAIS *hi(gh)-fi(delity)*, « haute-fidélité » ; XXe s.

hippie ou **hippy** adj.
de l'ANGLAIS *hippy*, d'origine inconnue ; XXe s.

hisser v.
du NÉERLANDAIS *hischen* ; XVIe s.

hit-parade n.m.
de l'ANGLAIS *hit-parade*, de *hit*, « succès fracassant », et de *parade*, emprunté au FRANÇAIS ; XXe s.

hobby n.m.
de l'ANGLAIS *hobby horse*, « cheval aubin » (dont l'allure est défectueuse) puis « cheval de bois » et enfin « passe-temps, dada » ; XIXe s.

hobereau n.m.
probablement du MOYEN NÉERLANDAIS *hoblelen*, « se démener ». Le premier sens en ANCIEN FRANÇAIS était « faucon » ; le sens moderne « noble » date du XVIe s. ; XIIe s.

hocher v.
du FRANCIQUE **hottisôn*, « secouer » ; XIIe s.

hockey n.m.
du FRANCIQUE **hôk*, « crochet », par l'ANCIEN FRANÇAIS *hocquet*, « bâton fourchu », qui a été emprunté par l'ANGLAIS *hockey* avant de revenir en FRANÇAIS sous la forme *hockey* ; XIXe s.

holding n.m. ou f.
de l'ANGLAIS *holding company*, de *holding*, « qui possède, qui contrôle », et de *company*, « société » ; XXe s.

hold-up n.m.
de l'ANGLAIS *hold up*, « attaque à main armée », abréviation de l'ANGLAIS *hold up your hands* !, « haut les mains ! » ; XXe s.

homard n.m.
de l'ANCIEN SCANDINAVE *humarr* ; XVIe s.

home n.m.
du VIEIL ANGLAIS *ham*, « village », puis *home*, « domicile », issus tous deux du FRANCIQUE **haim*, « village » ; XIXe s.

hongrois adj. et n.
du TURC *ogur*, « flèche », mot utilisé par les Turcs pour désigner les Magyars, par le LATIN d'Allemagne *hungarus* et l'ANCIEN FRANÇAIS *ongre*, *hongre* ; XVIe s.

honnir v.
du FRANCIQUE **haunjan* ; XIIe s.

honorable adj. (marque de politesse)
de l'ANGLAIS *honourable*, terme de politesse lorsqu'on s'adresse publiquement à un député, de l'ANCIEN FRANÇAIS *onorer*, du LATIN *honorare* ; XIXe s.

honte n.f.
du FRANCIQUE **haunita* ; XIe s.

horde n.f. (troupe errante)
du TURC *ordu*, « camp », par le TARTARE *horda* ; XVIe s.

hormone n.f.
de l'ANGLAIS *hormone*, du GREC *hormôn*, « exciter » ; XXe s.

hors-bord n.m.
calque de l'ANGLAIS *outboard*, de *out*, « à l'extérieur de », et *board*, « bord (au sens maritime) », d'où « situé à l'exté-

rieur du bateau » (en parlant du moteur) ; XXe s.

hors-la-loi n.m.
calque de l'ANGLAIS *outlaw*, de *out*, « hors de », et de *law*, « loi » ; XVIIIe s.

hosanna n.m.
de l'HÉBREU *hôschî'a-nâ*,. « sauve (-nous) » ; XIIe s.

hot-dog n.m. (saucisse chaude)
de l'ANGLAIS *hot-dog*, littéralement « chien chaud », de *hot*, « chaud » et de *dog*, « chien », peut-être à cause de la ressemblance avec un basset ; XXe s.

hôtesse n.f. « préposée à l'accueil »
de l'ANGLAIS *hostess*, emprunté à l'ANCIEN FRANÇAIS *ostess* avec les sens de « aubergiste », puis de « maîtresse de maison qui reçoit ». Le premier emploi de *hôtesse* avec le sens de « préposée à l'accueil » a été *hôtesse de l'air* ; XXe s.

hotte n.f.
du FRANCIQUE **hotta* ; XIIIe s.

hottentot adj. et n.m.
du NÉERLANDAIS *hottentot*, « bégayeur » ; XVIIe s.

houblon n.m.
du NÉERLANDAIS *hoppe*, croisé avec l'ANCIEN FRANÇAIS *homlon*, « houblon », issu lui-même du FRANCIQUE **humilo*, par le LATIN MÉDIÉVAL *humlone* ; XVe s.

houe n.f. (instrument aratoire)
du FRANCIQUE **hauwa* ; XIIe s.

houille n.f.
du FRANCIQUE **hukila*, « bosse, monceau », diminutif de **hukk*, « tas », par le DIALECTE WALLON *hoye*, « fragment ». La houille a été découverte au XIIe s. sur les bords de la Meuse ; XVIe s.

houle n.f.
probablement du GERMANIQUE **hol*, « creux », par le NORMAND *houle*, « cavité où se retirent les poissons ». Le sens du mot français se rapporte sans doute à l'aspect du « creux » des vagues ; XVIe s.

houlette n.f. (bâton de berger)
du FRANCIQUE par l'ANCIEN FRANÇAIS *houler*, « jeter, lancer » ; XIIIe s.

houppe n.f. (mèche de cheveux)
du NÉERLANDAIS *hoop*, « tas » ; XIVe s.

houppelande n.f.
peut-être du VIEIL ANGLAIS *hop-pâda*, « manteau » ; XIIIe s.

hourra n.m.
de l'ANGLAIS *huzza* et plus tard *hurrah*, « cri d'encouragement » (ou du RUSSE *ura*, « cris poussés par les cosaques ») ; XIXe s.

housse n.f.
du FRANCIQUE **hulftia*, « couverture, fourreau » ; XIIe s.

houx n.m. (arbuste)
du FRANCIQUE **hulis* ; XIIe s.

hovercraft n.m.
de l'ANGLAIS *hovercraft*, « bateau à coussin d'air », de (*to*) *hover*, « planer », et de *craft*, « embarcation » ; XXe s.

hublot n.m.
du FRANCIQUE **hûba*, « coiffe », par l'ANCIEN FRANÇAIS *huve*, « bonnet, couvercle », et son diminutif *huvelot* ; XVIIIe s.

huche n.f. « coffre en bois »
probablement du GERMANIQUE *hüten*, « garder », par le LATIN MÉDIÉVAL *hutica* et l'ANCIEN FRANÇAIS *huge*, « coffre » ; XIIe s.

huguenot adj. et n.m. (protestant)
de l'ALLEMAND *Eidgenosse(n)*, « confédérés » (en parlant des cantons associés à celui de Genève pour lutter contre le duc de Savoie, qui voulait les annexer). La forme *huguenot* s'explique par le nom du chef du parti anti-savoyard, *Hugues* Besançon. Comme, à la même époque, la Réforme pénétra à Genève, les protestants furent confondus dans cette appellation avec les Genevois ; XVIe s.

humoriste n.m.
de l'ANGLAIS *humorist*, « qui a de l'humour » ; mais le FRANÇAIS *humoriste* existait auparavant, de l'ANCIEN ITALIEN *umorista*, « capricieux », avec le sens médical de « partisan de la théorie des quatre humeurs » ; XVIIIe s. de la théorie des quatre humeurs » ; XVIIIe s.

humoristique adj.
de l'ANGLAIS *humoristic*, « relatif à l'humour » ; XVIIIe s.

humour n.m.
de l'ANGLAIS *humour*, emprunté lui-même au FRANÇAIS *humeur*, du LATIN *humor*, « liquide » ; XVIIIe s.

hune n.f.
de l'ANCIEN SCANDINAVE (ou de l'ISLANDAIS) *hûnn*, « tête de mât » ; XIIe s.

hure n.f. (tête)
d'un DIALECTE DU NORD, d'origine obscure ; XIIe s.

hussard n.m.
du HONGROIS *huszar*, « le vingtième », de *husz*, « vingt » (dans les guerres contre les Turcs, chaque village devant fournir, pour vingt habitants, un cavalier), par l'ALLEMAND *Husar* ; XVIIe s.

hutte n.f. (habitation)
du FRANCIQUE **hutta* ; XIVe s.

hypnotisme n.m.
de l'ANGLAIS *hypnotism*, terme créé en 1842 par le médecin anglais James Braid, à partir du GREC *hypnos*, « sommeil » ; XIXe s.

I

iceberg n.m.
du NORVÉGIEN *ijsberg*, « montagne de glace », de *ijs*, « glace », et *berg*, « montagne », par l'ANGLAIS *iceberg* ; XIXe s.

icône n.f.
du RUSSE *ikona*, « image sainte », lui-même emprunté au GREC BYZANTIN *eikona* ; XIXe s.

idylle n.f.
de l'ITALIEN *idillio*, du LATIN *idyllium*, du GREC *eidyllion*, « petit poème lyrique » ; XVIIe s.

if n.m. (arbre)
du GAULOIS *ivos* ; XIe s.

igloo ou **iglou** n.m.
de l'ESKIMO *iglou*, « maison » ; XIXe s.

igname n.f. (plante à tubercule)
peut-être du BANTOU, par le PORTUGAIS *inhame* et par l'ESPAGNOL *iñame* (aujourd'hui *ñame*) ; XVIe s.

iguane n.m. (reptile)
de l'ARAWAK *iwana*, par l'ESPAGNOL *iguana* ; XVIIe s.

imbroglio n.m.
de l'ITALIEN *imbroglio*, de *imbrogliare*, « embrouiller » ; XVIIe s.

immature adj.
de l'ANGLAIS *immature*, « qui n'a pas atteint la maturité », emprunté à l'ANCIEN FRANÇAIS *immature*, du LATIN *immaturus*, « qui n'est pas mûr » ; XXe s.

impédance n.f. (électricité)
de l'ANGLAIS *impedance*, de (*to*) *impede*, « entraver », du LATIN *impedire*, « empêcher » ; XXe s.

impérialisme n.m.
de l'ANGLAIS *imperialism*, de *imperial*, emprunté à l'ANCIEN FRANÇAIS *emperial, imperial*, du LATIN *imperialis* ; XIXe s.

impérialiste adj. et n.
de l'ANGLAIS *imperialist*, de *imperial*, lui-même de l'ANCIEN FRANÇAIS *emperial, imperial*, du LATIN *imperialis* ; XIXe s.

importation n.f.
dérivé de l'ANGLAIS (*to*) *import*, « importer » (au sens commercial), du LATIN *importare*, « porter dans » ; XVIIIe s.

importer v.
de l'ANGLAIS (*to*) *import*, « importer » (au sens commercial), du LATIN *importare*, « porter dans » ; XIVe s.

import-export n.m.
de l'ANGLAIS *import-export*, « importation-exportation » (ou abréviation des mots français) ; XXe s.

impresario n.m.
de l'ITALIEN *impresario*, de *impresa*, « entreprise » ; XVIIIe s.

improviser v.
de l'ITALIEN *improwisare*, de *improwiso*, « imprévu » ; XVIIe s.

improviste (à l') loc.
de l'ITALIEN *improwisto*, synonyme de *improwiso*, « imprévu », du LATIN *improvisus* ; XVIe s.

impulser v.
de l'ANGLAIS (*to*) *impulse*, « donner une impulsion », de même origine que le FRANÇAIS *impulsion*, du LATIN *impulsus*, part. passé de *impellere*, « ébranler » ; XXe s.

inca n. et adj.
du QUECHUA *inca*, « fils du Soleil » ; XVIe s.

incarnat adj.
de l'ITALIEN *incarnato*, « couleur de chair » ; XVIe s.

incartade n.f. (écart de conduite)
de l'ITALIEN *in quartata*, « (coup d'épée) en quarte » (terme d'escrime) ; XVIIe s.

incidence n.f.
de l'ANGLAIS *incidence*, repris à l'ANCIEN FRANÇAIS *incidence* ; XVIIe s.

incognito adv.
de l'ITALIEN *incognito*, « inconnu » ; XVIe s.

inconsistance n.f.
de l'ANGLAIS *inconsistency*, « incompatibilité, incohérence », terme utilisé en logique ; XVIIIe s.

inconstitutionnel adj.
de l'ANGLAIS *unconstitutional* ; XVIIIe s.

indélicat adj.
calque de l'ANGLAIS *indelicate*, « qui manque de délicatesse morale », terme créé par l'écrivain anglais Richardson, sur le LATIN *delicatus* ; XVIIIe s.

indésirable adj.
de l'ANGLAIS *undesirable*, « qui est rejeté par un pays ou une communauté », lui-même dérivé du FRANÇAIS *désirable* ; XIXe s.

indigo n.m.
de l'ESPAGNOL *indigo*, par le NÉERLANDAIS *indigo*, du LATIN *indicum*, « de l'Inde », pays d'où provenait ce colorant bleu ; XVIIe s.

induction n.f. (électromagnétisme)
de l'ANGLAIS *induction*, proposé par le physicien anglais Humphrey Davy et utilisé par Faraday, nouveau sens de l'ANCIEN FRANÇAIS *induction*, « action d'amener qqn à faire qqch » (cf. *induire en erreur*) ; XIXe s.

infant, infante n. (titre espagnol)
de l'ESPAGNOL *infante*, d'abord « enfant », puis « enfant de noble », du LATIN *infans*, « qui ne parle pas » ; XVe s.

infanterie n.f.
de l'ITALIEN *fanteria*, de *fante*, « valet, soldat », du LATIN *infans*, dont le sens est à l'origine « qui ne parle pas » ; XVIe s.

infinitésimal adj.
de l'ANGLAIS *infinitesimal*, de *infinite*, « infini » (ou dérivé de l'ANCIEN FRANÇAIS *infinitésime*) ; XVIIIe s.

inflation n.f.
de l'ANGLAIS *inflation*, « hausse des prix », qui vient lui-même de l'ANCIEN FRANÇAIS *inflation*, « gonflement », du LATIN *inflatio*, « enflure » ; XXe s.

inflationniste adj.
de l'ANGLAIS *inflationist* ; XXe s.

informel adj. (sans caractère officiel)
de l'ANGLAIS *informal*, de *in-* privatif, et de *formal*, « formel, empreint de formalisme ». Le FRANÇAIS *informel* existait déjà, mais avec le sens de « aux formes non définissables » ; XXe s.

ingambe adj.
de l'ITALIEN *in gamba*, proprement « en jambe », d'où « alerte » ; XVIe s.

ingénierie n.f.
adaptation de l'ANGLAIS *engineering*, de *engineer*, « ingénieur », emprunté à l'ANCIEN FRANÇAIS *engigneur* et refait par la suite sur le LATIN POPULAIRE *ingeniarius*. *Ingénierie* a été proposé par le Comité d'étude des termes techniques français pour traduire *engineering* ; XXe s.

inoculation n.f.
de l'ANGLAIS *inoculation*, « greffe » puis « inoculation (de vaccin) », à partir du LATIN *inoculare*, « greffer », de *in*, « dans », et *oculus*, « œil, bourgeon ». Peut-être emprunté au FRANÇAIS *inoculation*, qui avait ce sens au XVIe s., mais il semble bien que le sens moderne, qui date de la vaccination contre la variole, soit emprunté à l'ANGLAIS ; XVIIIe s.

inoculer v.
de l'ANGLAIS (*to*) *inoculate*, « greffer » puis « inoculer », du LATIN *inoculare*, « greffer », de *in*, « dans », et de *oculus*, « œil, bourgeon » ; XVIIIe s.

in petto loc.
de l'ITALIEN *in petto*, proprement « dans la poitrine » ; XVIIe s.

insane adj. (déraisonnable)
de l'ANGLAIS *insane*, « fou », du LATIN *insanus*, « insensé » ; XVIIIe s.

insanité n.f. « parole insensée »
de l'ANGLAIS *insanity*, « folie », du LATIN *insanitatem*, de *insanus*, « fou » ; XVIIIe s.

instrumentalisme n.m. (doctrine philosophique)
de l'ANGLAIS *instrumentalism*, dérivé du LATIN *instrumentum*, « matériel, outillage » ; XXe s.

insuline n.f.
de l'ANGLAIS *insulin*, du LATIN *insula*, « île », cette hormone étant extraite des « îlots » du pancréas ; XXe s.

intelligentsia ou **intelligentzia** n.f.
du RUSSE *intelligentsia*, « ensemble des travailleurs non manuels » ; XXe s.

interférence n.f.
de l'ANGLAIS *interference*, de (*to*) *interfere*, « interférer » (cf. interférer) ; XIXe s.

interférer v.
de l'ANGLAIS (*to*) *interfere*, emprunté à l'ANCIEN FRANÇAIS *s'entreferir*, « s'entrechoquer », de *férir*, « frapper » ; XIXe s.

interlope adj.
du NÉERLANDAIS *inter-lôpen*, « s'entremettre en fraude », par l'ANGLAIS *interloper*, « navire qui navigue en fraude » ; XVIIe s.

interlude n.m.
de l'ANGLAIS *interlude*, « intermède », du LATIN MÉDIÉVAL *interludium*, de *inter*, « entre », et *ludus*, « jeu » ; XIXe s.

intermède n.m.
de l'ITALIEN *intermedio*, du LATIN *intermedius*, « interposé », de *inter*, « entre », et *medium*, « milieu » ; XVIe s.

international adj.
de l'ANGLAIS *international*, mot créé en 1780 par le juriste anglais Jeremy Bentham ; XIXe s.

interview n.f. ou n.m.
de l'ANGLAIS *interview*, « entrevue », emprunté à l'ANCIEN FRANÇAIS *entreveue* ; XIXe s.

interviewer v.
de l'ANGLAIS (*to*) *interview* « interroger » ; XIXe s.

intransigeant adj.
de l'ESPAGNOL *intransigente*, dérivé du LATIN *transigere*, « transiger » ; XIXe s.

intrigue n.f.
de l'ITALIEN *intrigo*, du LATIN *intricare*, « embrouiller » ; XVIe s.

intriguer v.
de l'ITALIEN *intrigare*, du LATIN *intricare*, « embrouiller ». L'ANCIEN FRANÇAIS avait *intriquer*, de même racine latine, qui a été éliminé par *intriguer* ; XVIe s.

introspection n.f.
de l'ANGLAIS *introspection*, du LATIN *introspicere*, « regarder à l'intérieur » ; XIXe s.

introversion n.f.
de l'ALLEMAND *Introversion*, à partir du LATIN *introversus*, « vers l'intérieur » ; XXe s.

invariant n.m.
de l'ANGLAIS *invariant* ; XIXe s.

investir v. (des capitaux)
de l'ITALIEN *investire*, « assiéger », par l'ANGLAIS (*to*) *invest*, « placer (des capitaux) », nouveau sens pour le FRANÇAIS *investir*, qui existait déjà avec le sens de « donner l'investiture » ; XVe s.

investir v. (une place forte)
de l'ITALIEN *investire*, « assiéger », nouveau sens pour le FRANÇAIS *investir*, qui existait déjà avec le sens de « donner l'investiture » ; XXe s.

investissement n.m.
adaptation de l'ANGLAIS *investment*, de (*to*) *invest*, « placer (des capitaux) » ; XXe s.

ion n.m.
de l'ANGLAIS *ion*, mot créé par le physicien anglais Faraday en 1834 à partir du GREC *iôn*, participe présent du verbe *ienai*, « aller » ; XIXe s.

ionique adj.
de l'ANGLAIS *ionic*, dérivé de l'ANGLAIS *ion* ; XXe s.

ionisation n.f.
de l'ANGLAIS *ionization*, de (*to*) *ionize*, « ioniser », dérivé de l'ANGLAIS *ion* ; XXe s.

ioniser v.
de l'ANGLAIS (*to*) *ionize*, dérivé de l'ANGLAIS *ion* ; XXe s.

ipéca ou **ipécacuana** n.m. (plante médicinale)
du TUPI *ipeka'kuaña*, de *i'peka*, « canard », et *a'kuaña*, « pénis », par le PORTUGAIS *ipecacuanha* ; XIXe s.

isard n.m. (chamois)
d'un mot IBÈRE signifiant « étoile » (cf. le BASQUE *izar*, « étoile ») ou de l'ARABE *hizah*, « lion » ; XIVe s.

isba n.f.
du RUSSE *izba*, « maisonnette » ; XIXe s.

islam n.m.
de l'ARABE *islam*, « soumission » ; XVIIIe s.

isolationnisme n.m.
de l'ANGLAIS *isolationism*, de *isolation*, « isolement » ; XXe s.

isolationniste adj. et n.
de l'ANGLAIS *isolationist*, de *isolation*, « isolement » ; XXe s.

isolé adj.
de l'ITALIEN *isolato*, « séparé de toutes choses, comme une île l'est de la terre ferme », de *isola*, « île » ; XVIIe s.

isotope n.m.
de l'ANGLAIS *isotope*, à partir du GREC *isos*, « le même, l'identique », et *topos*, « lieu, place » ; se dit de deux éléments qui occupent la même place dans le tableau de Mendeleïev ; XXe s.

item n.m. (unité d'un ensemble)
de l'ANGLAIS *item*, à partir du LATIN *item*, « chose de même espèce » ; XXe s.

itinérant adj.
de l'ANGLAIS *itinerant*, du LATIN *itinerari*, « voyager » ; XIXe s.

J

jabot n.m.
du radical PRÉLATIN **gaba*, « gorge d'oiseau », par un DIALECTE AUVERGNAT ou LIMOUSIN *jabot*, « estomac » ; XVIᵉ s.

jacasser v.
d'un DIALECTE LYONNAIS, dérivé de *jaquette* (diminutif de *Jacques*), « geai, pie », avec influence de *agasse*, « pie » ; XIXᵉ s.

jachère n.f. (terre labourable)
du GAULOIS **ganscaria*, « charrue », de **gansko*, « branche », par le LATIN MÉDIÉVAL *gascaria* ; XIIIᵉ s.

jacquier ou **jaquier** n.m. « arbre à pain »
du MALAYALAM *chakka*, « fruit de l'arbre à pain », par le PORTUGAIS *jaqueira*, « arbre à pain » ; XVIᵉ s.

jade n.m.
de l'ESPAGNOL *piedra de la ijada*, « pierre du flanc », le jade passant pour guérir les coliques néphrétiques ; *ijada* vient lui-même du LATIN *ilia*, « flancs » ; XVIIᵉ s.

jaguar n.m.
du TUPI-GUARANI *jaúara*, par le PORTUGAIS *jaguarete*, avec le suffixe *-ete*, « vrai, authentique » ; XVIIIᵉ s.

jaillir v.
probablement du GAULOIS **gali-*, « bouillir », par le LATIN POPULAIRE **galire* ; XIIᵉ s.

jalousie n.f. (volet)
de l'ITALIEN *gelosia*, « persienne » ; XIIIᵉ s.

jaloux adj.
de l'ANCIEN PROVENÇAL *gilos*, du LATIN POPULAIRE *zelosus*, emprunté au GREC *zêlos*, « zèle » ; XIIᵉ s.

jamboree n.m. (fête scoute)
de l'ANGLAIS *jamboree*, lui-même d'origine inconnue (l'hypothèse d'une origine HINDI n'a pas été confirmée) ; XXᵉ s.

jam-session n.f.
de l'ANGLAIS *jam-session*, « réunion de musiciens de jazz qui improvisent », de *jam*, « foule, cohue », et *session*, « séance » ; XXᵉ s.

janissaire n.m.
du TURC *yenitcheri*, « nouvelle milice », de *yeni*, « jeune, nouveau », et *çeri*, « soldat, troupe », par l'ITALIEN *giannizzero* ; XVe s.

jante n.f.
du GAULOIS **cambo*, « courbe », par le LATIN POPULAIRE **cambita* ; XIIe s.

jaquette n.f. (vêtement)
de l'ARABE *schakk*, « mailles (d'une cotte) », par le CATALAN (ou du FRANÇAIS *jacques*, « sobriquet donné aux paysans »), par l'ANCIEN FRANÇAIS *jaque*, « vêtement court » ; XIVe s.

jaquette ou **jacket** n.f. (soins dentaires)
abréviation de l'ANGLAIS *jacket crown*, de *crown*, « couronne », et de *jacket*, « jaquette », emprunté à l'ANCIEN FRANÇAIS *jaquet*, lui-même emprunté précédemment à l'ARABE par le CATALAN (voir jaquette, « vêtement ») ; XXe s.

jaquier → **jacquier**.

jardin n.m.
du FRANCIQUE **gard*, « clôture », par l'ANCIEN FRANÇAIS *gart*, *jart* ; XIIe s.

jarre n.f. (vase)
de l'ARABE *djarra*, « grand vase de terre », par le PROVENÇAL *jarra* ; XVe s.

jarret n.m.
du GAULOIS **garra*, « jambe », peut-être par l'ANCIEN PROVENÇAL *garra* ; XIIe s.

jars n.m. « mâle de l'oie »
du FRANCIQUE **gard* ; XIIe s.

jasmin n.m.
du PERSAN *yâsamin*, par l'ARABE *yasimîn*, peut-être par l'ITALIEN *gelsomino* ; XVIe s.

jauge n.f. (mesure)
du FRANCIQUE **galga*, « perches » (nom collectif) ; XIIIe s.

java n.f. (danse)
du nom de l'île de *Java* ; XIXe s.

javelle n.f.
du GAULOIS **gabella*, « tas, poignée » ; XIIe s.

javelot n.m.
du GAULOIS **gabalaccos* ; XIIe s.

jazz n.m.
de l'ANGLAIS *jazz*, d'origine inconnue ; XXe s.

jean ou **jeans** n.m.
de l'ANGLAIS *jeans*, « treillis, grosse toile de Gênes », du nom de la ville de Gênes (prononcé à l'anglaise), d'où l'on importait ce tissu ; XXe s.

jeep n.f.(voiture militaire)
de l'ANGLAIS d'Amérique *G.P.* (prononcé djipi) pour *General Purpose*, « tous usages », peut-être influencé par un personnage de bande dessinée, nom déposé ; XXe s.

jerk n.m. (danse)
de l'ANGLAIS *jerk*, « secousse, saccade » ; XXe s.

jéroboam n.m. (grande bouteille)
de l'ANGLAIS *jeroboam*, du nom de *Jeroboam*, roi d'Israël qui conduisit son peuple au péché ; XXe s.

jerrycan ou **jerricane** n.m.
de l'ANGLAIS *jerrycan*, « bidon », de *can*, « récipient », et de *Jerry*, surnom donné par les Anglais aux Allemands en 1914. A désigné d'abord les bidons de l'armée allemande ; XXe s.

jersey n.m. (lainage)
de l'ANGLAIS *jersey*, du nom de l'île de *Jersey* ; XVIIe s.

jet n.m.
de l'ANGLAIS *jet plane*, « avion à réaction », de *(air)plane*, « avion », et de *jet*, avec le sens de « échappement violent d'un fluide par un petit orifice », lui-même emprunté au FRANÇAIS *jet*, de *jeter*, du LATIN *jactare* ; XXe s.

jiu-jitsu n.m.
du JAPONAIS *ju-jitsu*, « art de la souplesse », de *ju*, « doux » et de *jitsu*, « science » ; XXe s.

job n.m.
de l'ANGLAIS *job*, « travail, emploi » ; XIXe s.

jockey n.m.
de l'ANGLAIS *jockey*, diminutif de *Jock*, variante écossaise de *Jack*, hypocoristique de *John*, « Jean », appliqué aux gens du peuple, puis aux palefreniers ; XVIIIe s.

jogging n.m.
de l'ANGLAIS *(to) jog*, « trottiner » ; XXe s.

joint n.m. (drogue)
de l'ANGLAIS *joint*, « cigarette de haschisch roulée à la main » ; XXe s.

joker n.m. (carte)
de l'ANGLAIS *joker*, « plaisantin, farceur », de *(to) joke*, « plaisanter », formé sur le LATIN *jocus*, « plaisanterie » ; XXe s.

joli adj.
probablement de l'ANCIEN SCANDINAVE *jôl*, nom d'une fête païenne du milieu de l'hiver, d'abord sous la forme *jolif* ; XIIIe s.

jongler v.
du FRANCIQUE **jangalôn*, par l'ANCIEN FRANÇAIS *jangler*, « bavarder », croisé avec le LATIN *joculari*, « dire des plaisanteries » ; XIIIe s.

jonque n.f. (embarcation)
du MALAIS *(a)jong* (ou du JAVANAIS *djong*), peut-être par le PORTUGAIS *junco* (ou par le NÉERLANDAIS *jonk*, ou directement) ; XVIe s.

jonquille n.f. (fleur)
de l'ESPAGNOL *junquillo*, diminutif de *junco*, « jonc » ; XVIe s.

jota n.f. (danse)
de l'ESPAGNOL *jota*, nom d'une danse d'Aragon ; XIXe s.

joue n.f.
probablement du PRÉLATIN **gaba*, « gorge, gosier », ou du PRÉLATIN **gabota*, par le LATIN POPULAIRE *gauta* ; XIe s.

joule n.m. (unité d'énergie)
de l'ANGLAIS *joule*, du nom du physicien anglais James Prescott *Joule* ; XIXe s.

jovial adj.
de l'ITALIEN *gioviale*, « sous le signe bénéfique de Jupiter », du LATIN *jovialis*, « de Jupiter » ; XVIe s.

jubilé n.m.
de l'HÉBREU *yôbel*, « corne pour annoncer la fête du 50e anniversaire », par le LATIN ECCLÉSIASTIQUE *jubilaeus* ; XIVe s.

jucher v.
du FRANCIQUE *jok*, « joug », par croisement avec l'ANCIEN FRANÇAIS *hucher*, « jucher », du GERMANIQUE **hukon*, « s'accroupir » ; XIIe s.

judo n.m. (sport)
du JAPONAIS *judo*, « conciliation », de *ju*, « délicatesse » et de *do*, « art » ; XXe s.

judoka n.m.
du JAPONAIS *judoka*, dérivé de *judo*, « conciliation » ; XXe s.

juke-box n.m.
de l'ANGLAIS *juke-box*, de *box*, « boîte », et de *juke*, terme d'argot des Noirs américains signifiant « désordre, bordel », peut-être d'origine africaine ; XXe s.

jumping n.m. (hippisme)
de l'ANGLAIS *jumping*, de (*to*) *jump*, « sauter » ; XXe s.

jungle n.f.
du SANSKRIT *jangala*, « désert », par l'HINDOUSTANI *jangal*, « steppe », et l'ANGLAIS *jungle*, « savane touffue » ; XVIIIe s.

junte n.f.
de l'ESPAGNOL *junta*, « réunion », du LATIN *junctus*, part. passé de *jungere*, « assembler » ; XVIe s.

jupe n.f.
de l'ARABE *djubba*, « long sous-vêtement en laine », par le SICILIEN *giubba*, « tunique » ; XIIe s.

jury n.m.
de l'ANGLAIS *jury*, « réunion des jurés d'un tribunal », de l'ANGLO-NORMAND *juree*, « serment, enquête », de *jurer*, du LATIN *jurare* ; XVIIe s.

jusant n.m. (reflux)
d'un DIALECTE NORMAND *jussan, jusant*, de l'ancien adverbe *jus*, « en bas », du LATIN *deorsum*, « vers le bas » ; XVIIe s.

jute n.m.
du SANSKRIT *juta*, par le BENGALI *jhoto, jhuto* et l'ANGLAIS *jute*, « chanvre de l'Inde » ; XIXe s.

K

kabbale ou **cabale** n.f.
de l'HÉBREU *qabbalah*, « tradition » ; XVIe s.

kabyle adj. et n.
de l'ARABE *qabâ'il*, « pays des tribus » ; XVIIIe s.

kaiser n.m.
de l'ALLEMAND *Kaiser*, « empereur », du LATIN *Caesar* ; XIXe s.

kakémono n.m. (tableau)
du JAPONAIS *kakemono*, « chose suspendue » ; XIXe s.

kaki adj. (couleur)
du PERSAN *khâk*, « poussière, terre », par l'HINDOUSTANI *khâki*, « couleur de poussière », par l'ANGLAIS *khakee* puis *khaki* ; XXe s.

kaki n.m. (fruit)
du JAPONAIS *kaki*, « plante » ; XIXe s.

kaléidoscope n.m.
de l'ANGLAIS *kaleidoscope*, créé par le physicien anglais David Brewster, à partir du GREC *kalos*, « beau », *eidos*, « forme », et du suffixe *scope*, de *skopein*, « voir, examiner » ; XIXe s.

kamikase n.m.
du JAPONAIS *kamikase*, de *kami*, « divins », et *kaze*, « vents » ; XXe s.

kangourou n.m.
d'une LANGUE INDIGÈNE D'AUSTRALIE *kangoroo*, par l'ANGLAIS *kangaroo* ; XVIIIe s.

kaolin n.m.
du CHINOIS *kaoling*, « colline élevée », nom du lieu d'extraction, de *kao*, « élevé », et *ling*, « colline » ; XVIIIe s.

kapok n.m. (fibre végétale)
du MALAIS *kapog*, par l'ANGLAIS *kapok* ; XVIIe s.

karaté n.m. (sport)
du JAPONAIS *karate*, « à mains nues » ; XXe s.

karité n.m. « arbre à beurre »
du WOLOF (langue du Sénégal) ; XIXe s.

kart n.m.
de l'ANGLAIS *kart*, variante de l'ANGLAIS

cart, « charrette », du VIEUX NORMAND *carette*, (FRANÇAIS *charrette*, diminutif de *char*) ; XXe s.

karting n.m. (sport)
de l'ANGLAIS *karting*, de *kart* ; XXe s.

kascher ou **casher** adj. (conforme au rituel juif)
peut-être de l'HÉBREU *ka-jachar*, « qui suit la règle » ; XIXe s.

kayak ou **kayac** n.m.
de l'ESQUIMAU GROENLANDAIS *qajag*, par l'ANGLAIS *kayak* ; XIXe s.

kelvin n.m. (unité de température)
du nom du physicien anglais lord *Kelvin* ; XXe s.

képi n.m.
d'un DIALECTE SUISSE ALLEMAND *Käppi*, diminutif de *Kappe*, « bonnet » ; XIXe s.

kermesse n.f.
du FLAMAND *kerkmisse*, « fête patronale », de *kerk*, « église », et *misse*, « messe » ; XIVe s.

kérosène n.m.
de l'ANGLAIS *kerosene*, nom formé par son inventeur américain à partir du GREC *kêros*, « cire » ; XIXe s.

ketchup n.m. (condiment)
du CHINOIS *kê-tsiap*, « saumure de poisson » (ou du MALAIS *kêchap*, « goût »), par l'ANGLAIS *ketchup* ; XIXe s.

khan n.m.
du TURC *khan* ou *han*, « prince, seigneur » ; XVe s.

khôl, kohl ou **kohol** n.m.
de l'ARABE *kohl*, « poudre d'antimoine » (même mot que *al-kohl*, qui a donné « alcool ») ; XVIIIe s.

kibboutz n.m.
de l'HÉBREU *kibboutz*, « collectivité » ; XXe s.

kick n.m. (démarreur de moto)
abréviation de l'ANGLAIS *kick starter*, « démarreur au pied », de (*to*) *kick*, « donner des coups de pied », et *starter*, « démarreur », de (*to*) *start*, « partir » ; XXe s.

kidnapper v.
de l'ANGLAIS (*to*) *kidnap*, « enlever qqn », à l'origine « enlever un enfant », de *kid*, « enfant », et de (*to*) *nap*, « enlever, s'emparer de » ; XXe s.

kidnappeur n.m.
francisation de l'ANGLAIS *kidnapper* ; XXe s.

kidnapping n.m.
de l'ANGLAIS *kidnapping*, de (*to*) *kidnap*, « enlever qqn » ; XXe s.

kif ou **kief** n.m. « mélange de tabac et de chanvre indien »
de l'ARABE ; XIXe s.

kif-kif adj.inv. (pareil)
de l'ARABE *kîf-kîf*, « identique », littéralement « comme-comme » ; XIXe s.

kilt n.m.
d'un DIALECTE ANGLAIS *kilt*, « jupe écossaise », de (*to*) *kilt*, « retrousser », de l'ANCIEN SCANDINAVE ; XVIIIe s.

kimono n.m.
du JAPONAIS *kimono*, « vêtement, robe » ; XVIIe s.

kiosque n.m.
du PERSAN *koûchk*, par le TURC *kieuchk*, « pavillon de jardin » ; XVIIe s.

kirsch n.m.
de l'ALSACIEN *Kirschwasser*, « eau-de-vie

de cerise », de *Kirsch*, « cerise », et *Wasser*, « eau » ; XIXe s.

kit n.m.
du MOYEN NÉERLANDAIS *kitte*, par l'ANGLAIS *kit*, « trousse, nécessaire » ; XXe s.

kitchenette n.f.
de l'ANGLAIS *kitchenette*, « petite cuisine », de *kitchen*, « cuisine », avec le suffixe diminutif *-ette*, emprunté au FRANÇAIS ; XXe s.

kitsch ou **kitch** adj.inv. et n.m.
de l'ALLEMAND *Kitsch* ; XIXe s.

kiwi n.m. (oiseau et fruit)
du MAORI *kiwi-kiwi*, par l'ANGLAIS *kiwi* ; XIXe s.

klaxon n.m.
de *Klaxon*, nom de la firme américaine ayant fabriqué cet avertisseur de voiture (marque déposée) ; XXe s.

knickers ou **knickerbockers** n.m.pl.
de l'ANGLAIS *Knickerbocker*, nom donné aux descendants des premiers colons hollandais d'Amérique, et nom d'un héros d'un livre de l'Américain Washington Irving ; XIXe s.

knock-out → **K.- O**.

knout n.m. (fouet)
du RUSSE, peut-être lui-même emprunté à l'ANCIEN SCANDINAVE *knutr* ; XVIIe s.

K.- O. n.m.
abréviation de l'ANGLAIS *knock out* (*blow*), « coup qui met hors de combat », de *blow*, « coup », de (*to*) *knock*, « frapper, cogner », et de *out*, « complètement » ; XXe s.

koala n.m. (petit marsupial)
d'une langue indigène d'AUSTRALIE ; XIXe s.

kola → **cola**.

kolkhoze n.m.
acronyme du RUSSE *kolektivnoïe khoziaïstvo*, « ferme collective » ; XXe s.

kopeck n.m.
du RUSSE *kopeïka*, « centième du rouble » ; XVIIe s.

korrigan n.m. (nain malfaisant)
du BRETON ; XIXe s.

kouglof ou **kougelhof** n.m. (gâteau)
de l'ALSACIEN *kougelhof*, formé sur *Kugel*, « boule » ; XIXe s.

koulak n.m. (paysan propriétaire)
du TURC *kulak*, par le RUSSE ; XXe s.

krach n.m. (catastrophe financière)
de l'ALLEMAND *Krach*, « craquement », employé pour la première fois au figuré pour le krach financier de Vienne en 1873 ; XIXe s.

kraft n.m. (papier d'emballage)
du SUÉDOIS *kraft*, « force », probablement par l'ALLEMAND ; XXe s.

krypton n.m. (gaz rare)
de l'ANGLAIS *krypton*, formé sur le GREC *kruptos*, « caché », nom donné à un gaz rare de l'air par son inventeur, le chimiste anglais William Ramsay ; XIXe s.

kummel n.m. (liqueur au cumin)
de l'ALLEMAND *Kummel*, « cumin » ; XIXe s.

kumquat n.m. (fruit)
du CHINOIS CANTONAIS *kim kü*, « orange dorée », par l'ANGLAIS *kumquat* ; XXe s.

kung-fu n.m. (art martial)
du CHINOIS ; XXe s.

L

label n.m. (étiquette de garantie)
de l'ANGLAIS *label*, « étiquette », lui-même emprunté à l'ANCIEN FRANÇAIS *label*, « ruban pendant comme une frange », issu lui-même du FRANCIQUE **labba*, « morceau d'étoffe, lambeau » ; XXe s.

lad n.m.
de l'ANGLAIS (*stable*) *lad*, « garçon d'écurie », de *lad*, « valet », et de *stable*, « écurie » ; XIXe s.

ladre n.m.
de l'HÉBREU *Lazare*, traduit en LATIN ECCLÉSIASTIQUE *Lazarus*, pour désigner un homme pauvre couvert d'ulcères, d'où le premier sens de *ladre*, « lépreux ». Le sens « avare » date du XVIIe s. ; XIIIe s.

lagon n.m.
de l'ESPAGNOL *lagón*, dérivé du LATIN *lacus*, « lac » ; XVIIIe s.

lagune n.f.
de l'ITALIEN VÉNITIEN *laguna*, du LATIN *lacuna*, « fossé, cavité » puis « vide, absence de » (d'où le français *lacune*), de *lacus*, « lac » ; XVIIe s.

lai n.m. « poème chanté »
du CELTIQUE ; XIIe s.

laid adj.
du FRANCIQUE **laid*, « désagréable, odieux » ; XIe s.

laie n.f. (femelle du sanglier)
du FRANCIQUE **lêka* ; XIIe s.

laiton n.m.
du TURC *altan*, « or », par l'ARABE *latun*, « cuivre » ; XIIIe s.

lama n.m. (mammifère)
du QUECHUA *llama*, par l'ESPAGNOL *llama* ; XVIe s.

lama n.m. (religieux)
du TIBÉTAIN *blama*, « maître spirituel » ; XVIIe s.

lambin adj.
du FRANCIQUE **labba*, « morceau d'étoffe qui pend », d'où « mou » (ou emploi plaisant du nom propre FRANÇAIS *Lambin*, variante de *Lambert*) ; XVIe s.

lamento n.m.
de l'ITALIEN *lamento*, « plainte » ; XIXe s.

lampant adj.
du PROVENÇAL *lampan*, participe présent de *lampa*, « briller », emprunté au GREC *lampein*, « briller » ; concernait d'abord l'huile d'olive, puis une certaine qualité de pétrole destiné à alimenter les lampes d'éclairage ; XVIIIe s.

lamparo n.m. (lampe pour la pêche)
du PROVENÇAL, dérivé de *lampa*, « briller », emprunté au GREC *lampein*, « briller » ; XXe s.

lampion n.m.
de l'ITALIEN *lampione*, augmentatif du PIÉMONTAIS *lampia*, « lampe », peut-être lui-même emprunté au FRANÇAIS ; XVIe s.

lance n.f.
peut-être du GAULOIS, par le LATIN *lancea*, « arme de jet » ; XIe s.

land n.m.
de l'ALLEMAND *Land*, « pays » ; XIXe s.

landau n.m.
de *Landau*, nom d'une ville allemande sur le Rhin, où ce genre de voiture a d'abord été fabriqué ; XIXe s.

lande n.f.
du GAULOIS **landa* ; XIIe s.

landier n.m. « chenet »
du GAULOIS **andero*, « jeune taureau », les landiers ayant souvent à une de leurs extrémités une tête d'animal ; XIIe s.

langouste n.f. (crustacé)
de l'ANCIEN PROVENÇAL *langosta*, du LATIN POPULAIRE *lacusta*, altération du LATIN *locusta*, « sauterelle » et « langouste » ; XIVe s.

langoustine n.f.
du PROVENÇAL (ou d'un DIALECTE MÉRIDIONAL), diminutif de *langosta* ; XIXe s.

lanière n.f.
probablement du FRANCIQUE **nastila*, « lacet », par l'ANCIEN FRANÇAIS *nasle*, devenu *lasne* par métathèse, puis *lasnière* ; XIVe s.

laper v.
du FRANCIQUE, par le LATIN POPULAIRE *lappare* ; XIIe s.

lapereau n.m.
d'origine obscure, peut-être IBÉRO-ROMANE **lappa-* (cf. le PORTUGAIS *laparo*, « lièvre, jeune lapin ») ; XIVe s.

lapilli n.m.pl.
de l'ITALIEN *lapilli*, pluriel de *lapillo*, du LATIN *lapillus*, diminutif de *lapis*, « pierre » ; XIXe s.

lapin n.m.
d'origine obscure, peut-être IBÉRO-ROMANE **lappa-* (cf. le PORTUGAIS *laparo*, « lièvre, jeune lapin »), le mot *lapin* s'est substitué à l'ANCIEN FRANÇAIS *connil*, du LATIN *cuniculus*, qui donnait lieu à des plaisanteries obscènes par attraction avec les dérivés de *cunnus*. On s'est retrouvé devant le même problème avec le nom de la femelle du lapin (*lapine*) ; XIVe s.

lapis lazuli n.m.
du LATIN *lapis*, « pierre », et du PERSAN *lâdjavard*, par l'ARABE *lâzaward*, à travers le LATIN MÉDIÉVAL *lazurus* (d'où le FRANÇAIS *azur*) et *lazuli*, d'où *lapis-lazuli*, littéralement « pierre d'azur » ; XIIIe s.

laquais n.m.
de l'ARABE *al-kaid*, « le chef », par l'ESPAGNOL *alacayo*, « chef militaire », par le CATALAN *alacay*, « valet d'armée, arbalétrier », et enfin par l'ANCIEN FRAN-

ÇAIS *alacays* (cf. 1re partie, chap. 4) ; XVe s.

laque n.f. (résine)
du SANSKRIT, par le PERSAN *lak*, puis l'ARABE *lakk* et l'ANCIEN PROVENÇAL *laca* ; XVe s.

larghetto adv. et n.m. (musique)
de l'ITALIEN *larghetto*, diminutif de *largo*, « large », du LATIN *largus*, « abondant, libéral » ; XVIIIe s.

largo adv. et n.m. (musique)
de l'ITALIEN *largo*, « large », du LATIN *largus*, « abondant » ; XVIIIe s.

larguer v.
du PROVENÇAL *larga*, « larguer » ; XVIIe s.

lasagne n.f. (pâtes)
de l'ITALIEN *lasagna*, d'étymologie incertaine ; XVIIIe s.

lascar n.m.
du PERSAN *lachkar*, « armée », par l'ARABE *al'askar*, « le soldat », par le PORTUGAIS *lascarim*, « soldat indigène, aux Indes » ; XIXe s.

laser n.m.
sigle de l'ANGLAIS *Light Amplificator by Stimulated Emission of Radiation*, « amplificateur de lumière par stimulation de rayonnement » ; XXe s.

lasso n.m.
de L'ESPAGNOL d'Argentine *lazo*, du LATIN *laqueus*, « lacet, filet » (d'où vient aussi l'ANCIEN FRANÇAIS *lacs*) ; XIXe s.

lastex n.m.
de l'ANGLAIS *Lastex*, marque déposée par Dunlop en 1934, croisement de *latex*, « sécrétion de l'hévéa », et *elastic*, « élastique » ; XXe s.

latte n.f. (pièce de charpente)
probablement du FRANCIQUE **latta*, par le LATIN POPULAIRE *latta* ; XIIe s.

lavande n.f. (plante)
de l'ITALIEN *lavanda*, « qui sert à laver », de *lavare*, « laver » ; XIVe s.

lave n.f. (de volcan)
probablement d'origine PRÉLATINE (même racine que *avalanche*), par le NAPOLITAIN *lava* ; XVIIIe s.

layette n.f.
du MOYEN NÉERLANDAIS *laeye*, par un DIALECTE PICARD *laie*, « tiroir, boîte, coffre » (XIVe s.), puis « trousseau de nouveau-né » (rangé dans un tiroir) ; XVIIe s.

lazaret n.m.
de l'ITALIEN *lazzaretto*, venu lui-même du VÉNITIEN *lazareto*, avec croisement de *lazaro*, « lépreux », et de *nazareto*, de l'HÉBREU *Nazareth*, du nom de l'église Santa Maria di Nazareth, près de laquelle se trouvait à Venise un hôpital de lépreux ; XVIe s.

lazzi n.m.
de l'ITALIEN *lazzi*, pluriel de *lazzo*, « jeu de scène comique, saillie bouffonne » ; XVIIe s.

leader n.m.
de l'ANGLAIS *leader*, « celui qui dirige », de (*to*) *lead*, « conduire » ; XIXe s.

leasing n.m.
de l'ANGLAIS *leasing*, de (*to*) *lease*, « donner en location » ; XXe s.

lécher v.
du FRANCIQUE **lekkôn* ; XIIe s.

legato adv. (musique)
de l'ITALIEN *legato*, « lié » ; XIXe s.

législatif adj.
de l'ANGLAIS *legislative*. Le mot avait existé en FRANÇAIS au XIVe s., mais il était tombé en désuétude ; on le redécouvrit au XVIIIe s. avec beaucoup d'autres mots empruntés au vocabulaire politique anglais ; XVIIIe s.

législation n.f.
de l'ANGLAIS *legislation*, du LATIN *legislationem*, « présentation d'une loi ». Le mot avait existé en FRANÇAIS au XIVe s., mais il était tombé en désuétude ; on le redécouvrit au XVIIIe s. avec beaucoup d'autres mots empruntés au vocabulaire politique anglais ; XVIIIe s.

législature n.f.
de l'ANGLAIS *legislature*, formé d'après le LATIN *legislator*, « législateur » ; XVIIIe s.

leitmotiv n.m.
de l'ALLEMAND *Leitmotiv*, « motif conducteur » ; XIXe s.

lemming n.m. (petit rongeur)
du NORVÉGIEN *lemming* ; XVIIIe s.

lentisque n.m. (sorte de pistachier)
de l'ANCIEN PROVENÇAL *lentiscle*, du LATIN *lentisculus* ; XVe s.

lento adv. (musique)
de l'ITALIEN *lento*, « lent » ; XVIIIe s.

lésiner v. (être avare)
du GERMANIQUE, probablement du GOTIQUE **alisna*, « alêne », par l'ITALIEN *lesinare*, dérivé de *lesina*, à la fois « alêne » et « avarice », ce dernier sens provenant de l'ouvrage satirique *Della famosissima compagnia della lesina*, « De la fameuse compagnie de la lésine », où l'auteur se moque des avares qui raccommodent eux-mêmes leurs chaussures avec une alêne ; XVIIe s.

lessive n.f.
d'un DIALECTE DE L'OUEST *lessive*, du LATIN POPULAIRE *lixiva*, du LATIN *lixa*, « eau pour la lessive » ; XIIIe s.

lest n.m.
du NÉERLANDAIS *last* (ou du VIEUX FRISON *lhest*), le sens étant, à l'origine, « charge d'un navire » ; XIIIe s.

leste adj.
peut-être du LONGOBARD **list*, « artifice », par l'ITALIEN *lesto*, « bien équipé », puis « agile » ; XVIe s.

let adj. inv. (au tennis)
de l'ANGLAIS (*to*) *let*, « permettre », avec le sens de « permettre de rejouer » lorsque la balle a franchi le filet en le frôlant (on dit aussi *net*, « filet ») ; XXe s.

letchi → **litchi**.

lettrine n.f.
de l'ITALIEN *letterina*, diminutif de *lettera*, « caractère (d'imprimerie) » ; XVIIe s.

leurre n.m.
du FRANCIQUE **lopr*, puis **luder*, « appât », par l'ANCIEN FRANÇAIS *loire* puis *loerre* ; XVIe s.

lévitation n.f.
de l'ANGLAIS *levitation*, « action de s'élever en l'air », formé sur le LATIN *levis*, « léger » ; XIXe s.

liane n.f.
du FRANÇAIS des Antilles *lien*, qui doit ce mot à un DIALECTE DE L'OUEST ; XVIIe s.

libéralisation n.f.
de l'ANGLAIS *liberalization*, de (*to*) *liberalize*, « libéraliser », lui-même emprunté au FRANÇAIS *libéral* ; XVIIIe s.

libéraliser v.
de l'ANGLAIS (*to*) *liberalize*, « libéraliser », lui-même emprunté au FRANÇAIS *libéral* ; XVIIIe s.

liberté de la presse loc.
calque de l'ANGLAIS *liberty of the press*, où le sens de *press*, « chose imprimée » est emprunté au FRANÇAIS ; XVIIIe s.

libido n.f.
de l'ALLEMAND *Libido*, terme créé par Freud sur le LATIN *libido*, « désir » ; XIXe s.

libre-échange n.m.
calque de l'ANGLAIS *free-trade*, de *free*, « libre », et *trade*, « commerce, échange » ; XIXe s.

libre-pensée n.f.
calque de l'ANGLAIS *free-thinking*, de *free*, « libre », et de *thinking*, de (*to*) *think*, « penser » ; XIXe s.

libre-penseur n.m.
calque de l'ANGLAIS *free-thinker*, de *free*, « libre » et de *thinker*, « penseur » ; XVIIIe s.

libre-service n.m.
traduction de l'ANGLAIS *self-service*, de *self*, « soi-même », et de *service*, de l'ANCIEN FRANÇAIS *servise*, du LATIN *servitium*, « esclavage » ; XXe s.

lice n.f. (barrière)
du FRANCIQUE **listja*, « barrière », et **lista*, « bord » ; XIIe s.

lie n.f. (du vin)
du GAULOIS **liga*, « couche » ; XIIe s.

lied n.m.
de l'ALLEMAND *Lied*, « chant » ; XIXe s.

lieu n.m. (poisson)
du BRETON *leouek* ; XIXe s.

lieue n.f.
du GAULOIS, par le LATIN *leuga*, *leuca* ; XIe s.

lift n.m. (effet sur une balle)
de l'ANGLAIS *lifted shot*, de *lifted*, « soulevé », et *shot*, « coup » ; XXe s.

lifter v.
de l'ANGLAIS (*to*) *lift*, « relever » ; XXe s.

liftier n.m.
de l'ANGLAIS *lift*, « ascenseur » ; XXe s.

lifting n.m. (chirurgie esthétique)
de l'ANGLAIS *face-lift*(*ing*), de *face*, « visage » et de (*to*) *lift*, « relever » ; XXe s.

lige adj.
du FRANCIQUE **lepu* ou **let*, « libre », par le LATIN POPULAIRE *laeticus*, *liticus*, du LATIN *laetus*, « colon établi en Gaule » ; XIe s.

ligoter v.
du PROVENÇAL *ligot*, « lien », de *liga*, « lier » ; XVIe s.

ligue n.f.
de l'ANCIEN ITALIEN *liga*, issu du LATIN *ligare*, « lier » ; XIVe s.

lilas n.m.
du SANSKRIT *nila*, par le PERSAN *nilak*, par l'ARABE *lilâk* et l'ANCIEN FRANÇAIS *lilac* ; XVIIe s.

lilliputien adj. et n.
de l'ANGLAIS *lilliputian*, dérivé de *Lilliput*, nom inventé par Swift, d'un pays imaginaire peuplé de nains ; XVIIIe s.

limande n.f. (poisson)
peut-être du GAULOIS, par l'ANCIEN FRANÇAIS *lime* ; XIIIe s.

limonade n.f.
du SANSKRIT *nibu*, « sorte de citron », par le PERSAN *lîmoû*, puis par l'ARABE *li-*

moûn, par l'ANCIEN FRANÇAIS *limon*, « sorte de citron », et son dérivé *limonade*, « boisson à base de limon (citron) » ; XIXe s.

lingot n.m. (bloc de métal coulé)
de l'ANCIEN PROVENÇAL *lingo*, *lenguo*, « langue », du LATIN *lingua*, par analogie de forme (ou emprunté à l'ANGLAIS *ingot*, d'origine incertaine) ; XVe s.

linoléum n.m.
de l'ANGLAIS *linoleum*, nom déposé en 1860 par son inventeur anglais F. Walton et créé à partir du LATIN *linum*, « lin », et *oleum*, « huile » ; XIXe s.

linotype n.f.
de l'ANGLAIS *line of types*, « ligne de caractères (d'imprimerie) » (nom déposé) ; XIXe s.

lippe n.f.
du MOYEN NÉERLANDAIS *lippe*, « lèvre » ; XIIIe s.

liquide adj. et n.m. (argent)
de l'ITALIEN *liquido*, « liquide » (terme de banque) ; XVIe s.

lire n.f.
de l'ITALIEN *lira*, du LATIN *libra*, « livre » (mesure de poids) ; XIXe s.

liste n.f.
du GERMANIQUE **lîsta*, « bande », par l'ANCIEN FRANÇAIS *liste*, « bord, bande », et l'ITALIEN *lista*, « liste » ; XVIe s.

liste civile n.f.
traduction de l'ANGLAIS *civil list*, « liste des dépenses imputables à un gouvernement », emprunté sous la Révolution pour désigner le « salaire du roi » ; XVIIIe s.

liste noire n.f.
traduction de l'ANGLAIS *black list*, de *black*, « noir », et *list*, lui-même emprunté au FRANÇAIS *liste* (cf. liste) ; XVIIIe s.

listing n.m.
de l'ANGLAIS *listing*, de (*to*) *list*, « dresser une liste », emprunté lui-même au FRANÇAIS *liste* ; XXe s.

litchi ou **letchi** n.m.
du CHINOIS *li-tchi* ; XVIe s.

living ou **living-room** n.m.
de l'ANGLAIS *living-room*, de *room*, « pièce », et de *living*, « à vivre », traduit par *vivoir* en français du Canada ; XXe s.

livre de poche → **poche (livre de)**.

lob n.m. (au tennis)
de l'ANGLAIS *lob*, de (*to*) *lob*, « se mouvoir lourdement » ; XIXe s.

lobby n.m. (groupe de pression)
de l'ANGLAIS d'Amérique *lobby*, « couloir (du Congrès) », mot d'origine FRANCIQUE **laubja*, « lieu couvert », par le LATIN MÉDIÉVAL *lobia*, « loge » ; XXe s.

loch n.m. « lac » ou « bras de mer »
du GAÉLIQUE *logh*, par l'ANGLAIS *loch* ; XIXe s.

loch n.m. (appareil de mesure)
du NÉERLANDAIS *log*, « bûche, poutre » ; XVIIe s.

loche n.f. (limace)
du GAULOIS **leuka*, « blancheur », par un DIALECTE DE L'OUEST ; XIIIe s.

lock- out n.m. (fermeture d'usine)
de l'ANGLAIS *lock-out*, de (*to*) *lock out*, « condamner sa porte à qqn » ; XIXe s.

locomotive n.f.
abréviation de l'ANGLAIS *locomotive steam engine*, « machine à vapeur qui se

meut dans l'espace » ; l'adjectif *locomotif, -tive* (du LATIN *locomotivus*, de *locus*, « lieu », et de **motivus*, « mobile ») existait en FRANÇAIS depuis le XVIe s. et, en ANGLAIS, l'adjectif *locomotive* apparaît au XVIIe s. ; XIXe s.

loden n.m. (tissu)
de l'ALLEMAND *Loden*, « drap de laine brute » ; XXe s.

lœss n.m.
de l'ALLEMAND *Löss*, « limon fin » ; XIXe s.

loft n.m. « local industriel transformé en appartement »
de l'ANGLAIS *loft*, « grenier, atelier » ; XXe s.

logarithme n.m.
de l'ANGLAIS *logarithm*, créé par le mathématicien anglais John Neper à partir du GREC *log(os)*, « discours, traité », et *arithmos*, « nombre » ; XVIIe s.

loge n.f. (de franc-maçon)
de l'ANGLAIS *lodge*, « atelier maçonnique », issu lui-même du FRANCIQUE **laubja*, « lieu couvert », par le LATIN MÉDIÉVAL *lobia*, « loge » ; XVIIIe s.

loggia n.f.
de l'ITALIEN *loggia*, « loge » ; XVIIIe s.

lokoum → **loukoum**.

looping n.m.
de l'ANGLAIS *looping*, de l'expression *(to) loop the loop*, « boucler la boucle » ; XXe s.

loque n.f.
du moyen NÉERLANDAIS *locke*, « boucle de cheveux » ; XVe s.

loquet n.m.
du VIEIL ANGLAIS *loc*, par un DIALECTE ANGLO-NORMAND *loc*, « serrure », et son diminutif *loquet* ; XIIe s.

lord n.m.
du VIEIL ANGLAIS *hláford, hláweard*, littéralement « gardien du pain », de *weard*, « gardien », et de *hláf*, « pain » puis *lord*, « souverain, seigneur » ; XVIe s.

lorgner v.
du FRANCIQUE **lurni*, « guetter », par l'ANCIEN FRANÇAIS *lorgne*, « louche » ; XVe s.

loriot n.m. (passereau)
de l'ANCIEN PROVENÇAL *auriol*, du LATIN *aureolus*, « en or, doré ». Le PROVENÇAL *auriol* a donné *l'oriol* par agglutination de l'article, puis *l'oriot* et enfin *loriot* (cf. compère-loriot) ; XIVe s.

lot n.m.
du FRANCIQUE **lôt, *hlot*, « sort, héritage » ; XIIe s.

loterie n.f.
du NÉERLANDAIS *loterije*, lui-même du FRANCIQUE **lôt*, « sort, héritage » ; XVIe s.

loto n.m.
du FRANCIQUE *lôt*, « sort », par le FRANÇAIS *lot*, emprunté par l'ITALIEN *lotto*, « sort », et revenu sous la forme du FRANÇAIS *loto* ; XVIIIe s.

lotte ou **lote** n.f. (poisson)
du GAULOIS **lotta* (poisson), par le LATIN MÉDIÉVAL *lota* ; XVIe s.

louche n.f. (grande cuiller)
du FRANCIQUE **lotja*, probablement par un DIALECTE PICARD *louche* ; XIIIe s.

loukoum ou **lokoum** n.m.
de l'ARABE *rahat lokoum*, « repos de la gorge » ; XXe s.

loup n.m.
d'un DIALECTE régional, car la forme française de l'évolution du LATIN *lupus* serait *leu* (cf. à la queue leu leu). Le terme *loup* a été refait sur *louve* ; XIe s.

loupe n.f.
du FRANCIQUE **luppa*, « masse informe d'un liquide caillé », puis « pierre précieuse d'une transparence imparfaite » ; XIVe s.

loup-garou n.m.
du FRANCIQUE **wariwulf*, « homme-loup », d'ou *garolf*, puis *garou*, auquel on a ajouté *loup* parce que la notion de loup n'apparaissait plus dans *garou* ; XIIIe s.

loustic n.m.
de l'ALLEMAND *lustig*, « gai », probablement introduit par les mercenaires allemands ou suisses ; XVIIIe s.

lover v. (un cordage)
du FRISON *lofen*, « tourner » ; XVIIe s.

loyalisme n.m.
de l'ANGLAIS *loyalism*, de l'ANGLAIS *loyal*, « fidèle à son souverain », lui-même emprunté au FRANÇAIS *loyal* ; XIXe s.

loyaliste n.m.
de l'ANGLAIS *loyalist*, de l'ANGLAIS *loyal*, « fidèle à son souverain », lui-même emprunté au FRANÇAIS *loyal* ; XVIIIe s.

L.S.D. n.m.
de l'ALLEMAND *Lyserg Säure Diäthylamid*, « acide lysergique diéthylamide », composé chimique aux propriétés hallucinogènes provenant de l'ergot de seigle ; XXe s.

lucarne n.f.
du FRANCIQUE **lûkinna*, « lucarne », d'où l'ANCIEN FRANÇAIS *lucanne* et croisement avec l'ANCIEN FRANÇAIS *luiserne*, « flambeau, lumière », du LATIN *lucerna*, « lampe (à huile) » ; XVe s.

luciole n.f.
de l'ITALIEN *lucciola*, de *luce*, « lumière » ; XVIIIe s.

luge n.f.
peut-être du GAULOIS, par le LATIN POPULAIRE *sludia* et un DIALECTE SAVOYARD ; XIXe s.

lump n.m.
probablement du DANOIS, par l'ANGLAIS *lumpfish* ; XVIIIe s.

lunch n.m. (léger repas préparé sur un buffet)
de l'ANGLAIS *lunch*, d'abord « tranche épaisse » puis « collation entre les heures de repas » et enfin « repas de midi » ; XIXe s.

lune de miel n.f.
traduction de l'ANGLAIS *honeymoon*, « première lunaison qui suit le mariage », de *honey*, « miel », et *moon*, « lune » ; XIXe s.

luron n.m.
d'un DIALECTE DU CENTRE *luron*, *lureau*, « bélier », d'origine obscure ; XVe s.

lustre n.m. (éclat, et appareil d'éclairage)
de l'ITALIEN *lustro* ; XVe s.

lustrine n.f.
de l'ITALIEN *lustrina*, étoffe brillante fabriquée à Gênes ; XVIIIe s.

luth n.m.
de l'ARABE *al-'oûd*, par l'ANCIEN PROVENÇAL *laüt* ; XIIIe s.

lutte pour la vie loc.
calque de l'ANGLAIS *struggle for life*, de

struggle, « lutte », et de *life*, « vie » ; XIXe s.

luzerne n.f.
du PROVENÇAL *luzerno*, « ver luisant », du LATIN *lucerna*, « lampe » ; XVIe s.

lyncher v.
de l'ANGLAIS (*to*) *lynch*, du nom du capitaine américain William *Lynch*, qui avait institué un tribunal privé pour juger et exécuter les personnes prises en flagrant délit ; XIXe s.

M

maboul adj.
de l'ARABE ALGÉRIEN *mahboûl*, « fou » ; XIXe s.

macadam n.m.
du nom de l'Écossais John *McAdam*, inventeur de ce revêtement routier ; XIXe s.

macaque n.m. (singe)
du BANTOU, par le PORTUGAIS *macaco* ; XVIIe s.

macaron n.m. (pâtisserie)
de l'ITALIEN DIALECTAL *maccarone*, dont le sens d'origine reste obscur ; XVIe s.

macaroni n.m.
de l'ITALIEN DIALECTAL *maccaroni*, pluriel de *maccarone* (aujourd'hui *maccherone*), « pâtes » ; XVIIe s.

macaronique adj.
de l'ANCIEN ITALIEN *macaronico*, de *macaronea*, « poème burlesque écrit en latin de cuisine » (aujourd'hui *maccheronico* et *maccheronea*) ; XVIe s.

mach n.m. (unité de vitesse)
du nom du physicien autrichien Ernst *Mach* ; XXe s.

machette n.f.
de l'ESPAGNOL *machete*, probablement de *macho*, « masse (pour travailler le fer) », de *mazo*, « maillet » ; XVIIIe s.

mâchicoulis n.m. (créneau)
peut-être de l'ARMÉNIEN *srmadzag*, par le TURC *mazgal*, avec attraction de l'ANCIEN FRANÇAIS *mâcher*, « écraser », et de l'ANCIEN FRANÇAIS *coulis* ; XVe s.

machine à vapeur n.f.
traduction de l'ANGLAIS *steam-engine*, de *steam*, « vapeur », et de *engine*, « machine », emprunté lui-même à l'ANCIEN FRANÇAIS *engin*, du LATIN *ingenium*, et qui se substitua au FRANÇAIS *machine à feu* ; XVIIIe s.

machisme n.m.
de l'ESPAGNOL du Mexique *machismo*, « virilité » ; XXe s.

macho adj. et n.m.
de l'ESPAGNOL d'Amérique *macho*, « mâle », du LATIN *masculus* ; XXe s.

macle n.f. (en cristallographie)
probablement du GERMANIQUE **maskila*, de **maska*, « maille de filet » ; XVIIe s.

maçon n.m.
du FRANCIQUE **makjo*, de *makôn*, « faire », par le LATIN POPULAIRE *machio* ; XIIIe s.

macramé n.m. (dentelle)
de l'ARABE *mahrama*, « chose sainte », « ce qui est défendu » et également « femme » (même étymologie que *harem*), probablement par le TURC ; XIXe s.

macreuse n.f. « espèce de canard » et « viande maigre »
du NÉERLANDAIS *meerkol* (ou du FRISON *markol*), par l'ANCIEN FRANÇAIS *macrolle* et le DIALECTE NORMAND *macrouse* ; XVIIe s.

made in adj.
de l'ANGLAIS *made in*, « fabriqué à, en » ; XXe s.

madone n.f.
de l'ITALIEN *madonna*, nom donné à la Vierge Marie ; XVIIe s.

madrague n.f. « enceinte de filets de pêche »
de l'ARABE *mazraba*, « enceinte » (de *zaraba*, « entourer d'une haie »), par le PROVENÇAL *madraga* ; XVIIe s.

madras n.m.
de *Madras*, ville des Indes où l'on fabriquait des foulards ; XVIIIe s.

madrépore n.m. (variété de corail)
de l'ITALIEN *madrepora*, formé sur le modèle de *madreperla*, « nacre » ; XVIIIe s.

madrier n.m.
altération de l'ANCIEN PROVENÇAL *madier*, « couverture de pétrin », du LATIN POPULAIRE *materium*, du LATIN *materia*, « bois de construction » ; XIVe s.

madrigal n.m.
de l'ITALIEN *madrigale* ; XVIe s.

maestoso adv. (musique)
de l'ITALIEN *maestoso*, « majestueux », de *maestà* « majesté », du LATIN *majestatem* ; XIXe s.

maestria n.f.
de l'ITALIEN *maestria*, « maîtrise », de *maestro*, « maître » ; XIXe s.

maestro n.m.
de l'ITALIEN *maestro*, « maître », du LATIN *magister* ; XIXe s.

mafia ou **maffia** n.f.
peut-être de l'ARABE *mahjas*, « vantardise », par le SICILIEN *mafia* ; XIXe s.

mafflu adj.
du NÉERLANDAIS *maffelen*, « mâchonner », par un DIALECTE DU NORD ; XVIIe s.

magasin n.m.
de l'ARABE *makhâzin*, « dépôts, bureaux » (de *khazan*, « rassembler, amasser »), par le PROVENÇAL (ou par l'ITALIEN *magazzino*) ; XIVe s.

magazine n.m.
de l'ARABE *makhâzin*, « dépôts, bureaux », par le FRANÇAIS *magasin*, « lieu de vente de marchandises » et l'ANGLAIS *magazine*, « revue périodique » ; XVIIIe s.

mage n.m.
du PERSAN *moq*, par le GREC *magos*, « prêtre chez les Perses », et le LATIN *magus*, « mage, magicien » ; XIIe s.

magnat n.m. (puissant chef d'entreprise)
de l'ANGLAIS *magnate*, peut-être in-

fluencé par le FRANÇAIS *magnat*, qui désignait jusque-là les « grands » de Pologne ou de Hongrie, d'après le LATIN de la Vulgate *magnates* ; XVIIe s.

magot n.m. (singe)
de l'HÉBREU *Magog*, nom donné dans la Bible à une nation séduite par Satan et en lutte contre Israël, terme appliqué par dérision à une espèce de singe ; XVe s.

magret n.m.
d'un DIALECTE DU SUD-OUEST *magret*, « maigre » ; XXe s.

mahara(d)jah n.m.
du SANSKRIT *maharajah*, de *mahâ*, « grand », et *râja*, « roi », par l'HINDOUSTANI ; XVIIIe s.

maharané ou **maharani** n.f.
du SANSKRIT *maharani*, de *mahâ*, « grand », et *râjni*, « reine », par l'HINDOUSTANI ; XXe s.

mahatma n.m.
du SANSKRIT *mahatma*, de *mahâ*, « grand », et *atma*, « âme », par le HINDI ; XXe s.

mah-jong ou **ma-jong** n.m.
du CHINOIS *mah-jong*, « je gagne » ; XXe s.

mailing n.m.
de l'ANGLAIS *mail*, « courrier, poste », lui-même du FRANÇAIS *malle*, « coffre, valise ». Le mot FRANÇAIS *mailing* est une création française pour désigner « les techniques de vente par voie postale », ce qui correspond en anglais à *direct mail*. *Mailing* est donc un faux anglicisme ; XXe s.

maint, mainte adj.
soit du GAULOIS **manti*, soit du GERMANIQUE *manigipô*, « grande quantité », soit encore d'un croisement entre le LATIN *magnus*, « grand » et le LATIN *tantus*, « tant » ; XIIe s.

maintenance n.f. (entretien)
de l'ANGLAIS *maintenance*, emprunté lui-même à l'ANCIEN FRANÇAIS *maintenance*, « protection, soutien », du LATIN POPULAIRE *manutenere* ; XXe s.

maïs n.m.
de l'ARAWAK (de Haïti ou de Cuba) *mahís*, par l'ESPAGNOL *maiz* ; XVIe s.

Maison-Blanche (la) n.f.
traduction de l'ANGLAIS *White House*, de *white*, « blanc », et *house*, « maison » ; XIXe s.

majordome n.m.
de l'ITALIEN *maggiordomo* (ou de l'ESPAGNOL *mayordomo*), tous deux dérivés du LATIN MÉDIÉVAL *major domus*, « chef de la maison » ; XVIe s.

majorette n.f.
de l'ANGLAIS *drum majorette*, forme féminine de *drum major*, « tambour-major », de *drum*, « tambour », et de *major*, emprunté au FRANÇAIS *major*, forme abrégée de *sergent-major* ; XXe s.

majorité n.f. « le plus grand nombre » sens emprunté à l'ANGLAIS *majority*, « majorité », lui-même issu de l'ANCIEN FRANÇAIS *majorité*, « âge légal de responsabilité ». Au XVIIIe s., c'était le terme *pluralité* qui exprimait le sens de « (opinion) du plus grand nombre » ; XVIIIe s.

maki n.m. (mammifère)
du MALGACHE ; XVIIIe s.

malandrin n.m.
du GERMANIQUE *landern*, « vagabonder », dont le dérivé **landrino* a servi à former l'ITALIEN *malandrino*, « voleur de grand chemin » ; XIVe s.

malaria n.f.
de l'ITALIEN *malaria*, de *mala*, « mauvais », et *aria*, « air » ; XIXe s.

malformation n.f.
de l'ANGLAIS *malformation* ; XIXe s.

malfrat n.m. « malfaiteur »
d'un DIALECTE LANGUEDOCIEN *malfrat*, « qui fait mal » ; XIXe s.

malle n.f.
du FRANCIQUE **malha*, « sacoche » ; XIIe s.

malnutrition n.f.
de l'ANGLAIS *malnutrition* ; XXe s.

malt n.m.
de l'ANGLAIS *malt* ; XVIIIe s.

malthusianisme n.m.
de l'ANGLAIS *malthusianism*, du nom de l'économiste anglais *Malthus* ; XIXe s.

malvoisie n.m. (vin doux)
du nom ITALIEN *Malvasia*, d'un îlot grec (*Monemvasia*) au sud du Péloponnèse ; XIVe s.

mamelouk ou **mameluk** n.m.
de l'ARABE ÉGYPTIEN *mamloûk*, « celui qui est possédé, l'esclave », de *malak*, « posséder » ; XIXe s.

mamie, mamy ou **mammy** n.f.
de l'ANGLAIS *mammy*, diminutif de *mam*, « maman », employé en français pour désigner la grand-mère ; XXe s.

mammouth n.m.
du TOUNGOUZE *mamout*, par le RUSSE ; XVIIe s.

manager n.m.
de l'ANGLAIS *manager*, « gérant, directeur », de (*to*) *manage*, « diriger », de l'ITALIEN *maneggiare*, « manier », du LATIN *manus*, « main » ; XIXe s.

mandarin n.m.
du SANSKRIT *mantrin*, « conseiller d'État », par le MALAIS *mantarî*, ou *man'arî*, et par le PORTUGAIS *mandarin*, sous l'influence du verbe *mandar*, « ordonner » ; XVIe s.

mandarine n.f.
du SANSKRIT *mantrin*, « conseiller d'État », par le MALAIS *mantarî*, ou *man'arî*, et par le PORTUGAIS *mandarin*, sous l'influence du verbe *mandar*, « ordonner », puis par l'ESPAGNOL *naranja mandarina*, « orange des mandarins » (ou de ITALIEN *mandarina*) à cause de la couleur jaune de la robe des mandarins ; XVIIIe s.

mandoline n.f.
de l'ITALIEN *mandolino*, diminutif de *mandola*, du LATIN *pandura*, du GREC *pandoûra*, « luth à trois cordes » ; XVIIIe s.

mandrill n.m. (singe)
d'une LANGUE AFRICAINE de Guinée *drill*, « espèce de babouin », par l'ANGLAIS *mandrill*, peut-être composé de *drill*, « babouin », et de *man*, « homme » ; XVIIIe s.

mandrin n.m. (outil)
du GOTIQUE **manduls*, par le LATIN *mamphur*, « arbre d'un tour de potier », et le PROVENÇAL *mandre*, « manivelle » ; XVIIe s.

manège n.m.
de l'ITALIEN *maneggio*, de *maneggiare*, « manier » ; XVIIe s.

manganèse n.m.
de l'ITALIEN *manganese*, qui vient, par une altération mal expliquée, du LATIN *magnesia*, « magnésie », de *magnes* (*lapis*), à la fois « (pierre) d'aimant » et « (pierre) de Magnésie (ville d'Asie Mineure) ». Il est curieux de remarquer que le manganèse et la magnésie (hy-

droxyde de magnésium) sont deux corps très différents et qu'en particulier le manganèse est magnétique (il peut être aimanté) mais non la magnésie ; XVIIIe s.

mangouste n.f. (mammifère)
du MARATHE *mangûs* ; XVIIe s.

mangrove n.f.
probablement de l'ARAWAK des Antilles *mangle*, « palétuvier, manglier », par l'ESPAGNOL *mangle*, d'où sont issus à la fois le FRANÇAIS *mangle* et l'ANGLAIS *mangrove*, ce dernier par assimilation avec l'ANGLAIS *grove*, « bosquet » ; XXe s.

mangue n.f.
du TAMOUL *mankay*, de *man*, « manguier », et *kay*, « fruit », par le MALAYALAM et par le PORTUGAIS *manga* ; XVIe s.

maniérisme n.m.
de l'ITALIEN *manierismo*, de *maniera*, « manière » ; XIXe s.

manifeste n.m.
de l'ITALIEN *manifesto*, « déclaration écrite publique ». Le FRANÇAIS avait déjà le terme *manifeste*, « qui peut être pris dans la main », puis « document de bord », du LATIN *manifestus*, « palpable, évident » ; XVIe s.

manigance n.f.
peut-être du PROVENÇAL *manega*, « manche », au sens de « tour de bateleur » ; XVIe s.

manille n.f. (anneau)
de l'ITALIEN *maniglia*, « poignée », du LATIN *manicula*, diminutif de *manus*, « main » ; XVIIe s.

manille n.f. (jeu de cartes)
de l'ESPAGNOL *malilla*, diminutif de *mala*, « (carte) mauvaise », carte en dessous de l'as ; XVIIe s.

manioc n.m.
du TUPI-GUARANI *manioch*, *mandihoca*, peut-être par le PORTUGAIS *mandioca* ; XVIe s.

manitou n.m.
de l'ALGONQUIN *manitou*, « grand esprit » ; XVIIe s.

manne n.f. (nourriture providentielle)
de l'HÉBREU *man*, par le LATIN ECCLÉSIASTIQUE *manna* ; XIIe s.

mannequin n.m.
du NÉERLANDAIS *mannekijn*, « petit homme », diminutif de *mann*, « homme » ; XVIIe s.

manouche n. (gitan)
du TSIGANE *manouch*, « homme » ; XIXe s.

manquer v.
de l'ITALIEN *mancare*, « faire défaut », de *manco*, « défectueux », du LATIN *mancus*, « mutilé, manchot » ; XIVe s.

mante n.f. (manteau)
de l'ANCIEN PROVENÇAL *manta*, du BAS LATIN *mantum*, « mantelet » ; XVe s.

mantille n.f.
de l'ESPAGNOL *mantilla*, du LATIN MÉDIÉVAL *mantum*, « mantelet » ; XVe s.

maquereau n.m. (le poisson, et l'entremetteur)
du NÉERLANDAIS *makelaer*, « courtier », de *makeln*, « trafiquer », par le DIALECTE CHAMPENOIS *maquelard*, « médiateur, intermédiaire » ; XIIIe s.

maquette n.f.
de l'ITALIEN *macchietta*, « petite tache », puis « ébauche (de dessin) », de *mac-*

chia, « tache », du LATIN *macula*, « tache, souillure » ; XVIIIe s.

maquignon n.m.
probablement du NÉERLANDAIS *makelaer*, « courtier, entremetteur », par le FRANÇAIS *maquereau* (voir ce mot), avec changement de suffixe ; XIIIe s.

maquiller v.
du NÉERLANDAIS *maken*, « faire », par un DIALECTE PICARD *makier*, « faire » ; XIXe s.

maquis n.m.
d'un DIALECTE CORSE *macchia*, « sorte de fourrés faisant des taches sur les pentes des montagnes » (ou de l'ITALIEN *macchia*, « tache ») ; XVIIIe s.

marabout n.m. (ermite)
de l'ARABE *murâbit*, « garde d'un poste frontière », par le PORTUGAIS *marabuto* ; XVIIe s.

marais n.m.
du FRANCIQUE **marisk*, de **mari*, « mer, lac » ; XIIe s.

marasquin n.m.
de l'ITALIEN *maraschino*, « liqueur de cerise », de *(a)marasca*, « cerise marasque », de *amaro*, « amer » ; XVIIIe s.

maraud n.m.
peut-être d'un DIALECTE DU CENTRE OU DE L'OUEST *maraud*, « matou » puis « vagabond » ; XVe s.

marcassin n.m.
d'un DIALECTE PICARD, probablement, en raison des *marques* rayant la peau de l'animal ; XVe s.

marcassite n.f. « bisulfure de fer »
du PERSAN *marqachichâ*, par l'ARABE *marqachîtâ* et par le LATIN MÉDIÉVAL *marchasita* ; XVe s.

marche n.f. « région frontalière »
du FRANCIQUE **marka*, « frontière » ; XIe s.

marcher v.
du FRANCIQUE **markon*, « marcher, marquer le pas » ; XIIe s.

mare n.f.
du FRANCIQUE **mara* (ou de l'ANCIEN SCANDINAVE *marr*, « mer ») par un DIALECTE NORMAND (ou par l'ANCIEN NÉERLANDAIS *maer*, *mare*) ; XIIe s.

marécage n.m.
du FRANCIQUE **marisk*, « marais », par le NORMANNO-PICARD *maresc* ; XIIIe s.

maréchal n.m.
du FRANCIQUE **marhskalk*, « domestique chargé des chevaux », de *marah*, « chevaux », et *skalk*, « valet », par le LATIN MÉDIÉVAL *mariscalcus* ; XIIe s.

marelle n.f.
peut-être du PRÉROMAN **marr*, « pierre », par l'ANCIEN FRANÇAIS *merel*, « petit caillou, jeton » ; XIIe s.

margoulin n.m.
d'un DIALECTE DU MAINE *margouliner*, « vendre de bourg en bourg », de *margouline*, « bonnet de femme » ; XIXe s.

margrave n.m.
du GERMANIQUE *Markgraf*, de *Graf*, « comte » et de *Mark*, « marche, région frontalière » ; XVe s.

marigot n.m. « bras de rivière »
du CARAÏBE, d'origine obscure ; XVIIe s.

marihuana ou **marijuana** n.f. « chanvre indien »
de l'ESPAGNOL du Mexique *mariguana*, *marihuana*, par l'ANGLAIS d'Amérique *marihuana* ; XXe s.

marina n.f.
de l'ITALIEN *marina*, « plage », par l'ANGLAIS ; XXe s.

marine n.m.
de l'ANGLAIS *marine*, « soldat de l'infanterie de marine », emprunté au FRANÇAIS ; XIXe s.

mark n.m. (monnaie)
du FRANCIQUE **marka*, par l'ALLEMAND *Mark* ; XIXe s.

marketing n.m.
de l'ANGLAIS *marketing*, formé sur *market*, « marché », lui-même emprunté au NORMANNO-PICARD, du LATIN *mercatus*, « marché » ; XXe s.

marlou n.m.
d'un DIALECTE DU NORD *marlou*, « matou » ; XIXe s.

marmelade n.f.
du PORTUGAIS *marmelada*, « confiture de coings », dérivé de *marmelo*, « coing », du LATIN *melimelum*, « sorte de pomme douce », lui-même du GREC *melimêlon*, « pomme-miel » ; XVIIe s.

marne n.f.
du GAULOIS, par le LATIN POPULAIRE *margila*, par l'ANCIEN FRANÇAIS *marle*, altéré en *marne* ; XIIIe s.

maronner v. « maugréer »
d'un DIALECTE NORMAND *maronner*, « miauler » ; XIXe s.

marquer v.
de l'ANCIEN SCANDINAVE *merki*, « marque », par un DIALECTE NORMANNO-PICARD *merquier*, peut-être influencé par l'ITALIEN *marcare*, qui vient lui-même du LONGOBARD **markan*, « marquer » (ou par le FRANCIQUE **markon*, « marcher, marquer le pas ») ; XIIe s.

marquis n.m.
dérivé du FRANCIQUE **marka*, « frontière », par l'ANCIEN FRANÇAIS *marchis*, emprunté par le PROVENÇAL *marques*, puis par l'ITALIEN *marchese* avant de revenir sous la forme du FRANÇAIS *marquis* ; XIIIe s.

marron n.m. (fruit)
probablement d'un radical d'origine LIGURE **marr*, « caillou », par un DIALECTE LYONNAIS ; XVIe s.

marron n.m. (esclave fugitif)
de l'ARAWAK, par l'ESPAGNOL d'Amérique latine *cimarrón*, « réfugié dans un fourré », lui-même dérivé de l'ESPAGNOL *cimarra*, « fourré » ; XVIIe s.

marsouin n.m.
de l'ANCIEN SCANDINAVE *marsvin*, « cochon de mer », de *mar*, « mer », et de *svin*, « cochon » ; XIe s.

marte → **martre**.

martingale n.f.
de l'ARABE *al-marta'a*, « le lien, l'entrave », par l'ESPAGNOL *almartaga*, « sorte de bride » (ou du PROVENÇAL *martegalo*, nom des habitants de Martigues) ; XVIe s.

martre ou **marte** n.f.
du FRANCIQUE **marthor*, **marþor* ; XIe s.

mas n.m.
du PROVENÇAL *mas*, « maison », issu, comme l'ANCIEN FRANÇAIS *mes*, du LATIN *mansum*, de *manere*, « demeurer » ; XIIIe s.

mascara n.m. (fard)
peut-être de l'ITALIEN *maschera*, « masque », par l'ANGLAIS ; XXe s.

mascarade n.f.
de l'ITALIEN *mascarata*, variante de *mas-*

cherata, de *maschera*, « masque » ; XVIe s.

mascaret n.m.
d'un DIALECTE GASCON *mascaret*, « bœuf tacheté », de *mascara*, « tache de noir » ; XVIe s.

mascotte n.f.
du PROVENÇAL *mascoto*, « sortilège », de *masco*, « sorcière » ; XIXe s.

masque n.m.
de l'ITALIEN *maschera*, de *masca*, « sorcière », lui-même peut-être d'origine pré-indo-européenne ; XVIe s.

massacre n.m.
probablement de l'ARABE *maslakh*, « abattoir », par l'ANCIEN FRANÇAIS *macecle*, *macecre*, « boucherie » ; XIIe s.

massepain n.m.
de l'ARABE *mautabân*, « roi assis », puis « nom d'une pièce de monnaie où figurait le Christ assis ». Au XIIe s., les Vénitiens imitèrent cette pièce de monnaie sous le nom de *matapan*, qui fut aussi donné à « une boîte contenant un dixième de muid ». Le terme ITALIEN correspondant *marzapane* passe en FRANÇAIS et désigne alors « une boîte de luxe pour confiserie » puis le contenu de la boîte ; XVe s.

masser v.
de l'ARABE *mass*, « frictionner, palper » ; XVIIIe s.

mass media ou **médias** n.m.pl.
de l'ANGLAIS *mass media*, de *mass*, « masse », emprunté au FRANÇAIS, et de *media*, pluriel de l'ANGLAIS *medium*, « véhicule, support de la communication », sur le LATIN *medium* ; XXe s.

mastoc adj.
de l'ALLEMAND *Mastochs*, « bœuf à l'engrais », de *Mast*, « engrais », et *Ochs*, « bœuf » ; XIXe s.

mat adj. (aux échecs)
de l'ARABE *mât*, « mort » ; la locution ARABO-PERSANE *châh mât*, « roi mort », puis ARABE *cheik mat* a donné l'expression FRANÇAISE « échec et mat » ; XIIe s.

mât n.m.
du FRANCIQUE **mast* ; XIe s.

matador n.m.
de l'ESPAGNOL *matador*, « celui qui met à mort », de *matar*, « tuer » ; XVIIe s.

matamore n.m.
de l'ESPAGNOL *Matamoros*, « tueur de Maures », personnage de comédie, de *matar*, « tuer », et de *Moros*, « Maures » ; XVIIe s.

match n.m., (sport)
de l'ANGLAIS *match* ; XVIIe s.

maté n.m.
du QUECHUA *máti*, « récipient fait dans une sorte de courge et servant à la préparation du maté », puis « maté », par l'ESPAGNOL *mate* ; XVIe s.

matelas n.m.
de l'ARABE *matrah*, « chose jetée à terre », de *tarah*, « jeter », par le SICILIEN *matarazzo*, « matelas », l'ITALIEN *materasso* et l'ANCIEN FRANÇAIS *materas* ; XVe s.

matelot n.m.
l'étymologie par le MOYEN NÉERLANDAIS *mattenoot*, « compagnon de couche » (les marins ne disposant que d'un hamac pour deux), par l'ANCIEN FRANÇAIS *matenot*, semble moins vraisemblable que par celle de *mötunautr*, « compagnon de table », c'est-à-dire celui qui partage la nourriture ; XIVe s.

matérialisme n.m.
de l'ANGLAIS *materialism* ; XVIIIe s.

materner v.
calque de l'ANGLAIS (*to*) *mother*, de *mother*, « mère » ; XXe s.

matraque n.f.
de l'ARABE ALGÉRIEN *matraq*, « gourdin » ; XVIIe s.

mauresque ou **moresque** adj.
de l'ESPAGNOL *morisco*, du LATIN MÉDIÉVAL *mauriscus*, lui-même dérivé de *Maurus*, « Maure » ; XIVe s.

mauviette n.f. « alouette » puis « personne chétive »
du FRANCIQUE **mauwe*, par le VIEIL ANGLAIS *maew* et par un DIALECTE NORMAND *mave*, *mauve*, dont *mauviette* est un diminutif ; XIVe s.

maya adj. et n.
probablement du MAYA, langue d'Amérique centrale ; XIXe s.

mayonnaise n.f.
peut-être de l'ESPAGNOL *mahonesa*, « de Port-Mahon (Minorque) », en souvenir de la prise de la ville par le duc de Richelieu ; XIXe s.

mazagran n.m. (sorte de tasse)
de l'ARABE ALGÉRIEN *Mazagran*, village d'Algérie ; XIXe s.

mazdéisme n.m. (religion de la Perse)
de l'ANCIEN PERSAN *mazda*, « nom de Dieu dans la religion zoroastrienne » ; XIXe s.

mazout n.m.
probablement de l'ARABE *makhzulat*, « déchet », par le RUSSE *mazout* ; XXe s.

mazurka n.f.
du POLONAIS *mazurkha*, nom d'une danse nationale ; XIXe s.

méat n.m.
de l'ANCIEN PROVENÇAL *meat*, du LATIN *meatus*, « passage, canal » ; XVIe s.

mèche (de) loc.
de l'ITALIEN *mezzo*, « milieu », du LATIN *medius*, d'où le sens populaire *être de mèche*, « être de moitié, participer à » ; XVIIIe s.

méchoui n.m.
de l'ARABE *machwi* ; XXe s.

médaille n.f.
de l'ITALIEN *medaglia*, du LATIN POPULAIRE **medialia*, du LATIN *medialis*, « pièce d'un demi-denier », qui est aussi à l'origine de l'ANCIEN FRANÇAIS *maille*, « pièce de monnaie » ; XVe s.

médaillon n.m.
de l'ITALIEN *medaglione*, « grosse médaille », augmentatif de *medaglia* (cf. médaille) ; XVIe s.

médias → **mass media**.

médina n.f.
de l'ARABE *madina*, « ville » ; XVIIIe s.

meeting n.m.
de l'ANGLAIS *meeting*, « assemblée, réunion », de (*to*) *meet*, « rencontrer » ; XVIIIe s.

mégalithe n.m.
de l'ANGLAIS *megalith*, du GREC *megas*, « grand », et *lithos*, « pierre » ; XIXe s.

mégaphone n.m.
de l'ANGLAIS *megaphone*, terme inventé par l'américain Thomas Edison, du GREC *megas*, « grand », et *phonê*, « voix » ; XIXe s.

mégot n.m.
probablement du GAULOIS **mesigu*, d'où l'ANCIEN FRANÇAIS *mesgue*, puis *mègue*, « petit-lait », par un DIALECTE

TOURANGEAU *mégaud*, « petit-lait », avec une évolution de sens ; XIXe s.

méhari n.m. (dromadaire)
de l'ARABE *mahri*, « de la tribu de Mahra (sud de l'Arabie) » ; XIXe s.

mélasse n.f.
de l'ESPAGNOL *melaza*, dérivé du LATIN *mel*, « miel » ; XVIIe s.

mélèze n.m.
d'un radical PRÉROMAN **melicem*, « arbre à miel », par un DIALECTE FRANCO-PROVENÇAL *melze* ou *meleze*, du LATIN *mel*, « miel » ; XVIe s.

mémorandum n.m.
de l'ANGLAIS *memorandum*, « note diplomatique », du LATIN *memorandum*, « qui doit être rappelé » ; XVIIIe s.

mendigot n.m.
de l'ESPAGNOL *mendigo*, « mendiant », du LATIN *mendicus*, « mendiant » ; XIXe s.

menhir n.m.
du BRETON *men*, « pierre », et *hir*, « longue » ; XIXe s.

mentalité n.f.
de l'ANGLAIS *mentality*, de *mental*, « mental », emprunté au FRANÇAIS ; XIXe s.

mercanti n.m.
d'un SABIR ALGÉRIEN, lui-même de l'ITALIEN *mercanti*, « marchands », pris en FRANÇAIS avec un sens péjoratif ; XIXe s.

mercantile adj.
de l'ITALIEN *mercantile*, « qui se livre au commerce », de *mercante*, « marchand » ; XVIIe s.

merguez n.f. (saucisse)
de l'ARABE *merguez* ; XXe s.

meringue n.f.(pâtisserie)
peut-être du POLONAIS *marzynka* (aujourd'hui *baza*) ; XVIIIe s.

mérinos n.m.
probablement de l'ARABE *Benî-Merîn*, de la tribu des *merînî*, nomades et éleveurs de moutons, par l'ESPAGNOL *merino*, « race de mouton à laine fine » ; XVIIIe s.

merlin n.m. (sorte de marteau)
d'un DIALECTE DE L'EST *merlin*, du LATIN *marculus*, « marteau » ; XVIIe s.

merlu ou **merluche** n.m.et n.f. (poisson)
probablement du PROVENÇAL *merlusso* (ou de l'ITALIEN *merluccio*, aujourd'hui *merluzzo*) ; XVIIe s.

mérou n.m. (poisson)
de l'ESPAGNOL *mero* ; XIXe s.

mésange n.f.
du FRANCIQUE **mesinga*, par le LATIN MÉDIÉVAL *misinga* ; XIIe s.

mescaline n.f.
du NAHUATL *mexcalli*, « alcool de peyotl (agave hallucinogène) », de *metl*, « agave », et de *ixcalli*, « décoction », probablement par l'ANGLAIS *mescaline* ; XXe s.

mesclun n.m.
du PROVENÇAL *mesclun*, « mélange, salade champêtre », du LATIN *misculare*, « mélanger » ; XXe s.

mesquin adj.
de l'ARABE *miskin*, « pauvre », par l'ITALIEN *meschino*, « pauvre, malheureux », par l'ANCIEN PROVENÇAL *mesqui*, « chétif » ; XVIIe s.

mess n.m. « cantine d'officiers »
de l'ANGLAIS *mess*, d'abord « plat, mets » puis « cantine des officiers »,

emprunté à l'ANCIEN FRANÇAIS *mes* (FRANÇAIS MODERNE *mets*) ; XIXe s.

messie n.m.
de l'ARAMÉEN *meschikhâ*, par l'HÉBREU *mâschiâkh*, « oint par le Seigneur » (qui a été traduit par le GREC *khristos*, du verbe *khriein*, « oindre », d'où le LATIN *Christus* et le FRANÇAIS *Christ*). *Messie* et *Christ* sont donc en quelque sorte des doublets ; XVe s.

métropolitain adj. et n.m.
de l'ANGLAIS *Metropolitan* (*Railway*), « (chemin de fer) qui concerne la capitale », nouveau sens emprunté par le FRANÇAIS, qui utilisait déjà ce mot avec les sens de « archiépiscopal » et de « relatif à la métropole vis-à-vis des colonies » ; XIXe s.

meurtrir v.
du FRANCIQUE **murthrjan*, « assassiner », garde le sens de « tuer » jusqu'au XVIe s. (d'où des composés comme *meurtrier*) ; XVIe s.

mezzanine n.f.
de l'ITALIEN *mezzanino*, « entresol », de *mezzo*, « milieu, moitié » ; XVIIe s.

mezzo-soprano n. (musique)
de l'ITALIEN *mezzo-soprano*, « soprano moyen », qui a éliminé l'ANCIEN FRANÇAIS *bas-dessus* ; XIXe s.

micmac n.m. (embrouille)
du MOYEN NEERLANDAIS *muetmaken*, « faire une rébellion », de *maken*, « faire », et de *muit*, « révolte », lui-même venu de l'ANCIEN FRANÇAIS *meute*, « soulèvement ». On a en ANCIEN FRANÇAIS *muthemathe* et *mutemaque*, puis *miquemaque*, « mutinerie » ; XVIIe s.

micocoulier n.m.
de l'ANCIEN PROVENÇAL *micacoulier*, emprunté au GREC *mikrokoukouli* ; le PROVENÇAL MODERNE est *falabreguié* ; XVIe s.

microphone n.m.
de l'ANGLAIS *microphone*, nom donné en 1877 par son inventeur anglais, David Hughes, à un amplificateur sonore ; XIXe s.

microprocesseur n.m.
de l'ANGLAIS *microprocessor*, du GREC *micro*, « petit », et de *processor*, « qui effectue une opération dans un ordre établi », de (*to*) *process*, « traiter », lui-même emprunté à l'ANCIEN FRANÇAIS *processer*, « s'avancer » ; XXe s.

mièvre adj.
de l'ANCIEN SCANDINAVE *snaefr*, « vif », par l'ANCIEN FRANÇAIS *esmièvre*, « espiègle », puis « enfantin », et plus tard « enfantin et fade », peut-être par le NORMAND *nièvre* ; XIIIe s.

mijaurée n.f.
peut-être d'un DIALECTE ANGEVIN *migaurée*, de la famille de *migourit*, « confiture » (d'où *faire la mijaurée*, avec d'abord le sens de « faire la sucrée ») ; XVIIe s.

mijoter v.
probablement du GERMANIQUE **musgauda*, « lieu où l'on conserve les fruits », par l'ANCIEN NORMAND *mijot*, même sens, d'où « faire mûrir les fruits » et « cuire doucement » ; XVIIIe s.

mikado n.m.
du JAPONAIS *mikkado*, « souverain pontife de la religion » ; XIXe s.

mil n.m. (céréale)
du PERSAN *mil* ; XIXe s.

milan n.m. (oiseau de proie)
du PROVENÇAL *milan*, du LATIN POPULAIRE *milanus* ; XVIe s.

mildiou n.m.
de l'ANGLAIS *mildew*, « rouille (des plantes) » ; XIXe s.

mile n.m.
de l'ANGLAIS *mile*, mesure anglaise (1609 m), du LATIN *milia*, « unité de longueur » (1472 m) ; XIXe s.

million n.m.
de l'ITALIEN *milione*, augmentatif de *miglia*, pluriel de *mille*, « mille » ; XIIIe s.

minaret n.m.
de l'ARABE *manâra*, « phare », par le TURC *menâret*, « tour de mosquée » ; XVIIe s.

mine n.f. « aspect »
peut-être du BRETON *min*, « bec, museau » ; XVe s.

mine n.f. « gisement »
probablement du CELTIQUE (cf. l'IRLANDAIS *mein*, « minerai »), par le GALLO-ROMAN **mina* ; XIVe s.

miniature n.f.
de l'ITALIEN *miniatura*, dérivé de *minio*, « minium (oxyde rouge de plomb, utilisé pour peindre les miniatures) » ; XVIIe s.

mini-jupe n.f.
calque de l'ANGLAIS *mini-skirt*, « mini-jupe » ; XXe s.

minorité n.f. « moindre nombre »
sens emprunté à l'ANGLAIS *minority*, lui-même emprunté à l'ANCIEN FRANÇAIS *minorité*, « âge d'une personne non encore responsable » ; XVIIIe s.

mirador n.m.
de l'ESPAGNOL *mirador*, « sorte de belvédère », de *mirar*, « regarder », du LATIN POPULAIRE *mirare*, « regarder » ; XIXe s.

misaine n.f.
de l'ITALIEN *mezzana*, de *mezzano*, « du milieu » (ou du CATALAN *mitjana*, « [voile] moyenne »), attesté au XIVe s. sous la forme *migenne*, puis altéré en *misaine*, du LATIN *medianus*, « du milieu » ; XIVe s.

mistral n.m.
de l'ANCIEN PROVENÇAL *maistral, maestral*, « vent qui souffle en maître » ; XIXe s.

mite n.f. (insecte)
du MOYEN NÉERLANDAIS *mite*. L'ANCIEN FRANÇAIS *mite* désignait l'insecte mais aussi une « monnaie de cuivre » en usage en Flandre au XIIIe s., puis de « menues pièces métalliques » ; XIVe s.

mitonner v.
d'un DIALECTE DE L'OUEST *mitonnée*, « panade », de *miton*, « mie de pain » ; XVIe s.

mitraille n.f.
du MOYEN NÉERLANDAIS *mite*, « menues pièces métalliques » avec lesquelles on chargeait les canons ; XIVe s.

mixage n.m. (cinéma)
dérivé de l'ANGLAIS (*to*) *mix*, « mélanger », infinitif formé à partir du participe passé *mixed*, emprunté à l'ANGLO-NORMAND *mixte*, du LATIN *miscere*, « mélanger » ; XXe s.

mixer v. « procéder au mixage d'un film »
adaptation de l'ANGLAIS (*to*) *mix*, « mélanger », emprunté à l'ANCIEN FRANÇAIS *mixte*, du LATIN *miscere*, « mélanger » ; XXe s.

mixer ou **mixeur** n.m.
de l'ANGLAIS (*cake*) *mixer*, « mélangeur (à gâteaux) », ou (*electric*) *mixer*, « batteur (électrique) » ; XXe s.

mobile n.m. (œuvre d'art)
de l'ANGLAIS *mobile*, probablement formé sur le LATIN *mobilis* (ou sur le FRANÇAIS *mobile*), nom donné en 1936 à cette forme d'art par le sculpteur américain Alexander Calder ; XXe s.

mocassin n.m. (chaussure)
de l'ALGONQUIN *makisin*, par l'ANGLAIS *mocassin* ; XVIIIe s.

modèle n.m.
de l'ITALIEN *modello*, du LATIN POPULAIRE *modellus*, du LATIN *modulus*, « mesure » ; XVIe s.

moderato adv. (musique)
de l'ITALIEN *moderato*, « modéré » ; XIXe s.

module n.m. (technique spatiale)
de l'ANGLAIS *module*, emprunté au FRANÇAIS du XVIe s., du LATIN *modulus*, « mesure » ; XXe s.

mofette ou **mouffette** n.f. (mammifère)
peut-être du LONGOBARD **muff*, par l'ITALIEN *moffetta*, de *muffa*, « moisissure, odeur de moisi » ; XVIIIe s.

mohair n.m.
de l'ARABE *mukhayyar*, « étoffe de laine grossière », par l'ANGLAIS *mohair*, « étoffe de poils de chèvre angora », avec attraction de l'ANGLAIS *hair*, « poil » ; XIXe s.

moignon n.m.
de l'ESPAGNOL *muñón*, « moignon », par le PROVENÇAL *monhon* ; XIIe s.

moire n.f.
de l'ARABE *mukhayyar*, « étoffe de laine grossière », par l'ANGLAIS *mohair*, « étoffe de poils de chèvre angora », avec attraction de l'ANGLAIS *hair*, « poil » ; XVIIe s.

moka n.m.
de l'ARABE *Moka*, port du Yémen où l'on embarquait le café d'Arabie ; XVIIIe s.

môle n.m. (sorte de digue)
de l'ITALIEN *molo*, du LATIN *moles*, « masse », par le GREC BYZANTIN *môlos* ; XVIe s.

moleskine n.f.
de l'ANGLAIS *mole-skin*, « peau de taupe », de *mole*, « taupe », et de *skin*, « peau » ; XIXe s.

momie n.f.
peut-être du PERSAN *moum*, par l'ARABE *moûmîyâ*, « bitume dont on enduisait les cadavres », de *moûm*, « cire », par le LATIN MÉDIÉVAL *mumia*. Le sens actuel de « momie » date du XVIe s. ; XIIIe s.

monégasque adj. et n.
du DIALECTE DE MONACO *monegasco*, du LATIN *Monoecus*, surnom d'Hercule, du GREC *monoikos*, « ermite » (surnom d'Héraclès), de *monos*, « seul », et de *oikos*, « maison », avec une terminaison *-asco*, probablement d'origine LIGURE ; XIXe s.

monitoring n.m. (électronique)
de l'ANGLAIS (*to*) *monitor*, « contrôler la qualité technique » ; XXe s.

mont-de-piété n.m.
calque de l'ANCIEN ITALIEN *monte di pietà* (littéralement « crédit de pitié »), « institut de prêt sur gages » ; XVIe s.

montre (contre la) loc.
calque de l'ANGLAIS *against the watch*, en langage sportif ; XIXe s.

moraine n.f. (glacier)
d'un DIALECTE SAVOYARD *morêna*, « bourrelet de terre à la limite inférieure d'un champ en pente » ; XVIIIe s.

moresque → **mauresque**.

morganatique adj. (terme de droit)
du FRANCIQUE **morgangeba*, « don du matin (des noces) » ; XVIIe s.

morion n.m. (casque)
de l'ESPAGNOL *morrión*, de *morra*, « sommet de la tête » ; XVIe s.

mormon n.m. (secte religieuse)
de l'ANGLAIS *Mormon*, en référence à « The Book of Mormon » de Joseph Smith, fondateur de cette secte ; XIXe s.

morne n.m. (colline)
du CRÉOLE ANTILLAIS *morne*, de l'ESPAGNOL *morro*, « monticule » ; XVIIIe s.

morne adj.
du FRANCIQUE **mornan*, « être triste » (cf. l'ANGLAIS *(to) mourn*, « s'affliger ») ; XIIe s.

morphème n.m. (linguistique)
de l'ANGLAIS *morpheme*, proposé dès 1896 par R.J. Lloyd et repris par Leonard Bloomfield en 1926, du GREC *morphê*, « forme » (mais le FRANÇAIS *morphème* est déjà employé par Vendryès en 1921) ; XXe s.

morse n.m. (télégraphe)
du nom de Samuel *Morse*, inventeur AMÉRICAIN de la télégraphie ; XIXe s.

morse n.m. (mammifère marin)
probablement du LAPON *morssa*, par le RUSSE *morju* ; XVIe s.

mortadelle n.f.
de l'ITALIEN *mortadella*, dérivé du LATIN *murtatum*, « farce à base de baies de myrte », du LATIN *murtus*, *myrtus*, « myrte » ; XVe s.

mortaise n.f.
probablement de l'ARABE *murtazza*, « fixé » ; XIIIe s.

morve n.f.
du FRANCIQUE **worm*, « pus », par altération d'un DIALECTE MÉRIDIONAL de *worm-* en *morn*, *morv-* ; XVIe s.

mosaïque n.f.
de l'ITALIEN *mosaico*, du LATIN MÉDIÉVAL *musaicum*, du LATIN *museus*, du GREC *mouseios*, « qui concerne les Muses » ; XVIe s.

mosquée n.f.
de l'ARABE *masdjid*, « lieu où l'on adore », par l'ESPAGNOL *mezquita* ; XVIe s.

motel n.m.
de l'ANGLAIS *motel*, mot forgé en 1925 par un architecte à partir de *mo(torcar)*, « automobile », et de *(ho)tel*, ce dernier mot ayant été lui-même emprunté au XVIIe s. au FRANÇAIS *hôtel*, « demeure particulière », puis « établissement d'hébergement » ; XXe s.

motion n.f. (proposition)
nouveau sens venu de l'ANGLAIS *motion*, « proposition faite à une assemblée », emprunté lui-même au FRANÇAIS *motion*, « action de mouvoir », du LATIN *movere*, « mouvoir » ; XVIIe s.

motocross n.m.
PSEUDO-ANGLICISME composé de *moto(cyclette)*, et de *cross*, abréviation de *cross-country*, « (course) à travers la campagne » ; XXe s.

motte n.f.
peut-être d'un radical PRÉLATIN **mutta*, désignant en ANCIEN FRANÇAIS une « levée de terre » et un « château bâti sur une hauteur », par l'ANCIEN PROVENÇAL *mota* ; XIIe s.

mouchoir (dans un) loc. (sport)
calque de l'ANGLAIS *in a handkerchief*, « (arrivée) dans un mouchoir » ; XIXe s.

moudjahid n.m.
de l'ARABE *moudjahid*, « combattant de la guerre sainte » ; XXe s.

moue n.f.
du FRANCIQUE **mauwa*, peut-être onomatopée ; XIIe s.

mouette n.f.
du FRANCIQUE **mauwe*, par l'ANCIEN ANGLAIS *maew* et par un DIALECTE NORMAND *mave*, *mauve*, dont *mouette* est un diminutif ; XIVe s.

mouffette → **mofette**.

moufle n.f. « gros gant »
probablement du GERMANIQUE **muffel*, « museau rebondi », et croisement avec le GERMANIQUE *vël*, « peau d'animal », d'où le sens de « gant », par le LATIN MÉDIÉVAL *muffula* ; XIIe s.

mouflon n.m., (mammifère)
de l'ITALIEN *muflone*, du LATIN POPULAIRE *mufrone(m)* ; XVIIIe s.

mouise n.f.
de l'ALLEMAND DIALECTAL du Sud-Ouest *mues*, « bouillie, soupe du pauvre », probablement introduit par les mercenaires au service de la France ; XIXe s.

moujik n.m.
du RUSSE *moujik*, « paysan » ; XVIIIe s.

mouron n.m.
du GERMANIQUE, peut-être par le NÉERLANDAIS *muur*, d'origine obscure ; XIIe s.

mousmé n.f.
du JAPONAIS *musume*, « jeune fille » ; XIXe s.

mousquet n.m.
de l'ITALIEN *moschetto*, de *moschetta*, « dard, flèche », de *mosca*, « mouche » ; XVIe s.

mousse n.f. (botanique)
du FRANCIQUE **mossa*, peut-être avec l'influence du LATIN *mulsa*, « hydromel », de *mulsus*, « miellé », de *mel*, « miel ». On a ensuite employé ce mot métaphoriquement dans le sens de « écume » ; XIIe s.

mousse n.m. « jeune matelot »
probablement de l'ESPAGNOL *mozo*, d'abord « tondu (comme un jeune garçon) » puis « jeune garçon » ; XVIe s.

mousseline n.f.
de l'ARABE *mausili*, « de Mossoul », par l'ITALIEN *mussolina* (*tela*), formé sur *Mussolo*, « Mossoul » ; XVIIe s.

mousson n.f.
de l'ARABE *mausim*, « époque fixée, saison », par le PORTUGAIS *monção* ; XVIIe s.

moustache n.f.
de l'ITALIEN *mostacchio*, du GREC *mystax*, « lèvre supérieure », par le GREC BYZANTIN *mustaki* ; XVIe s.

moustique n.m.
altération de l'ESPAGNOL *mosquito*, diminutif de *mosca*, « mouche », du LATIN *musca* ; XVIIe s.

moutard n.m.
peut-être d'un DIALECTE LYONNAIS *moté*, « gamin » ; XIXe s.

mouton n.m.
du GAULOIS **multo*, « mâle châtré » ; XIIe s.

muezzin n.m.
de l'ARABE *mo'adhdhin*, « celui qui appelle à la prière », par le TURC *muezzin* ; XVIe s.

mufle n.m.
du FRANCIQUE **muffel*, « museau rebondi » ; XVIe s.

mufti ou **muphti** n.m. (interprète du Coran)
de l'ARABE *mufti*, « juge », par le TURC ; XVIe s.

muguet n.m.
du SANSKRIT *muchk*, par le PERSAN *mochk*, *mechk*, par l'ARABE *misk*, le GREC *moskhos* et le LATIN POPULAIRE *muscus* ; XIIe s.

mulâtre adj. et n.
de l'ESPAGNOL *mulato*, dérivé de *mulo*, « mulet » (le mulâtre étant un « métis », comme le mulet) ; XVIIe s.

muleta n.f. (tauromachie)
de l'ESPAGNOL *muleta* ; XIXe s.

mulot n.m. (mammifère)
du FRANCIQUE **mol*, « taupe », par le LATIN MÉDIÉVAL *mulotes* ; XIIIe s.

muphti → **mufti**.

musc n.m.
du SANSKRIT *muchk*, par le PERSAN *mochk*, *mechk*, « musc », par l'ARABE *misk*, par le GREC *moskhos* et le LATIN TARDIF *muscus* ; XIIIe s.

muscade n.f.
de l'ANCIEN PROVENÇAL *notz muscada*, « noix musquée », dérivé de *musc*, lui-même d'origine SANSKRITE (cf. musc) ; XIIIe s.

muscadet n.m.
du PROVENÇAL « vin muscat », lui-même d'origine SANSKRITE (cf. musc) ; XVe s.

muscadin n.m.
de l'ITALIEN *moscardino*, de *moscato*, « musc » ; XVIIIe s.

muscat n.m.
du PROVENÇAL *muscat*, « musqué », dérivé de *musc*, lui-même d'origine SANSKRITE (cf. musc) ; XIVe s.

music-hall n.m.
de l'ANGLAIS *music-hall*, de *hall*, « salle », et de *music*, « musique », emprunté au FRANÇAIS *musique*, issu du LATIN *musica*, lui-même du GREC *mousikê* (*tekhnê*), « (art) des Muses » ; XIXe s.

mustang n.m.
de l'ANCIEN ESPAGNOL *mestengo* (aujourd'hui *mesteño*), désignant des troupeaux de chevaux sauvages, par l'ANGLAIS d'Amérique *mustang*, même sens ; XIXe s.

musulman adj. et n.
de l'ARABE *muslim*, « croyant » ; XVIe s.

mutant adj.
de l'ALLEMAND (ou de l'ANGLAIS) *mutant*, formé sur le LATIN *mutans* ; XXe s.

N

nabab n.m.
de l'ARABE *nawwab*, pluriel de *naîb*, « vice-roi, lieutenant », par l'HINDOUSTANI *nabab* ou *navab*, « grand dignitaire », par le PORTUGAIS *nababo* (ou l'ESPAGNOL *nabab*) et sans doute par l'ANGLAIS *nabob* ; XVIIIe s.

nabi n.m. (peintre du groupe des Nabis)
formé sur l'HÉBREU *nabi*, « prophète » ; XIXe s.

nacre n.f.
de l'ARABE *naqqâra*, par l'ITALIEN ANCIEN *naccaro* (aujourd'hui *nacchera*), « coquille qui produit la nacre », puis « nacre », par l'ANCIEN FRANÇAIS *nacle* ; XVIe s.

nadir n.m.
de l'ARABE *nadir*, « opposé (au zénith) » ; XIVe s.

naja n.m. (sorte de cobra)
peut-être d'après le CINGHALAIS *noya*, par le LATIN des naturalistes *naja* ; XVIIe s.

nandou n.m. (espèce d'autruche)
du GUARANI *ñandú*, par l'ESPAGNOL *ñandú* ; XIXe s.

nantir v.
de l'ANCIEN SCANDINAVE *nam*, prise de possession, par l'ANCIEN FRANÇAIS *nant*, « gage », par un DIALECTE NORMAND ; XIIIe s.

napalm n.m.
de l'ANGLAIS *napalm*, contraction de *Na*, symbole chimique du sodium, et de *palm*, abréviation de *palmitate*, sel de l'acide palmitique utilisé comme gélifiant de l'essence dans les bombes incendiaires ; XXe s.

naphte n.m.
du PERSAN *naft*, par le GREC et le LATIN *naphta*, « bitume » ; XIIIe s.

narguer v.
du PROVENÇAL, par le LATIN POPULAIRE *naricare*, « nasiller », du LATIN *naris*, « narine » ; XVe s.

narguilé ou **narghilé** n.m.
du PERSAN *narguileh*, dérivé du SANSKRIT *narguil*, « noix de coco » (servant

de flacon pour contenir l'eau que traverse la fumée) ; XIXe s.

narval n.m. (sorte d'espadon)
d'un mot scandinave, peut-être du DANOIS *narhval* ; XVIIe s.

national-socialisme n.m.
de l'ALLEMAND *National-Sozialismus* ; XXe s.

national-socialiste adj. et n.
de l'ALLEMAND *National-Sozialist* ; XXe s.

natte n.f.
peut-être du PHÉNICIEN *matta*, par le LATIN POPULAIRE *matta*, puis *natta* ; XIe s.

navaja n.m. (couteau)
de l'ESPAGNOL *navaja*, « couteau », du LATIN *novacula*, « rasoir, poignard » ; XIXe s.

nazi n.m. et adj.
abréviation de l'ALLEMAND *National-Sozialist* ; XXe s.

négocier (un virage)
calque de l'ANGLAIS (*to*) *negociate* (*a curb*), « prendre un virage », et par extension « venir à bout d'un obstacle », lui-même du LATIN *negotiari*, « faire du commerce » ; XXe s.

nègre adj. et n.m.
de l'ESPAGNOL (ou du PORTUGAIS) *negro*, « noir », du LATIN *nigrum* ; XVIe s.

negrospiritual ou **spiritual** n.m.
de l'ANGLAIS *negro spiritual*, de *negro*, « (homme) noir », emprunté à l'ESPAGNOL, et de *spiritual*, « religieux », emprunté au FRANÇAIS *spirituel* (au sens de « exercice spirituel »), du LATIN ECCLÉSIASTIQUE *spiritualis* ; XXe s.

négus n.m.
d'une LANGUE ÉTHIOPIENNE *negus* (*negusti*), « roi (des rois) » ; XVIe s.

nénuphar n.m.
du SANSKRIT *nilotpala*, par le PERSAN *nîlûfar*, par l'ARABE *nînûfar* et par le LATIN *nenufar* ; XIIIe s.

néolithique adj. et n.m.
de l'ANGLAIS *neolithic*, de *neo-*, « nouveau », et du GREC *lithos*, « pierre » ; XIXe s.

népotisme n.m.
de l'ITALIEN *nipotismo*, de *nipote*, « neveu », du LATIN *nepotem*, « petit-fils » ; XVIIe s.

nervi n.m.
du PROVENÇAL MARSEILLAIS *nervi*, « force », pris au sens d'« homme vigoureux », puis de « mauvais sujet » ; XIXe s.

net adj.inv. (au tennis)
de l'ANGLAIS *net*, « filet », confondu avec *let* « (coup) à remettre » (cf. **let**) ; XIXe s.

neutron n.m.
de l'ANGLAIS *neutron*, créé par le physicien anglais Rutherford à partir de *neutral*, « neutre », sur le modèle d'*electron* ; XXe s.

névé n.m. « neige durcie »
d'un DIALECTE VALAISAN *névé*, du LATIN *nivem*, « neige », peut-être par l'ANGLAIS ; XIXe s.

névrose n.f.
adaptation de l'ANGLAIS *neurosis*, terme formé par le médecin écossais William Cullen à partir du GREC *neuron*, « nerf », et introduit en FRANÇAIS sous la forme *névrose* par Philippe Pinel ; XVIIIe s.

nickel n.m.
de l'ALLEMAND *Kupfernickel*, à l'origine « lutin du cuivre », de *Kupfer* « cuivre » et de l'ALLEMAND DIALECTAL *Nickel*

« lutin », le minerai ayant tout d'abord été pris pour un minerai de cuivre (*Kupfer*), probablement par l'intermédiaire de l'ANGLAIS ; XVIIIe s.

nippe n.f.
probablement d'un DIALECTE DE L'OUEST, dérivé de *guenipe*, altération de *guenille* ; XVIIe s.

nippon adj. et n.m.
du JAPONAIS *nippon*, « soleil levant » ; XIXe s.

nirvana n.m. (sérénité)
du SANSKRIT *nirvâna*, « extinction (des désirs) » ; XIXe s.

nô n.m. (théâtre japonais)
du JAPONAIS *nô* ; XIXe s.

noliser v. (affréter)
de l'ITALIEN *noleggiare*, de *nolo*, « fret », du LATIN *naulum*, « frais de transport par mer » ; XVIe s.

no man's land n.m.inv.
de l'ANGLAIS *no man's land*, « terrain n'appartenant à personne », à l'origine terrain d'exécution au nord de Londres ; XXe s.

nominer v.
de l'ANGLAIS (*to*) *nominate*, « désigner une personne qui fera partie d'un groupe de lauréats possibles », du LATIN *nominare*, d'où vient aussi le FRANÇAIS *nommer* ; XXe s.

nonce n.m. « légat du pape »
de l'ITALIEN *nunzio*, « envoyé, ambassadeur », du LATIN *nuntius* ; XVIe s.

nonciature n.f. « fonction du nonce »
de l'ITALIEN *nunziatura*, de l'ITALIEN *nunzio*, « ambassadeur » ; XVIIe s.

non-conformiste adj. et n.
de l'ANGLAIS *non conformist*, d'abord « protestant dissident », de *non-*, « négation », et de (*to*) *conform*, emprunté au FRANÇAIS *conformer* ; XVIIe s.

non-directif adj.
de l'ANGLAIS *non directive*, formé sur le LATIN *directus*, « direct », de *dirigere*, « diriger » ; XXe s.

non-retour (point de) loc.
calque de l'ANGLAIS *point of no return*, de (*to*) *return*, emprunté à l'ANCIEN FRANÇAIS *retorner*, du LATIN *retornare*, « retourner » ; XXe s.

non-stop n.m.
de l'ANGLAIS *non-stop*, de *non-*, « négation » et de *stop*, « arrêt » ; XXe s.

non-violence n.f.
calque du SANSKRIT *ahimsâ*, « (le) nonnuire », par l'ANGLAIS *non-violence*, de *non-*, « négation », et de *violence*, luimême emprunté au FRANÇAIS ; XXe s.

nopal n.m. « figuier de Barbarie »
du NAHUATL *nopalli*, de *nochtli*, « figuier de Barbarie », et *palli*, « (à feuilles) plates », par l'ESPAGNOL *nopal* ; XVIe s.

nord adj. et n.m.
du VIEIL ANGLAIS, par l'ANGLAIS *north* ; XIIe s.

nord-américain adj. et n.m.
calque de l'ANGLAIS *North-American* ; XIXe s.

noria n.f.
de l'ARABE *nâ'oûra*, par l'ESPAGNOL *noria* ; XIXe s.

normand adj. et n.m.
du FRANCIQUE *nortman*, « homme du Nord », par le LATIN MÉDIÉVAL *nortmannus* ; XIIe s.

noroît ou **norois** n.m. « vent du N.-O. »

d'un DIALECTE DE L'OUEST, altération de *nord-ouest* ; XVIe s.

nouba n.f.
de l'ARABE *nûba*, « tour de rôle », la musique se faisant à tour de rôle devant les maisons des officiers ; XIXe s.

nougat n.m.
de l'ANCIEN PROVENÇAL *nogat*, « tourteau de noix », par le PROVENÇAL *nougat*, du LATIN *nucem*, « noix » ; XVIIIe s.

nouille n.f.
de l'ALLEMAND *Nudel* ; XVIIe s.

noumène n.m. (philosophie)
de l'ALLEMAND *Noumenon*, « noumène », mot créé par Kant sur le GREC *noumenon*, « ce qui est pensé », de *noein*, « penser » (par opposition à *phénomène*) ; XIXe s.

nouvelle n.f. (récit)
de l'ITALIEN *novella* ; XVe s.

nouvelliste n.
de l'ITALIEN *novellista*, a remplacé l'ANCIEN FRANÇAIS *novelier* ; XVIIe s.

nuisance n.f.
de l'ANGLAIS *nuisance*, lui-même emprunté au FRANÇAIS *nuisance*, « ce qui cause du tort », de *nuire* ; XXe s.

numéro n.m.
de l'ITALIEN *numero*, du LATIN *numerus*, « nombre » ; XVIe s.

nuque n.f.
de l'ARABE *noukhâ*, « moelle épinière », par le LATIN MÉDIÉVAL *nucha*, « moelle épinière » ; le sens de « nuque » vient de l'influence de l'ARABE *nukra*, « nuque », tandis que la « moelle épinière » devenait *medulla* en LATIN MÉDIÉVAL ; XIVe s.

nurse n.f.
de l'ANGLAIS *nurse*, « nourrice », lui-même emprunté à l'ANCIEN FRANÇAIS *norrice*, du LATIN *nutritia*, « nourricière » ; XIXe s.

nylon n.m. (fibre de polyamide)
de l'ANGLAIS *Nylon*, contraction de *(vi)nyl*, « vinyle », et de *(cott)on*, « coton » (marque déposée) ; XXe s.

O

oasis n.f.
de l'ARABE d'Égypte, par le GREC *Oasis*, nom d'une ville du désert, et le LATIN POPULAIRE ; XVIe s.

objecteur de conscience n.m.
traduction de l'ANGLAIS *conscientious objector*, de *conscientious*, « qui obéit à la conscience morale », emprunté au FRANÇAIS *consciencieux*, et de (*to*) *object*, du LATIN *objectare*, « s'opposer à » ; XXe s.

obstruction n.f.
de l'ANGLAIS *obstruction*, pour le seul sens de « obstruction parlementaire », du LATIN *obstruere*, « fermer » ; XIXe s.

obus n.m.
du TCHÈQUE *haufnice*, « catapulte », par l'ALLEMAND *Haubnitze*, puis *Haubitze*, « obusier » ; XVIIe s.

oc n.m.
dans les DIALECTES MÉRIDIONAUX, forme pour « oui », du LATIN *hoc* (*est*), « (c'est) cela » ; XIIe s.

ocarina n.m. (instrument à vent)
de l'ITALIEN *ocarina*, « ayant la forme d'un bec d'oie », du LATIN *oca*, « oie » ; XIXe s.

occurrence n.f. (linguistique)
de l'ANGLAIS *occurrence*, du LATIN *occurrere*, « courir au-devant, se présenter » ; XXe s.

ocelot n.m.
du NAHUATL *ocelotl*, « tigre, jaguar », probablement par l'ESPAGNOL *ocelote* ; XVIIIe s.

octet n.m. (terme de chimie et d'informatique)
de l'ANGLAIS *octet*, « octet », du LATIN *octo*, « huit » ; XXe s.

odalisque n.f. (femme de harem)
du TURC *odalik*, « chambrière », de *oda*, « chambre » ; XVIIe s.

off adj.inv. et adv.
de l'ANGLAIS *off* (*screen*), « hors de l'écran » ; XXe s.

officiel adj.
de l'ANGLAIS *official*, du LATIN *officialis* ; XVIIIe s.

offset n.m.
de l'ANGLAIS *offset*, « report (dans le domaine de l'impression) », de *off*, « hors de », et de (*to*) *set*, « poser, placer », nom donné par son inventeur, l'Américain Rubel, à un procédé d'impression ; XXe s.

ogive n.f.
peut-être de l'ARABE DIALECTAL *al-jibb* (ARABE CLASSIQUE *al-djubb*), « citerne voûtée », par l'ESPAGNOL *aljibe*, même sens (ou de l'ANGLO-NORMAND *ogé*, du LATIN *obviatum*, « qui s'oppose, qui va à l'encontre [de la poussée des murs] ») ; XIIIe s.

ohm n.m. (unité de résistance électrique)
du nom du physicien allemand *Ohm* ; XIXe s.

oie n.f.
d'un DIALECTE CHAMPENOIS *oie* (forme refaite d'après *oiseau*), du LATIN POPULAIRE **auca*, contraction de **avica*, lui-même dérivé du LATIN *avis*, « oiseau » ; XIIe s.

oïl n.m.
dans les DIALECTES SEPTENTRIONAUX, forme pour « oui », probablement contraction de *hoc ille* (*fecit*), « il a (fait) cela » ; XIe s.

O. K. interj.
sigle d'origine américaine, peut-être pour l'ANGLAIS *all correct*, équivalent de *all right*, « tout va bien », altéré graphiquement en *oll korrect* et abrégé en *O. K.* ; XIXe s.

okapi n.m. (mammifère)
du BANTOU, par l'ANGLAIS *okapi* ; XXe s.

okoumé n.m. (bois)
du BANTOU (du Gabon) ; XXe s.

olive n.f.
du PROVENÇAL *oliva*, « olive », du LATIN *oliva*, « olive, olivier » ; XIe s.

omble n.m. (poisson)
d'un DIALECTE DE SUISSE ROMANDE *omble*, altération du DIALECTE DE NEUCHÂTEL *amble*, du LATIN POPULAIRE *amulus* ; XVIe s.

ombrelle n.f.
de l'ITALIEN *ombrello*, du LATIN *umbella*, « parasol », diminutif de *umbra*, « ombre » ; XVIe s.

ombrer v.
de l'ITALIEN *ombrare*, pour le sens artistique, car le mot *ombrer* existait en ANCIEN FRANÇAIS, mais avec le sens de « mettre à l'ombre » ; XVIe s.

omelette n.f.
altération probablement MÉRIDIONALE, sous l'influence de *ovum*, « œuf », de *amelette*, venu de *alumelle*, lui-même issu de *lamelle* ; XVIe s.

omnium n.m. (société financière)
abréviation de l'ANGLAIS *omnium gatherum*, du LATIN *omnium*, « de tous », et du pseudo-latin *gatherum*, « assemblée » (inspiré de l'ANGLAIS *together*, « ensemble ») ; XVIIIe s.

once n.f. (mesure de poids)
de l'ANGLAIS *ounce*, lui-même emprunté à l'ANCIEN FRANÇAIS *unce*, issu du LATIN *uncia*, « douzième partie d'un tout » ; XIXe s.

open adj. (pour un billet ou une compétition)
de l'ANGLAIS *open*, « ouvert » ; XXe s.

opéra n.m.
de l'ITALIEN *opera*, « œuvre » et « opéra » ; XVIIe s.

opérationnel adj.
de l'ANGLAIS *operational*, lui-même formé sur le FRANÇAIS du XIVe s. *operation*, du LATIN *operatio*, « ouvrage » ; XXe s.

opérette n.f.
de l'ITALIEN *operetta*, diminutif de *opera*, par l'ALLEMAND *Operette*, mot qui passe pour avoir été créé par Mozart ; XIXe s.

opossum n.m. (petit marsupial)
de l'ALGONQUIN *oposon*, par l'ANGLAIS d'Amérique ; XVIIe s.

opportunité n.f.
de l'ANGLAIS *opportunity*, « occasion favorable », lui-même emprunté au FRANÇAIS *opportunité*, « caractère de ce qui vient à propos », issu du LATIN *opportunitas*, « condition favorable » ; XIXe s.

opposition n.f.
de l'ANGLAIS *opposition*, « opposition » pour le sens politique ; mais l'ANGLAIS avait lui-même précédemment emprunté ce mot au FRANÇAIS du XIVe s. ; XVIIIe s.

optimiser v.
de l'ANGLAIS (*to*) *optimize*, « améliorer », du LATIN *optim*(*us*), « le meilleur » ; XXe s.

optionnel adj.
de l'ANGLAIS *optional*, « qui fait l'objet d'un choix », dérivé de *option*, lui-même emprunté au FRANÇAIS *option*, « choix, libre volonté » ; XXe s.

orange adj. et n.f.
du SANSKRIT *naranga*, puis par le PERSAN *nârandj* et par l'ARABE *larandj*, « orange amère », et enfin par l'ITALIEN *melarancia*, « pomme d'orange » (l'orange douce est venue plus tard de Chine, par l'intermédiaire des Portugais). Le passage de *arancia* à *orange* vient probablement de l'influence du commerce de ces fruits dans la ville d'*Orange* ; XIIIe s.

orang-outan(g) n.m.
du MALAIS *orang outan*, « homme des bois », terme utilisé par les Malais pour désigner des tribus montagnardes et appliqué par erreur par les Européens aux grands singes anthropoïdes ; XVIIe s.

oratorio n.m.
de l'ITALIEN *Oratorio*, nom de l'église de l'Oratoire à Rome ; XVIIIe s.

ordre du jour n.m.
calque de l'ANGLAIS *order of the day*, apparu un peu avant la Révolution (« la Terreur est à l'ordre du jour », décret de la Convention du 5 sept. 1793) ; XVIIIe s.

orgeat n.m.
du PROVENÇAL *orjat*, dérivé de *orge*, XVe s.

orignal n.m. « élan du Canada »
du BASQUE *oregnac*, pluriel de *oregna*, « cerf », terme importé au Canada par les immigrants basques et qui est revenu plus tard en France ; XVIIe s.

orlon n.m. (fibre acrylique)
de l'ANGLAIS *Orlon*, formé sur le modèle de *Nylon* (marque déposée par la même société américaine) [cf. nylon] ; XXe s.

oronge n.f. (champignon)
du PROVENÇAL *ouronjo*, « orange », en raison de la couleur de ce champignon ; XVIIIe s.

orteil n.m.
croisement du GAULOIS **ordiga*, « gros orteil », et de l'ANCIEN FRANÇAIS *arteil*, venu du LATIN *articulus*, « jointure d'un membre » et, par extension, « doigt », du LATIN *artus*, « articulation » ; XIIe s.

ortolan n.m.
du PROVENÇAL *ortolan*, « jardinier », du LATIN DE BASSE ÉPOQUE *hortulanus*, du LATIN *hortus*, « jardin », l'ortolan étant considéré comme un oiseau de jardin ; XVIe s.

oscar n.m. « récompense dans le domaine du cinéma »
de l'ANGLAIS *Oscar*, peut-être du prénom *Oscar*, par dérision ; XXe s.

osier n.m.
du FRANCIQUE **awi*, « terrain marécageux », par le LATIN POPULAIRE *ausarium*, *auseria* ; XIIIe s.

osso-buco n.m.
de l'ITALIEN *osso buco*, « os (à) trou » ; XXe s.

ottoman n.m. (étoffe)
de l'ARABE *Othmân*, nom du fondateur de la dynastie turque à la fin du XIIIe s. ; XVIIIe s.

ottomane n.f. (canapé)
de l'ARABE *Othmân*, nom du fondateur de la dynastie turque à la fin du XIIIe s. ; XVIIIe s.

ouate n.f.
peut-être de l'ARABE *bata'in*, « fourrure de vêtement » ; XVIIe s.

oued n.m.
de l'ARABE *oued*, « cours d'eau » ; XIXe s.

ouest adj. et n.m.
de l'ANGLAIS *west*, « ouest » ; XIIe s.

ouest-allemand adj.
calque de l'ANGLAIS *West-German*, « ouest-allemand » ; XXe s.

ouistiti n.m.
peut-être du TUPI-GUARANI, ou onomatopée d'après le cri de l'animal ; XVIIIe s.

oukase ou **ukase** n.m.
du RUSSE *oukazat'*, « indiquer » ; XVIIIe s.

ouragan n.m.
de l'ARAWAK (TAÏNO) *hurakan*, par l'ESPAGNOL *huracán*, « tornade des tropiques » ; XVIIe s.

out adv.
de l'ANGLAIS *out*, « hors de » ; XIXe s.

outsider n.m.
de l'ANGLAIS *outsider*, « celui qui est à l'extérieur d'une frontière » (au propre et au figuré) ; XIXe s.

overdose n.f.
de l'ANGLAIS *overdose*, « dose excessive », de *over-*, « en trop grande quantité », et de *dose*, « dose (de drogue) », ce dernier emprunté au FRANÇAIS, du LATIN MÉDIÉVAL *dosis* ; XXe s.

oxford n.m. (tissu de coton)
de la ville ANGLAISE, *Oxford*, premier lieu de fabrication de ce tissu ; XIXe s.

P

pacane n.f. « noix pécan »
de l'ALGONQUIN ; XVIIIe s.

pacemaker n.m.
de l'ANGLAIS *pacemaker*, d'abord « entraîneur sportif », puis « stimulateur cardiaque », de *pace*, « pas, rythme », lui-même emprunté au FRANÇAIS, et de *maker*, « celui qui fait ou qui règle quelque chose » ; XXe s.

pacha n.m.
du PERSAN *padechâh*, « souverain », par le TURC *pacha* ; XVe s.

pack n.m. (au rugby)
du NÉERLANDAIS *pak*, « paquet, ballot », par l'ANGLAIS *pack* ; XXe s.

pacotille n.f.
de l'ESPAGNOL *pacotilla*, diminutif de *paca*, « balle de coton », de la même famille que le FRANÇAIS *paquet*. À l'origine : « marchandise dont chaque marin pouvait faire commerce pour son compte » ; XVIIIe s.

paddock n.m.
d'une forme dialectale du VIEIL ANGLAIS *pearroc*, devenu en ANGLAIS moderne *paddock*, « enclos » ; XIXe s.

paella n.f.
de l'ESPAGNOL *paella*, « grande poêle » ; XXe s.

pagaie n.f. (sorte de rame)
du MALAIS des Moluques *pengajoeh* ; XVIIe s.

pagaille ou **pagaïe** n.f.
du PROVENÇAL *pagaio*, « désordre » ; XIXe s.

pagne n.m.
de l'ESPAGNOL *paño*, « pan d'étoffe » ; XVIIe s.

pagode n.f.
du SANSKRIT *bhagavat*, « saint, divin », par le TAMOUL *pagavadam*, « divinité », et le PORTUGAIS *pagoda*, « pagode » ; XVIe s.

paillasse n.f. (clown)
de l'ITALIEN *Pagliaccio*, personnage du théâtre italien, souvent vêtu d'une toile à paillasse (toile qu'on remplissait de paille) ; XVIIIe s.

paillote n.f.
du PORTUGAIS *palhota*, « hutte de paille », de *palha*, « paille » ; XVIIe s.

pair n.m. (noble)
de l'ANGLAIS *peer*, « noble », emprunté à l'ANCIEN FRANÇAIS *peer*, du LATIN *par, paris*, « égal » ; Xe s.

pairesse n.f.
de l'ANGLAIS *peeress*, « épouse d'un pair » ; XVIIe s.

palabre n.f. ou m.
de l'ESPAGNOL *palabra*, « parole » ; XVIIe s.

palace n.m. « hôtel de luxe »
de l'ANGLAIS *palace*, « palais », emprunté à l'ANCIEN FRANÇAIS *paleis*, du LATIN *Palatium*, nom du mont Palatin, où se trouvait le palais des Césars ; XXe s.

paladin n.m. (chevalier errant)
de l'ITALIEN *paladino*, du LATIN MÉDIÉVAL *palatinus*, « officier du palais » ; XVIe s.

palan n.m.
de l'ITALIEN *palanco, palanca*, « palanche, pièce de bois dont on se sert pour porter deux seaux », du LATIN POPULAIRE *palanga*, « gros bâton » ; XVIe s.

palanquin n.m.
du SANSKRIT *paryanka*, « litière », par l'HINDOUSTANI *pâlakî* et le PORTUGAIS *palanquim* ; XVIe s.

pale n.f. (d'hélice)
du PROVENÇAL *pala*, « pelle », du LATIN *pala*, « pelle », avec comme premier sens « partie plate de l'aviron » ; XIIIe s.

palefrenier n.m.
de l'ANCIEN PROVENÇAL *palafrenier*, de *palafren*, « palefroi, cheval de marche » (opposé à *destrier*, « cheval de combat »), du LATIN POPULAIRE *paraveredus*, « cheval de renfort », d'origine celtique (cf. **palefroi**) ; XIIIe s.

palefroi n.m.
du GAULOIS, par le LATIN POPULAIRE *paraveredus*, « cheval de renfort », issu du GREC *para*, « auprès de » et de *veredus*, « cheval de voyage » ; XIe s.

paléolithique adj. et n.m.
de l'ANGLAIS *paleolithic*, « paléolithique », du GREC *palaios*, « ancien », et *lithos*, « pierre », terme créé en 1865 par John Lubbock ; XIXe s.

paletot n.m.
du VIEIL ANGLAIS *paltok*, « jaquette », introduit en français au XIVe s. sous la forme *paltoke*, devenue ensuite *paletot* avec le sens de « casaque de paysan ». Ce mot a été réemprunté par l'ANGLAIS sous la forme *paletot* ; XIVe s.

palétuvier n.m.
du TUPI *waparahiwa*, de *apara*, « courbé », et *iwa*, « arbre », d'abord *apparituriér* puis *parétuvier* et *palétuvier* ; XVIIe s.

palissandre n.m.
de l'ARAWAK de Guyane, peut-être par le NÉERLANDAIS *palissander* ; XVIIIe s.

palmiste n.m.
de l'ESPAGNOL (ou du PORTUGAIS) *palmito*, diminutif de *palmo*, du LATIN *palma*, « palmier » ; XVIIe s.

palombe n.f.
du DIALECTE LANGUEDOCIEN *palomba*, du LATIN *palumba*, variante de *palumbus*, « pigeon, ramier » ; XIIIe s.

palonnier n.m.
du GERMANIQUE *sparro*, « poutre », par l'ANCIEN FRANÇAIS *paronne*, même sens (ou de l'ANCIEN FRANÇAIS *palon*, du LATIN *palus*, « pieu ») ; XVIIe s.

palourde n.f. (coquillage)
d'un DIALECTE DE L'OUEST *palourde*, du LATIN POPULAIRE *pelorida*, du LATIN *peloris* ; XVIe s.

pampa n.f.
du QUECHUA *pampa*, « plaine », par l'ESPAGNOL d'Amérique latine ; XVIIIe s.

pamphlet n.m. « ouvrage satirique »
de l'ANGLAIS *Pamphilet*, nom d'une comédie satirique en vers latins du XIIe s. L'ANGLAIS *pamphlet*, après avoir eu le sens de « écrit satirique » au XVIe s., a pris aujourd'hui celui de « brochure, opuscule » ; XVIIe s.

pamplemousse n.m.
du NÉERLANDAIS *pompelmoes*, de *pompel*, « épais », et de *limoes*, « citron » ; XVIIe s.

panache n.m.
de l'ITALIEN *pennaccio*, variante de *pennacchio*, du LATIN POPULAIRE *pinnaculum*, dérivé de *pinna*, « plume » ; XVe s.

panade n.f.
du PROVENÇAL *panado*, de *pan*, « pain » (ou de l'ITALIEN *panata*) ; XVIe s.

panama n.m. (fibre et chapeau)
de *Panamá*, nom du pays d'origine de cette fibre ; XIXe s.

panaméricain adj.
de l'ANGLAIS *panamerican*, « panaméricain », du GREC *pan*, « tout », et de l'ANGLAIS *American*, « américain » ; XXe s.

panda n.m. (mammifère)
du NÉPALAIS ; XIXe s.

pandémonium n.m. « lieu de désordre »
de l'ANGLAIS *pandemonium*, du GREC *pan*, « tout », et *daimôn*, « démon », terme créé par le poète anglais Milton ; XVIIIe s.

pandit n.m. (titre honorifique de l'Inde)
du SANSKRIT *pandita*, « savant » ; XIXe s.

panel n.m. (dans les sondages)
de l'ANGLAIS *panel*, « panneau », emprunté lui-même à l'ANCIEN FRANÇAIS *panel*, « panneau », du LATIN *pannus*, « morceau d'étoffe » ; XXe s.

pangolin n.m. (mammifère)
du MALAIS *pang-goling*, « celui qui s'enroule » ; XVIIIe s.

panne (en) loc.
du PROVENÇAL *en pano* (ou de l'ITALIEN [*mettere*] *in panna*), d'origine obscure ; XVIIe s.

panorama n.m.
de l'ANGLAIS *panorama*, mot créé l'Anglais Robert Barker, inventeur d'un dispositif donnant l'impression du relief par la vue circulaire d'une scène peinte en trompe-l'œil sur une surface murale entourant le spectateur, du GREC *pan*, « tout », et *orama*, « vue, vision » ; XVIIIe s.

pantalon n.m.
du VÉNITIEN *Pantalon*, nom d'un personnage à culottes longues du carnaval de Venise ; XVIIe s.

panthéisme n.m.
de l'ANGLAIS *pantheism*, « panthéisme », du GREC *pan*, « tout », et *theos*, « dieu » ; XVIIIe s.

panthéiste adj. et n.
de l'ANGLAIS *pantheist*, « panthéiste », du GREC *pan*, « tout », et *theos*, « dieu » ; XVIIIe s.

pantoufle n.f.
de l'ITALIEN *pantofola*, lui-même peut-

être du GREC *panto phellon*, de *pan*, *pantos*, « tout », et *phellon*, « liège » ; XVe s.

papable adj. « qui peut être élu pape » de l'ITALIEN *papabile*, « papable », de *papa*, « pape » ; XVIe s.

papaye n.f.
de l'ARAWAK *papaya*, « papaye » ; XVIe s.

papier-monnaie n.m.
calque de l'ANGLAIS *paper money*, « monnaie en papier » ; XXe s.

paprika n.m.
du HONGROIS *paprika*, « poivre rouge » ; XIXe s.

paquebot n.m.
calque de l'ANGLAIS *packet-boat* « malle-poste », de *boat*, « bateau », et *packet*, « paquet (de lettres) », ce dernier emprunté au NÉERLANDAIS *pak*, « ballot » (ou au FRANÇAIS *paquet*, qui vient aussi du NÉERLANDAIS *pak*) ; XVIIe s.

Pâques n.f.pl.
de l'HÉBREU *pesah*, « passage (de la mer Rouge) », par le GREC *Paskha*, le LATIN ECCLÉSIASTIQUE *Pascha*, altéré en *pascua* ; Xe s.

paquet n.m.
du NÉERLANDAIS *pak*, « ballot », par l'ANCIEN FRANÇAIS *pacque* ; XIVe s.

parabellum n.m.
de l'ALLEMAND, d'après le proverbe LATIN *si vis pacem, para bellum*, « si tu veux la paix, prépare la guerre » ; XXe s.

parade n.f. (escrime)
de l'ITALIEN *parare*, « se garder d'un coup » ; XVIe s.

paradis n.m.
du PERSAN *pâridâizâ* (de l'AVESTIQUE *pairi-daeza*), « enclos du seigneur », par le GREC *paradeisos*, « parc de plaisance », et le LATIN ECCLÉSIASTIQUE *paradisus*, « lieu de félicité » (qui a donné en FRANÇAIS *paradis*, mais aussi *parvis*) ; XIe s.

parages n.m.pl.
de l'ESPAGNOL *paraje*, « lieu où l'on s'arrête », de *parar*, « s'arrêter » ; XVIIe s.

parangon n.m.
de l'ITALIEN *paragone*, « comparaison », mais d'abord « pierre de touche (qui permet de prouver qu'un objet est en or) », issu lui-même du GREC *parakonê*, « pierre à aiguiser ». A pris en FRANÇAIS le sens de « modèle » ; XVIe s.

paranoïa n.f.
de l'ALLEMAND *paranoïa*, du GREC *paranoïa*, « folie » ; XXe s.

parapet n.m.
de l'ITALIEN *parapetto*, « qui protège la poitrine », de *para*(*re*), « protéger », et *petto*, « poitrine » ; XVIe s.

parapsychologie n.f.
de l'ANGLAIS *parapsychology*, formé sur le GREC *para-*, « à côté », *psukhê*, « âme », et *logia*, « théorie » ; XXe s.

parasol n.m.
de l'ITALIEN *parasole*, « qui protège du soleil », de *para*(*re*), « protéger », et *sole*, « soleil » ; XVIe s.

paravent n.m.
de l'ITALIEN *paravento*, « qui protège du vent », de *para*(*re*), « protéger », et *vento*, « vent » ; XVIe s.

parc n.m.
probablement du GOTIQUE **parra, *parrak*, « enclos » (ou du PRÉLATIN *parra*, « perche »), par le LATIN POPULAIRE *parricus, parcus* ; XIIe s.

parcmètre ou **parcomètre** n.m.
calque de l'ANGLAIS *parking meter*, de *parking*, « action de garer un véhicule », et de *meter*, « compteur » ; XXe s.

paréo n.m.
du TAHITIEN ; XXe s.

parer v. (escrime)
de l'ITALIEN *parare*, « éviter un coup » ; XVe s.

parfum n.m.
de l'ANCIEN ITALIEN *perfumo*, de *perfumare* (aujourd'hui *profumare*), « parfumer », dérivé du LATIN *fumare*, « exhaler une vapeur, faire de la fumée » ; XVIe s.

parfumer v.
de l'ITALIEN *perfumare* (aujourd'hui *profumare*), « parfumer », du LATIN *fumare*, « exhaler une vapeur, faire de la fumée » ; XVIe s.

paria n.m.
du TAMOUL *paraiyar*, « joueur de tambour », par le PORTUGAIS *paria*, « indien hors caste (intouchable) » ; XVIIe s.

parka n.m. ou f. (vêtement)
de l'ESQUIMAU ; XXe s.

parking n.m.
de l'ANGLAIS *parking*, « action de garer un véhicule » (et non le sens du FRANÇAIS « emplacement où l'on gare son véhicule »), du verbe (*to*) *park*, emprunté lui-même au FRANÇAIS *parc* ; XXe s.

parlement n.m.
de l'ANGLAIS *parliament*, « assemblée délibérante », du LATIN POPULAIRE *parliamentum*, alors que le FRANÇAIS *parlement* désignait « l'action de parler, de conférer », puis les seules « cours de justice ». Le mot *parlement*, à partir de la Révolution et jusqu'à la fin du XIXe s., ne désigne plus, en FRANÇAIS, que le Parlement britannique. Il n'entrera dans la Constitution française qu'en 1875 ; XIXe s.

parlementaire n.
de l'ANGLAIS *parliamentary*, « membre du Parlement britannique », alors que ce mot ne désigne en FRANÇAIS jusqu'en 1824 qu'un « membre d'une cour de justice » ou un « membre du Parlement d'Angleterre » ; XIXe s.

parmesan n.m. (fromage)
de l'ITALIEN *parmigiano*, « qui est de Parme » ; XVIe s.

parpaillot adj. et n.m. (calviniste)
d'un DIALECTE GASCON OU LANGUEDOCIEN *parpailhol*, « papillon », du LATIN *papilio*, à cause des uniformes blancs des soldats calvinistes au siège de Clairac (Lot-et-Garonne) en 1621 ; XVIIe s.

parquer v. (un véhicule)
de l'ANGLAIS (*to*) *park*, « garer son véhicule », sous l'influence de *parking*, ces mots venant eux-mêmes du FRANÇAIS *parc* ; XXe s.

partenaire n.
de l'ANGLAIS *partner*, « associé », altération par croisement de l'ANGLAIS *part*, « parti », et de *parcener*, emprunté à l'ANCIEN FRANÇAIS *parcenier*, de *parçon*, « partage », du LATIN *partitio*, « répartition » ; XVIIIe s.

partisan n.m.
de l'ITALIEN *partigiano*, « membre d'un parti », de *parte*, « parti » ; XVe s.

partition n.f. (en musique)
de l'ITALIEN *partizione*, « partage, division », de *partire*, « partager, subdiviser », du LATIN *partiri*, « diviser » ; XVIIIe s.

paso doble n.m. (danse)
de l'ESPAGNOL *paso doble*, « pas redoublé » ; XXe s.

passade n.f.
d'un dialecte septentrional de l'ITALIEN *passata*, de *passare*, « passer, ne pas s'arrêter » ; XVIIe s.

pastel n.m. (dessin)
de l'ITALIEN *pastello*, « bâtonnet de pâte colorée pour dessiner », de *pasta*, « pâte » ; XVIIe s.

pastèque n.f.
de l'ARABE *al-bâṭṭikha*, « pastèque », par le HINDI *pateca* et le PORTUGAIS ; XVIIIe s.

pastiche n.m.
de l'ITALIEN *pasticcio*, « pâté », du LATIN POPULAIRE *pasticium*, « pâté » ; XVIIe s.

pastille n.f.
de l'ESPAGNOL *pastilla*, « pastille », du LATIN *pastillum*, « petit pain » ; XVIe s.

pastis n.m. « alcool d'anis »
de l'ANCIEN PROVENÇAL *pastis*, « pâté » ; le sens de « situation embrouillée » semble venir de l'ITALIEN *pasticcio*, « imbroglio » ; XVIIe s.

patache n.f. (bateau ou diligence)
probablement de l'ARABE *batâs*, « bateau à deux mâts », par l'ESPAGNOL *patache*, « bateau de guerre léger » ; XVIe s.

patate n.f. (patate douce)
de l'ARAWAK de Haïti *batata*, « patate (douce) », par l'ESPAGNOL *patata* ; XVIe s.

patate n.f. (pomme de terre)
de l'ANGLAIS *potatoe*, « pomme de terre ». Selon Parmentier, c'est sous le nom de *potatoe* que ce tubercule a été importé d'Angleterre en France, d'où la confusion entre *patate* (de *potatoe*) et *patate* (douce), [voir aussi **pomme de terre**] ; XIXe s.

patchouli n.m.
du TAMOUL *pâch*, probablement par l'ANGLAIS *patchleaf*, « feuille de patch » ; XIXe s.

patchwork n.m.
de l'ANGLAIS *patchwork*, « tissu fait de morceaux », de *work*, « ouvrage », et de *patch*, « pièce, morceau de rapiéçage », qui vient peut-être d'une forme ANGLO-NORMANDE de l'ANCIEN FRANÇAIS *pieche* ; XXe s.

paternalisme n.m.
de l'ANGLAIS *paternalism*, de *paternal*, formé sur le LATIN *paternus*, de *pater*, « père » ; XXe s.

patine n.f.
de l'ITALIEN *patina*, « patine », du LATIN *patina*(*m*), « plat creux », avec un changement de sens mal expliqué ; XVIIIe s.

patio n.m.
de l'ESPAGNOL *patio*, « jardin intérieur », par le CATALAN *pati*, lui-même peut-être emprunté à un DIALECTE OCCITAN *patu*, « pâturage », puis « terrain non construit » ; XIXe s.

patron-minet → **potron-minet**.

patronnesse adj. et n.f.
de l'ANGLAIS *patroness*, féminin de l'ANGLAIS *patron*, lui-même emprunté au FRANÇAIS *patron*, du LATIN *patronus*, « qui protège ». Le FRANÇAIS *patronnesse* existait au XVIe s. avec le sens de « femme qui protège », mais son sens moderne de « femme qui se consacre à des œuvres de bienfaisance » nous est venu de l'ANGLAIS au XIXe s.

patte n.f. « jambe d'animal »
probablement d'origine PRÉCELTIQUE ou onomatopéique ; XIIIe s.

patte n.f. « chiffon »
du GERMANIQUE **paita*, « morceau d'étoffe » ; XVIIe s.

pattemouille n.f.
du GERMANIQUE **paita*, « morceau d'étoffe », d'où vient le mot dialectal *patte*, « chiffon », et du FRANÇAIS *mouiller* ; XXe s.

paupérisme n.m.
de l'ANGLAIS *pauperism*, dérivé savant du LATIN *pauper*, « pauvre » ; XIXe s.

pause n.f. (en musique)
de l'ITALIEN *pausa*, « pause », du LATIN *pausa*, « trêve, arrêt » ; XVIe s.

pause-café n.f.
traduction de l'ANGLAIS *coffee break*, de *break*, « interruption, pause », et de *coffee*, « café » ; XXe s.

pavane n.f. (danse)
de l'ITALIEN (*danza*) *pavana*, « (danse) padouane », de l'ITALIEN DIALECTAL *Pava*, « Padoue » ; XVIe s.

pavois n.m.
de l'ITALIEN *pavese*, « de Pavie », ville où se fabriquaient ces sortes de boucliers ; XIVe s.

payant adj. (gratifiant, qui donne des résultats)
de l'ANGLAIS *paying*, « payant ». C'est ce sens, inconnu en FRANÇAIS avant 1950, qui a été emprunté à l'ANGLAIS. Le mot français *payant* n'avait jusque-là que le sens de « qui doit être payé » ; XXe s.

pécari n.m. (porc sauvage)
de l'ARAWAK *begare* ou *báquira* ; XVIIe s.

peccadille n.f.
de l'ESPAGNOL *pecadillo*, diminutif de *pecado*, « péché », du LATIN *peccare*, « faire une faute » ; XVIe s.

pêche n.f. (fruit)
du PERSAN *pârs*, « persan, de Perse », par le LATIN *persica* (*arbor*), mot à mot « (arbre) de Perse » ; XVIIIe s.

pécore n.f.
de l'ITALIEN *pecora*, « brebis » puis « bête sotte », puis « femme sotte », du LATIN POPULAIRE *pecora*, « bétail » ; XVIe s.

pédale n.f.
de l'ITALIEN *pedale*, du LATIN *pedalis*, « relatif au pied » ; XVIIe s.

pédant adj. et n.m.
de l'ITALIEN *pedante*, « pédant », du GREC *paideuein*, « éduquer un enfant », de *pais, paidos*, « enfant », le premier sens de *pédant* étant « maître d'école, pédagogue » ; XVIe s.

pédanterie n.f.
peut-être de l'ITALIEN *pedanteria* ; XVIe s.

pédantesque adj.
de l'ITALIEN *pedantesco*, dérivé de l'ITALIEN *pedante* ; XVIe s.

pedigree n.m.
de l'ANGLAIS *pedigree*, « arbre généalogique », lui-même emprunté à l'ANGLO-NORMAND *pedegreu* (ANCIEN FRANÇAIS *pié de grue*), par analogie de forme entre le pied de la grue et les trois petits traits utilisés dans les arbres généalogiques ; XIXe s.

pègre n.f.
de l'ARGOT PROVENÇAL marseillais *pego*, « poix », et par métaphore « voleur des quais » (qui a de la poix aux doigts) ; XVIIIe s.

pelotari n.m. « joueur de pelote basque »
du BASQUE *pelotari*, « joueur de pelote » ; XIXe s.

pelouse n.f.
d'un DIALECTE DE L'OUEST ou du PROVENÇAL *pelouso*, « pelouse », de l'adjectif *pelous*, « poilu », du LATIN *pilosus*, « couvert de poils » ; XVIIe s.

pénalisation n.f.
de l'ANGLAIS *penalization*, de (*to*) *penalize*, « pénaliser », emprunté au FRANÇAIS *pénal*, dérivé du LATIN *poenalis*, de *poena*, « punition, châtiment » ; XIXe s.

pénaliser v.
de l'ANGLAIS (*to*) *penalize*, « pénaliser », de *penal*, « relatif aux peines », emprunté au FRANÇAIS *pénal*, du LATIN *poenalis*, de *poena*, « punition, châtiment » ; XIXe s.

penalty n.m. (au football)
de l'ANGLAIS *penalty*, « sanction, punition », probablement emprunté au FRANÇAIS *pénalité* par l'intermédiaire d'un terme de droit ANGLO-NORMAND *penalte* ; XXe s.

pénéplaine n.f.
de l'ANGLAIS *peneplain*, de *plain*, « plaine », et de *pene*, du LATIN *poene*, « presque », terme créé par l'Américain W. Davis en 1889 ; XXe s.

péniche n.f.
de l'ESPAGNOL *pinaza*, « vaisseau en bois de pin » (du LATIN, *pinus* « pin »), par le FRANÇAIS *pinasse*, devenu en ANGLAIS *pinnace*, puis revenu en FRANÇAIS sous la forme *péniche* ; XIXe s.

pénicilline n.f.
de l'ANGLAIS *penicillin*, « pénicilline », du LATIN savant *penicillium*, formé sur le LATIN *penicillum*, « pinceau », par analogie entre la forme de la moisissure et celle d'un pinceau ; XXe s.

penny n.m. (pl. **pence**)
de l'ANGLAIS *penny, pence*, petite pièce de monnaie anglaise, analogue au français *sou* ; XVIe s.

péon n.m. « paysan pauvre »
de l'ESPAGNOL *peón*, « manœuvre agricole, journalier », du LATIN *pedo*. Le mot *péon* existait en ancien français, avec le sens de « fantassin » ; XIXe s.

pépite n.f.
de l'ESPAGNOL *pepita*, littéralement « pépin », puis « pépite » ; XVIIIe s.

percale n.f.
du PERSAN *pargâla*, *parkâla*, « lambeau », par le TURC *pärgalä* et par le HINDI ; XVIIIe s.

perestroïka n.f. « restructuration »
du RUSSE *perestroïka*, formé sur le radical *stroï*, « ordre, organisation », avec le préverbe *pere*, « refaire, transformer », et le suffixe *ka*. Ce terme s'est répandu en français à la suite de la parution en 1987 de la traduction française du livre de Mikhail Gorbatchev *Perestroïka* ; XXe s.

performance n.f.
de l'ANGLAIS *performance*, emprunté à l'ANCIEN FRANÇAIS *parformance*, « accomplissement », de *parformer*, « accomplir », qui a donné le verbe anglais (*to*) *perform* ; XIXe s.

pergola n.f.
de l'ITALIEN *pergola*, du LATIN *pergula*, « treille » ; XXe s.

périscope n.m.
de l'ANGLAIS *periscope*, formé à partir du GREC *peri*, « autour », et de *skopein*, « observer », mot créé par l'Anglais Grubb vers 1822 ; XIXe s.

perle n.f.
de l'ITALIEN *perla*, du LATIN POPULAIRE **pernula*, du LATIN *perna*, « coquillage perlier, dit *pinne marine* » ; XIIe s.

perroquet n.m.
de l'ANCIEN ITALIEN *parrocchetto*, soit diminutif plaisant de *parrocco*, « curé », soit du nom propre *Perrot* (diminutif de Pierre) donné à cet oiseau. *Perroquet* a éliminé l'ancienne forme *papegaut*, *papegai* (qui venait sans doute de l'arabe) ; XIVe s.

perruque n.f.
de l'ITALIEN *parrucca*, « chevelure », puis « chevelure postiche » ; XVe s.

pers adj. « tirant sur le bleu »
du PERSAN *pârs*, « persan, de Perse », par le LATIN *persicus* et le LATIN POPULAIRE *persus* ; XVe s.

perse adj. et n.
du PERSAN *pârs*, « persan, de Perse », par le LATIN *persicus* et le LATIN POPULAIRE *persus* ; XVe s.

persienne n.f.
du PERSAN *pârs*, « persan, de Perse », par le LATIN *persicus*, le LATIN POPULAIRE *persus* et l'ANCIEN FRANÇAIS *persien* ; XVe s.

personnaliser v.
de l'ANGLAIS (*to*) *personalize* « rendre personnel », de *personal*, « personnel », emprunté lui-même à l'ANCIEN FRANÇAIS *personal*, « personnel » ; XXe s.

pertuisane n.f.
de l'ITALIEN *partigiana*, peut être de *partigiano*, « partisan », d'où « arme des partisans » avec influence de l'ANCIEN FRANÇAIS *pertuiser*, « percer » ; XVIe s.

peseta n.f. (monnaie)
de l'ESPAGNOL *peseta*, unité monétaire, de *peso*, à la fois « poids » et « unité monétaire » ; XIXe s.

peso n.m. (monnaie)
de l'ESPAGNOL *peso*, à la fois « poids (d'or) » et « unité monétaire » ; XIXe s.

pesticide adj. et n.m. (insecticide)
de l'ANGLAIS *pesticid*, de *pest*, emprunté au FRANÇAIS *peste*, mais ayant pris en ANGLAIS le sens de « personne, animal ou plante nuisible », et du suffixe *-cid*, du LATIN *caedere*, « tuer » (cf. le FRANÇAIS *homicide*) ; XXe s.

pétanque n.f. (jeu de boules)
du PROVENÇAL *pèd tanco*, « pied fixé » ; XXe s.

pétarade n.f.
du PROVENÇAL *petarrada*, du verbe *petarra*, augmentatif de *peta*, « péter » ; XVe s.

pétition n.f.
de l'ANGLAIS *petition*, « demande, supplique », dans le sens politique de « demande officielle faite à une autorité ». L'ANGLAIS *petition* est lui-même emprunté au FRANÇAIS *pétition*, « demande, requête », du LATIN *petitio*, de *petere*, « demander », XVIIIe s.

pétrel n.m. (oiseau)
de l'ANGLAIS *petrel*, d'origine obscure ; XVIIIe s.

pétrochimie n.f.
calque de l'ANGLAIS *petrochemistry* ; XIXe s.

peuchère ou **pechère** interj.
forme francisée du PROVENÇAL *pecaïre*, littéralement « pécheur » et signifiant « hélas ! mon Dieu ! » ; XIXe s.

pharaon n.m.
de l'ÉGYPTIEN, par le GREC *pharao* et le LATIN *pharao* ; XIIe s.

pharisien n.m.
de l'HÉBREU *paruchim*, « les séparés, ceux qui vont à part » (ou de l'ARAMÉEN *parsci*, secte juive du temps de J.-C.) , par le GREC *pharisaios* et le LATIN *pharisaeus* ; XIIe s.

philharmonique adj.
de l'ITALIEN *filarmonico*, du GREC *phil(o)*, « ami », et *harmonia*, « harmonie, accord » ; XVIIIe s.

philippine n.f. (jeu)
altération de l'ANGLAIS *Valentine*, « saint Valentin » (patron des amoureux), par l'ALLEMAND *Vielliebchen*, « bien-aimée », altéré lui-même en *Philippine*, sous l'influence de *Philippe*. Le mot s'emploie comme salutation dans le jeu : *Bonjour Philippine !* XIXe s.

philistin adj. et n.m.
de l'HÉBREU *phelichti*, « du peuple philistin (ennemi des juifs) », par le LATIN ECCLÉSIASTIQUE *philistinus*. Le sens de « individu inculte » est dû aux étudiants allemands qui ont désigné par *Philister* « philistin » tout bourgeois ennemi des choses de l'esprit ; XIXe s.

photo-finish n.f.
de l'ANGLAIS d'Amérique *photo-finish*, « enregistrement de l'arrivée d'une course », de *photo(graphy)*, « photographie », et *finish*, « arrivée (d'une course) », de *(to) finish*, « finir », lui-même emprunté à l'ANCIEN FRANÇAIS *feniss*, « finir » ; XXe s.

photographie n.f.
de l'ANGLAIS *photography*, « photographie », du GREC *phôtos*, « lumière », et *graphein*, « écrire », mot créé en 1869 par l'astronome anglais John Herschel, qui combina le terme *photogenic* (*drawing*) de Talbot et celui d'*héliographie* de Niepce. Le mot FRANÇAIS *photographie* existait depuis quelques années mais ne désignait que l'étude des phénomènes lumineux ; XIXe s.

pian n.f. (maladie tropicale)
du TUPI ; XXe s.

pianissimo adv. (musique)
de l'ITALIEN *pianissimo*, « très doucement » ; XVIIIe s.

piano adv. (musique)
de l'ITALIEN *piano*, « doucement » ; XVIIe s.

piano n.m. (instrument de musique)
de l'ITALIEN *piano(-forte)*, « doux-fort », parce que cet instrument, à la différence du clavecin, permettait de jouer doucement ou fort ; XVIIIe s.

piastre n.f.
de l'ITALIEN *piastra*, « plaque » et « piastre, ancienne monnaie italienne » ; XVIe s.

pic n.m. (de montagne)
du PRÉROMAN **pikk* ; XIVe s.

pic n.m. (oiseau)
de l'ANCIEN PROVENÇAL *pic*, du LATIN *picus*, « pivert » ; XVIe s.

picador n.m. (tauromachie)
de l'ESPAGNOL *picador*, « celui qui utilise une pique », de *pica*, « pique » ; XVIIIe s.

picaillons n.m.pl.
d'origine PRÉCELTIQUE, par un DIALECTE SAVOYARD *picaillons*, « petites pièces de monnaie en cuivre » ; XVIIIe s.

picaresque adj.
de l'ESPAGNOL *picaresco*, de *pícaro*, « coquin », type d'aventurier de la littérature espagnole ; XIXe s.

piccolo ou **picolo** n.m. « petite flûte »
de l'ITALIEN *piccolo*, « petit » ; XIXe s.

pichenette n.f.
peut-être du PROVENÇAL *pichouneto*, « petite » ; XIXe s.

pichet n.m.
d'un DIALECTE DE L'OUEST ou DU CEN-

TRE, variante de *pichier*, qui est lui-même une altération de *bichier*, du LATIN POPULAIRE *becarius*, du GREC *bikos*, « vase à boire » ; XIIIe s.

pickles n.m.pl.
de l'ANGLAIS *pickle*, « saumure », lui-même peut-être du NÉERLANDAIS *pekel* ; XIXe s.

pickpocket n.m.
de l'ANGLAIS *pickpocket*, de (*to*) *pick*, « cueillir, voler », et de *pocket*, « poche » ; XVIIIe s.

pick-up n.m. (électrophone)
de l'ANGLAIS *pick-up*, de (*to*) *pick up*, « recueillir » ; XXe s.

pictographie n.f.
de l'ANGLAIS *pictography*, formé à partir du LATIN *pictus*, « peint, coloré », et du GREC *graphein*, « écrire » ; XIXe s.

pidgin n.m.
de l'ANGLAIS *business*, « affaire, commerce », altéré par le CHINOIS en *bigeon, pigeon* et repris par l'ANGLAIS sous la forme *pidgin* ; XXe s.

pièce n.f.
du GAULOIS **pettia*, par le LATIN MÉDIÉVAL *petia* ; XIe s.

pied en cap (de) loc.
du PROVENÇAL *de cap a pe*, « de la tête au pied » ; XIVe s.

piédestal n.m.
de l'ITALIEN *piedestallo* (ou *piedistallo*), de *piede*, « pied », et de *stallo*, « appui, support » ; XVe s.

pietà n.f.
de l'ITALIEN *pietà*, « pitié » ; XVIIe s.

pieu n.m. « lit »
peut-être forme PICARDE de *peau* (sur laquelle on dormait) ; XVIIIe s.

pieu n.m. « piquet »
d'un DIALECTE PICARD *pieus*, correspondant au pluriel *peus*, de l'ANCIEN FRANÇAIS *pel*, « pieu, piquet », du LATIN *palus*, « poteau » ; XIIIe s.

pieuvre n.f.
d'un DIALECTE ANGLO-NORMAND *pieuvre*, « poulpe », du LATIN *polypus*, par les formes de l'ANCIEN FRANÇAIS *puelve, pueuve, pieuve*, mot popularisé en français par Victor Hugo ; XIXe s.

pigne n.f. « pomme de pin »
du PROVENÇAL *pigno*, du LATIN (*nux*) *pinea*, « (pomme) de pin » ; XVe s.

pignon n.m. « graine de pin »
du PROVENÇAL *pignoun*, « pignon », de *pinha*, « pigne » ; XVe s.

pignouf n.m.
d'un DIALECTE DE L'OUEST *pignouf*, de *pigner*, « crier, grincer » ; XIXe s.

pilaf n.m.
du PERSAN *polow*, « plat de riz », par le TURC *pilav* ; XIXe s.

pilastre n.m.
de l'ITALIEN *pilastro*, « pilier », du LATIN *pila*, « colonne, pilier » ; XVIe s.

pilote n.m.
de l'ITALIEN *pilota*, peut-être du SICILIEN *pedotu*, « guide », issu du GREC BYZANTIN *opêdotês*, qui vient lui-même du GREC *pêdon*, « gouvernail » ; XVIe s.

pilotis n.m.
d'un DIALECTE PICARD *pilotich*, du LATIN *pila*, « pilier, colonne » ; XVe s.

piment n.m.
de l'ANCIEN PROVENÇAL *pimen*, « piment », du LATIN *pigmentum*, « matière colorante », ayant pris à basse époque le sens de « aromate, épice » ; XVIIe s.

pinasse n.f.
de l'ESPAGNOL *pinaza*, « embarcation », du LATIN POPULAIRE *pinacea*, « (bateau) en bois de pin », du LATIN *pinus*, « pin » ; XVe s. (cf. **péniche**.)

pinède n.f.
de l'ANCIEN PROVENÇAL *pineda*, par le PROVENÇAL *pinedo*, du LATIN *pinetum* ; XIXe s.

pingouin n.m.
de l'ANGLAIS *penguin* (ou peut-être du NÉERLANDAIS) ; XVIe s.

ping-pong n.m.
de l'ANGLAIS *ping-pong*, par onomatopée ; XXe s.

pintade n.f.
du PORTUGAIS *pintada*, « (poule) peinte, tachetée », de *pintar*, « peindre », et *pinta*, « tache » ; XVIIe s.

pin-up n.f.
de l'ANGLAIS D'Amérique *pin-up girl*, « (photo de) fille épinglée (aux murs) », de *girl*, « fille » et de (*to*) *pin up*, « épingler » ; XXe s.

piolet n.m.
d'un DIALECTE VALDÔTAIN *piolet*, « petite hache », diminutif du PIÉMONTAIS *piola*, « hache » (lui-même peut-être emprunté à l'ANCIEN PROVENÇAL *apia*, « hache ») ; XIXe s.

pionnier n.m. (premier à entreprendre quelque chose)
de l'ANGLAIS *pioneer*, d'abord « mineur » puis « défricheur », lui-même du FRANÇAIS *pionnier*, « militaire chargé des terrassements ». Le sens moderne de l'ANGLAIS *pioneer* date du XVIIIe s. ; XIXe s.

pipeline ou **pipe-line** n.m.
de l'ANGLAIS *pipeline*, de *line*, « ligne », emprunté au FRANÇAIS *ligne*, et du VIEIL ANGLAIS *pipe*, « flûte », puis ANGLAIS « tuyau » ; XIXe s.

piperade n.f.
d'un DIALECTE BÉARNAIS, de *piper*, « poivron », du LATIN *piper*, « poivre » ; XXe s.

pipistrelle n.f.
de l'ITALIEN *pipistrello*, « chauve-souris », déformation de *vipistrello*, du LATIN *vespertilio*, littéralement « (oiseau) du soir » ; XIXe s.

pique n.f. (arme)
du NÉERLANDAIS *pike* ; XIVe s.

piranha ou **piraya** n.m.
du TUPI *pi'rãia*, de *pi'ra*, « poisson », et *'ãia*, « dent », par le PORTUGAIS *piranha* ; XVIIIe s.

pirogue n.f.
d'une langue CARAÏBE, par l'ESPAGNOL *piragua* ; XVIIe s.

pisé n.m.
d'un DIALECTE LYONNAIS *piser*, « broyer, battre la terre à bâtir », du LATIN *pi(n)sare*, « piler, broyer » ; XVIe s.

pissaladière n.f.
du PROVENÇAL *pissaladiero*, de *pissala*, « poisson salé », du LATIN *piscis*, « poisson », et *sal*, « sel » ; XXe s.

pistache n.f.
du PERSAN *pesta*, par le GREC *pistakion*, le LATIN *pistacium* et l'ITALIEN *pistacchio* ; XIIIe s.

piste n.f.
de l'ITALIEN *pista*, « piste », variante de *pesta*, « trace », de *pestare*, « écraser », du LATIN POPULAIRE *pistare*, du LATIN *pi(n)sare*, « écraser » ; XVIe s.

pistolet n.m.
du TCHÈQUE *pichtal*, « arme à feu », par

l'ALLEMAND *Pistole*, « pistolet » (ou par l'ITALIEN *pistola*, « petite arquebuse ») ; XVIe s.

piston n.m.
de l'ITALIEN *pistone*, « pilon », de *pistare*, variante de *pestare*, « écraser » ; XVIe s.

pistou n.m.
du PROVENÇAL *pistou*, de *pista*, *pesta*, « broyer, piler » ; XXe s.

pitchpin n.m.
de l'ANGLAIS *pitch pine* de *pitch*, « poix, résine », et de *pine*, « pin », du LATIN *pinus*, « pin » ; XIXe s.

pitre n.m.
du DIALECTE FRANC-COMTOIS *pitre*, de même origine que le FRANÇAIS *piètre* ; XIXe s.

pittoresque adj.
de l'ITALIEN *pittoresco*, de *pittore*, « peintre », du LATIN *pictor*, « peintre » ; XVIIIe s.

pixel n.m. (en informatique)
de l'ANGLAIS *pict*(*ure*) *el*(*ement*), « élément minimal d'une image enregistrée » ; XXe s.

pizza n.f.
de l'ITALIEN *pizza*, d'origine inconnue ; XXe s.

pizzeria n.f.
de l'ITALIEN *pizzeria*, « boutique où l'on fait des pizzas » ; XXe s.

pizzicato n.m. (musique)
de l'ITALIEN *pizzicato*, « pincé », de *pizzicare*, « pincer » ; XVIIIe s.

placebo n.m. (médecine)
de l'ANGLAIS *placebo*, emprunté au LATIN *placebo*, « je plairai », de *placere*, « plaire, être agréable ». Ce mot existait en FRANÇAIS, mais uniquement avec le sens de « courtisan, personne complaisante » ; XXe s.

placer n.m. « filon, gisement »
de l'ESPAGNOL d'Amérique *placer*, « banc de sable (aurifère) », variante de *placel*, avec peut-être le rappel de *placer*, « plaisir » ; XIXe s.

plage n.f.
adaptation de l'ANCIEN ITALIEN *piaggia*, « terrain en pente » (auj. *spiaggia*), du GREC *plagios*, « oblique » ; XVe s.

plaid n.m.
du GAÉLIQUE *plaide*, « couverture », par l'ANGLAIS *plaid* ; XVIIIe s.

plancton n.m.
de l'ALLEMAND *Plankton*, du GREC *planctos*, « errant » ; XIXe s.

planning n.m.
de l'ANGLAIS *planning*, de (*to*) *plan*, « projeter, imaginer, prévoir », lui-même emprunté au FRANÇAIS *plan* au XVIIIe s. ; XXe s.

planning familial loc.
traduction de l'ANGLAIS *family planning*, autre terme pour *birth control*, « régulation des naissances » ; XXe s.

plantation n.f. (domaine)
de l'ANGLAIS *plantation*, « ferme, domaine », alors que le FRANÇAIS *plantation* signifiait « action de planter » ; XVIIe s.

planteur n.m. (exploitant)
de l'ANGLAIS d'Amérique *planter*, « propriétaire et exploitant d'un domaine colonial » (lui-même peut-être du NÉERLANDAIS *planter*) ; XVIIe s.

plaquer v.
du MOYEN NÉERLANDAIS *placken*, « rapiécer » ; XIIIe s.

plasma n.m.
de l'ALLEMAND *plasma*, à partir du GREC *plasma*, « ouvrage façonné », mot créé en 1836 par le Dr Schulz pour désigner la partie liquide du sang. Le mot *plasma*, *plasme* existait en ANCIEN FRANÇAIS mais désignait des émeraudes brutes pilées, utilisées pour la préparation de certains médicaments ; XIXe s.

plastic n.m. (explosif)
abréviation de l'ANGLAIS *plastic explosive*, « explosif plastique », dont le FRANÇAIS n'a gardé que l'adjectif anglais *plastic* et en a fait un substantif, *plastic* ; XXe s.

plastron n.m.
adaptation de l'ITALIEN *piastrone*, « haubert », de *piastra*, « lame (de métal) » et « partie de l'armure » ; XVe s.

plate-forme n.f. (politique)
de l'ANGLAIS *platform*, « programme politique », emprunté au XVIIe s. au FRANÇAIS *plate-forme*, « endroit plan plus ou moins élevé » ; XIXe s.

platine n.m. (métal)
de l'ESPAGNOL *platina* (aujourd'hui *platino*), diminutif de *plata*, « argent » ; XVIIe s.

play-back n.m.
de l'ANGLAIS *playback*, de (*to*) *play back*, littéralement « rejouer (une musique préenregistrée) » ; XXe s.

play-boy n.m.
de l'ANGLAIS *playboy*, « jeune comédien », de (*to*) *play*, « jouer, s'amuser », et de *boy*, « garçon » ; XXe s.

plein-emploi n.m.
calque de l'ANGLAIS *full employment*, de *full*, « complet » et de *employment*, « emploi » ; XXe s.

plein-temps (à) loc.
calque de l'ANGLAIS *full time*, de *full*, « complet », et de *time*, « temps » ; XXe s.

pleurnicher v.
d'un DIALECTE NORMAND *pleurmicher*, forme redondante de *pleurer* et de *micher*, « pleurer » ; XVIIIe s.

pleutre n.m. et adj.
peut-être du FLAMAND *pleute*, « loque, guenille » et « mauvais drôle », par un DIALECTE DU NORD-EST ; XVIIIe s.

plexiglas n.m.
de l'ANGLAIS *Plexiglass*, contraction de *glass*, « verre », et de *plexi-*, élément tiré du LATIN *plexere*, « plier », nom déposé en 1966 ; XXe s.

plouc ou **plouk** n. « paysan »
du BRETON *plou*, « paroisse », qui apparaît dans beaucoup de toponymes ; XIXe s.

pneumatique n.m. (de véhicule)
abréviation de l'ANGLAIS *pneumatic tyre*, « bande pneumatique », du GREC *pneumatikos*, de *pneuma*, « souffle » ; XIXe s.

poche n.f.
du FRANCIQUE **pokka* ; XIIe s.

poche (livre de) n.m.
traduction de l'ANGLAIS *pocketbook*, de *book*, « livre », et *pocket*, « poche » (nom déposé) ; XXe s.

pognon n.m.
peut-être d'un DIALECTE LYONNAIS, d'origine obscure ; XIXe s.

pogrom n.m.
du RUSSE *pogrom*, de *po* (perfectif) et de *gromit'*, « détruire » ; XXe s.

pointer n.m. (race canine)
de l'ANGLAIS *pointer*, « chien d'arrêt »,

de (*to*) *point*, « montrer », emprunté au XIIIe s. au FRANÇAIS *point* ; XIXe s.

pointilleux adj.
de l'ITALIEN *puntiglioso*, « qui a de l'amour-propre », de *puntiglio*, « ténacité », de *punto*, « point d'honneur » ; XVIe s.

poivre n.m.
peut-être du SANSKRIT *pippali*, « grain de poivre » puis par le PERSAN *felfel*, par l'ARABE *filfil* et enfin par le LATIN *piper*, « poivre » ; XIIIe s.

poker n.m. (jeu)
de l'ANGLAIS *poker*, d'origine obscure ; XIXe s.

polaroid n.m.
de l'ANGLAIS *Polaroid*, formé de (*to*) *polarize*, « polariser », emprunté au FRANÇAIS *polariser* au XIXe s., et du suffixe *-id*, du GREC *eidos*, « forme » (nom déposé) ; XXe s.

polder n.m.
du NÉERLANDAIS *polder* ; XIXe s.

polenta n.f.
de l'ITALIEN *polenta*, « bouillie de farine de maïs », du LATIN *polenta*, « bouillie de farine d'orge » ; XVIe s.

police n.f. (d'assurance)
de l'ITALIEN *pòlizza*, « police d'assurance », du GREC BYZANTIN *apodeixis*, « preuve » ; XIVe s.

polichinelle n.m.
de l'ITALIEN *Pulcinella*, personnage des farces napolitaines ; XVIIe s.

politesse n.f.
de l'ANCIEN ITALIEN *politezza* (aujourd'hui, *pulitezza* a le sens de « propreté ») ; XVIe s.

politicien n.m., (homme politique)
de l'ANGLAIS *politician*, « personne qui s'occupe de politique », lui-même formé précédemment sur le FRANÇAIS *politique*, du GREC *politikos*, de *polis*, « la cité » ; XIXe s.

politique-fiction n.f.
calque de l'ANGLAIS *politic fiction*, de *fiction*, « littérature d'imagination », et de *politic*, « politique » ; XXe s.

politologie n.f.
de l'ALLEMAND *Politologie*, du GREC *polis*, « la cité », et *logos*, « discours » ; XXe s.

polka n.f. (danse)
du POLONAIS *polka* ; XIXe s.

pollution n.f. (environnement)
de l'ANGLAIS *pollution*, lui-même emprunté au XIVe s. au FRANÇAIS *pollution*, « salissure », du LATIN ECCLÉSIASTIQUE *pollutio*, « souillure » ; XXe s.

polo n.m. (chemise)
de l'ANGLAIS *polo shirt*, « chemise de polo », de *polo*, « polo », et de *shirt*, « chemise » ; XXe s.

polo n.m. (jeu)
d'un DIALECTE TIBÉTAIN du Cachemire *pulu*, « balle », par l'ANGLAIS *polo* ; XIXe s.

poltron n.m.
de l'ITALIEN *poltrone*, de *poltro*, « poulain », du LATIN *pullus*, « petit d'un animal » ; XVIe s.

pomelo n.m. (orange-pamplemousse)
de l'ANGLAIS d'Amérique *pomelo*, d'origine incertaine ; XXe s.

pommade n.f.
d'un DIALECTE SEPTENTRIONAL de l'ITALIE *pomata*, « onguent aux pommes », de *pomo*, « fruit » ; XVIe s.

pomme de terre n.f.
calque du NÉERLANDAIS *aardappel*, de *aard*, « terre », et *appel*, « pomme » (ou de l'ALLEMAND DIALECTAL *Erdapfel*) ; XVIIIe s.

pompe n.f. (hydraulique)
de l'ITALIEN *pompa* (ou du NÉERLANDAIS *pompe*), probablement de formation onomatopéique ; XVIe s.

ponant n.m. (soleil couchant)
du PROVENÇAL *ponen*, du LATIN POPULAIRE *(sol) ponens*, « (soleil) couchant », du LATIN *ponere*, « se coucher » ; XIIIe s.

ponce adj. (pierre)
de l'OSQUE *pomex*, par le LATIN *pumex*, *pumicem* ; XIIIe s.

poncho n.m. « manteau sans manches »
de l'ESPAGNOL *poncho*, peut-être variante de *pocho*, « décoloré, uni » ; XVIIIe s.

poney n.m.
de l'ANGLAIS *pony*, peut-être de l'ANCIEN FRANÇAIS *poulney*, *poulenet*, diminutif de *poulain*, du LATIN *pullus*, « petit d'un animal » ; XIXe s.

pongé ou **pongée** n.m. (tissu)
peut-être du CHINOIS DU NORD *pun-chi*, variante du MANDARIN *pun-ki*, « métier à tisser », par l'ANGLAIS *pongee* ; XXe s.

pool n.m. (groupement)
de l'ANGLAIS *pool*, emprunté au FRANÇAIS *poule*, « enjeu » ; XIXe s.

pop adj.
de l'ANGLAIS *pop*, abréviation de l'ANGLAIS *popular*, lui-même emprunté au XVe s. au FRANÇAIS *populaire*, « destiné au peuple » ; XXe s.

pop art ou **pop'art** n.m.
de l'ANGLAIS *pop art*, de *pop*, abréviation de *popular*, « populaire, destiné au peuple », et de *art* « art » ; XXe s.

pop-corn n.m. « maïs éclaté »
de l'ANGLAIS d'Amérique *pop(ped) corn*, de *corn*, « maïs », et de *popped*, « éclaté » ; XXe s.

pope n.m. (prêtre orthodoxe)
du RUSSE *pop*, du GREC *pappos*, « grand-père » ; XVIIIe s.

popeline n.f.
de l'ANGLAIS *poplin*, lui-même précédemment emprunté au FRANÇAIS *papeline*, d'origine incertaine ; XVIIIe s.

pop music ou **pop'music** n.m.
de l'ANGLAIS *pop music*, de *pop*, abréviation de *popular*, « populaire, destiné au peuple », et de *music*, « musique » ; XXe s.

populace n.f.
de l'ITALIEN *popolaccio*, dérivé péjoratif de *popolo*, « peuple » ; XVIe s.

populaire adj.
de l'ANGLAIS *popular*, « qui plaît au peuple », du LATIN *popularis*, « relatif au peuple ». L'ANCIEN FRANÇAIS connaissait *populaire* dans le sens « qui est relatif au peuple ». L'extension de sens « qui plaît au peuple » a été empruntée à l'ANGLAIS au XVIIIe s.

popularité n.f.
de l'ANGLAIS *popularity*, emprunté au XVIe s. au FRANÇAIS *popularité*, qui avait le sens de « ce qui est relatif au peuple ». Le sens « faveur dont on jouit auprès du peuple » a été emprunté à l'ANGLAIS au XVIIIe s.

population n.f.
de l'ANGLAIS *population*, emprunté à l'ANCIEN FRANÇAIS *populacion*, du LATIN POPULAIRE *populatio*, « population »

(alors que le LATIN CLASSIQUE *populatio* signifie « ravage, butin ») ; XVIIIe s.

porcelaine n.f.
de l'ITALIEN *porcellana*, « porcelaine (sorte de coquillage univalve dont on utilisait la nacre) », de *porcella*, « truie » (par analogie de la fente du coquillage et de la vulve de la truie) ; XVIIe s.

porc-épic n.m.
de l'ITALIEN *porcospino*, littéralement « porc-épine », par l'ANCIEN PROVENÇAL *porc-espin* et par l'ANCIEN FRANÇAIS *porc espic* ; XIIe s.

porion n.m. (mineur)
d'un DIALECTE PICARD ; XIXe s.

porphyre n.m. (marbre)
de l'ITALIEN *porfiro*, « porphyre », du GREC *porphurites* (*lithos*), « (pierre) de couleur pourpre » ; XIIe s.

porridge n.m.
de l'ANGLAIS *porridge*, « potage, soupe » puis « bouillie de flocons d'avoine », altération de *pottage*, lui-même emprunté au FRANÇAIS *potage*, dérivé de *pot* ; XIXe s.

port n.m. (col dans les Pyrénées)
de l'ANCIEN PROVENÇAL *port*, « col », du LATIN *portus*, dont le sens premier est « ouverture, passage » ; XIe s.

portable adj. (portatif)
de l'ANGLAIS *portable*, emprunté à l'ANCIEN FRANÇAIS *portable*, « facile à porter ». Le français moderne n'avait conservé que *portatif*, dérivé savant de *porter* ; XXe s.

porte ouverte loc.
traduction de l'ANGLAIS *open door*, de *open*, « ouvert », et *door*, « porte » ; XXe s.

porter n.f. (bière brune)
de l'ANGLAIS *porter's beer*, littéralement « bière de portefaix », de *beer*, « bière », et de *porter*, « portefaix », ce dernier mot étant emprunté à l'ANCIEN FRANÇAIS *porteour* (devenu *porteur*), du LATIN POPULAIRE *portator*, du LATIN *portare*, « porter » ; XVIIIe s.

portulan n.m.
de l'ITALIEN *portolano*, « pilote », de *porto*, « port » ; XVIe s.

positionner v.
de l'ANGLAIS (*to*) *position*, dérivé de l'ANGLAIS *position*, emprunté au XIVe s. au FRANÇAIS *position*, du LATIN *positio*, « action de mettre en place » ; XXe s.

poste n.f.
de l'ITALIEN *posta*, participe passé féminin de *porre*, « poser », du LATIN *ponere*, « placer », dont le premier sens est « relais de chevaux » ; XVe s.

poste n.m.
de l'ITALIEN *posto*, participe passé masculin de *porre*, « poser », du LATIN *ponere*, « placer » ; XVIe s.

poster n.m. « affiche »
de l'ANGLAIS *poster*, « affiche », de (*to*) *post*, qui signifiait au XVIIe s. « afficher » avant de prendre, au XIXe s., le sens de « mettre à la poste » ; XXe s.

postiche n.m.
de l'ITALIEN *posticcio*, variante de *apposticcio*, « factice, artificiel », du LATIN POPULAIRE *appositicius*, « ajouté » ; XVIe s.

postillon n.m. (conducteur)
de l'ITALIEN *postiglione*, de *posta*, « le relais de chevaux » ; XVIe s.

posture n.f.
de l'ITALIEN *postura*, de *posto*, participe passé de *porre*, « poser » ; XVIe s.

pot n.m.
d'un radical PRÉCELTIQUE *pott-*, « pot », par le LATIN POPULAIRE *pottus*, puis *potus* ; XIIIe s.

potasse n.f.
du NÉERLANDAIS *potasch*, par l'ALLEMAND *Potasche*, « cendre de pot », de *Pot*, « pot », et *Asche*, « cendre » ; XVIIe s.

potin n.m. (bavardage)
d'un DIALECTE NORMAND, de *potiner*, dérivé de *potine*, « chaufferette » (autour de laquelle on se réunissait pour bavarder) ; XVIIe s.

potiron n.m.
du SYRIAQUE *paturta*, « morille », par l'ARABE. Désignait à l'origine, au XVe s., un gros champignon et, plus tard, une sorte de citrouille ; XVIIe s.

potron-minet ou **patron-minet** n.m.
d'un DIALECTE NORMAND, de *minet*, « chat », et de *potron*, issu du LATIN *posterio*, « cul », de sorte que l'expression *dès potron-minet*, « dès le petit matin », signifie littéralement « dès que le chat montre son cul » ; XIXe s.

pouliche n.f.
d'un DIALECTE NORMANNO-PICARD *pouliche*, de *pouline*, forme féminine de *poulin*, variante de *poulain*, du LATIN *pullus*, « petit d'animal » ; XVIe s.

poulpe n.m.
adaptation, d'après le PROVENÇAL *poupre* du GREC *polupous*, « pieuvre », de *polus*, « nombreux », et de *pous*, *podos*, « pied » ; XVIe s.

poupe n.f.
de l'ANCIEN PROVENÇAL *poppa*, du LATIN *puppis* ; XIIIe s.

poussah n.m.
du CHINOIS *pou-sa*, « idole bouddhique assise les jambes croisées » ; XVIIe s.

poussière n.f.
d'un DIALECTE DE L'EST ou DU CENTRE avec le sens de « poudre » puis de « poussière », du LATIN POPULAIRE *pulvus*, du LATIN *pulvis*, « poussière » ; XIIe s.

poutargue → **boutargue**.

pouzzolane n.f.
de l'ITALIEN *pozzolana*, « sorte de sable volcanique », du nom de la ville de *Pozzuoli*, près de Naples ; XVIIe s.

praesidium n.m.
du RUSSE *Prezidioum*, « Conseil suprême du Soviet suprême », du LATIN *praesidium*, « garnison, escorte » et, au figuré, « ce qui protège » ; XXe s.

pragmatisme n.m.
de l'ALLEMAND *Pragmatismus*, « sorte de positivisme historique », par l'ANGLAIS *pragmatism* ; *Pragmatismus* vient du GREC *pragmatikê*, de *pragma*, « fait, réalité » ; XXe s.

praire n.f.
du PROVENÇAL *prèire*, « prêtre » et « praire » ; XIXe s.

prâkrit ou **prâcrit** n.m.
du SANSKRIT *prâkr(i)ta*, « vulgaire, sans apprêt », avec le sens « usuelle, courante » en parlant d'une langue ; XIXe s.

pratiquement adv. « presque »
de l'ANGLAIS *practically*, « en pratique » et, récemment, « presque, à peu près », de l'ANGLAIS *practic*, lui-même emprunté à l'ANCIEN FRANÇAIS *practique*, variante de *pratique* ; XXe s.

précédent n.m.
de l'ANGLAIS *precedent*, formé sur l'ad-

jectif *precedent*, lui-même emprunté au FRANÇAIS *précédent* ; XIXe s.

prêle n.f. (plante)
d'un DIALECTE FRANCO-PROVENÇAL ou WALLON *asprele*, interprété comme *la sprele*, puis *la prêle*, du LATIN POPULAIRE **asperella*, du LATIN *asper*, « rude », en raison de la dureté de sa tige, utilisée pour nettoyer les ustensiles ; XVIe s.

préraphaélite adj. et n.
de l'ANGLAIS *preraphaelite*, terme créé en 1848 par Dante Gabriele Rossetti à partir du nom de *Raphaël* et du préfixe *pre-*, « avant, antérieur » ; XIXe s.

presbytérien adj. et n.m.
de l'ANGLAIS *presbyterian*, « chapelain », du LATIN ECCLÉSIASTIQUE *presbyterium* (qui a donné le FRANÇAIS *presbytère*), de *presbyter*, « prêtre », du GREC *presbuteros*, comparatif de *presbus*, « vieillard » ; XVIIe s.

préside n.m. « fortin »
de l'ESPAGNOL *presidio*, du LATIN *praesidium*, « garnison, poste » ; XVIe s.

pressing n.m. « teinturerie »
de l'ANGLAIS *pressing*, de (*to*) *press*, « presser » et « repasser à la vapeur », mais *pressing* signifie « action de repasser à la vapeur » et ne peut en aucun cas désigner en anglais le lieu où s'effectue cette action. Le FRANÇAIS *pressing* est donc un pseudo-anglicisme ; XXe s.

pression (groupe de) loc.
traduction de l'ANGLAIS *pressure group*, de *group*, emprunté au FRANÇAIS *groupe*, et de *pressure*, « pression, influence », du LATIN *pressura*, « action de presser » ; XXe s.

pressurisation n.f.
de l'ANGLAIS *pressurization*, de l'ANGLAIS *pressure*, « pression » ; XXe s.

pressuriser v.
de l'ANGLAIS (*to*) *pressurize*, de l'ANGLAIS *pressure*, « pression » ; XXe s.

preste adj.
de l'ITALIEN *presto*, « prompt » ; XVe s.

prestesse n.f.
de l'ITALIEN *prestezza*, « rapidité » ; XVIe s.

prestissimo adv. (musique)
de l'ITALIEN *prestissimo*, superlatif de *presto*, « très vite » ; XVIIIe s.

presto adv. (musique)
de l'ITALIEN *presto*, « vite » ; XVIIIe s.

prêt-à-porter n.m.
calque de l'ANGLAIS *ready-to-wear*, de *ready*, « prêt », et de (*to*) *wear*, « porter (un vêtement) » ; XXe s.

prétentaine ou **prétantaine** n.f.
peut-être d'un DIALECTE NORMAND *pertintaille*, « collier de cheval garni de grelots », avec un suffixe *-taine* calqué sur les refrains populaires ; XIVe s.

prima donna n.f. (première chanteuse)
de l'ITALIEN *prima donna*, « première dame » ; XIXe s.

primat n.m. « primauté »
de l'ALLEMAND *Primat*, du LATIN *primas*, *primatis*, « de premier rang » ; XXe s.

prime n.f. (d'assurance)
de l'ANGLAIS *premium*, « récompense, prime », du LATIN *praemium*, « avantage, profit » ; XIXe s.

privatiser v.
sur le modèle de l'ANGLAIS (*to*) *privatize*, dérivé de l'ANGLAIS *private*, « privé », du LATIN *privatus*, « particulier, individuel » ; XXe s.

proclitique adj. (linguistique)
de l'ALLEMAND *Proklitik*, formé par le

grammairien allemand Hermann sur *Enklitik*, d'après le GREC *proklinein*, « incliner en avant » ; XIXe s.

producteur n.m. (cinéma)
de l'ANGLAIS *producer*, « qui assure la production d'un film », dérivé de (*to*) *produce*, « créer, produire », du LATIN *producere*, « faire avancer » ; XXe s.

professionnel adj. et n.m.
de l'ANGLAIS *professional*, « professionnel », dans le sens opposé à « amateur », de *profession*, « occupation, métier », lui-même emprunté au FRANÇAIS du XIIIe s. ; XIXe s.

profil n.m.
de l'ITALIEN *profilo*, « contour », de *profilare*, littéralement « border de fil, dessiner les contours » ; XIIe s.

prohibition n.f. (de l'alcool)
de l'ANGLAIS *prohibition*, « interdiction légale de l'alcool », emprunté au FRANÇAIS *prohibition*, « interdiction légale (dans un sens général) », du LATIN *prohibitio*, de *prohibere*, « empêcher » ; XXe s.

promotion n.f. (des ventes)
de l'ANGLAIS *promotion*, « développement, accroissement (des ventes) », emprunté au FRANÇAIS *promotion*, du LATIN POPULAIRE *promotio*, « avancement en grade » ; XXe s.

promotionnel adj.
de l'ANGLAIS *promotional*, « relatif à la promotion des ventes » ; XXe s.

propergol n.m. (combustible de fusée)
de l'ALLEMAND *Propergol*, contraction de *Prop*(*ulsion*) et de *-ergol*, du GREC *ergon*, « force, énergie » ; XXe s.

prorogation n.f.
de l'ANGLAIS *prorogation*, dans le sens politique de « prolongement de la durée d'une assemblée », emprunté à l'ANCIEN FRANÇAIS *prorogacion* (devenu aujourd'hui *prorogation*), du LATIN *prorogatio*, « prolongation » ; XVIIe s.

proroger v.
de l'ANGLAIS (*to*) *prorogue*, dans le sens politique de « prolonger les pouvoirs d'une assemblée », emprunté au FRANÇAIS *proroger*, *proroguer*, du LATIN *prorogare*, « prolonger » ; XVIIe s.

prosateur n.m.
de l'ITALIEN *prosatore*, « prosateur », du LATIN *prosa* (*oratio*), « (discours) en prose », variante de *prorsa* (*oratio*), « (discours) qui va en droite ligne (sans inversion) » ; XVIIe s.

prospecter v.
de l'ANGLAIS (*to*) *prospect*, « explorer », du LATIN *prospicere*, « regarder au loin, en avant » ; XIXe s.

prospecteur n.m.
de l'ANGLAIS *prospector*, de (*to*) *prospect*, « explorer », du LATIN *prospicere*, « regarder au loin, en avant » ; XIXe s.

prospection n.f.
de l'ANGLAIS *prospection*, de (*to*) *prospect*, « explorer », du LATIN *prospicere*, « regarder au loin, en avant » ; XIXe s.

proton n.m.
de l'ANGLAIS *proton*, mot formé par le physicien anglais Ernest Rutherford en 1920, sur le GREC *prôtos*, « premier » ; XXe s.

protoplasme n.m.
de l'ALLEMAND *Protoplasma*, « substance organisée, constituant la cellule », du GREC *prôtos*, « premier » et *plasma*, « chose organisée » ; XIXe s.

proue n.f.
de l'ITALIEN GÉNOIS *prua* (ou de l'ANCIEN PROVENÇAL *proa*), du LATIN *prora*, « proue » ; XIIIe s.

providentiel adj.
de l'ANGLAIS *providential*, de *providence*, du LATIN *providentia*, « prévoyance » ; XIXe s.

psychédélique adj.
de l'ANGLAIS *psychedelic*, littéralement « qui manifeste l'âme, la psyché », du GREC *psukhê*, « âme », et *dêlos*, « visible » ; XXe s.

psychodrame n.m.
de l'ANGLAIS *psychodrama*, de *psycho-*, du GREC *psukhê*, « âme », et de *drama*, « drame » ; XXe s.

pub /pœb/ n.m. (débit de boissons)
abréviation de l'ANGLAIS *public house*, « auberge » ; XXe s.

pudding ou **pouding** n.m.
abréviation de l'ANGLAIS *plum-pudding*, de *plum*, « raisin sec » (et non « prune »), et de *pudding*, du MOYEN ANGLAIS *poding*, « boudin » ; XVIIe s.

pugiliste n.m. (boxe)
de l'ANGLAIS *pugilist*, du LATIN *pugil*, « athlète de pugilat », dérivé de *pugnus*, « poing » ; XIXe s.

pullman n.m.
de l'ANGLAIS *pullman-car*, « voiture pullman », de *car*, « voiture, wagon », et de *Pullman*, nom du fabricant américain de ce premier wagon-lit ; XIXe s.

pull-over ou **pull** n.m.
de l'ANGLAIS *pull-over*, d'abord « chapeau couvert d'une voilette » puis « vêtement tricoté qu'on enfile par la tête » (aujourd'hui remplacé par *sweater*), de (*to*) *pull over*, « tirer au-dessus de » ; XXe s.

puma n.m.
du QUECHUA *púma*, par l'ESPAGNOL *puma* ; XVIIe s.

punch n.m. (boisson)
du SANSKRIT *pânchan*, « cinq », par le HINDI *pânch*, « cinq », en raison des cinq ingrédients composant ce breuvage, par l'ANGLAIS *punch* (francisé d'abord sous la forme *ponche*, puis *punch*) ; XVIIe s.

punch (avoir du) loc. « avoir du dynamisme »
à partir de l'ANGLAIS *punch*, « coup, coup de poing » ; XXe s.

punching-ball n.m.
de l'ANGLAIS *punching-ball*, de *punching*, de (*to*) *punch*, « frapper », et de *ball*, « balle » ; XXe s.

punk adj.
de l'ANGLAIS *punk*, d'origine inconnue (peut-être influencé par l'argot AMÉRICAIN *punk*, « voyou ») ; XXe s.

purée de pois n.f.
traduction de l'ANGLAIS *pea-soup* (*fog*), de *pea*, « pois », de *soup*, « soupe » et de *fog*, « brouillard » ; XIXe s.

purin n.m.
d'un DIALECTE NORMAND, dérivé de *purer*, « s'écouler » ; XIXe s.

puritain adj. et n.
de l'ANGLAIS *puritan*, « puritain », de *purity*, « pureté », du LATIN *puritas*, « pureté » ; XVIe s.

putsch n.m.
de l'ALLEMAND *Putsch*, « échauffourée » ; XXe s.

puzzle n.m.
de l'ANGLAIS (*Chinese*) *puzzle*, « casse-tête (chinois) », de (*to*) *puzzle*, « embarrasser, rendre perplexe » ; XXe s.

pyjama n.m.
du PERSAN *pâdjâma*, par l'HINDOUSTANI *pae jamah*, de *jamah*, « vêtement », et de *pae*, « jambes », par l'ANGLAIS *pyjamas* ; XIXe s.

Q

quadrille n.m.
de l'ESPAGNOL *cuadrilla*, « troupe de vingt-cinq (le quart de cent) cavaliers », puis « figure de carrousel de chevaux » et « figure de danse » ; XVIIe s.

quai n.m.
du GAULOIS *caio*, par un DIALECTE NORMAND *quayage* ; XIIe s.

quaker adj. et n. (secte protestante)
de l'ANGLAIS *Quaker*, de (*to*) *quake*, « trembler » ; XVIIe s.

qualification n.f.
de l'ANGLAIS *qualification*, dans le sens sportif de « conditions nécessaires pour disputer une épreuve sportive », lui-même emprunté au FRANÇAIS *qualification*, du LATIN MÉDIÉVAL *qualificatio*, « attribution d'une qualité » ; XIXe s.

qualifier v.
de l'ANGLAIS (*to*) *qualify*, avec le sens de « autoriser, habiliter », lui-même emprunté au FRANÇAIS *qualifier*, « attribuer une qualité », du LATIN MÉDIÉVAL *qualificare*, « qualifier » ; XIXe s.

quantification n.f.
de l'ANGLAIS *quantification*, mot créé par W. Hamilton en 1840 comme terme de logique, de (*to*) *quantify*, « mesurer » ; XIXe s.

quantifier v.
de l'ANGLAIS (*to*) *quantify*, « mesurer », terme de logique créé par W. Hamilton en 1840, du LATIN MÉDIÉVAL *quantificare*, de *quantus*, « combien grand », et de *facere*, « estimer » ; XIXe s.

quantum n.m. (pl. **quanta**)
de l'ALLEMAND *quantum, quanta*, « valeur discrète de quantité d'énergie », sur le LATIN *quantum*, *quanta* ; XIXe s.

quarte n.f. (musique)
de l'ITALIEN *quarta* ; XVIIe s.

quarteron n.m. (métis)
de l'ESPAGNOL *cuarterón*, de *cuarto*, « quart ». Se disait de ceux qui avaient un quart de sang indien et trois quarts de sang espagnol ; XVIIIe s.

quartette n.m. (musique)
de l'ITALIEN *quartetto*, « quatuor » ; XIXe s.

quartier-maître n.m.
de l'ALLEMAND *Quartiermeister*, composé de *Quartier* et de *Meister*, « maître », tous deux empruntés au FRANÇAIS ; XVIIe s.

quartz n.m.
de l'ALLEMAND *Quarz* ; XVIIIe s.

quasar n.m. (terme d'astronomie)
contraction de l'ANGLAIS *quas*(*i*)-(*stell*)*ar* (*radio source*), « (radiosource) quasistellaire » (source de radiations comparables à celles qui viennent d'une étoile) ; XXe s.

quenelle n.f.
de l'ALLEMAND *Knödel*, « boule de pâte », par l'ALSACIEN ; XIXe s.

quenotte n.f.
du FRANCIQUE **kinni*, « mâchoire », par un DIALECTE NORMAND (ANCIEN FRANÇAIS *cane*, *kenne*, « dent, joue ») ; XVIIe s.

question préalable n.f.
traduction de l'ANGLAIS *previous question*, de *previous*, « préalable », du LATIN *praevius*, « qui précède », et de *question*, lui même emprunté au FRANÇAIS ; XIXe s.

quetsche n.f.
de l'ALSACIEN *quetsche*, « prune » ; XIXe s.

quiche n.f.
de l'ALSACIEN *küche*(*n*), « gâteau » ; XIXe s.

quichenotte n.f. (coiffe)
de l'ANGLAIS *kiss me not*, « Ne m'embrassez pas », par un DIALECTE VENDÉEN ; XIXe s.

quille n.f. (de navire)
de l'ANCIEN SCANDINAVE *kilir*, « quille de bateau » ; XIVe s.

quinine n.f.
du QUECHUA *quina quina*, par l'ESPAGNOL *quinina* ; XIXe s.

quinquina n.m.
du QUECHUA *quinaquina*, nom collectif d'arbre du genre *cinchona*, aux écorces amères, peut-être rapportées du Pérou par la comtesse de Chinchon, femme du vice-roi (ou peut-être de l'ARABE *qinna*) ; XVIIe s.

quintal n.m.
de l'ARABE *qintâr*, « poids de cent unités » (lui-même venu du GREC *kentênarion*, « centaine »), par le LATIN MÉDIÉVAL *quintale* ; XIIIe s.

quintette n.m. (musique)
de l'ITALIEN *quintetto*, diminutif de *quinto*, « cinquième » ; XIXe s.

quorum n.m.
de l'ANGLAIS *quorum*, « nombre minimum de membres desquels dépend la validité d'une assemblée », du LATIN *quorum*, « desquels » ; XVIIe s.

quota n.m.
de l'ANGLAIS *quota*, « quote-part », du LATIN *quota* (*pars*), littéralement « quelle part ? », signifiait au XIVe s. « quote-part imposée à chaque contribuable » ; XXe s.

R

rabane n.f.
du MALGACHE *rebana*, « rabane, tissu en fibres de raphia » ; XIXe s.

rabbin n.m.
de l'ARAMÉEN *rabbi*, « mon maître », de *rabb*, « maître » ; XIVe s.

rabibocher v.
d'un DIALECTE DU NORD, se rattache à un groupe de mots dont le radical est *bib-*, désignant quelque chose de peu d'importance (ex. *bibelot*) ; XIXe s.

rabiot n.m. « supplément »
peut-être d'un DIALECTE GASCON *rabiot*, « rebut de la pêche » (ou d'un DIALECTE BERRICHON *rabiau*, « rave ») ; XIXe s.

rabot n.m.
peut-être du moyen NÉERLANDAIS *robbe*, « lapin » (cet outil ressemblant à un petit lapin), ou d'un DIALECTE DU CENTRE *robotte*, puis *rabotte*, « lapin » ; XIVe s.

rabouilleuse n.f.
du GAULOIS **baua*, « boue », que l'on retrouve dans l'ANCIEN FRANÇAIS *bouille*, « marais », par un DIALECTE BERRICHON *rabouiller*, « agiter l'eau (pour effrayer les écrevisses) » ; XIXe s.

racaille n.f.
sans doute d'une forme DIALECTALE NORMANDE *raque*, « ordure, saleté », du LATIN POPULAIRE *rasicare*, « gratter » ; XIIe s.

race n.f.
de l'ITALIEN *razza*, « espèce, famille (d'animaux) », du LATIN *ratio*, « nature, qualité », ou aphérèse du LATIN *generatio*, « génération » ; XVe s.

racket n.m.
de l'ANGLAIS *racket*, « chantage », peut-être d'origine onomatopéique ; XXe s.

racler v.
du PROVENÇAL *rasclar*, « racler », probablement du LATIN POPULAIRE **rasclare* ou **rastulare*, « gratter » ; XIIe s.

radar n.m.
acronyme de l'ANGLAIS *ra*(*dio*) *d*(*etecting*) *a*(*nd*) *r*(*anging*) *system*, « système de repérage et de télémétrie par ondes radio », de (*to*) *detect*, « détec-

ter », et de (*to*) *range*, « mesurer la portée » ; XXe s.

rade n.f.
du VIEIL ANGLAIS *rad*, qui a pris le sens de « abri pour les navires » au XIVe s., devenu en ANGLAIS moderne *road*, « rade » et « route » ; XVe s.

radeau n.m.
de l'ANCIEN PROVENÇAL *radel*, « radeau », dérivé du LATIN *ratis*, « radeau » ; XVe s.

radical adj. et n.m.
de l'ANGLAIS *radical*, « radical », dans le sens « partisan de profondes réformes politiques », formé sur le LATIN *radicalis*, de *radix*, « racine » ; XIXe s.

radis n.m.
de l'ITALIEN *radice*, « racine » ; XVIe s.

radja(h) ou **raja(h)** n.m
du SANSKRIT *râjâ*, « roi », par l'HINDOUSTANI *raja*, puis par le PORTUGAIS *rajá* ; XVIIe s.

radoter v.
du NÉERLANDAIS *doten*, « rêver, tomber en enfance », par l'ANCIEN FRANÇAIS *redoté*, « tombé en enfance, qui radote » ; XIIIe s.

rafale n.f.
peut être de l'ITALIEN *raffica*, « coup de vent » (ou de l'ESPAGNOL *ráfaga*, même sens) ; XVIIe s.

raffut ou **rafut** n.m.
d'un DIALECTE *raffûter*, « gronder, faire du bruit » ; XIXe s.

rafistoler v.
de l'ANCIEN ITALIEN *fistola*, « flûte », par l'ANCIEN FRANÇAIS *afistoler*, « piper, tromper » puis « arranger, orner », du LATIN *fistula*, « flûte de Pan » ; XVIIe s.

rafle n.f.
de l'ALLEMAND *Raffel*, de *raffen*, « emporter vivement » ; XIXe s.

raglan n.m.
de l'ANGLAIS *raglan*, du nom du général Raglan, chef de l'armée anglaise en Crimée, qui mit à la mode ce genre de manteau ; XIXe s.

raid n.m.
d'une forme ÉCOSSAISE correspondant à l'ANCIEN ANGLAIS *rad* (qui a donné l'anglais moderne *road*), « expédition militaire à cheval » ; XIXe s.

raie n.f.
du GAULOIS **rica*, « sillon », par le LATIN POPULAIRE **riga* ; XIIe s.

rail n.m.
de l'ANGLAIS *rail*, « barre de fer », lui-même emprunté à l'ANCIEN FRANÇAIS *raille*, *reille*, « barre », du LATIN *regula*, « règle, barre » ; XIXe s.

railler v.
de l'ANCIEN PROVENÇAL *ralhar*, « railler, plaisanter », probablement du LATIN POPULAIRE **ragulare*, « bramer » ; XVe s.

raja(h) → **radja(h)**.

rallye n.m.
abréviation du pseudo-anglicisme *rallye-(paper)*, de l'ANGLAIS (*to*) *rally*, « réunir, rassembler », emprunté lui-même au FRANÇAIS *rallier*, et de *paper-chase*, de *paper*, « papier », et de *chase*, « chasse », lui-même emprunté à l'ANCIEN FRANÇAIS *chace* (devenu ensuite *chasse*) ; XIXe s.

ramadan n.m. (fête musulmane)
de l'ARABE *ramadân*, nom du neuvième mois de l'année musulmane ; XVIe s.

rambarde n.f.
de l'ANCIEN ITALIEN *rambata*, du GÉNOIS *arrembare*, « s'appuyer » ; XIXe s.

ramdam n.m.
altération de l'ARABE *ramadân*, nom du neuvième mois de l'année musulmane ; XXe s.

rame n.f. (de papier)
de l'ARABE *rizma*, « ballot, rame de papier », par l'ESPAGNOL *resma* ; XIVe s.

ramequin n.m. (petit récipient)
du NÉERLANDAIS *rammeken* ou du BAS-ALLEMAND *Ramken*, diminutif de *Rahm*, « crème ». *Ramequin* désignait à l'origine un gâteau au fromage ; XVIIe s.

rami n.m. (jeu de cartes)
de l'ANGLAIS *rum*, *rummy* ; XXe s.

ramper v.
du FRANCIQUE **hrampon*, « grimper avec des griffes » ; XIIe s.

rancart n.m.
d'un DIALECTE NORMAND (*mettre au*) *récart*, de *récarter*, *rencarter*, « éparpiller » ; XVIIIe s.

ranch n.m.
de l'ESPAGNOL *rancho*, « cabane, petite ferme », par l'ANGLAIS d'Amérique *ranch* ; XIXe s.

randonnée n.f.
du FRANCIQUE **rant*, « course », par l'ANCIEN FRANÇAIS *randir*, « courir avec impétuosité », puis *randonner*, « courir rapidement » ; XIIe s.

rang n.m.
du FRANCIQUE **hring*, « cercle, anneau », d'où « assemblée », puis « ordre et rang des personnes assemblées » ; XIe s.

râpe n.f.
du GERMANIQUE **raspôn*, « rafler, enlever les grains d'une grappe ou d'un épi », par le LATIN MÉDIÉVAL *raspa*, « rafle (ou râpe), grappe ou épi dépouillé de ses grains » ; XIVe s.

rapetasser v.
d'un DIALECTE LYONNAIS *petas*, « morceau de cuir ou d'étoffe pour rapiécer », du LATIN *pittacium*, « emplâtre » ; XVIe s.

raphia n.m.
du MALGACHE *rafia*, « palmier » ; XIXe s.

raquette n.f.
de l'ARABE *rahât*, « paume de la main », par l'ARABE POPULAIRE *rahet*, même sens, par le LATIN MÉDIÉVAL *rasceta* et l'ANCIEN FRANÇAIS *rachette* ; XIVe s.

rarissime adj.
de l'ITALIEN *rarissimo*, superlatif de *raro*, « rare » ; XVIe s.

rascasse n.f. (poisson)
du PROVENÇAL *rascasso*, dérivé de *rasco*, « teigne » ; XVIe s.

rate n.f. (organe)
probablement du NÉERLANDAIS *râte*, « rayon de miel », par analogie d'apparence ; XIIe s.

ratiboiser v.
du FRANCIQUE **bausjan*, par l'ANCIEN FRANÇAIS *boisier* et *emboiser*, « tromper », croisé avec le FRANÇAIS *ratisser* ; XIXe s.

rave n.f.
d'un DIALECTE FRANCO-PROVENÇAL *rava*, du LATIN *rapa*, variante de *rapum*, « navet ». La forme *rave* a ensuite éliminé la forme régulière *rève* dans les PARLERS SEPTENTRIONAUX ; XVIe s.

ravioli n.m.
pluriel de l'ITALIEN *raviolo*, « pâte farcie de viande », d'étymologie incertaine ; XIXe s.

rayon n.m. (de miel)
du FRANCIQUE **hrâta*, « miel vierge », par l'ANCIEN FRANÇAIS *ree*, « rayon de miel ». Au XVIIIe s., extension de sens à « casier, tablette », d'où « rayonnage » ; XVIe s.

rayonne n.f.
de l'ANGLAIS *rayon*, « rayonne », ancienne marque déposée d'une soie artificielle brillante, de l'ANGLAIS *ray*, « rayon », lui-même emprunté à l'ANCIEN FRANÇAIS *rai*, « rayon de lumière », du LATIN *radius*, « rayon de roue, rayon de lumière » ; XXe s.

raz n.m. (de marée)
de l'ANCIEN SCANDINAVE *râs*, « courant d'eau », par un DIALECTE NORMAND, puis par le BRETON ; XVIe s.

razzia n.f.
de l'ARABE ALGÉRIEN *ghâzwa*, « attaque, incursion militaire », par une forme populaire *ghâzya* ; XIXe s.

réaliser v. (se rendre compte)
de l'ANGLAIS (*to*) *realize*, lui-même du FRANÇAIS *réaliser* (XVIe s.), formé sur *réel*, du LATIN *realis* ; XIXe s.

reblochon n.m.
d'un DIALECTE SAVOYARD, dérivé de *reblocher*, « traire de nouveau une vache », de *blocher*, « pincer » ; XIXe s.

rebuffade n.f.
de l'ITALIEN *ribuffo*, de *buffare*, « souffler en gonflant les joues » ; XVIe s.

récession n.f.
de l'ANGLAIS *recession*, « régression », de même origine que le FRANÇAIS *récession*, « action de se retirer », du LATIN *recessum*, de *recedere*, « s'éloigner » ; XXe s.

rêche adj.
du FRANCIQUE **rubisk* (ou du GAULOIS **reskos*, « frais »), attesté anciennement sous la forme PICARDE *resque* ; XIIIe s.

rechigner v.
du FRANCIQUE **kinan*, « tordre la bouche », par l'ANCIEN FRANÇAIS *reschignier*, « faire la grimace, refuser, montrer les dents », *eschignier*, « se moquer », et *chigner*, « pleurnicher » ; XIIe s.

récif n.m.
de l'ARABE *ar-rasîf*, « digue, chaussée », par l'ESPAGNOL *arresife*, « chaussée » ; XVIIe s.

récital n.m.
de l'ANGLAIS *recital*, de (*to*) *recite*, « réciter, déclamer », emprunté lui-même au FRANÇAIS *réciter* ; XIXe s.

récitatif n.m.
de l'ITALIEN *recitativo*, du LATIN *recitare*, « lire à haute voix » ; XVIIe s.

récolte n.f.
de l'ANCIEN ITALIEN *ricolta* (auj. *raccolta*), de *ricogliere*, « recueillir », du LATIN *recolligere*, « rassembler, réunir » ; XVIe s.

record n.m.
de l'ANGLAIS *record*, « témoignage », emprunté au terme de droit FRANÇAIS *record*, *recort*, « rappel », de *recorder*, « rappeler », du LATIN *recordari*, « se rappeler » ; XIXe s.

recordman n.m.
pseudo-anglicisme français construit avec l'ANGLAIS *record*, « record », et *man*, « homme » (alors que l'ANGLAIS emploie le terme *record holder*, de *re-*

cord, « record », et *holder*, « celui qui tient, qui détient ») ; XIXe s.

redingote n.f.
de l'ANGLAIS *riding-coat*, « habit pour monter à cheval », de (*to*) *ride*, « monter à cheval », et *coat*, « habit », emprunté lui-même à l'ANCIEN FRANÇAIS *cote* (devenu ensuite *cotte*). Ce que le FRANÇAIS appelle aujourd'hui *redingote* correspond, pour les hommes, à l'ANGLAIS *frock coat*, de *frock*, emprunté au FRANÇAIS *froc*, « habit de moine », et, pour les femmes, à *fitted coat*, « manteau ajusté à la taille » ; XVIIIe s.

reflet n.m.
de l'ITALIEN *riflesso*, de *riflettere*, « refléter », du LATIN *reflectere*, « recourber, ramener en arrière » ; XVIIe s.

reflex adj. et n.m. (appareil photo)
de l'ANGLAIS *reflex*, « reflet » ; XIXe s.

réformiste adj. et n.
de l'ANGLAIS *reformist*, « réformiste », probablement sur l'ANCIEN FRANÇAIS *reformer* (devenu ensuite *réformer*), du LATIN *reformare* ; XIXe s.

régate n.f.
probablement du VÉNITIEN *regata*, « défi », puis « course de bateaux » ; XVIIe s.

reggae n.m. (danse)
d'un CRÉOLE DE LA JAMAÏQUE, par l'ANGLAIS ; XXe s.

regretter v.
peut-être de l'ANCIEN SCANDINAVE *grata*, « pleurer » ; XIe s.

reître n.m.
de l'ALLEMAND *Reiter*, « cavalier », probablement introduit par les mercenaires au service de la France ; XVIe s.

relations publiques loc.
traduction de l'ANGLAIS *public relations* ; XXe s.

relax ou **relaxe** adj.
de l'ANGLAIS (*to*) *relax*, « se détendre », formé sur le LATIN *relaxare*, « desserrer, détendre » ; XXe s.

relaxer (se) v.
de l'ANGLAIS (*to*) *relax*, « relâcher », puis « se détendre », formé sur le LATIN *relaxare*, « desserrer, détendre » ; XXe s.

relief n.m. (sculpture)
de l'ITALIEN *rilievo*, « relief » ; XVIe s.

reluquer v.
du MOYEN NÉERLANDAIS *locken*, « regarder », avec influence de *lucarne*, par un DIALECTE DU NORD ; XVIIIe s.

remake n.m.
de l'ANGLAIS *remake*, « nouvelle version », de (*to*) *remake*, « refaire » ; XXe s.

remorquer v.
de l'ITALIEN *rimorchiare*, du LATIN POPULAIRE *remulcare*, du LATIN *remulcum*, « corde de halage » ; XVe s.

rémoulade n.f. (sauce)
peut-être du ROUCHI *rémola*, « gros radis noir » (ou d'un DIALECTE PICARD *ramolas*), du LATIN *armoracia*, « raifort sauvage », avec influence possible de *rémoulade*, « onguent pour les chevaux » ; XVIIe s.

remous n.m.
du PROVENÇAL *remou*, réfection de *revou*, « tourbillon », d'après *remoulina*, « tournoyer », du LATIN POPULAIRE **remolinare*, « tourner comme un moulin » ; XVIIe s.

remugle n.m.
de l'ANCIEN SCANDINAVE *mygla*, « moi-

sissure », par un DIALECTE NORMAND *remucre*, de *mucre*, « moisi » ; XVIe s.

renâcler v.
d'un DIALECTE PICARD, altération de *renaquer*, « flâner » ; XVIIe s.

renard n.m.
du FRANCIQUE **Reginhart*, « Renart », nom propre d'homme, qui a éliminé l'ancienne désignation *goupil*, du LATIN *vulpis* ; XIIIe s.

renégat adj. et n.m.
de l'ITALIEN *rinnegato*, « qui a renié sa religion », de *ri-*, « de nouveau », et de *negare*, « nier » ; XVe s.

renflouer v.
dérivé du NORMAND *flouée*, « flot », d'où *renflouer*, « remettre à flot » ; XVIe s.

renfrogner v.
du GAULOIS **frogna*, « nez », par l'ANCIEN FRANÇAIS *froignier*, « froncer le nez », puis *refrogner* et *renfrogner* ; XVIe s.

renne n.m. (cervidé)
d'une langue SCANDINAVE, probablement par l'intermédiaire de l'ALLEMAND *Reen* ; XVIe s.

reporter n.m.
de l'ANGLAIS *reporter*, « celui qui fait un rapport », emprunté à l'ANCIEN FRANÇAIS *reporteur*, *rapporteur* ; XIXe s.

représailles n.f.pl.
sans doute de l'ITALIEN MÉDIÉVAL (aujourd'hui *rappresaglia*), de *riprendere*, « reprendre » ; XVe s.

reprographie n.f.
de l'ANGLAIS *reprography*, contraction de *repro(duction)* et de *(photo)graphy* ; XXe s.

reps n.m. (tissu)
peut-être de l'ANGLAIS *rep*, *reps*, d'origine obscure (lui-même peut-être du FRANÇAIS) ; XIXe s.

requinquer v.
d'un DIALECTE PICARD *requinquer*, correspondant à l'ANCIEN FRANÇAIS *reclinquer*, « redonner du clinquant » ; XVIe s.

rescapé adj. et n.m.
d'un DIALECTE DU HAINAUT *rescapé*, « réchappé », en parlant des survivants de la catastrophe minière de Courrières (Pas-de-Calais) [1906] ; XXe s.

réservation n.f. (de places)
de l'ANGLAIS *reservation*, « réservation », emprunté à l'ANCIEN FRANÇAIS *reservation* (ou au LATIN MÉDIÉVAL *reservatio*, « action de se réserver un droit ») ; XXe s.

résille n.f.
de l'ESPAGNOL *redecilla*, diminutif de *red*, « filet », avec influence du FRANÇAIS *réseau* ; XVIIIe s.

respectabilité n.f.
de l'ANGLAIS *respectability*, de l'ANGLAIS *respectable*, lui-même emprunté au FRANÇAIS *respectable* ; XVIIIe s.

respectif adj.
du PROVENÇAL *respectiu*, « respectif », du LATIN SCOLASTIQUE *respectivus*, dérivé de *respectus*, « action de regarder en arrière, considération, égard » ; XVIIe s.

responsabilité n.f.
de l'ANGLAIS *responsibility*, de *responsible*, probablement emprunté au FRANÇAIS *responsable*, sur le LATIN *respondere*, « se porter garant » ; XIXe s.

resquiller v.
probablement de l'ANCIEN HAUT-ALLEMAND *kegil*, « quille », par le PROVEN-

ÇAL *quiho*, « quille » et *resquiha*, « glisser », peut-être introduit par les régiments suisses ; XXe s.

resquilleur n.m.
probablement de l'ANCIEN HAUT-ALLEMAND *kegil*, « quille », par le PROVENÇAL *resquiha*, « glisser » et *resquihaire*, « qui disparaît sans payer », peut-être introduit par les régiments suisses ; XXe s.

ressac n.m.
de l'ESPAGNOL *resaca*, « action de tirer en arrière », dérivé de *sacar*, « tirer », par le PROVENÇAL ; XVIIe s.

retable n.m.
du CASTILLAN *retablo*, adapté du CATALAN *retaula*, de *taula*, « planche » et de *re*(*tro*), « en arrière », le *retable* étant placé derrière la table de l'autel ; XVIIe s.

réussir v.
de l'ITALIEN *riuscire*, « ressortir », de *uscire*, « sortir », le sens premier étant « avoir une issue heureuse » ; XVIe s.

révolter v.
de l'ITALIEN *rivoltare*, « retourner », du participe *rivolto*, de *rivolgere*, « retourner », du LATIN *revolvere*, « revenir en arrière ». Le sens primitif de *révolter* était « faire volte-face, changer de parti » ; XVIe s.

revolver n.m.
de l'ANGLAIS *revolver*, nom créé par l'inventeur américain Samuel Colt, formé sur (*to*) *revolve*, « tourner », du LATIN *revolvere*, « tourner en arrière » ; XIXe s.

revue n.f. (périodique)
de l'ANGLAIS *review*, « revue », précédemment emprunté à l'ANCIEN FRANÇAIS *reveue*, devenu *revue*, avec le sens de « re-vu, révisé » ; XVIIIe s.

rhéostat n.m. (électricité)
de l'ANGLAIS *rheostat*, « résistance variable », littéralement « qui régularise le courant », du GREC *rheo-*, de *rhein*, « couler » et de *-stat*, de *statos*, « stable » ; XIXe s.

rhum n.m.
de l'ANGLAIS *rum*, puis *rhum*, probablement abréviation de *rumbullion*, variante de *rumbustion*, « tumulte, vacarme » ; XVIIIe s.

ricaner v.
du FRANCIQUE **kinni*, « mâchoire », par l'ANCIEN PICARD *kenne*, « joue », et par un DIALECTE NORMAND *recaner*, « braire », altéré par l'influence de *rire* ; XIVe s.

riche adj.
du FRANCIQUE **rîki*, « puissant » ; XIe s.

ridelle n.f.
du MOYEN HAUT-ALLEMAND *Reidel*, « grosse perche, rondin » ; XIVe s.

rider v.
de l'ANCIEN HAUT-ALLEMAND *rîdan*, « tordre » ; XIIe s.

riesling n.m. (vin d'Alsace)
de l'ALSACIEN *Riesling*, nom d'une localité ; XIXe s.

rifle n.m.
de l'ANGLAIS *rifle*, « rainure d'un canon de fusil » puis « fusil à canon rayé », de (*to*) *rifle*, « faire des rainures », emprunté à l'ANCIEN FRANÇAIS *rifler*, « racler, égratigner », d'origine incertaine ; XIXe s.

rigole n.f. « petit canal »
du NÉERLANDAIS *rigelen*, peut-être de *richel*, « fosse d'écoulement dans une étable », apparenté au LATIN *regula*, « règle, barre » ; XIVe s.

rillette n.f.
d'un DIALECTE TOURANGEAU *rille*, « morceau de porc », correspondant à l'ANCIEN FRANÇAIS *reille*, « planchette », du LATIN *regula*, « règle, latte » ; XIXe s.

rimer v.
du FRANCIQUE **riman* de *rim*, « série, nombre », qui a pu se fondre avec *rythme*, du GREC *rhythmos*, « harmonie » puis « rythme » ; XIIe s.

ring n.m. (de boxe)
de l'ANGLAIS *ring*, « anneau, cercle », puis au XIVe s. « enceinte où se déroule une activité sportive » ; XIXe s.

ripaille n.f.
du MOYEN NÉERLANDAIS *rippen*, « racler, palper », par l'ANCIEN FRANÇAIS *riper*, « gratter » ; XVIe s.

riper v. (faire glisser)
du MOYEN NÉERLANDAIS *rippen*, « racler, palper » ; XVIe s.

riposte n.f.
de l'ITALIEN *risposta*, « réponse », de *rispondere*, « répondre » ; XVIe s.

risée n.f. « brise »
de l'ANCIEN SCANDINAVE **rif*, dont les formes *rifs*, *ris* ont abouti au FRANÇAIS *ris*, « pli de voile » ; XVIIe s.

risotto n.m.
de l'ITALIEN LOMBARD *risotto*, dérivé de *riso*, « riz », lui-même d'origine SANSKRITE ; XXe s.

risque n.m.
de l'ANCIEN ITALIEN *risco* (aujourd'hui *rischio*), dont l'étymologie est très discutée, peut-être du LATIN POPULAIRE **risicare*, « doubler un promontoire » (ou du GREC *riziko*, « destin », ou encore de l'ARABE *rizq*, « moyen de vivre ») ; XVIe s.

ristourne n.f.
de l'ITALIEN *storno* (terme d'assurance maritime) ; XVIIIe s.

ritournelle n.f.
de l'ITALIEN *ritornello*, « refrain », de *ritorno*, « retour » ; XVIIe s.

riz n.m.
du SANSKRIT *virhi*, par le PERSAN *berendj*, le GREC *bridza*, *orudza*, « riz », le LATIN *oryza* et par l'ITALIEN *riso*, « riz » ; XIVe s.

robe n.f.
du GERMANIQUE OCCIDENTAL **rauba*, « butin », d'où vêtement dont on a dépouillé quelqu'un (cf. **dérober**) ; XIVe s.

robot n.m.
du TCHÈQUE *robota*, « travail », mot créé par le dramaturge tchèque Karel Čapek ; XXe s.

rock ou **rock and roll** n.m.
de l'ANGLAIS *rock and roll*, de (*to*) *rock*, « balancer », et (*to*) *roll*, « rouler » ; XXe s.

rocker n.m. « chanteur ou amateur de rock »
de l'ANGLAIS *rocker*, de *rock*, à l'origine abréviation de *rock-and-roll* ; XXe s.

rocking-chair n.m.
de l'ANGLAIS *rocking-chair*, « fauteuil à bascule », de *rocking*, de (*to*) *rock*, « balancer » et de *chair*, « fauteuil » ; XIXe s.

rodéo n.m.
de l'ESPAGNOL d'Amérique *rodeo*, « encerclement du bétail », par l'ANGLAIS d'Amérique *rodeo*, « jeu équestre », formé lui-même sur l'ESPAGNOL *rodear*, « tourner, encercler », du LATIN *rotare*, « tourner » ; XXe s.

rôder v.
de l'ANCIEN PROVENÇAL *rodar*, « tourner

en rond », du LATIN *rotare*, « tourner » ; XVe s.

rogne n.f.
d'un DIALECTE DU CENTRE OU DE L'EST *rogne*, « querelle », de *rogner*, « grommeler », de formation onomatopéique ; XVIe s.

rogue adj. (arrogant)
peut-être de l'ANCIEN SCANDINAVE *hrôkr*, « arrogant » ; XIIIe s.

romaine adj. et n.f. (balance)
de l'ARABE *rommâna*, « balance », par l'ANCIEN PROVENÇAL *romana* (ou l'ESPAGNOL *romana*) ; XVe s.

romance n.f.
du PROVENÇAL *romans*, « langue vulgaire », par l'ESPAGNOL *romance* ; XVIe s.

romanichel n.m.
du TSIGANE *romani*, « romanichel », de *rom*, mot TSIGANE désignant le peuple et la langue tsiganes ; XIXe s.

romantique adj.
de l'ANGLAIS *romantic*, emprunté à l'ANCIEN FRANÇAIS *romant*, *romaunt* (devenu *roman* en FRANÇAIS MODERNE). Dans le sens de « littérature inspirée de la chevalerie et opposée à la littérature classique », le FRANÇAIS *romantique* vient de l'ALLEMAND *romantik*, lui-même emprunté à l'ANGLAIS *romantic* ; XVIIe s.

romsteck ou **rumsteck** n.m.
de l'ANGLAIS *rump-steak*, « tranche de viande de bœuf dans la croupe », de *rump*, « croupe », et de *steak*, « tranche de viande », tous deux d'origine SCANDINAVE ; XIXe s.

ronchonner v.
peut-être d'un DIALECTE DE L'EST, de la famille de *roncher*, « ronfler », correspondant à l'ANCIEN FRANÇAIS *ronchier*, du LATIN *rhoncare*, « ronfler » ; XIXe s.

rondo n.m.
de l'ITALIEN *rondo*, adapté lui-même du FRANÇAIS *rondeau* ; XIXe s.

roquer v. (aux échecs)
du PERSAN *rokh*, « éléphant monté », par l'ARABE *rokh*, « char », puis par l'ESPAGNOL *roque*, « la tour (aux échecs) » et par l'ANCIEN FRANÇAIS *roc*, « ancien nom de la tour aux échecs » ; XVIIe s.

roquette n.f.
du GERMANIQUE *rukka*, « quenouille », par l'ANCIEN FRANÇAIS *roquet*, *roquette*, « fusée de guerre » (d'où vient aussi l'ANGLAIS *rocket*) ; XXe s.

rorqual n.m. (cétacé)
du NORVÉGIEN *raudh-hwalr*, de *raudh*, « rouge », et de *hwalr*, « baleine » ; XIXe s.

rosbif n.m.
de l'ANGLAIS *roastbeef*, « bœuf rôti », de *roast*, « rôti », de (*to*) *roast*, « rôtir », emprunté à l'ANCIEN FRANÇAIS *rostir* (devenu *rôtir*) et de *beef*, « viande de bœuf », également emprunté à l'ANCIEN FRANÇAIS *boef*, *buef* ; XVIIIe s.

rose n.f.
mot certainement non indo-européen mais d'origine obscure, peut-être SÉMITIQUE, par le PERSAN *gul* et l'ARMÉNIEN *vard*, à travers le grec *rhodon*, « rose », *rhodêa*, « buissons de roses » et le LATIN *rosa* ; XIIe s.

roseau n.m.
du GOTIQUE **raus*, par l'ANCIEN FRANÇAIS *ros*, « roseau » ; XIIe s.

rosse n.f.
de l'ALLEMAND *Ross*, « cheval, coursier », probablement introduit par les mercenaires allemands ; XVe s.

rossignol n.m.
de l'ANCIEN PROVENÇAL *rossinhol*, du LA-

TIN POPULAIRE **lusciniolus*, diminutif de *luscinia*, « rossignol », avec influence de *russus*, « roux », pour expliquer le *r* initial ; XIIe s.

rotin n.m.
du MALAIS *rotan(g)*, « sorte de palmier » ; XVIIe s.

rôtir v.
du FRANCIQUE **hraustjan*, par l'ANCIEN FRANÇAIS *rostir* ; XIIe s.

rotonde n.f.
de l'ITALIEN *rotonda*, « de forme ronde », de *rotondo*, « rond », dérivé de *rota*, « roue » ; XVe s.

rotor n.m.
contraction de l'ANGLAIS *rotator*, de (*to*) *rotate*, « tourner, faire tourner » ; XIXe s.

rouan adj. « de couleur gris-jaune »
probablement du GOTIQUE **raudan*, « rouge » (ou de l'ESPAGNOL *roano*, lui-même issu du LATIN *ravus*, « gris foncé »), tous ces changements de sens restant assez mystérieux ; XVe s.

rouble n.m.
du RUSSE *rubl'* ; XVIIe s.

rouf n.m. (terme de marine)
du NÉERLANDAIS *roef*, « toit » ; XVIIIe s.

rouir v.
du FRANCIQUE **rotjan*, par un DIALECTE DU NORD ; XIVe s.

round n.m.
de l'ANGLAIS *round*, « rond », emprunté lui-même au FRANÇAIS *rond* et qui a pris ensuite, dans la boxe, le sens de « reprise », sens que le français a adopté au XIXe s.

roupie n.f.
du SANSKRIT *roûpya*, « argent » (le métal), par l'HINDOUSTANI *roûpiya*, par le PORTUGAIS *rupia* ; XVIIe s.

royalties n.f.pl. (redevance)
de l'ANGLAIS *royalty*, emprunté à l'ANCIEN FRANÇAIS *roialté* (devenu ensuite *royauté*), « prérogative accordée par le souverain », puis « redevance payée au souverain, au propriétaire » et « droits d'auteur, droits d'inventeur » ; XXe s.

ruban n.m.
du MOYEN NÉERLANDAIS *ringband*, « collier » (ou du BAS-ALLEMAND) ; XIIIe s.

ruche n.f.
du GAULOIS *rusca*, « écorce », les ruches des Gaulois étant faites avec des morceaux d'écorces ; XIIIe s.

rugby n.m. (sport)
du nom d'un collège ANGLAIS situé dans la ville de *Rugby* ; XXe s.

rugbyman n.m.
pseudo-anglicisme, de l'ANGLAIS *rugby* et de *man*, « homme » (le terme ANGLAIS pour « joueur de rugby » est *rugby player*) ; XXe s.

rumba n.f. (danse)
de l'ESPAGNOL des Antilles (Cuba) ; XXe s.

rush n.m.
de l'ANGLAIS *rush*, « mouvement précipité », de (*to*) *rush*, « se ruer », lui-même emprunté à l'ANGLO-NORMAND *russher*, « repousser, faire reculer », (ANCIEN FRANÇAIS *re(h)usser, russer*), du LATIN *recusare*, « mettre en fuite » ; XIXe s.

rushes n.m.pl. (au cinéma)
de l'ANGLAIS *rushes*, « film brut », après le tournage et avant le montage ; XXe s.

rutabaga n.m.
d'un DIALECTE SUÉDOIS *rotabagge* (aujourd'hui *rotabaggar*), « chou-navet » ; XVIIIe s.

S

sabayon n.m.
de l'ITALIEN *zabaglione* (ou *zabaione*) peut-être du LATIN TARDIF (de Dalmatie) *sabaia*, « breuvage à base d'orge » ; XIXe s.

sabbat n.m.
de l'HÉBREU *schabbat*, « repos », par le GREC *sabbaton*, « jour de repos chez les Juifs » et le LATIN ECCLÉSIASTIQUE *sabbatum* ; XIIe s.

sabbatique (congé) n.m.
traduction de l'ANGLAIS *sabbatical leave*, de *sabbatical*, « sabbatique », qui qualifie la période où, selon la Bible, on laisse reposer la terre et on s'abstient d'exiger les créances, et de *leave*, « permission » (au sens de congé) ; XXe s.

sabir n.m. « langue des ports méditerranéens »
de l'ESPAGNOL *saber*, « savoir » ; XIXe s.

sabre n.m.
du HONGROIS *szablya*, peut-être par le POLONAIS *szabla*, puis par l'ALLEMAND *Sabel* ; XVIe s.

sac n.m. « pillage »
du GERMANIQUE *Sackmann*, « brigand », de *Sack*, « sac, besace » et de *Mann*, « homme », par l'ITALIEN *sacco*, abréviation de *saccomanno*, « pillard » ; XVe s.

sac n.m. (contenant)
d'une forme SÉMITIQUE *saq*, « sac, haire, cilice », par le GREC *sakkos*, « vêtement en toile grossière, sac » et le LATIN *saccus* ; XIe s.

saccade n.f.
probablement du GOTIQUE **sakan*, « plaider », par une forme DIALECTALE PICARDE *saquer*, « tirer, secouer » (ou par l'ESPAGNOL *sacar*, « tirer, ôter ») ; XVIe s.

saccager v.
de l'ITALIEN *saccheggiare*, de *sacco*, « sac, pillage » ; XVIe s.

sacoche n.f.
du TOSCAN *saccoccia*, dérivé de *sacco*, « sac, récipient en tissu » ; XVIIe s.

sacripant n.m.
de l'ITALIEN *Sacripante*, « faux brave »,

nom d'un personnage de l'*Orlando innamorato* de Boiardo ; XVIIIe s.

safari n.m.
de l'ARABE *safar*, « voyager », par le SWAHILI *safari*, « bon voyage », et probablement par l'intermédiaire de l'ANGLAIS *safari* ; XXe s.

safran n.m. (épice)
de l'ARABE *za'farân*, « crocus », par le PERSAN et le LATIN MÉDIÉVAL *safranum* ; XIIe s.

safran n.m. (pièce de gouvernail)
peut-être de l'ARABE *safar*, « voyager », par l'ESPAGNOL *azafran* ; XIVe s.

saga n.f.
de l'ANCIEN SCANDINAVE *saga*, « conte » ; XVIIIe s.

sagaie ou **zagaie** n.f.
du BERBÈRE *zagâya*, par l'ARABE *azzaghâya*, « javelot », puis par l'ESPAGNOL *azagaya*, « sagaie, javelot » ; XVIe s.

sagouin n.m. (singe)
du TUPI *saui*, « singe », par le PORTUGAIS *sagüi* ; XVIe s.

saké ou **saki** n.m.
du JAPONAIS *sakè*, « alcool de riz » ; XIXe s.

salade n.f.
du PROVENÇAL *salada*, « mets salé », du LATIN *sal*, « sel » ; XIVe s.

salamalec ou **salamalek** n.m.
de l'ARABE *salâm 'alaïkh*, « paix sur toi » ; XVIe s.

salami n.m.
de l'ITALIEN *salami*, « mets salés », pluriel de *salame* ; XIXe s.

sale adj.
de l'ANCIEN HAUT-ALLEMAND *salo*, « trouble, terne » ; XIIIe s.

saligaud adj.
probablement du FRANCIQUE **salik*, « sale », par un DIALECTE WALLON ou PICARD *Saligot*, nom de personne et surnom ; XVIIe s.

salle n.f.
du FRANCIQUE **sal*, d'abord nom masculin, devenu féminin par influence de *halle* ; XVe s.

salon n.m.
de l'ITALIEN *salone*, augmentatif de *sala*, « salle » ; XVIIe s.

saloon n.m.
de l'ITALIEN *salone*, par le FRANÇAIS *salon*. Ce mot a été emprunté au français par l'ANGLAIS sous la forme *saloon*, « pièce de réception », puis ce terme a pris en ANGLAIS d'Amérique le sens de « bar, tripot ». C'est ce dernier sens qui a été réemprunté par le FRANÇAIS *saloon* ; XIXe s.

salpicon n.m.
dérivé de l'ESPAGNOL *sal*, « sel » ; XVIIIe s.

salsifis n.m.
de l'ITALIEN *salsefrica* (aujourd'hui *sassefrica*) ; XVIIe s.

saltimbanque n.m.
de l'ITALIEN *saltimbanco*, de *saltare*, « sauter », et de *banco*, « banc » ; XVIe s.

samba n.f.
du TUPI, par le PORTUGAIS *samba* (ou de l'ESPAGNOL du Chili *zambacueca*, abrégé en *samba* et passé en Europe par l'intermédiaire du Brésil) ; XXe s.

samedi n.m.
de l'HÉBREU *schabbat*, « repos », par le

GREC *sabbaton*, « jour de repos chez les juifs », par le LATIN POPULAIRE *sambati dies*, « jour du sabbat », et l'ANCIEN FRANÇAIS *sambeti*, *semedi*, sous l'influence de *seme*, « septième », du LATIN *septimus* ; XIIe s.

samouraï ou **samuraï** n.m.
du JAPONAIS *samuraï* « garde qui accompagne son seigneur », de *saburau*, « accompagner un supérieur » ; XIXe s.

samovar n.m.
du RUSSE *samovar*, « bouilloire », de *sam*, « par soi-même » et de *varit'*, « cuire » ; XIXe s.

sampang ou **sampan** n.m.
du CHINOIS *sanpan*, « embarcation », de *san*, « trois » et *pan*, « bords », par le MALAIS *sampan*, « navire de transport » ; XVIe s.

sanatorium n.m.
de l'ANGLAIS *sanatorium*, formé à partir du LATIN *sanare*, « guérir », de *sanus*, « sain, bien portant » ; XIXe s.

sandwich n.m.
du nom de John Montagu, lord *Sandwich*, qui se faisait apporter ce genre de repas pour n'avoir pas à quitter la table de jeu ; XIXe s.

sangria n.f.
probablement du SANSKRIT *çarkara*, « sucre », proprement « grain », par le HINDI *sakkari*, *sankari*, « vin sucré », par l'ANGLAIS *sangaree* et le PORTUGAIS *sangria* ; XXe s.

sanskrit ou **sanscrit** adj. et n.m.
du SANSKRIT *samskrita*, « parfait », qui s'oppose à *prâkrit*, « naturel, peu soigné » ; XVIIIe s.

santal n.m. (bois)
du SANSKRIT *tchandana*, par le PERSAN *sandal*, par l'ARABE *sandal* et le LATIN MÉDIÉVAL *sandalum* ; XVIe s.

santon n.m.
du PROVENÇAL *santoun*, « petit saint » ; XIXe s.

sapajou n.m. (petit singe)
du TUPI *sapayou*, de *sawi*, « singe » ; XVIIe s.

saper v.
de l'ITALIEN *zappare*, de *zappa*, « pioche », peut-être de l'ILLYRIEN *zapp-* « chèvre » (à cause des deux dents de la pioche rappelant les deux cornes de l'animal) ; XVIe s.

sapin n.m.
du GAULOIS **sappus*, qui, croisé avec le LATIN *pinus*, « pin », a donné le LATIN *sappinus*, « sapin » ; XIIe s.

sarabande n.f.
du PERSAN *sarband*, « turban, danse du turban », par l'ARABE *as-sarabanda* et l'ESPAGNOL *zarabanda* ; XVIIe s.

sarbacane n.f.
du MALAIS *sumpitan*, par le PERSAN, puis par l'ARABE *zarbatana* et l'ESPAGNOL *cerbatana*, d'où le FRANÇAIS *sarbatane*, qui, croisé avec *canne*, a donné *sarbacane* ; XVIe s.

sardine n.f.
de l'ANCIEN PROVENÇAL *sardina*, « sardine », du LATIN *sardina*, diminutif de *sarda*, « (poisson) de Sardaigne » ; XIVe s.

sargasse n.f. « algue brune »
du PORTUGAIS *sargaço*, « ciste » (arbrisseau méditerranéen peut-être par le CASTILLAN *sargazo*), du LATIN POPULAIRE **salicaceus*, du LATIN *salix*, *salicis*, « saule » (ou par le NÉERLANDAIS) ; XVIIe s.

sari n.m. (vêtement)
du HINDI *sari* ; XIXe s.

sarigue n.m. (petit marsupial)
du TUPI-GUARANI *sariwe*, par le PORTUGAIS *sarigüê* ; XVIe s.

sarrasin adj. et n.m.
de l'ARABE *charqîyîn*, pluriel de *charqî*, « oriental », probablement par le GREC *sarakênoi*, « Saracènes », littéralement « qui vivent sous la tente » (*skênê*), par le LATIN *sarraceni*, « Sarrachènes, peuplade de l'Arabie », et par l'ANCIEN FRANÇAIS *Sarrazins*, « peuples non chrétiens d'Espagne, d'Afrique, et d'Orient » ; XIIIe s.

sarrau n.m. (blouse de travail)
du MOYEN HAUT-ALLEMAND *sarrok*, « sorte de vêtement militaire », par le LATIN MÉDIÉVAL *sarrotus*, d'où l'ANCIEN FRANÇAIS *sarrot* ; XIVe s.

satin n.m.
de l'ARABE *zaytoûni*, « de la ville de Zaitoûn », nom arabe de la ville chinoise Tsia-Toung, où se fabriquait le satin, par l'ESPAGNOL *aceituni* ; XIVe s.

saucisson n.m.
de l'ITALIEN *salsiccione*, augmentatif de *salsiccia*, « saucisse » ; XVIe s.

saule n.m.
du FRANCIQUE **sahla*, par le LATIN *salicem* , XIVe s.

sauna n.m.
du FINNOIS *sauna* ; XXe s.

saur adj.m. (fumé)
du NÉERLANDAIS *soor*, par l'ANCIEN FRANÇAIS *sor*, « jaune brun, desséché » ; XIIIe s.

savane n.f.
de l'ARAWAK d'Haïti (TAÏNO) *sabána*, par l'ESPAGNOL *sabána* ; XVIe s.

savate n.f.
du TURC *çabata*, « chaussure », par l'ARABE *sabbât*, « savate », par l'ITALIEN *ciabatta*, (ou par le PROVENÇAL *sabata*, ou encore par un DIALECTE PICARD *chavate*) ; XIIe s.

savon n.m.
du FRISON **saipon*, « onguent capillaire » fait de suif et de cendre, utilisé par les Gaulois, par le LATIN *sapo*, « savon » ; XIIIe s.

saynète n.f.
de l'ESPAGNOL *sainete*, « morceaux de graisse qu'on donne aux oiseaux de proie » puis « viande savoureuse » puis « petite pièce pour accompagner la représentation principale », diminutif de *sain*, « graisse » (qu'on retrouve dans le FRANÇAIS *saindoux*), du LATIN *sagina*, « engraissement, gavage ». La forme FRANÇAISE *saynète* a fait croire à un diminutif de *scène* (**scénette*) ; XVIIIe s.

sbire n.m.
de l'ITALIEN *sbirro*, « agent de police », altération de *birro*, du LATIN POPULAIRE *birrus*, *burrus*, « roux, rouge », du GREC *purrhos*, « couleur de feu », de *pûr*, « feu », à cause de la casaque rouge des sbires ; XVIe s.

scalp n.m.
de l'ANGLAIS *scalp*, « calotte crânienne » puis « cuir chevelu » et « chevelure d'un ennemi », mot venu lui-même de l'ANCIEN SCANDINAVE *skalpr*, « étui » ; XVIIIe s.

scalper v.
de l'ANGLAIS (*to*) *scalp*, « scalper », sur l'ANGLAIS *scalp*, « chevelure d'un ennemi » ; XVIIIe s.

scandale n.m.
de l'HÉBREU *mikchôl*, « obstacle, ce qui fait trébucher », traduit en GREC ECCLÉSIASTIQUE par *skandalon*, d'où le LATIN

ECCLÉSIASTIQUE *scandalum*, « piège, obstacle » (qui est aussi à l'origine du FRANÇAIS *esclandre*, par l'ANCIEN FRANÇAIS *escandele*) ; XIe s.

scanner n.m.
de l'ANGLAIS *scanner*, de (*to*) *scan*, « scruter, examiner minutieusement », du LATIN *scandere*, « escalader » et « scander (des vers) », puis « mesurer » ; XXe s.

scarole ou **escarole** n.f.
de l'ITALIEN *scariola* (aujourd'hui *scarola*), « scarole », du LATIN POPULAIRE **escariola*, « endive », du LATIN *escarius*, « qui est bon à manger cru », de *esca*, « nourriture » ; XIVe s.

scénario n.m.
de l'ITALIEN *scenario*, « décor », de *scena*, « scène » ; XVIIIe s.

schabraque → chabraque.

schah, shah → chah.

schako ou **shako** n.m.
du HONGROIS *shako*, « coiffure des hussards » ; XVIIIe s.

scherzando adv. (musique)
du LONGOBARD *scherzon*, par l'ITALIEN *scherzando*, « en plaisantant », de *scherzare*, « plaisanter » ; XIXe s.

scherzo n.m. (musique)
du LONGOBARD *scherzon*, par l'ITALIEN *scherzo*, « plaisanterie, badinage » ; XIXe s.

schibboleth n.m.
de l'HÉBREU *schibboleth*, « épi », mot utilisé pendant les guerres bibliques pour distinguer les gens de Galaad, qui savaient prononcer *chibboleth*, de ceux d'Éphraïm, qui disaient *sibboleth* ; XIXe s.

schilling ou **schelling** n.m. (monnaie autrichienne)
probablement de l'ANCIEN ALLEMAND *scellan*, « tinter », par l'ALLEMAND *schilling*, unité monétaire de même étymologie que l'ANGLAIS *shilling* ; XIVe s.

schlass adj. « fatigué, ivre »
de l'ALLEMAND *schlass*, « très fatigué », probablement introduit par les mercenaires allemands ou suisses ; XIXe s.

schlinguer v. « puer »
de l'ALLEMAND *schlingen*, « avaler », le premier sens de *schlinguer* étant « puer de la bouche », probablement introduit par les mercenaires allemands ou suisses ; XIXe s.

schlitte n.f.
de l'ALSACIEN *schlitte*, correspondant à l'ALLEMAND *Schlitten*, « traîneau » ; XIXe s.

schnaps n.m.
de l'ALLEMAND *Schnaps*, « eau-de-vie », de *schnappen*, « happer, aspirer », probablement introduit par les mercenaires allemands ou suisses ; XVIIIe s.

schuss n.m.
de l'ALLEMAND *Schussfahrt*, « descente à ski en ligne droite » ; XXe s.

science-fiction n.f.
calque de l'ANGLAIS *scientifiction*, contraction de *science*, « science », et de *fiction*, « romans et nouvelles », emprunté lui-même au FRANÇAIS *fiction*, « création de l'imagination » ; XXe s.

scion n.m. « baguette »
du FRANCIQUE **kith*, « rejeton », par un DIALECTE PICARD *chion* ; XIIe s.

sconse → skunks.

scoop n.m.
de l'ANGLAIS *scoop*, « pelle, cuiller »,

puis, en ANGLAIS d'Amérique, « coup de filet, primeur (d'une nouvelle) » ; XXe s.

scooter n.m.
de l'ANGLAIS *motor-scooter*, « patinette à moteur », de *motor*, « moteur », du LATIN *motor*, « celui qui se meut » (de *movere*, « mouvoir ») et de *scooter*, « patinette, trottinette », de (*to*) *scoot*, « filer, démarrer à vive allure » ; XXe s.

scorbut n.m.
probablement de l'ANCIEN SCANDINAVE *skyr-bjugr*, « œdème dû à l'absorption de lait caillé », de *skyr*, « lait caillé », et de *bjugr*, « œdème », par le SUÉDOIS *skorbjug* et le LATIN MÉDIÉVAL *scorbutus* ; XVIe s.

score n.m. (résultat, décompte)
de l'ANGLAIS *score*, « entaille ». A l'origine, une entaille correspondait à vingt unités, d'où l'ANGLAIS *score*, « vingtaine » ; XXe s.

scotch n.m. (ruban adhésif)
de l'ANGLAIS *Scotch tape*, « ruban adhésif Scotch » (marque déposée) ; XXe s.

scotch n.m. (whisky)
de l'ANGLAIS *Scotch whisky*, « whisky écossais » ; XXe s.

scout ou **boy-scout** adj. et n.m.
de l'ANGLAIS *boy-scout*, proprement « garçon éclaireur », nom des membres de l'Association des boy-scouts fondée en 1908 par Baden Powell, de (*to*) *scout*, « aller à la découverte », lui-même de l'ANCIEN FRANÇAIS *escouter* (FRANÇAIS moderne *écouter*) ; XXe s.

scrabble n.m. (jeu)
nom d'un jeu de société l'ANGLAIS *scrabble*, « gribouillage » (marque déposée) ; XXe s.

script n.m. (type d'écriture)
de l'ANGLAIS *script-writing*, « écriture script (en caractères d'imprimerie) », du LATIN *scriptum*, « écrit ». Le sens de *script* s'est ensuite étendu à « découpage technique et dialogues d'un film » ; XXe s.

scripte ou **script-girl** n.f.
de l'ANGLAIS *script-girl*, de *script*, « texte écrit », et de *girl*, « fille » ; XXe s.

sébile n.f.
probablement de l'ARABE *sabil*, « aumône » ; XVe s.

sectoriel adj.
d'après l'ANGLAIS *sectorial*, formé sur le LATIN *sector*, « celui qui tranche », dérivé de *secare*, « couper, diviser » ; XXe s.

séfarade adj. et n. (juif originaire d'Espagne)
de l'HÉBREU *Sefarad*, « Espagne » ; XIXe s.

séide n.m.
de l'ARABE *Zayd* (*ibn Nâritha*), personnage fanatique mis en scène par Voltaire dans sa tragédie *Mahomet* ; XIXe s.

sélect adj.
de l'ANGLAIS *select*, « distingué, élégant », du LATIN *selectus*, participe passé de *seligere*, « choisir, trier » ; XIXe s.

sélection n.f.
de l'ANGLAIS *selection*, du LATIN *selectionem*, de *seligere*, « choisir, trier ». Le FRANÇAIS possédait le terme *sélection*, « choix », au XVIIe s. mais d'un emploi assez rare. Ce mot a été emprunté à l'anglais comme terme d'élevage, d'agriculture ou d'évolution darwinienne ; XIXe s.

self-control n.m.
de l'ANGLAIS *self-control*, de *self*, « soi-même », et de (*to*) *control*, « dominer, maîtriser », lui-même emprunté à l'ANGLO-NORMAND *contreroller* (FRANÇAIS *contrôler*), de *rôle*, « rouleau, registre », du LATIN MÉDIÉVAL *rotulus*, « feuille roulée, registre » ; XIXe s.

self-made-man n.m.
de l'ANGLAIS *self-made man*, « homme qui s'est fait lui-même », de *man*, « homme », de *made*, part. passé de (*to*) *make*, « faire », et *self*, « soi-même » ; XIXe s.

self-service ou **self** n.m.
de l'ANGLAIS *self*, « soi-même », et *service*, emprunté lui-même à l'ANCIEN FRANÇAIS *servise* (aujourd'hui *service*) ; XXe s.

semelle n.f.
d'origine controversée, peut-être d'un DIALECTE PICARD *lemelle*, « lame », devenu *semelle* par remplacement de la première syllabe, prise par erreur pour l'article *le*, du LATIN *lamella*, « petite lame » ; XIIIe s.

sémiotique adj. et n.f.
de l'ANGLAIS *semiotics*, « système de signes », du GREC *semeion*, « signe ». Le FRANÇAIS avait déjà *sémiotique* et *sémiologie* au XVIe s., mais comme termes de médecine ; XXe s.

sémitique adj.
de l'HÉBREU *Sem*, l'un des fils de Noé, par l'ALLEMAND *semitik* ; XIXe s.

semoule n.f.
de l'ITALIEN *semola* (aujourd'hui *semolino*), « semoule », du LATIN *simila*, « fleur de farine » ; XVIe s.

séné n.m.
de ARABE *senâ*, par le LATIN MÉDIÉVAL *sene* ; XIIIe s.

sénéchal n.m.
du FRANCIQUE **siniskalk*, de *kalk*, « serviteur, valet », et *sinis*, « aîné », par le LATIN MÉDIÉVAL *siniscalcus* ; XIIe s.

sentimental adj.
de l'ANGLAIS *sentimental*, dérivé de *sentiment*, lui-même emprunté à l'ANCIEN FRANÇAIS *sentement* (aujourd'hui *sentiment*), du LATIN MÉDIÉVAL *sentimentum*, de *sentire*, « sentir ». Le mot anglais *sentimental* a été volontairement conservé dans la traduction française de l'ouvrage de Sterne *The Sentimental Journey* par le traducteur, qui ne trouvait pas d'équivalent en français (1769) ; ce mot se retrouve inchangé dans la majorité des langues européennes ; XVIIIe s.

sentinelle n.f.
de l'ITALIEN *sentinella*, peut-être d'un LATIN TARDIF *sentinare*, « éviter un danger (en usant de finesse et de ruse) » ; XVIe s.

sépia n.f.
de l'ITALIEN *seppia*, « seiche », puis « couleur tirée de la seiche », du LATIN *sepia* ; XIXe s.

sequin n.m. (pièce de monnaie)
de l'ARABE *sikki*, « pièce de monnaie », de *sekka*, « coin à frapper les monnaies », par le VÉNITIEN, ou par l'ITALIEN *zecchino*, même sens ; XVIe s.

séquoia n.m.
de *See-Quayah*, nom d'un célèbre chef iroquois, inventeur du premier alphabet indien, par le LATIN des botanistes *sequoia* ; XIXe s.

sérac n.m. « bloc de glace »
d'un DIALECTE SAVOYARD ou SUISSE ROMAND *sérat*, « fromage blanc compact », du LATIN *serum*, « petit lait » ; XVIIIe s.

sérail n.m.
du PERSAN *sarâj*, « palais, hôtel », par le TURC *serâï* et l'ITALIEN *serraglio*, « clôture » ; XIVe s.

séraphin n.m.
de l'HÉBREU *seraphîm*, « les ardents », de *saraph*, « brûler » ; XIIe s.

sérénade n.f.
d'un dialecte septentrional ITALIEN *serenada*, de *sereno*, « (ciel) serein », avec attraction de *sera*, « soir », d'où « musique nocturne » ; XVIe s.

sérénissime adj.
de l'ITALIEN *serenissimo*, superlatif de *sereno*, « serein » ; XVe s.

serin n.m.
peut-être du PROVENÇAL *serena*, *sirena*, « guêpier » (sorte d'oiseau au plumage vert) ; XVe s.

serpolet n.m.
du PROVENÇAL *serpolet*, diminutif de *serpol*, du LATIN *serpullum*, « thym » ; XVIe s.

serval n.m. « chat-tigre »
du PORTUGAIS *cerval*, « cervier », c'est-à-dire « qui attaque les cerfs », d'où « loup-cervier » ; XVIIIe s.

session n.f.
de l'ANGLAIS *session*, « période pendant laquelle une assemblée tient séance », emprunté au FRANÇAIS *session*, qui avait auparavant seulement le sens de « séance », du LATIN *sessio*, « action de s'asseoir, séance » ; XVIIIe s.

set n.m. (au tennis)
de l'ANGLAIS *set*, « manche (d'un match) », de (*to*) *set*, « poser, placer » ; XXe s.

setter n.m. (race canine)
de l'ANGLAIS *setter*, « espèce de chien d'arrêt », de (*to*) *set*, « s'arrêter, tomber en arrêt » ; XIXe s.

sex-appeal n.m.
de l'ANGLAIS *sex-appeal*, « attrait du sexe », de *sexe*, emprunté au FRANÇAIS *sexe* (du LATIN *sexus*), et de *appeal*, « attrait », de (*to*) *appeal*, lui aussi emprunté à l'ANCIEN FRANÇAIS *apeler* (aujourd'hui *appeler*) ; XXe s.

sexy adj.
dérivé de l'ANGLAIS *sexy*, dérivé de *sex*, emprunté au FRANÇAIS *sexe*, du LATIN *sexus* ; XXe s.

shaker n.m. (récipient)
de l'ANGLAIS (*cocktail*) *shaker*, de (*to*) *shake*, « secouer » ; XIXe s.

shako → **schako**.

shampooing ou **shampoing** n.m.
de l'HINDOUSTANI *champo*, « massage », par l'ANGLAIS (*to*) *shampoo*, d'abord « masser », et *shampooing*, « action de masser » puis « produit utilisé pour le lavage de la chevelure » ; XIXe s.

shantung, shantoung ou **chantoung** n.m. (soie)
du *Shantung*, nom d'une province de Chine ; XXe s.

shérif n.m.
du VIEIL ANGLAIS *sciregerefa*, de *scir* (devenu *shire*), « comté », et de *gerefa* (devenu *reeve*), « magistrat », par l'ANGLAIS *sheriff*, « shérif » ; XVIIe s.

sherpa n.m.
du *sherpa*, nom d'un peuple TIBÉTAIN ; XXe s.

shetland n.m.
de l'ANGLAIS *Shetland* (*wool*), « (laine) shetland », du nom d'une race de moutons des îles Shetland ; XXe s.

shilling n.m. (monnaie anglaise)
de l'ANGLAIS *shilling*, unité monétaire, probablement dérivé de l'ANCIEN ALLEMAND *scellan*, « tinter » ; XVIIe s.

shogun ou **shogoun** n.m. (chef militaire)
du JAPONAIS *shôgun*, « général (des samouraïs) » ; XIXe s.

shoot ou **shot** n.m. (au football)
de l'ANGLAIS *shoot*, « tir (au but) », de (*to*) *shoot*, « lancer » ; XXe s.

shooter v. (au foot-ball)
de l'ANGLAIS (*to*) *shoot*, « tirer, lancer » ; XXe s.

shopping n.m.
de l'ANGLAIS *shopping*, de (*to*) *shop*, « faire des courses », de *shop*, « boutique, magasin », emprunté à l'ANCIEN FRANÇAIS *escope*, *eschope* (devenu *échoppe*) et lui-même de l'ANCIEN NÉERLANDAIS *schoppe*, « boutique » ; XXe s.

short n.m.
de l'ANGLAIS *shorts*, « culotte courte », de *short*, « court » ; XXe s.

show n.m.
de l'ANGLAIS *show*, « spectacle » ; XXe s.

show-business n.m.
de l'ANGLAIS *show-business*, « affaires ayant trait au spectacle », de *show*, « spectacle », et de *business*, « affaires » ; XXe s.

side-car n.m.
de l'ANGLAIS *side-car*, littéralement « véhicule de côté », de *side*, « côté », et de *car*, « véhicule, voiture », (emprunté au NORMAND *car*, « char ») ; XXe s.

sieste n.f.
de l'ESPAGNOL *siesta*, « sieste, repos après le déjeuner », du LATIN *sexta* (*hora*), « la sixième (heure), midi » (l'heure la plus chaude) ; XVIIIe s.

silicium n.m. (métal)
de l'ANGLAIS *silicium*, mot créé par le chimiste anglais Humphrey Davy à partir du LATIN *silex, silicis*, « silex » (et remplacé ensuite en anglais par le terme *silicon*, créé par un autre chimiste anglais T. Thomson) ; XIXe s.

silicone n.m. (matière plastique)
de l'ANGLAIS *silicon*, « silicium » ; XXe s.

sillon n.m.
du GAULOIS **selj*, « amasser la terre », par l'ANCIEN FRANÇAIS *silier*, « labourer », et *seillon*, « sillon » ; XVIe s.

silo n.m.
probablement du CELTIQUE *silon*, « semence, graine », puis « dépôt de grains », par l'ESPAGNOL *silo*, « réservoir à grains » (ou d'origine orientale, par le GREC *siros*, « fosse à blé », le LATIN *sirus* et l'ESPAGNOL *silo*, « réservoir à grains ») ; XVIIIe s.

simoun n.m. (vent)
de l'ARABE *samoûn*, « vent de sable », du verbe *samm*, « empoisonner », peut-être par l'ANGLAIS *simoon* ; XIXe s.

sinécure n.f.
de l'ANGLAIS *sinecure*, du LATIN *sine cura*, abréviation de *beneficium sine cura*, « bénéfice (ecclésiastique) sans travail » ; XIXe s.

sioux adj. et n.m.
abréviation de *nadoweisiw*, « petit serpent », nom donné aux Sioux par la tribu des Chippewas. Ces derniers sont de la famille des Algonquins, dont le nom évoque les « lieux où l'on pêche au harpon » ; XVIIIe s.

sirocco ou **siroco** n.m.
de l'ARABE *charqî*, « (vent) oriental »,

par l'ARABE POPULAIRE *choroûq*, et l'ARABE MAGHRÉBIN *chouloûq*, « vent du Midi », par l'ITALIEN *scirocco* ; XVIe s.

sirop n.m.
de l'ARABE *charâb*, « boisson », par le LATIN MÉDIÉVAL *syrupus, sirupus* ; XIIe s.

sisal n.m. (textile)
de *Sisal*, nom d'une ville du Yucatán (Mexique) ; XXe s.

site n.m.
de l'ITALIEN *sito*, « lieu, localité », du LATIN *situs*, « situation » ; XVIe s.

sit-in n.m.
de l'ANGLAIS *sit-in*, abréviation de *sit-down strike* ou *sit-in strike*, « grève sur le tas » ; XXe s.

skateboard n.m.
de l'ANGLAIS *skate-board*, « planche à roulettes », de (*to*) *skate*, « patiner », et de *board*, « planche » ; XXe s.

sketch n.m.
de l'ITALIEN *schizzo*, « croquis » (qui a donné aussi le FRANÇAIS *esquisse*), mais qui est passé par le NÉERLANDAIS *schets*, puis par l'ANGLAIS *sketch*, « esquisse », pour donner le FRANÇAIS *sketch*, « courte scène, généralement comique » ; XXe s.

ski n.m.
du NORVÉGIEN *ski* ; XIXe s.

skiff ou **skif** n.m.
du LONGOBARD **skif*, par l'ANGLAIS *skiff*, qui l'avait emprunté au FRANÇAIS *esquif* (qui le tenait lui-même de l'ITALIEN *schifo*) ; XIXe s.

skipper /skipœr/ n.m.
de l'ANGLAIS *skipper*, « commandant » puis « barreur », issu probablement lui-même de l'ANCIEN SCANDINAVE ; XIXe s.

skunks ou **sconse** n.m.
de l'ALGONQUIN *segankw*, « mouffette », par l'ANGLAIS *skunks* ; XIXe s.

slalom n.m.
du NORVÉGIEN *slalom*, de *sla*, « en pente », et de *lom*, « trace (de ski) » ; XXe s.

sleeping n.m.
abréviation de l'ANGLAIS *sleeping-car*, de (*to*) *sleep*, « dormir », et de *car*, « voiture, wagon » ; XIXe s.

slip n.m. « petite culotte »
de l'ANGLAIS *slip*, « petit morceau d'étoffe », de (*to*) *slip*, « glisser ». En ANGLAIS, *slip* désigne une « combinaison de femme » ; XXe s.

slogan n.m.
du GAÉLIQUE *sluagh-ghairm*, « cri de guerre », de *sluagh*, « troupe », et de *ghairm*, « cri », par l'ANGLAIS *slogan*, « cri de guerre », puis « devise », et par l'ANGLO-AMÉRICAIN *slogan*, « formule publicitaire » ; XXe s.

slow n.m. (danse)
de l'ANGLAIS *slow fox-trot*, « fox-trot lent » ; XXe s.

smala ou **smalah** n.f.
de l'ARABE ALGÉRIEN *zmâla*, ARABE CLASSIQUE *zamâla*, « réunion de tentes » ; XIXe s.

smash n.m. (au tennis)
de l'ANGLAIS *smash*, de (*to*) *smash*, « casser, fracasser » ; XIXe s.

smocks n.m.pl. (broderies)
de l'ANGLAIS *smock-frock*, « blouse de paysan ornée de fronces », de (*to*) *smock*, « froncer avec des fils entrecroisés » et de *frock*, « blouse » ; XXe s.

smoking n.m.
de l'ANGLAIS *smoking-jacket*, « veste d'intérieur (pour fumer) ». Le FRANÇAIS *smoking* correspond à l'ANGLAIS *dinner-jacket* et à l'AMÉRICAIN *tuxedo* ; XIXe s.

snack n.m.
abréviation de l'ANGLAIS *snack-bar*, de *bar*, « barre », puis « comptoir » et de *snack*, « casse-croûte », initialement « bouchée », de (*to*) *snack*, « mordre, happer » ; XXe s.

snob adj. et n.
de l'ANGLAIS DIALECTAL *snob*, « cordonnier », puis, dans l'argot des étudiants, « celui qui n'est pas de l'Université », d'où, par extension, « personne vulgaire dans ses goûts et ses manières » (ou peut-être du LATIN *s*(*ine*) *nob*(*ilitate*), « non noble » ; XIXe s.

snobisme n.m.
de l'ANGLAIS *snobbism*, de *snob* ; XIXe s.

snow-boot n.m.
pseudo-anglicisme *snow-boot*, composé de l'ANGLAIS *snow*, « neige », et de *boot*, « chaussure », le terme ANGLAIS étant *over-shoe*, de *over*, « par-dessus », et *shoe*, « chaussure » ; XIXe s.

soc n.m.
probablement du GAULOIS, par le LATIN POPULAIRE *soccus* ; XIIe s.

socle n.m.
de l'ITALIEN *zoccolo*, « sabot », du LATIN *socculus*, diminutif de *soccus*, « socque » ; XVIIe s.

socquette n.f.
de l'ANGLAIS *sock*, « bas » (sur le modèle de *chaussette*), du LATIN *soccus*, « socque » ; XXe s.

soda n.m.
de l'ANGLAIS *soda water*, « eau gazeuse », proprement « eau de soude », du LATIN MÉDIÉVAL *soda*, « soude », en raison du bicarbonate de soude contenu dans l'eau gazeuse ; XIXe s.

sodium n.m.
dérivé de l'ANGLAIS *soda*, « soude », mot créé par le chimiste Humphrey Davy qui isola ce corps. (Cf. soda) ; XIXe s.

sofa n.m.
de l'ARABE *suffa*, « coussin », par le TURC *sofa* ; XVIe s.

soja ou **soya** n.m.
du JAPONAIS *soy*, par l'ANGLAIS *soja* (ou du MANDCHOU *soya*, par l'ALLEMAND *Soja*) ; XIXe s.

soldat n.m.
de l'ITALIEN *soldato*, « soldat », de *soldare*, « payer une solde » ; XVe s.

soldatesque n.f.
de l'ITALIEN *soldatesco*, « de soldat » ; XVIe s.

solde n.f. (rémunération)
de l'ITALIEN *soldo*, « pièce de monnaie, sou », du LATIN TARDIF *sol*(*i*)*dum* (*nummum*), « (monnaie) d'or massif », de *solidus*, « massif » ; XVIe s.

solde n.m. (terme de banque)
de l'ITALIEN *saldo*, « règlement d'un compte » puis « vente au rabais », de *saldare*, « souder » puis « arrêter un compte, payer » ; XVIIIe s.

solder v.
de l'ITALIEN *saldare*, « souder » puis « arrêter un compte, payer » ; XVIIe s.

sole n.f. (poisson)
de l'ANCIEN PROVENÇAL *sola*, « sole », du LATIN POPULAIRE **sola*, du LATIN *solea*, « sandale » et « sole » (par analogie de forme) ; XIIIe s.

solfatare n.m.
de l'ITALIEN *Solfatara*, nom d'un volcan éteint, près de Naples, de l'ANCIEN ITALIEN *solfo* (aujourd'hui *zolfo*), « soufre » ; XVIIIe s.

solfège n.m.
de l'ITALIEN *solfeggio*, « solfège », dérivé de *solfa*, « gamme », de *sol* et *fa*, notes de la gamme ; XVIIIe s.

soliste n.m.
de l'ITALIEN *solista*, de *solo*, « seul » ; XIXe s.

solo n.m. (musique)
de l'ITALIEN *solo*, « seul » ; XVIIIe s.

sombrero n.m. (chapeau à larges bords)
de l'ESPAGNOL *sombrero*, « chapeau », de *sombra*, « ombre » ; XVIIe s.

sommelier n.m.
de l'ANCIEN PROVENÇAL *saumalier*, « conducteur de bêtes de somme » puis « celui qui est chargé de tout ce qui concerne la table », du LATIN MÉDIÉVAL *summularius*, « officier chargé des vivres » ; XIIIe s.

sommet (conférence au) loc.
traduction de l'ANGLAIS *summit conference*, de *summit*, emprunté à l'ANCIEN FRANÇAIS *somet*, du LATIN *summum*, « sommet », et de *conference*, du LATIN MÉDIÉVAL *conferentia*, probablement par le FRANÇAIS *conférence* ; XXe s.

sonar n.m.
contraction de l'ANGLAIS *SO(und) NA(vigation and) R(anging)*, de *sound* et *navigation*, tous deux empruntés au FRANÇAIS *son* et *navigation*, et de *ranging*, de (*to*) *range*, « repérer, être capable d'atteindre » ; XXe s.

sonate n.f. (musique)
de l'ITALIEN *sonata*, « composition musicale », de *suonare*, « jouer d'un instrument », du LATIN *sonare*, « sonner, retentir » ; XVIIIe s.

sonatine n.f. (musique)
de l'ITALIEN *sonatina*, « petite pièce de musique », diminutif de *sonata* ; XIXe s.

sonnet n.m.
de l'ANCIEN PROVENÇAL *sonet*, diminutif de *son*, « mélodie » puis « poème », par l'ITALIEN *sonetto*, « poème (aux règles définies) » ; XVIe s.

sophistiqué adj.
de l'ANGLAIS *sophisticated*, « sophistiqué », avec le sens de « perfectionné, complexe, opposé à ce qui est simple ou naturel » (à propos de technologie ou de vedettes), alors que, à l'origine, *sophistiqué* et *sophisticated*, issus tous deux du GREC par le LATIN, avaient le sens de « frelaté, maniéré, spécieux » ; XXe s.

soprano n. (musique)
de l'ITALIEN *soprano*, « qui est au-dessus », dérivé de *sopra*, « au-dessus » ; XVIIIe s.

sorbet n.m.
de l'ARABE *charbât*, « boisson », par l'ARABE POPULAIRE *chourba*, par le TURC *chorbet*, « boisson fraîche », et l'ITALIEN *sorbetto*, « sorbet » ; XVIe s.

sorgho n.m.
de l'ITALIEN *sorgo*, du LATIN *surgum*, *suricum* (*granum*), de *syricus*, « (grain) de Syrie » ; XVIe s.

sornette n.f.
peut-être de l'ANCIEN PROVENÇAL *sorn*, « obscur », par l'ANCIEN FRANÇAIS *sorne*, à la fois « soir, obscurité » et « plaisanterie, moquerie » ; XVe s.

S.O.S. n.m.
sigle adopté en raison de la facilité de

transmission en morse de ce signal de détresse (trois points, trois traits, trois points), peut-être influencé par les premiers mots du cantique ANGLAIS *Save our souls*, « sauvez nos âmes » ; XXe s.

soubresaut n.m.
de l'ESPAGNOL *sobresalto*, de *sobre*, « au-dessus, par-dessus », et de *salto*, « saut », par le PROVENÇAL *sobresaut* ; XVe s.

soubrette n.f.
de l'ANCIEN PROVENÇAL *sobrar*, « être de trop » (du LATIN *superare*, « être au-dessus »), par le PROVENÇAL *soubreto*, « affectée, qui fait la difficile » ; XVIIe s.

souche n.f.
du GAULOIS **tsukka*, « bâton », par un DIALECTE NORMANNO-PICARD *chouque*, ou BERRICHON *suche* ; XIIe s.

soucoupe n.f.
calque de l'ITALIEN *sotto-coppa*, de *sotto*, « sous », et *coppa*, « coupe » ; XVIIe s.

soucoupe volante n.f.
traduction de l'ANGLAIS *flying saucer*, de (*to*) *fly*, « voler », et de *saucer*, « soucoupe » ; XXe s.

soude n.f.
de l'ARABE *suwwâd*, « suadea, plante dont les cendres donnent de la soude », par le LATIN MÉDIÉVAL *soda* ; XVIe s.

soufisme n.m.
de l'ARABE *souf*, « laine », par *soufi*, « mystique » de l'islam habillé de vêtements de laine ; XIXe s.

souhaiter v.
du FRANCIQUE **hait*, « vœu », par le GALLO-ROMAN *subtus-haitare*, « promettre de façon à ne pas trop s'engager », de *subtus*, « sous », et de *haitan*, « promettre » ; XIVe s.

souk n.m. (marché)
de l'ARABE *souk*, « marché » ; XIXe s.

soupe n.f.
du FRANCIQUE **suppa*, par le LATIN POPULAIRE *suppa*, le sens premier étant « tranche de pain sur laquelle on verse du bouillon » ; XIIe s.

souquer v.
du PROVENÇAL *souca*, « serrer fortement un nœud, raidir un amarrage, peiner », peut-être de *souco*, « souche » ; XVIIe s.

sourate → **surate**.

sourdine n.f.
de l'ITALIEN *sordina*, de *sordo*, « sourd » ; XVIe s.

sournois adj.
probablement de l'ANCIEN PROVENÇAL *sorn*, « sombre », par le PROVENÇAL *sourn* ; XVIIe s.

sous-développé adj.
calque de l'ANGLAIS *under-developed*, « sous-développé », de *under*, « sous », et de (*to*) *develop*, lui-même emprunté à l'ANCIEN FRANÇAIS *desveloper* (devenu ensuite *développer*), « étendre ce qui est plié ou enroulé » ; XXe s.

soutache n.f. (galon, ganse)
du HONGROIS *sujtas*, « galon » ; XIXe s.

soutane n.f.
de l'ITALIEN *sottana*, proprement « vêtement de dessous », dérivé de *sotto* « dessous », puis « soutane » ; XVIe s.

soute n.f.
du PROVENÇAL *sota*, « soute », de *sota*, « en dessous », du LATIN POPULAIRE **supta*, du LATIN *subtus*, « en dessous » ; XIVe s.

souverain n.m. (pièce de monnaie)
adaptation de l'ANGLAIS *sovereign*, lui-

même précédemment emprunté au FRANÇAIS *souverain* ; XIXe s.

soviet n.m.
du RUSSE *soviet*, « conseil » ; XXe s.

sovkhoze n.m.
du RUSSE *sovkhoz*, contraction de *sov(ietskoïe) khoz(iaïstvo)*, « exploitation agricole d'État » ; XXe s.

spadassin n.m.
de l'ITALIEN *spadaccino*, proprement « habile à manier l'épée », de *spada*, « épée » ; XVIe s.

spaghetti n.m.
de l'ITALIEN *spaghetti*, diminutif de *spago*, « ficelle », du LATIN TARDIF *spacus*, « ficelle » ; XVIe s.

spahi n.m.
du PERSAN *sepâhî*, « cavalier », par le TURC *sipahi*, « cavalier » (de la garde du sultan) ; XVIe s.

spath n.m. (roche)
de l'ALLEMAND *Spat* ; XVIIIe s.

speaker n.m. (annonceur)
pseudo-anglicisme construit sur l'ANGLAIS *speaker*, « celui qui parle », de (*to*) *speak*, « parler », alors que le sens « présentateur » correspond à l'ANGLAIS *announcer*, de *announcement*, lui-même emprunté à l'ANCIEN FRANÇAIS *annoncement* ; XXe s.

spectre n.m. (en optique)
de l'ANGLAIS *spectrum*, terme créé par Newton, du LATIN *spectrum*, « spectre, simulacre » ; XVIe s.

speech n.m.
de l'ANGLAIS *speech*, « discours » ; XIXe s.

spinnaker ou **spi** n.m. (voile triangulaire de voilier de course)
de l'ANGLAIS *spinnaker*, peut-être formation fantaisiste sur *spink*, mauvaise prononciation de *Sphinx*, nom du premier yacht ayant utilisé ce genre de voile ; XXe s.

spirite n.m.
de l'ANGLAIS *spirit-rapper*, « esprit frappeur », de *spirit*, « esprit (des morts) », emprunté par un DIALECTE ANGLO-NORMAND *spirit* à l'ANCIEN FRANÇAIS *esperit*, *epirit* (devenu *esprit*), et de *rapper*, de (*to*) *rap*, « frapper (d'un coup sec) » ; XIXe s.

spiritual → **negro spiritual**.

spleen n.m.
de l'ANGLAIS *spleen*, « rate » (siège des humeurs noires), du LATIN *splen*, « rate », du GREC *splên*, « rate » ; XVIIIe s.

sponsor n.m.
de l'ANGLAIS *sponsor*, « parrain, marraine », puis, aux États-Unis, « bailleur de fonds, commanditaire » ; XXe s.

sport n.m.
de l'ANGLAIS *sport*, aphérèse de *disport*, « passe-temps, récréation », lui-même emprunté à l'ANCIEN FRANÇAIS *desport*, variante de *deport*, « divertissement », qui prend au XVIe s. le sens de « compétition sportive » ; XIXe s.

spot n.m.
de l'ANGLAIS *spot*, « tache, marque, point », dans le sens de « tache lumineuse sur un écran », puis abrévation de *spot-light*, « projecteur » ; XIXe s.

sprat n.m. (poisson)
de l'ANGLAIS *sprot*, devenu ensuite *sprat* ; XVIIIe s.

spray n.m. (aérosol)
de l'ANGLAIS *spray*, « embruns, gouttelettes », puis « pulvérisation » et « pul-

vérisateur », de (*to*) *spray*, « asperger » ; XIXe s.

sprint n.m.
de l'ANGLAIS (*to*) *sprint*, « courir avec toute la vitesse dont on est capable » ; XIXe s.

sprinter n.m.
de l'ANGLAIS *sprinter*, « coureur », de (*to*) *sprint*, « courir avec toute la vitesse dont on est capable » ; XIXe s.

square n.m. « petit jardin public »
de l'ANGLAIS *square*, « carré », emprunté à l'ANCIEN FRANÇAIS *esquarre*, « carré » ; XVIIIe s.

squash n.m.
abréviation de l'ANGLAIS *squash-racket*, de (*to*) *squash*, « écraser », emprunté à l'ANCIEN FRANÇAIS *esquasser*, du LATIN POPULAIRE *ex-quassare*, du LATIN *quassare*, « secouer, casser », et de *racket*, emprunté au FRANÇAIS *raquette* ; XXe s.

squatter n.m. (occupant illégal d'un logement)
de l'ANGLAIS *squatter*, dérivé de (*to*) *squat*, « s'asseoir sur ses talons, s'accroupir », emprunté lui-même à l'ANCIEN FRANÇAIS *esquatir*, *esquater*, « écraser, aplatir » ; XIXe s.

squaw n.f.
de l'ALGONQUIN *squaw*, « femme », par l'ANGLAIS *squaw*, « femme indienne » ; XVIIe s.

S.S. n.m.
abréviation de l'ALLEMAND *Schutzstaffel*, « section de protection » ; XXe s.

staccato adv. et n.m. (musique)
de l'ITALIEN *staccato*, « détaché, séparé » ; XVIIIe s.

staff n.m. « groupe dirigeant »
de l'ANGLAIS *staff*, « état-major », de *staef*, d'abord « bâton » puis « état-major » ; XXe s.

staff n.m. « sorte de plâtre »
de l'ANGLAIS *staff*, « stuc », d'origine obscure ; XIXe s.

stakhanovisme n.m.
de A.G. *Stakhanov*, nom d'un mineur russe modèle ; XXe s.

stalag n.m.
contraction de l'ALLEMAND *Sta*(*mm*)*lag*(*er*), « camp de base » ; XXe s.

stalle n.f.
du FRANCIQUE **stal*, « demeure, écurie », par l'ANCIEN FRANÇAIS *estal*, « étal », par le LATIN MÉDIÉVAL *stallum* (ou du LONGOBARD par l'ITALIEN *stallo*, « siège de bois dans une église ») ; XVIIe s.

stance n.f.
de l'ITALIEN *stanza*, « demeure » puis « chambre de repos » et « stance, strophe » (qui marque la ponctuation du poème, les temps de repos) ; XVIe s.

stand n.m.
de l'ANGLAIS *stand*, « tribune, comptoir » ; XIXe s.

standard adj. et n.m.
du FRANCIQUE **standhart*, par l'ANGLO-NORMAND *estaundart*, par l'ANCIEN FRANÇAIS *estandard*, par l'ANGLAIS *standard*, « étalon de mesure » ; XXe s.

standard n.m. (téléphonique)
pseudo-anglicisme utilisant le terme ANGLAIS *standard* avec le sens de « panneau, support », pour désigner ce que l'ANGLAIS appelle switch-board, « tableau de distribution », littéralement « planche d'interrupteurs » ; XIXe s.

standardisation n.f.
de l'ANGLAIS *standardization*, « standardisation », de l'ANGLAIS *standard*, « étalon de mesure » ; XXe s.

standardiser v.
de l'ANGLAIS (*to*) *standardize*, « standardiser », dérivé de l'ANGLAIS *standard*, « étalon de mesure » ; XXe s.

stand de tir n.m.
d'un DIALECTE SUISSE ALLEMAND *Stand*, « emplacement de tir à la cible » ; XIXe s.

standing n.m.
de l'ANGLAIS *standing*, « niveau social, rang, position », sans mention de degré, contrairement au FRANÇAIS où le mot *standing* est généralement employé pour signifier « bon standing » ou « haut standing » ; XXe s.

star n.f.
de l'ANGLAIS *star*, « étoile » puis « vedette » ; XXe s.

starlette n.f.
de l'ANGLAIS *starlet*, « petite étoile », diminutif de *star*, « vedette » ; XXe s.

starter n.m. (automobile)
de l'ANGLAIS *starter*, de (*to*) *start*, « démarrer, partir », d'où le sens de « celui qui donne le départ » et de « dispositif permettant le départ ». Ce même dispositif se nomme *choke* en ANGLAIS ; XXe s.

starting-block n.m. « cale-pieds »
de l'ANGLAIS *starting-block*, de (*to*) *start*, « partir », et de *block*, « bloc », ce dernier mot étant lui-même emprunté au FRANÇAIS ; XXe s.

station-service n.f.
traduction de l'ANGLAIS *service-station*, « station de services », de l'ANGLAIS *service* et *station*, tous deux empruntés à l'ANCIEN FRANÇAIS ; XXe s.

statistique adj.
de l'ALLEMAND *Statistik*, « statistique », du LATIN *statisticus*, « relatif à l'État », probablement d'après l'ITALIEN *statista*, « homme d'État » ; XVIIIe s.

steak n.m.
de l'ANGLAIS *steak*, « tranche », lui-même de l'ANCIEN SCANDINAVE *steik*, apparenté à *steikja*, « rôti à la broche » ; XXe s.

steamer n.m.
de l'ANGLAIS *steamer*, « bateau à vapeur », de *steam*, « vapeur » ; XIXe s.

steeple-chase n.m.
de l'ANGLAIS *steeple-chase*, littéralement « course au clocher », de *steeple*, « clocher » et de *chase*, « chasse », lui-même emprunté à l'ANCIEN FRANÇAIS *chace* (aujourd'hui *chasse*) ; XIXe s.

stem ou **stemm** n.m. (virage en ski)
du NORVÉGIEN *stemm* ; XXe s.

stencil n.m.
de l'ANGLAIS *stencil-paper*, « papier pochoir », de *paper*, « papier », et de *stencil*, « pochoir », de (*to*) *stencil*, « orner de couleurs vives ou de métal précieux », emprunté à l'ANCIEN FRANÇAIS *estenceler* (aujourd'hui *étinceler*) ; XXe s.

sténographie n.f.
de l'ANGLAIS *stenography*, « sténographie », mot créé par l'inventeur de cette technique, John Willis, à partir du GREC *stenos*, « serré », et *graphein*, « écrire » ; XVIIIe s.

steppe n.f.
du RUSSE *step'* ; XVIIe s.

stéréoscope n.m.
de l'ANGLAIS *stereoscope*, « stéréo-

scope », mot créé par le physicien anglais Wheatstone, à partir du GREC *stereos*, « en trois dimensions, comme un volume », et *skopein*, « observer, examiner » ; XIXe s.

sterling n.m.
probablement du VIEIL ANGLAIS *steorling*, « monnaie d'argent marquée d'une étoile », de *steorra*, « étoile », par l'ANGLAIS *sterling* ; XVIIe s.

steward n.m.
du VIEIL ANGLAIS *stigweard*, de *stig*, « maison », et *weard* (devenu *ward*), « gardien », par l'ANGLAIS *steward*, « maître d'hôtel » ; XIXe s.

stick n.m. (canne)
de l'ANGLAIS *stick*, « bâton » ; XIXe s.

stock n.m.
du VIEIL ANGLAIS *stock*, « tronc, souche », par l'ANGLAIS *stock*, « approvisionnement, réserve » ; XIXe s.

stock-car n.m.
abréviation de l'ANGLAIS d'Amérique *stock-car racing*, « course de voitures de série » ; XXe s.

stop n.m.
de l'ANGLAIS *stop*, impératif de (*to*) *stop*, « arrêter, s'arrêter » ; XVIIIe s.

stopper v. « arrêter »
de l'ANGLAIS (*to*) *stop*, « arrêter, s'arrêter » ; XIXe s.

stopper v. « repriser »
du NÉERLANDAIS *stoppen*, « repriser » ; XIXe s.

store n.m.
de l'ITALIEN *stora*, forme dialectale de *stuoia*, « natte, store », du LATIN *storia*, *storea*, « natte » ; XVIIe s.

stout n.m.
abréviation de l'ANGLAIS *stout beer*, de *beer*, « bière », et de *stout*, « fort, puissant », et aussi « corpulent », lui-même emprunté à l'ANCIEN FRANÇAIS *estout* ; XIXe s.

strapontin n.m.
de l'ITALIEN *strapuntino*, « sorte de matelas », diminutif de *strapunto*, « matelas », variante de *trapunto*, « brodé, piqué à l'aiguille » ; XVIe s.

stress n.m.
de l'ANGLAIS *stress*, « tension », probablement de l'ANCIEN FRANÇAIS *estrece*, « étroitesse, oppression », du LATIN *stringere*, « serrer » ; XXe s.

strip-tease n.m.
de l'ANGLAIS d'Amérique *strip-tease*, de (*to*) *strip*, « se déshabiller » et de (*to*) *tease*, « agacer, taquiner » ; XXe s.

strontium n.m.
de l'ANGLAIS *strontium*, mot créé par le chimiste anglais Humphrey Davy sur le modèle de *sodium*, à partir de *strontia*, « strontiane », nom du minerai, qui vient lui-même de *Strontian*, village d'Écosse où fut découvert le premier gisement ; XIXe s.

stuc n.m.
du LONGOBARD **stukki*, « croûte, enduit », par l'ITALIEN *stucco*, « stuc » ; XIVe s.

studio n.m. « appartement d'une seule pièce principale »
de l'ITALIEN *studio*, « atelier d'artiste », par l'ANGLAIS *studio*, du LATIN *studium*, « étude » ; XIXe s.

stylet n.m.
de l'ITALIEN *stiletto*, diminutif de *stilo*, « poignard », du LATIN *stilus*, « poinçon » ; XVIe s.

stylo ou **stylographe** n.m.
abréviation de l'ANGLAIS *stylographic pen*, de *pen*, « plume », et de *stylographic*, du GREC *graphein*, « écrire », et du LATIN *stilus*, « stylet, poinçon » ; XXe s.

sucre n.m.
du SANSKRIT *çarkara*, « sucre », proprement « grain », par le PERSAN *chekar*, l'ARABE *soukkar*, le GREC *sakkharon*, le LATIN *saccharum* et l'ITALIEN *zucchero* ; XIIe s.

sud adj. et n.m.
de l'ANGLAIS *south*, « sud » ; XIIe s.

suffragette n.f.
de l'ANGLAIS *suffragette*, diminutif de *suffrage*, au moyen du suffixe *-ette*, emprunté au FRANÇAIS, du LATIN *suffragium*, « tesson (avec lequel on votait) », de *frangere*, « briser » ; XXe s.

suggestif adj.
de l'ANGLAIS *suggestive*, de (*to*) *suggest*, « suggérer », du LATIN *suggestum*, participe passé de *suggerere*, de *su(b)*, « sous », et *gerere*, « porter » ; XIXe s.

suie n.f.
probablement du GAULOIS **sudia*, « suie » ; XIIe s.

suite n.f. (dans un hôtel)
de l'ANGLAIS *suite*, « série de pièces en enfilade », lui-même emprunté, avec une extension de sens, au FRANÇAIS *suite*, « personnes qui accompagnent » ; XXe s.

sulky n.m. (hippisme)
de l'ANGLAIS *sulky*, « boudeur », qui désigne une voiture à deux roues ne pouvant servir qu'à une seule personne (qui boude ?). Cf. Littré, où le mot *désobligeante* désigne une « voiture très étroite ne pouvant transporter que deux personnes » ; XIXe s.

sultan n.m.
de l'ARABE *solṭân*, par le TURC, avec une variante *soudan*, conservé dans le nom du pays (*Soudan*) ; XVIe s.

sunlight n.m.
de l'ANGLAIS *sunlight*, « projecteur », de *light*, « lumière », et *sun*, « soleil » ; XXe s.

supercherie n.f.
de l'ITALIEN *soperchieria*, « excès, arrogance, affront », du LATIN POPULAIRE **superculus* ; XVIe s.

supérette n.f. « petit supermarché »
de l'ANGLAIS *superette*, contraction de *super(market)* avec le suffixe diminutif *-ette* emprunté au FRANÇAIS ; XXe s.

supermarché n.m.
calque de l'ANGLAIS *supermarket*, de *super* et de *market*, « marché » ; XXe s.

superproduction n.f.
de l'ANGLAIS *superproduction*, terme de spectacle, composé de *super* et de *production* ; XXe s.

superstar n.f.
de l'ANGLAIS *superstar*, de *super* et de *star*, « vedette » ; XXe s.

supplique n.f.
de l'ITALIEN *supplica*, du LATIN *supplicare*, « supplier » ; XVIe s.

supporter n.m.
de l'ANGLAIS *supporter*, « partisan », de (*to*) *support*, « encourager », lui-même emprunté, avec un changement de sens, à l'ANCIEN FRANÇAIS *supporter*, « endurer, tolérer » ; XXe s.

suprématie n.f.
de l'ANGLAIS *supremacy*, de *supreme*, emprunté au FRANÇAIS *suprême*, du LATIN *supremus* ; XVIIe s.

sur, sure adj. « acide »
du FRANCIQUE **sur*, « acide » ; XIIe s.

surate ou **sourate** n.f.
de l'ARABE *sûrat*, « chapitre du Coran » ; XVIIIe s.

sureau n.m.
d'un DIALECTE CHAMPENOIS *suraut*, par l'ANCIEN FRANÇAIS *seür*, altération de *seü*, *saü*, du LATIN *sabucus*, « sureau » ; XVIe s.

surf n.m.
de l'ANGLAIS *surf-board*, de *surf*, « ressac », et de *board*, « planche » ; XXe s.

surin n.m. (couteau)
probablement du TSIGANE *tchouri* ; XIXe s.

suroît n.m. « vent du S.-O. »
d'un DIALECTE NORMAND *surouet*, forme altérée de *sud-ouest* ; XIXe s.

surprise-partie ou **- party** n.f.
de l'ANGLAIS *surprise-party*, de *surprise*, emprunté à l'ANCIEN FRANÇAIS *surprise*, « action de prendre à l'improviste », et de *party*, emprunté au FRANÇAIS *parti*, « groupe de personnes » ; XIXe s.

suspense n.m.
de l'ANGLAIS *suspense*, « attente angoissée », emprunté au XVe s. au FRANÇAIS *suspens* (cf. l'expression *en suspens*) ; XXe s.

svastika ou **swastika** n.m.
du SANSKRIT *svastika*, « de bon augure », de *svasti*, « salut » ; XIXe s.

svelte adj.
peut-être du TOSCAN *svelto*, « éveillé » (ou de l'ESPAGNOL *suelto*, « détaché, libre, souple ») ; XVIIe s.

sweater n.m.
de l'ANGLAIS *sweater*, « chandail, tricot », de (*to*) *sweat*, « transpirer » ; XXe s.

sweat-shirt n.m.
de l'ANGLAIS *sweat-shirt*, « survêtement », de *shirt*, « chemise », et de (*to*) *sweat*, « transpirer » ; XXe s.

sweepstake n.m.
de l'ANGLAIS *sweepstake*, « loterie aux courses de chevaux », de (*to*) *sweep*, « balayer » et « rafler », et de *stake*, « enjeu » ; XVIIIe s.

swing n.m. « coup de poing »
de l'ANGLAIS *swing*, « coup de poing lancé avec torsion du buste », de (*to*) *swing*, « balancer » ; XIXe s.

symposium n.m.
de l'ANGLAIS *symposium*, « congrès », du GREC *sumposion*, « banquet », de *sumpinein*, « boire ensemble » ; XXe s.

synopsis n.m.
de l'ANGLAIS *synopsis*, « schéma de scénario », du GREC *sunopsis*, « vue générale d'une question » ; XXe s.

T

tabac n.m.
de l'ARABE *tabbâq* ou *tubbâq* (dès 1410), par l'ESPAGNOL *tabaco*, et croisement probable avec le NAHUATL *tzibatl*, « tuyau de pipe » (ou de l'ARAWAK de Haïti) ; XVIe s.

table ronde n.f.
traduction de l'ANGLAIS *round table* (*conference*), expression dont les trois mots sont des emprunts à l'ANCIEN FRANÇAIS ; XXe s.

tabou n.m.
du POLYNÉSIEN *tapu*, « interdit, sacré », par l'ANGLAIS *taboo* ; XIXe s.

taboulé n.m.
de l'ARABE *tabbûla*, « mélange » ; XXe s.

tabouret n.m.
probablement du PERSAN *tabîr*, « tambour », par l'ANCIEN FRANÇAIS *tabour*, « tambour », et son diminutif *tabouret*, d'abord « pelote où l'on pique des aiguilles », puis « petit siège sans dossier » (sans doute par analogie de forme avec un tambour) ; XVIe s.

tache n.f.
du FRANCIQUE **têkan*, « signe », par l'ANCIEN FRANÇAIS *teche* ; XIIe s.

tacite adj.
d'un DIALECTE GASCON, avec le sens de « sous-entendu », du LATIN *tacitus*, de *tacere*, « se taire » ; XVe s.

taffetas n.m.
du PERSAN *tâfta*, « tressé, tissé », par le TURC *taftâ* ; XIVe s.

tagliatelle n.f. (pâtes)
de l'ITALIEN *tagliatelle*, « petites tranches », de *tagliare*, « couper » ; XXe s.

taïga n.f.
du RUSSE *taïga*, « forêt de conifères » ; XIXe s.

taillade n.f. (coupure)
d'un dialecte septentrional ITALIEN *tagliata*, « coupe, coupure », de *tagliare*, « tailler ». En ANCIEN FRANÇAIS, *taillade* a d'abord signifié « sorte d'épée pour frapper de taille (par le tranchant) et non d'estoc (de la pointe) », puis « coup qui entaille » puis « coupure faite dans les chairs » ; XVIe s.

talc n.m.
de l'ARABE *talq*, « talc » ; XVIe s.

talé adj. « meurtri, pour un fruit »
peut-être du GERMANIQUE **tâlon*, par le PROVENÇAL *talar*, « abîmer », par l'ANCIEN FRANÇAIS *tauler*, d'où le FRANÇAIS *taler* ; XVIe s.

talisman n.m.
de l'ARABE *tilasm*, par l'ARABE POPULAIRE *tilsam*, pluriel *tilsaman*, lui-même du GREC BYZANTIN *telesma*, « rite religieux » ; XVIIe s.

talkie-walkie ou **walkie-talkie** n.m.
de l'ANGLAIS d'Amérique *talkie-walkie*, « petit émetteur-récepteur », du PIDGIN des Antilles *talkee(-talkee)*, « bavardage », et de *walk*, « promenade » ; XXe s.

Talmud n.m.
de l'HÉBREU *talmud*, « étude, doctrine », du verbe *lamad*, « apprendre » ; XVIe s.

talus n.m.
du GAULOIS **talo*, « front », du LATIN *talutium*, « forte inclinaison du terrain » ; XIIe s.

tamanoir n.m. « fourmilier »
du TUPI *tamanwa*, par le CARAÏBE de la Guyane *tamanoa* ; XVIIIe s.

tamarin n.m.
de l'ARABE *tamâr hindi*, « datte de l'Inde », par le LATIN MÉDIÉVAL *tamarindus* et l'ANCIEN FRANÇAIS *tamarinde* ; XVe s.

tambouille n.f. (ragoût)
peut-être d'un DIALECTE ANGEVIN *tambouille*, abréviation de l'ANCIEN FRANÇAIS *pot-en-bouille*, variante de *pot-bouille* ; XIXe s.

tambour n.m.
probablement du PERSAN *tabîr*, « tambour », forme nasalisée au XIe s. sous l'influence de l'ARABE *al-tambour*, « sorte de lyre ». L'ANCIEN FRANÇAIS avait aussi *tabour* (d'où vient *tabouret*) ; XIIIe s.

tanche n.f. (poisson)
du GAULOIS, par le LATIN POPULAIRE *tinca* ; XIIIe s.

tandem n.m.
de l'ANGLAIS *tandem bicycle*, du LATIN *tandem*, « enfin, à la fin », d'où « à la longue, en longueur », et de *bicycle*, « bicyclette » ; on disait « attelage en tandem » pour une voiture à deux chevaux attelés l'un derrière l'autre ; XIXe s.

tango n.m. (danse)
de l'ESPAGNOL d'Argentine, *tango*, nom d'une danse ; XIXe s.

tanguer v.
peut-être du FRISON *tüngeln*, *tängeln*, « vaciller » ; XVIIe s.

tanière n.f.
du GAULOIS **taxo*, « blaireau », par le LATIN POPULAIRE *taxonaria* et l'ANCIEN FRANÇAIS *taisnière*, « terrier du blaireau » ; XIIe s.

tanin ou **tannin** n.m.
probablement du GAULOIS **tann*, « chêne », dont on utilisait l'écorce pour tanner le cuir ; XVIIIe s.

tank n.m.
probablement du SANSKRIT *tadâga*, « étang, lac », par le GUJARATI et le MARATHE *tankh*, « réservoir d'irrigation », puis par l'ANGLAIS *tank*, « citerne, réservoir » puis, en 1916, « char d'assaut » ; XIXe s.

tanker n.m.
de l'ANGLAIS *tanker*, abréviation de *tanker-ship*, « bateau citerne », de *tank*,

« réservoir », et de *ship*, « bateau » ; XXe s.

tansad ou **tan-sad** n.m. « selle pour passager sur une moto »
pseudo-anglicisme formé de la contraction de *tan(dem)*, lui-même abrégé de *tandem bicycle*, « tandem », et de *sad(dle)*, « selle », alors que l'ANGLAIS utilise pour ce siège le mot *pillion seat*, littéralement « siège coussin, siège pour monter en croupe derrière un cavalier » ; XXe s.

tapioca n.m.
du TUPI-GUARANI *tipióka*, de *tipi*, « résidu », et de *oka*, « presser », par le PORTUGAIS *tapioca* ; XVIIe s.

tapir n.m.
du TUPI *tapiira* ; XVIe s.

tapis n.m.
du GREC BYZANTIN *tapêtion* (prononcé *tapîtsion*), diminutif de *tapês*, « couverture, tapis » ; XIIe s.

taquin adj.
du GOTIQUE **tah(u)s*, « coriace », par l'ITALIEN *taccagno* et l'ANCIEN FRANÇAIS *tacain*, « gueux, avare ». On suppose un sens intermédiaire « qui chicane sur la dépense » pour expliquer le glissement de sens « avaricieux > taquin » ; XVe s.

tarabiscoté adj.
peut-être à partir du PROVENÇAL *tarabiscot*, « rabot pour moulures » ; XIXe s.

tarabuster v.
de l'ANCIEN PROVENÇAL *tabustar*, « faire du bruit », croisé avec *rabasta*, « bruit, querelle », peut-être influencé par l'ANCIEN FRANÇAIS *tabour*, « tambour » ; XIVe s.

tarasque n.f. (animal fabuleux)
du PROVENÇAL *tarasco*, de *Tarascon*, nom de ville ; XVIIe s.

tare n.f.
de l'ARABE *tarha*, « déduction, décompte », de *taraha*, « soustraire, jeter », par l'ITALIEN *tara*, « tare, déchet, décompte » ; XIVe s.

targuer (se) v.
dérivé du FRANCIQUE **targa*, « bouclier », par le PROVENÇAL *targa* puis par l'ITALIEN *targarsi*, « se couvrir d'une targe (bouclier) » ; XVIe s.

tarière n.f.
du GAULOIS, par le LATIN POPULAIRE *taratrum* ; XIIIe s.

tarif n.m.
de l'ARABE *ta'rîf*, « notification », de *carraf*, « informer », par l'ITALIEN *tariffa*, même sens ; XVIe s.

tarir v.
du FRANCIQUE **tharrjan*, « sécher » ; XIIIe s.

tarots n.m.pl. (jeu de cartes)
de l'ITALIEN (*gioco dei*) *tarocchi*, « jeu de tarots », d'étymologie inconnue ; XVIe s.

tartan n.m. (étoffe de laine)
de l'ANGLAIS d'Écosse *tartan*, probablement emprunté à l'ANCIEN FRANÇAIS *tertaine*, variante de *tiretaine*, dérivé de *tire*, « étoffe de soie » ; XVIIIe s.

tasse n.f.
du PERSAN *tâs*, par l'ARABE *tâssa*, « vase, grande coupe » ; XIIe s.

tatou n.m. (mammifère)
du TUPI *tatú* ; XVIe s.

tatouer v.
du POLYNÉSIEN *tatau*, par l'ANGLAIS (*to*)

tattoo [et (*to*) *tattow*], « tatouer » ; XVIIIe s.

taudis n.m.
du FRANCIQUE **teldan*, « couvrir », par l'ANCIEN FRANÇAIS *se tauder*, « se mettre à l'abri », par un DIALECTE DU NORD-EST ; XVe s.

taule n.f. « chambre »
d'un DIALECTE DU NORD-EST, peut-être de même origine que *tôle*, « feuille de métal », forme dialectale de « table » ; XIXe s.

taximètre ou **taxi** n.m.
de l'ALLEMAND *Taxameter*, devenu *taximètre*, du GREC *taxis*, « taxe », et *metron*, « mesure » ; XXe s.

taylorisme n.m.
de l'ANGLAIS *taylorism*, « taylorisme », du nom de l'ingénieur américain Frederic W. *Taylor*, inventeur de ce système d'organisation rationnelle du travail ; XXe s.

tchin-tchin interj.
du PIDGIN-ENGLISH de Canton *tsing-tsing*, « à votre santé » ; XXe s.

teck ou **tek** n.m.
du MALAYALAM *tekku*, par le PORTUGAIS *teca* ; XVIIe s.

teckel n.m. (race canine)
de l'ALLEMAND *Däcksel*, « basset », diminutif de *Dachs*, « blaireau », proprement « (chien) pour la chasse au blaireau » ; XXe s.

tee-shirt ou **T-shirt** n.m.
de l'ANGLAIS *tee-shirt*, « chemisette en forme de T », de *tee*, prononciation de la lettre *t*, et de *shirt*, « chemise » ; XXe s.

téflon n.m.
l'ANGLAIS *teflon*, contraction de *te*(*tra*)-*fl*(*uoroethylen*) avec une terminaison -*on* (nom déposé, cf. **nylon**) ; XXe s.

télépathie n.f.
de l'ANGLAIS *telepathy*, « télépathie », du GREC *têle*, « à distance », et de *patheia*, « ce qui est éprouvé, ressenti », créé par l'Anglais Myers en 1882 ; XIXe s.

téléphone n.m.
de l'ANGLAIS *telephone*, « téléphone », du GREC *têle*, « à distance », et du GREC *phônê*, « voix », nom donné à l'appareil par son inventeur, l'Américain Graham Bell. Le FRANÇAIS *téléphone* avait été utilisé, avant cet emprunt à l'anglais, pour désigner un appareil expérimental ; XIXe s.

télescope n.m.
de l'ITALIEN *telescopio*, « télescope », de *tele*, du GREC *têle*, « au loin », et de *scopio*, de *skopein*, « observer » ; XVIIe s.

télex n.m.
contraction de l'ANGLAIS *tele*(*printer*) *ex*(*change*), littéralement « échange (d'un texte) grâce à un téléimprimeur », de (*to*) *print*, « imprimer » ; XXe s.

tempo n.m. (musique)
de l'ITALIEN *tempo*, « temps », du LATIN *tempus* ; XIXe s.

tender n.m. « wagon auxiliaire »
de l'ANGLAIS *tender*, proprement « serviteur », de (*to*) *tend*, « servir quelqu'un, assurer un service » ; XIXe s.

tennis n.m.
de l'ANGLAIS *tennis*, d'abord « jeu de paume », lui-même emprunté au XIVe s. au FRANÇAIS *tenez*, impératif de *tenir*, exclamation du joueur qui sert ; XIXe s.

tennisman n.m.
pseudo-anglicisme construit sur l'AN-

GLAIS *tennis*, lui-même emprunté au FRANÇAIS, et *man*, « homme ». Pour ce sens, l'ANGLAIS utilise le terme de *tennisplayer* ; XXe s.

ténor n.m.
de l'ITALIEN *tenore*, « ténor » ; XVe s.

tercet n.m. « strophe de trois vers »
de l'ITALIEN *terzetto*, diminutif de *terzo*, « tiers, troisième » ; XVIIe s.

terminal n.m.
de l'ANGLAIS *terminal*, « extrême, dernier », du BAS LATIN *terminalis*, « final » ; XXe s.

terminus n.m.
de l'ANGLAIS *terminus*, « dernière gare d'une ligne », du LATIN *terminus*, « borne, limite » ; XIXe s.

termite n.m.
de l'ANGLAIS *termite*, « termite », du BAS LATIN *termitem*, « ver rongeant le bois, termite » ; XIXe s.

ternir v.
probablement du GERMANIQUE *tarnjan*, « cacher, obscurcir » ; XIVe s.

terrasse n.f.
probablement de l'ANCIEN PROVENÇAL *terrassa*, de *terra*, « terre » ; XVe s.

terre-plein n.m.
calque de l'ITALIEN *terrapieno*, du LATIN MÉDIÉVAL *terra plenum*, « rempli de terre » ; XVIe s.

terril ou **terri** n.m.
d'un DIALECTE DU NORD-EST *terril*, « terre » ; XIXe s.

tessiture n.f.
de l'ITALIEN *tessitura*, proprement « texture », de *tessere*, « tisser » ; XIXe s.

test n.m.
de l'ANGLAIS (*mental*) *test* « épreuve (psychologique) », le mot *test* « épreuve » ayant été emprunté comme terme d'alchimie à l'ANCIEN FRANÇAIS *test*, *têt*, « pot en terre servant à l'essai de l'or », du LATIN *testum*, « pot en terre » ; XIXe s.

thalweg ou **talweg** n.m.
de l'ALLEMAND *Thalweg*, « chemin de la vallée », de *Thal*, « vallée », et de *Weg*, « chemin » ; XVIIe s.

thé n.m.
du MALAIS *têh*, « thé », d'où l'ANGLAIS *tea*, « thé », puis le FRANÇAIS *thé*, tandis que l'ANCIEN FRANÇAIS connaissait *chia* ou *tcha* venant du CHINOIS *tcha*, « thé » (comme le PORTUGAIS *cha*, « thé ») ; XVIIe s.

théorbe ou **téorbe** n.m. « sorte de luth »
du VÉNITIEN *tiorba* (peut-être lui-même du SLAVE *torba*, « sac porté en bandoulière, comme l'instrument »), avec influence de l'ITALIEN *orbo*, « aveugle », car cet instrument était surtout utilisé par des mendiants aveugles ; XVIIe s.

thermodynamique n.f.
de l'ANGLAIS *thermodynamics*, « science de la thermodynamique », mot formé par le savant anglais W.J. Macquorn Rankine, sur le GREC *thermos*, « chaud », et *dunamikos*, de *dunamis*, « force » ; XIXe s.

thon n.m.
du PROVENÇAL *ton*, « thon », du LATIN *thunnus*, emprunté au GREC *thunnos* ; XIVe s.

Thora ou **Torah** n.f.
de l'HÉBREU *thora*, « doctrine, enseignement » ; XIXe s.

thriller n.m.
de l'ANGLAIS *thriller*, de (*to*) *thrill*, « faire tressaillir, procurer des sensations fortes » ; XXe s.

tiare n.f.
peut-être du PERSAN *târak*, « sinciput », par le GREC et le LATIN *tiara*, « coiffure des Orientaux » ; XIVe s.

ticket n.m.
du FRANCIQUE **stikkan*, par le NÉERLANDAIS *stikken*, par l'ANCIEN FRANÇAIS *estiquette*, « petit écriteau » (aujourd'hui *étiquette*), et par l'ANGLAIS *ticket*, « étiquette » (au XVIe s.) puis « billet » ; XIXe s.

tie-break n.m. (tennis)
de l'ANGLAIS *tie-break*, de *tie*, « égalité des points », et de *break*, « pause, arrêt » ; XXe s.

tif ou **tiffe** n.m.
probablement du GERMANIQUE **tipfon*, « parer, orner » et « coiffer », d'où l'ANCIEN FRANÇAIS *tiffeure*, « coiffure », et le FRANÇAIS argotique *tiffe*, « cheveu » (ou d'un DIALECTE DAUPHINOIS *tifo*, « paille ») ; XIXe s.

tigre n.m.
du PERSAN, par le GREC *tigris* et le LATIN *tigris*, « tigre » ; XIIe s.

tilbury n.m. « cabriolet »
du nom du carrossier ANGLAIS *Tilbury*, fabricant de cette voiture ; XIXe s.

tilde n.m.
de l'ESPAGNOL *titulo*, « titre », du LATIN *titulus*, « inscription, titre », par le CATALAN *tilde* ; XIXe s.

tillac n.m. « pont de bateau »
de l'ANCIEN SCANDINAVE *thilja*, « planche au fond d'un vaisseau » ; XIVe s.

tilt n.m.
de l'ANGLAIS *tilt*, « coup, inclinaison », de (*to*) *tilt*, « basculer, pencher » ; XXe s.

timbale n.f. (instrument de musique)
du PERSAN *tabl*, « tambour, timbale », par l'ARABE *aṭ-ṭabal*, par l'ESPAGNOL *atabal*, par l'ANCIEN FRANÇAIS *tamballe* et l'influence de *cymbale* (ou par la variante ESPAGNOLE *timbal* de *atabal*) ; XVe s.

timing n.m.
de l'ANGLAIS *timing*, « minutage », de (*to*) *time*, « régler, mesurer (le temps) » ; XXe s.

tique n.f. (parasite)
probablement de l'ANGLAIS *tick*, « tique » ; XVe s.

tirade n.f.
d'un dialecte septentrional de l'ITALIEN *tirata*, « action de tirer, tirade », de *tirare*, « tirer » ; XVIe s.

toast n.m.
de l'ANGLAIS *toast*, « pain grillé », emprunté à l'ANCIEN FRANÇAIS *toster*, « griller, rôtir », du LATIN *tostus*, participe passé de *torrere*, « griller » ; XIXe s.

toboggan n.m.
de l'ALGONQUIN *otaban*, par l'ANGLAIS du Canada *toboggan* et par le FRANÇAIS du Canada *tabagane* ; XIXe s.

tocard ou **toquard** n.m.
d'un DIALECTE NORMAND *toquart*, « têtu », de *toquer*, « heurter, frapper » ; XIXe s.

toccata n.f. (musique)
de l'ITALIEN *toccata*, de *toccare*, « jouer (d'un instrument) » ; XVIIIe s.

tocsin n.m.
de l'ANCIEN PROVENÇAL *tocasenh*, de *tocar*, « sonner », et de *senh*, « cloche »,

du LATIN ECCLÉSIASTIQUE *signum*, « cloche » ; XIVe s.

tohu-bohu n.m.
de l'HÉBREU *touhou oubohou*, « chaos » ; XVIIIe s.

tôle n.f. (feuille de métal)
d'un DIALECTE DU SUD-OUEST *tôle*, « table », ou d'un DIALECTE GASCON *taulo*, « table » ; XVIIe s.

tomahawk n.m.
de l'ALGONQUIN *tomahacan*, « hache de guerre », par l'ANGLAIS *tomahawk* ; XVIIIe s.

tomate n.f.
du NAHUATL *tomatl*, « tomate », par l'ANCIEN ESPAGNOL *tomata* (aujourd'hui *tomate*) ; XVIIIe s.

tombola n.f.
de l'ITALIEN *tombola*, proprement « culbute », puis « loterie » ; XIXe s.

tomme n.f.
probablement d'origine PRÉLATINE, par un DIALECTE FRANCOPROVENÇAL *toma*, « fromage plat » ; XVIe s.

tonne n.f. « grand tonneau »
du GAULOIS, par le LATIN POPULAIRE *tunna*, *tonna*, « peau » puis « outre, vase » et « tonneau » ; XIIe s.

toper v. « accepter un enjeu »
de l'ESPAGNOL *topar*, « toper » ; XVIIe s.

topinambour n.m.
de *Tupinamba*, nom d'un peuple indien du Brésil ; XVIe s.

toque n.f.
probablement du LONGOBARD **toh*, par l'ANCIEN ITALIEN *tocca*, « étoffe de soie » ; XVe s.

toqué adj.
d'un DIALECTE DU NORD *toquer*, « heurter », d'origine onomatopéique (*toc-toc*) ; XIXe s.

toréador n.m.
de l'ESPAGNOL *toreador* (aujourd'hui *torero*), de *toro*, « taureau » ; XVIIe s.

toréer v.
adapté de l'ESPAGNOL *torear*, « toréer » ; XXe s.

torero n.m.
de l'ESPAGNOL *torero*, dérivé de *toro*, « taureau » ; XIXe s.

torgnole n.f.
d'un DIALECTE DU CENTRE *torgnole*, altération de *to(u)rniole*, de *tornier*, *tournier*, variante de *tournoyer* ; XIXe s.

toril n.m. (enceinte pour les taureaux)
de l'ESPAGNOL *toril*, dérivé de *toro*, « taureau » ; XIXe s.

tornade n.f.
de l'ESPAGNOL *tornado*, dérivé de *torno*, « tour, toupie » ; XVIIe s.

torpille n.f. (poisson)
du PROVENÇAL *torpio*, de *torpin*, « torpille », du LATIN *torpedo*, « torpeur, engourdissement » et « poisson torpille (provoquant une torpeur) » ; XVIe s.

torpille n.f. (engin de guerre)
adaptation de l'ANGLAIS *torpedo*, « torpille » (de guerre), du LATIN *torpedo*, « torpeur, engourdissement » et « poisson torpille » (provoquant une torpeur) ; XIXe s.

torse n.m.
de l'ancien ITALIEN *torso*, « tige de plante », puis « torse humain », du LATIN TARDIF *tursu*, variante de *thyrsus*, « tige de plante » et, par extension,

« torse, statue dépourvue de bras » ; XVIIe s.

tortue n.f.
de l'ANCIEN PROVENÇAL *tartuga*, par le PROVENÇAL *tortuga* ; XIIe s.

totem n.m.
de l'ALGONQUIN *ototeman*, par l'ANGLAIS *totem* ; XVIIIe s.

toubib n.m.
de l'ARABE ALGÉRIEN *ṭbib*, « sorcier », puis « médecin » ; XIXe s.

toucan n.m. (oiseau)
du TUPI-GUARANI, *tukán* ; XVIe s.

touer v. « remorquer »
du FRANCIQUE **togon*, « tirer » (ou de l'ANCIEN SCANDINAVE *toga*, « tirer ») ; XIIIe s.

touffe n.f.
probablement du FRANCIQUE **top* (ou **topf*), par un DIALECTE ALÉMANIQUE ; XIVe s.

toundra n.f.
du LAPON, par le RUSSE *tundra* ; XIXe s.

toupet n.m.
du FRANCIQUE **top*, « sommet, pointe », par l'ANCIEN FRANÇAIS *top*, « sommet » ; XIIe s.

toupie n.f.
dérivé de l'ANGLAIS *top*, « sommet, pointe », issu lui-même du VIEIL ANGLAIS *topp*, « pointe », peut-être par l'ANGLO-NORMAND *topet* ; XIVe s. XXe s.

tourbe n.f. (combustible)
du FRANCIQUE **turba*, « tourbe », XIIIe s.

tourisme n.m.
de l'ANGLAIS *tourism*, « tourisme », de *tour*, « excursion, voyage », lui-même emprunté au XIVe s. au FRANÇAIS *tour*, de *tourner* ; XIXe s.

touriste n.m.
de l'ANGLAIS *tourist*, « touriste », de *tour*, « excursion, voyage », lui-même emprunté au XIVe s. au FRANÇAIS *tour*, de *tourner* ; XIXe s.

tourmaline n.f.
du CINGHALAIS *toramalli*, « tourmaline » ; XVIIIe s.

tournesol n.m.
calque de l'ITALIEN *tornasole* (aujourd'hui *girasole*), « qui tourne avec le soleil », calque lui-même du GREC *heliotropián*, de *helios*, « soleil », et de *tropein*, « tourner » ; XIIIe s.

tour-opérateur n.m.
calque de l'ANGLAIS *tour operator*, de *tour*, « voyage », emprunté au FRANÇAIS *tour*, de *tourner* et de l'ANGLAIS *operator*, « organisateur ».

tract n.m.
de l'ANGLAIS *tract*, forme abrégée du LATIN *tractatus*, « traité » ; XIXe s.

trafic n.m. (circulation)
peut-être de l'ITALIEN *traffico*, « commerce » (lui-même peut-être du CATALAN *trafec*). L'ANCIEN FRANÇAIS *tra(f)fic* et *tra(f)ficque*, emprunté par l'ANGLAIS *traffic*, est revenu en français au XIXe s. avec le nouveau sens de « circulation » ; XIVe s.

training n.m.
de l'ANGLAIS *training*, « entraînement », de (*to*) *train*, « dresser, entraîner », emprunté à l'ANCIEN FRANÇAIS *traîner* (qui a donné *entraînement*), du LATIN POPULAIRE **traginare*, « traîner, entraîner » ; XXe s.

trajet n.m.
de l'ITALIEN *tragetto, tragitto*, « traver-

sée », de *tragettare*, « traverser », du LATIN POPULAIRE *trajectare*, « jeter au travers de » (de *trans-jactere*) ; XVIe s.

tramontane n.f.
de l'ITALIEN (*stella*) *tramontana*, « (étoile) qui est au-delà des monts » et donc « qui est au nord », du LATIN *transmontanus*, par l'ANCIEN PROVENÇAL *trasmontana*, « étoile polaire » et « vent du nord » ; XVIe s.

trampoline n.m.
de l'ITALIEN *trampolino*, « tremplin », par l'ANGLAIS ; XXe s.

tramway ou **tram** n.m.
de l'ANGLAIS *railway*, « chemin de fer de mine », puis « chemin de fer urbain », et de *tram*, d'origine incertaine ; XIXe s.

transe n.f. (hypnose)
de l'ANGLAIS *trance*, « transport, exaltation », lui-même emprunté au FRANÇAIS *transe*, « trépas » puis « affres, inquiétude », de *transir*, « trépasser », du LATIN *transire*, « aller au-delà » ; XIXe s.

transept n.m.
de l'ANGLAIS *transept*, du LATIN *transeptum*, de *trans*, « au-delà », et de *septum*, « enclos, enceinte » ; XIXe s.

transhumer v.
de l'ESPAGNOL *trashumar*, du LATIN *trans*, « au-delà », et de *humus*, « terre » ; XIXe s.

transistor n.m.
contraction de l'ANGLAIS *trans*(*fer*) (*re*)*sistor*, « résistance de transfert », du LATIN *transferre*, « transporter », et de *resistor*, formé sur l'ANGLAIS *resistance*, « résistance (électrique) » ; XXe s.

transit n.m.
de l'ITALIEN *transito*, « transit, passage », du LATIN *transitus*, « passage » ; XVIIe s.

trappe n.f.
du FRANCIQUE **trappa*, par le NÉERLANDAIS *trappe*, « lacet », par l'ANCIEN FRANÇAIS *trape*, devenu aujourd'hui *trappe* ; XIIe s.

trappeur n.m.
de l'ANGLAIS *trapper*, « celui qui pose des pièges, trappeur », de *trap*, « piège, trappe », emprunté à l'ANCIEN FRANÇAIS *trape* (devenu aujourd'hui *trappe*) ; XIXe s. (cf. trappe).

traquenard n.m.
d'un DIALECTE GASCON *tracanart*, « sorte de trot décousu », de *tracan*, « allure, marche ». Le premier sens était « trébuchet », puis « piège » ; XVIIe s.

traveller's cheque ou **- check** n.m.
de l'ANGLAIS d'Amérique *traveler's check* (et *traveller's cheque* en Angleterre), de (*to*) *travel*, « voyager », et de *check*, « chèque » (cf. chèque) ; XIXe s.

travelling ou **traveling** n.m.
de l'ANGLAIS *travelling shot*, « prise de vues en mouvement », de (*to*) *travel*, « se déplacer, voyager », et de *shot*, « prise de vues », pseudo-anglicisme car l'anglais ne connaît pas la forme abrégée *travelling* dans ce sens ; XXe s.

travertin n.m.
de l'ITALIEN *travertino*, altération de *tivertino*, du LATIN *Tiburtinus* (*lapis*), « (pierre) de Tibur (Tivoli) » ; XVIIe s.

travestir v.
de l'ITALIEN *travestire*, de *tra-*, exprimant le changement, et de *vestire*, « vêtir » ; XVIe s.

trébucher v.
du FRANCIQUE **bûk*, « ventre », par l'ANCIEN FRANÇAIS *buc*, « tronc » (du corps), et le préfixe *tre-*, *tres-*, « au-delà » ; XIIe s.

trémolo ou **tremolo** n.m.
de l'ITALIEN *tremolo*, « tremblement de la voix », du LATIN *tremulus*, « tremblant » ; XIXe s.

tremplin n.m.
probablement du MOYEN HAUT-ALLEMAND *trempeln*, « cheminer à pas pesants », par l'ITALIEN *trampoli*, « échasses », et *trampolino*, « tremplin » ; XVIIe s.

trench-coat n.m.
de l'ANGLAIS *trench-coat*, d'abord « manteau de tranchée », puis « manteau imperméable », de *coat*, « manteau », emprunté lui-même au FRANÇAIS *cotte*, et de *trench*, « tranchée », emprunté à l'ANCIEN FRANÇAIS *trenchier*, *trencher* (aujourd'hui *trancher*) ; XXe s.

trépigner v.
du FRANCIQUE **trippôn*, « sauter », par l'ANCIEN FRANÇAIS *treper*, « frapper du pied, danser » ; XIVe s.

trêve n.f.
du FRANCIQUE **triuwa*, « sécurité », par l'ANCIEN FRANÇAIS *trive*, *trieve* ; XIIe s.

trial n.m. (sport motocycliste)
de l'ANGLAIS *trial*, « jugement, épreuve », emprunté lui-même à une ancienne forme FRANÇAISE *triel*, « jugement » ; XXe s.

tribal adj.
probablement de l'ANGLAIS *tribal*, de *tribe*, « tribu », emprunté à l'ANCIEN FRANÇAIS *tribu*, du LATIN *tribus*, « tribu » ; XIXe s.

tribord n.m.
du NÉERLANDAIS *stierboord*, « côté du gouvernail », de *stier*, « gouvernail », et de *boord*, « bord (d'un vaisseau) » ; XVIe s.

tribune n.f.
de l'ITALIEN *tribuna*, « galerie réservée (dans une église) », du LATIN *tribunatus*, « (loge du) tribun » ; XVe s.

tricoter v.
du GERMANIQUE **strikan*, « caresser, frotter », par l'ANCIEN FRANÇAIS *tricot*, diminutif de *trique*, « bâton » (ou par l'ANCIEN FRANÇAIS *tricoter*, « s'agiter, danser », pris au sens figuré) ; XVIIe s.

trille n.f.
de l'ITALIEN *trillo*, « trille », de *trillare*, « gazouiller » (onomatopée) ; XVIIIe s.

trimaran n.m. « embarcation à trois coques »
mot formé à partir de *catamaran*, « bateau à deux coques » (du TAMOUL *katta*, « lien », et de *maram*, « bois », par l'ANGLAIS *catamaran*) ; XXe s.

tringle n.f.
altération du NÉERLANDAIS *tingel*, *tengel*, « cale de bois », par l'ANCIEN FRANÇAIS *tingle* ; XVIe s.

trinquer v.
de l'ALLEMAND *trinken*, « boire » et, par extension, « choquer les verres avant de boire », probablement introduit par les mercenaires suisses ou allemands ; XVIe s.

trio n.m.
de l'ITALIEN *trio*, formé, sur le modèle de *duo*, à partir du radical LATIN *tri-*, « trois » ; XVIe s.

triolet n.m.
du PROVENÇAL *treulet*, diminutif de *treule*, « trèfle », du LATIN *trifolium*, « à trois feuilles, trèfle » (ou de l'ITALIEN *trio*, avec influence de l'ANCIEN FRANÇAIS *triolaine*, « jeûne de trois jours ») ; XVIe s.

tripe n.f.
peut-être de l'ARABE *therb*, « pli de la panne » (graisse de porc), par l'ITALIEN *trippa* (ou ESPAGNOL *tripa*) ; XIIIe s.

trique n.f.
du NÉERLANDAIS *striken*, « passer un bâton sur une mesure de grain, araser », par l'ANCIEN FRANÇAIS *estriquier*, d'où *estrique*, « bâton servant à araser une mesure » ; XIVe s.

troène n.m.
du FRANCIQUE **trugil*, par l'ANCIEN FRANÇAIS *troine*, *troesne* ; XVIe s.

trogne n.f.
du GAULOIS **trugna* (cf. le GALLOIS *trwyn*, « nez ») ; XIVe s.

troïka n.f.
du RUSSE *troïka*, « attelage à trois chevaux » ; XIXe s.

trolleybus ou **trolley** n.m.
pseudo-anglicisme formé du suffixe FRANÇAIS *-bus*, de *omnibus*, et de l'ANGLAIS *trolley*, « petit wagon », de (*to*) *troll*, « rouler, rôder », emprunté lui-même à l'ANCIEN FRANÇAIS *trôler*, « traînasser ». L'ANGLAIS utilise le terme *trolley-car* ; XXe s.

trombe n.f.
de l'ITALIEN *tromba*, « trompe (instrument de musique) » et « trombe » d'eau ; XVIIe s.

trombine n.f. (visage)
probablement de l'ITALIEN *trombina*, « petite trompe », de *tromba*, « trompe (instrument de musique) » ; XIXe s.

tromblon n.m.
altération de l'ITALIEN *trombone*, « grosse trompe », augmentatif de *tromba*, « trompe (instr. de musique) » ; XIXe s.

trombone n.m.
de l'ITALIEN *trombone*, « grosse trompe », augmentatif de *tromba*, « trompe (instr. de musique) » ; XIXe s.

trop adv.
du FRANCIQUE **throp*, « entassement », par le LATIN MÉDIÉVAL *troppus*, « troupeau » ; XIIe s.

trotter v.
du FRANCIQUE **trottôn*, forme intensive de **tretten*, « marcher » ; XIIe s.

troubadour n.m.
de l'ANCIEN PROVENÇAL *trobador*, proprement « trouveur, compositeur », de *trobar*, « trouver, composer » ; XVIe s.

trouille n.f.
probablement du NÉERLANDAIS *drollen*, « aller à la selle », par un DIALECTE DU NORD-EST *drouille*, « colique » et, par extension, « peur » ; XIXe s.

troupe n.f.
du FRANCIQUE **throp*, « entassement », par le LATIN MÉDIÉVAL *troppus*, « troupeau » ; a gardé le sens de « troupeau » jusqu'au XVe s. ; XIIe s.

troupeau n.m.
du FRANCIQUE **throp*, « entassement », par l'ANCIEN FRANÇAIS *tropel* ; XIIe s.

truand n.m.
du GAULOIS **trugant*, « malheureux » ; XIIe s.

truc n.m. « tour d'adresse »
peut-être du PROVENÇAL *truc*, de *truca*, « cogner », du LATIN POPULAIRE **trudicare* ; XIIIe s.

truchement n.m.
de l'ARABE *turdjuman*, « interprète », par l'ANCIEN FRANÇAIS *drugement*, puis *trucheman* et *truchement* ; XIIe s.

truelle n.f.
réfection d'un DIALECTE DU NORD *trouelle*, du LATIN POPULAIRE *truella*, du LATIN *trulla*, *trua*, « cuiller à pot, écumoire » ; XIIIe s.

truffe n.f.
d'un DIALECTE PÉRIGOURDIN ou PROVENÇAL *trufa*, « truffe », du LATIN POPULAIRE *tufera*, du LATIN *tuber*, « tumeur, truffe » ; XIVe s.

truisme n.m.
de l'ANGLAIS *truism*, « truisme », de *true*, « vrai, véritable » ; XIXe s.

trust n.m.
de l'ANGLAIS *trust company*, de *company*, « société commerciale », et de *trust*, « confiance » ; XIXe s.

tsar ou **tzar** n.m.
du RUSSE *tsar*, « empereur », employé pour la première fois par Ivan le Terrible (1547), du LATIN *Caesar* ; XIXe s.

tsarine n.f.
du RUSSE *tsaritsa*, « tsarine » ; XVIIe s.

tsé-tsé n.f.
du BANTOU ; XIXe s.

tsigane ou **tzigane** adj. et n.
du HONGROIS *Czigany*, par l'ALLEMAND *Tsigeuner* (peut-être du GREC BYZANTIN *Atsinganos*, prononciation populaire de *Athinganos*, « qui ne touche pas », secte manichéenne venue de Phrygie) ; XVe s.

tub n.m. (bassine)
de l'ANGLAIS *tub*, « baquet, cuve » (pour prendre son bain) ; XIXe s.

tuba n.m.
de l'ALLEMAND *Bass-tuba*, sur le LATIN *tuba*, « trompette » ; XIXe s.

tuf n.m.
de l'ITALIEN *tufo*, du LATIN *tofus*, « roche poreuse » ; XVe s.

tulipe n.f.
du PERSAN *dûlband*, « turban », par le TURC *tülbend* (*lâle*), « (plante) turban », par l'ANCIEN FRANÇAIS *tulipan* ; XVIIe s.

tuner n.m. (radio)
de l'ANGLAIS *tuner*, de (*to*) *tune*, « accorder (un instrument) », de *tune* « air, mélodie », emprunté au FRANÇAIS *ton*, « qualité de la voix », du LATIN *tonus*, « tension d'une corde, ton, accent » ; XXe s.

tungstène n.m.
du SUÉDOIS *tungsten*, « tungstène », de *sten*, « pierre », et de *tung*, « lourd » ; XVIIIe s.

tunnel n.m.
du GAULOIS **tunna*, « tonneau », par le LATIN POPULAIRE *tonna*, par le FRANÇAIS *tonnelle*, « tuyau », puis « voûte en berceau », par l'ANGLAIS *tunnel*, « galerie souterraine » ; XIXe s.

tupaïa ou **tupaja** n.m. (mammifère)
du MALAIS ; XIXe s.

turban n.m.
du PERSAN *dûlband*, « turban », par le TURC *tûlbend* et par l'ITALIEN *turbante*, « turban » ; XVe s.

turbot n.m. (poisson)
de l'ANCIEN SCANDINAVE **thornbutr*, de *thorn*, « épine », et de *butr*, équivalent probable du NÉERLANDAIS *butte*, « barbue », par l'ANCIEN FRANÇAIS *tourbout* ; XIVe s.

turc adj. et n.m.
du MONGOL *türküt*, par le PERSAN *tourk*, par l'ARABE et le GREC BYZANTIN *tourkos* ; XIVe s.

turf n.m.
de l'ANGLAIS *turf*, « tourbe », puis « pelouse » et « course de chevaux » ; XIXe s.

turne n.f.
de l'ALSACIEN *türn*, « prison » ; XIXe s.

tussor n.m. (soie)
de l'HINDI *tasar*, par l'ANGLAIS *tussah*, *tussore* ; XIXe s.

tutti frutti loc.
de l'ITALIEN *tutti frutti*, « tous les fruits », de *tutti*, « tous », et de *frutti*, « fruits » ; XIXe s.

tuyau n.m.
du FRANCIQUE **thûta*, « trompette, tuyau », par l'ANCIEN FRANÇAIS *tuel* ; XIIe s.

tweed n.m.
de l'ANGLAIS d'Écosse *tweel*, de (*to*) *tweel*, « croiser (un tissu) », avec influence de *Tweed*, nom d'un fleuve d'Écosse ; XIXe s.

twist n.m. (danse)
de l'ANGLAIS (*to*) *twist*, « tordre, se tortiller » ; XXe s.

typhon n.m.
probablement du CHINOIS DIALECTAL *t'ai fung*, « grand vent » (ou du GREC *tuphon*, « tourbillon »), par l'ARABE *tufân*, puis peut-être par le PORTUGAIS *tifão*, ou par l'ANGLAIS *typhoon* ; XVIe s.

tzar → **tsar**.

tzigane → **tsigane**.

U

ukase → **oukase**.

ulcère n.m.
de l'ANCIEN PROVENÇAL *ulcera*, du LATIN *ulcerem*, « plaie, ulcère » ; XIVe s.

upérisation n.f.
de l'ANGLAIS (*to*) *uperize*, contraction de *u*(*ltra*) *p*(*ast*)*eurize*, emprunté au FRANÇAIS *pasteuriser*, du nom du savant Louis *Pasteur* ; XXe s.

uppercut n.m.
de l'ANGLAIS *upper cut*, « coup de bas en haut » ; XXe s.

usine n.f.
d'un DIALECTE DU NORD *uisine*, *wisine*, altération, d'après *cuisine*, d'un ANCIEN PICARD *ouchine*, *œuchine*, du LATIN *officina*, « atelier » ; XVIIIe s.

utilitaire adj.
de l'ANGLAIS *utilitarian*, terme proposé par l'économiste anglais Jeremy Bentham avec, comme traduction française, le terme *utilitarien*, qui n'a pas été retenu par l'usage ; XIXe s.

utopie n.f.
de l'ANGLAIS *Utopia*, « Utopie », créé par l'écrivain anglais Thomas More à partir du GREC *ou* (négation) et *topos*, « lieu », autrement dit « lieu de nulle part, lieu imaginaire » ; XVIe s.

V

vacarme n.m.
du NÉERLANDAIS *wach arme*, « hélas ! pauvre (que je suis !) », par l'ANCIEN FRANÇAIS *wascarme* ; XIIIe s.

vadrouille n.f.
d'un DIALECTE LYONNAIS *drouilles*, « vieilles hardes », et du préfixe *va-*, à valeur intensive (ou de *vadrouille*, sorte de *faubert*, de *balai*). Le sens actuel de « promenade » date du XIXe s. ; XVIIe s.

vague n.f.
de l'ANCIEN SCANDINAVE *vâgr*, par l'ANCIEN FRANÇAIS *wage* ; XIIe s.

vaguemestre n.m.
de l'ALLEMAND *Wagenmeister*, « maître des équipages », de *Wagen*, « chariot » et *Meister*, venu lui-même du FRANÇAIS « maître » ; XVIIe s.

vahiné n.f.
du TAHITIEN ; XXe s.

valable adj.
de l'ANGLAIS *valuable*, « de valeur », de *value*, « valeur », extension de sens du FRANÇAIS *valable*, « acceptable, admissible » ; XXe s.

valet n.m.
du GAULOIS *vasso-*, « serviteur », par le LATIN POPULAIRE **vassus* et son diminutif **vassellittus*, par l' ANCIEN FRANÇAIS *vaslet* ; XIIe s.

valise n.f.
peut-être de l'ARABE *walîha*, « sac de blé », par l'ITALIEN *valigia*, « valise » ; XVIe s.

vallon n.m.
de l'ITALIEN *vallone*, « grande vallée », augmentatif de *valle*, « vallée » ; XVIe s.

valse n.f.
de l'ALLEMAND *Walzer*, « valse » ; XIXe s.

valser v.
de l'ALLEMAND *walzen*, « valser » ; XIXe s.

vamp n.f.
de l'ANGLAIS d'Amérique *vamp*, abréviation de *vampire*, emprunté au FRANÇAIS ou à l'ALLEMAND. La première *vamp* fut l'actrice du cinéma muet Theda Bara en 1918 ; XXe s.

vampire n.m.
du SERBE, par l'ALLEMAND *Vampir*. Ce mot est commun à plusieurs langues slaves et pourrait être d'origine TURQUE ; XVIIIe s.

van n.m. (fourgon)
de l'ANGLAIS *van*, « véhicule aménagé pour le transport des chevaux », abréviation de *caravan*, lui-même emprunté au FRANÇAIS (cf. caravane) ; XIXe s.

vanille n.f.
de l'ESPAGNOL *vainilla*, « petite gousse », diminutif de *vaina*, « gaine, gousse », du LATIN *vagina*, « gaine, étui » ; XVIIe s.

vanne n.f. (barrage)
peut-être du CELTIQUE, par le LATIN MÉDIÉVAL *venna* ; XIIIe s.

varan n.m. (reptile)
de l'ARABE *waran*, variante de *waral*, « lézard géant », par le LATIN des naturalistes *varanus* ; XIXe s.

varappe n.f. (escalade)
de *Varappe*, nom d'un couloir rocheux du Salève, près de Genève, toponyme d'origine PRÉLATINE, par un DIALECTE SAVOYARD ; XXe s.

varech n.m.
de l'ANCIEN SCANDINAVE *wraec*, « épave » ; XIIe s.

vareuse n.f.
d'un DIALECTE NORMAND *vareuse*, de *varer*, forme normande de *garer*, « protéger » ; XIIe s.

varlope n.f. (sorte de rabot)
du NÉERLANDAIS *voorlooper*, « qui court devant », par un DIALECTE DU NORD-EST ; XVe s.

vase n.f. « boue »
du NÉERLANDAIS *wase*, par l'ANCIEN FRANÇAIS *voyse* ; XVe s.

vaseline n.f.
de l'ANGLAIS *vaseline*, créé par l'Américain Robert Chesebrough en 1870, et curieusement formé de l'ALLEMAND *Wasser*, « eau », de la contraction du GREC *el(aion)*, « huile d'olive », et du suffixe *-ine* ; XIXe s.

vasistas n.m.
de l'ALLEMAND *was ist das ?*, « qu'y a-t-il ? », probablement introduit par les mercenaires suisses ou allemands ; XVIIIe s.

vasque n.f.
de l'ITALIEN *vasca*, « vasque », du LATIN *vasculum*, diminutif de *vas*, « vase, récipient » ; XIXe s.

vassal adj. et n.m.
du GAULOIS *vasso-*, « serviteur », par le dérivé LATIN POPULAIRE **vassalus*, de **vassus*, « serviteur » ; XIe s.

vaudeville n.m.
du nom du village NORMAND *Vau-de-Vire*, dans une région du Calvados célèbre par ses chansons ; XVIe s.

vaudou n.m. (culte animiste)
de l'ÉWÉ-FON *vodu* ; XIXe s.

vecteur n.m.
de l'ANGLAIS *vector*, créé par le mathématicien anglais W. Hamilton et formé du LATIN *vector*, « celui qui transporte » ; XIXe s.

Véda n.m.
du SANSKRIT *veda*, « savoir » ; XVIIIe s.

vedette n.f.
probablement de l'ITALIEN *vedetta*, « lieu élevé où l'on place une sentinelle », lui-même peut-être altération

de *veletta*, d'étymologie incertaine ; XVIe s.

végétarien adj. et n.m.
de l'ANGLAIS *vegetarian*, formé de la contraction de *veget(able)*, « légume », emprunté lui-même à l'ANCIEN FRANÇAIS *vegetable*, « végétal », du LATIN *vegetalis*, de *vegere*, « croître », et du suffixe *-arian*, généralement utilisé en anglais pour les noms des sectes (*presbyterian*, *unitarian*) ; XIXe s.

végétarisme n.m.
de l'ANGLAIS *vegetarianism*, d'où *végétarianisme*, simplifié en *végétarisme* ; XIXe s.

velours n.m.
de l'ANCIEN PROVENÇAL *velos*, « velours », du LATIN *villosus*, « velu » ; le « r » final n'a été prononcé que tardivement ; XVIe s.

vendetta n.f.
du CORSE *vendetta*, « vengeance », du LATIN *vindicta*, même sens, lui-même traduction du GREC *ekdiketes*, « vengeur » ; XVIIIe s.

ventilateur n.m.
de l'ANGLAIS *ventilator*, « ventilateur », créé par son inventeur l'Anglais S. Hales en 1743, calqué sur le LATIN *ventilator*, dérivé de *ventilare*, « agiter dans l'air », de *ventus*, « vent » ; XVIIIe s.

véranda(h) n.f.
du PORTUGAIS *varanda*, dérivé de *vara*, « perche », d'où le sens de « galerie extérieure formée de perches », par le HINDI *varandâ*, puis par l'ANGLAIS *verandah* ; XVIIIe s.

verbiage n.m.
du FRANCIQUE **werbilan*, « tourbillonner », par l'ANCIEN FRANÇAIS *verbier*, « gazouiller » ; XVIIe s.

verdict n.m.
de l'ANGLAIS *verdict*, emprunté à l'ANCIEN FRANÇAIS *veirdit*, de *veir*, « vrai », et de *dit*, du verbe *dire*, du LATIN *veredictum*, « véritablement dit » ; XVIIIe s.

vergue n.f.
d'un DIALECTE NORMANNO-PICARD *vergue*, « verge » ; XIIe s.

vérin n.m.
probablement d'un DIALECTE PICARD *vérin*, « sorte de vis », dérivé de *ver*, « verrat, cochon mâle » ; XVe s.

vérisme n.m. (littérature)
de l'ITALIEN *verismo*, de *vero*, « vrai » ; XIXe s.

vermicelle n.m. (pâtes)
de l'ITALIEN *vermicelli*, « vermisseaux », du LATIN POPULAIRE **vermicellus*, de *vermis*, « ver » ; XVIe s.

vermouth ou **vermout** n.m.
de l'ALLEMAND *Wermut*, « absinthe » ; XVIIIe s.

véronique n.f. (tauromachie)
de l'ESPAGNOL *veronica*, « véronique », par analogie entre le geste du torero et celui de sainte Véronique essuyant la face du Christ ; XXe s.

verste n.f.
du RUSSE *versta*, « mesure de longueur » (1 067 m) ; XVIIe s.

vertugadin n.m.
de l'ESPAGNOL *verdugado*, « sorte de jupon armé de baguettes pour faire gonfler la robe », de *verdugo*, « baguette », de *verde*, « vert » ; XVIIe s.

veste n.f.
de l'ITALIEN *veste*, « habit », du LATIN *vestis*, « vêtement » ; XVIe s.

vestibule n.m.
de l'ITALIEN *vestibulo*, *vestibolo*, du LATIN *vestibulum*, peut-être de *vesti-stabulum*, « lieu où l'on garde les vêtements » ; XVIe s.

vétille n.f.
de l'ANCIEN PROVENÇAL *vetta*, « ruban », par l'ANCIEN FRANÇAIS *vette*, « ruban », d'où *vétiller*, « s'occuper de niaiseries » ; XVIe s.

vétiver n.m. (plante à parfum)
du TAMOUL *vettiveru* ; XIXe s.

viaduc n.m.
de l'ANGLAIS *viaduct*, formé du LATIN *via*, « route, voie », et de *ductus*, « conduite, tuyau », et francisé en *viaduc*, d'après *aqueduc* ; XIXe s.

vibrato n.m. (musique)
de l'ITALIEN *vibrato*, « vibrant », de *vibrare*, « vibrer » ; XIXe s.

vidange n.f.
d'un DIALECTE DES FLANDRES *widenghe*, « conduit, égout » ; XIVe s.

vidéo n.f.
de l'ANGLAIS *video*, formé sur le LATIN *video*, « je vois » ; XXe s.

vigie n.f.
du PORTUGAIS *vigia*, « sentinelle », de *vigiar*, « surveiller », du LATIN *vigilare*, « veiller » ; XVIIe s.

vignoble n.m.
de l'ANCIEN PROVENÇAL *vinhobre*, du LATIN POPULAIRE **vineoporus*, « qui porte des vignes », calque du GREC *ampelophoros*, de *ampelos*, « vigne », et *phoros*, « qui porte » ; XIIe s.

vigogne n.m. (mammifère)
du QUECHUA *wikúña*, par l'ESPAGNOL *vicuña*, d'où le FRANÇAIS *vicugne*, puis *vigogne* ; XVIIe s.

viking n.m.
de l'ANCIEN SCANDINAVE, peut-être de *vik*, « baie » ; XIXe s.

vilebrequin n.m.
du NÉERLANDAIS *wimmelkijn*, diminutif de *wimmel*, « tarière », avec l'influence du FLAMAND *boorkin*, « tarière », et du FRANÇAIS *vibrer*, en passant par un DIALECTE PICARD ; XIVe s.

villa n.f.
de l'ITALIEN *villa*, « maison de campagne », du LATIN *villa* ; XVIIIe s.

villégiature n.f.
de l'ITALIEN *villeggiatura*, de *villeggiare*, « aller à la campagne » ; XVIIIe s.

vinasse n.f.
du PROVENÇAL *vinassa*, « gros rouge » et « marc de vin » ; XVIIIe s.

viole n.f. (instrument de musique)
de l'ANCIEN PROVENÇAL *viola*, de *violar*, « jouer de la vielle » ; XIIe s.

violon n.m.
de l'ITALIEN *violone*, « contrebasse », augmentatif de *viola*, « vielle ». En ITALIEN, « violon » se dit aujourd'hui *violino* ; XVIe s.

violoncelle n.m.
de l'ITALIEN *violoncello*, diminutif de *violone*, « contrebasse » ; XVIIIe s.

virole n.f.
du GAULOIS *viria*, « bracelet », par le LATIN *viriola*, « bracelet » ; XIIIe s.

virtuose n.m.
de l'ITALIEN *virtuoso*, « vertueux » et « virtuose », de *virtù*, « vertu » ; XVIIe s.

visualiser v.
de l'ANGLAIS (*to*) *visualize*, formé sur *visual*, « visuel » ; XIXe s.

vitamine n.f.
de l'ANGLAIS *vitamin*, créé par le savant anglais Casimir Funk, du LATIN *vit(a)*, « vie », et de l'ANGLAIS *amine*, « amine », fonction chimique ; XXe s.

vivace adv. (musique)
de l'ITALIEN *vivace*, « vif » ; XVIIIe s.

vizir n.m.
du PERSAN *vazir*, par le TURC *väzir* ; XVe s.

vodka n.f.
du RUSSE *vodka*, « petite eau », diminutif de *voda*, « eau », de même racine que l'ALLEMAND *Wasser* et l'ANGLAIS *water* ; XIXe s.

vogue n.f. (succès, mode)
peut-être de l'ITALIEN *voga*, « mode » ; XVe s.

voguer v.
de l'ANCIEN BAS-ALLEMAND **wogon*, « se balancer » ; XIIIe s.

volcan n.m.
le mot ITALIEN *Vulcano* a désigné pendant tout le Moyen Âge les trois volcans d'Italie (Vulcano, Stromboli et Etna), du LATIN *Vulcanus*, « Vulcain, dieu du Feu ». Ce mot est resté un nom propre jusqu'au XVIe s., date à laquelle les Espagnols en ont fait un nom commun, *volcàn*, pour designer les volcans rencontrés dans le Nouveau Monde. Ce nom commun est ensuite passé en ITALIEN et en FRANÇAIS ; XVIe s.

volcanologie ou **vulcanologie** n.f.
de l'ANGLAIS *vulcanology*, de *vulcano*, « volcan », du LATIN *Vulcanus*, « Vulcain » ; XXe s.

volley-ball ou **volley** n.m.
de l'ANGLAIS *volley-ball*, de *ball*, « ballon », et de *volley*, « volée », emprunté au FRANÇAIS ; XXe s.

volleyeur n.m.
de l'ANGLAIS *volleyer*, « joueur de volley », de *volley*, emprunté au FRANÇAIS *volée* ; XXe s.

volte n.f.
de l'ITALIEN *volta*, « tour », du LATIN POPULAIRE *volvita*, du LATIN *volvere*, « tourner » ; XVe s.

volte-face n.f.
calque de l'ITALIEN *volta faccia*, impératif de *voltare*, « tourner », et de *faccia*, « visage » ; XVe s.

voltiger v.
de l'ITALIEN *volteggiare*, de *volta*, « tour » ; XVIe s.

volute n.f.
de l'ITALIEN *voluta*, « spirale » ; XVIe s.

vote n.m.
de l'ANGLAIS *vote*, dans le sens politique de « vote » (avant le XVIIIe s., on disait *votation*) ; le mot existait auparavant en FRANÇAIS, avec le sens de « vœu, prière », du LATIN *votum* ; XVIIIe s.

vrac n.m.
du NÉERLANDAIS *wrac*, *wraec*, « (harengs) mal salés, mauvais », se disait des harengs non rangés dans la caque ; XVIIe s.

vulcanisation n.f.
de l'ANGLAIS *vulcanization*, de *(to) vulcanize*, « vulcaniser », formé sur *Vulcan*, « Vulcain », du LATIN *Vulcanus*, dieu du Feu ; XIXe s.

vulcaniser v.
de l'ANGLAIS *(to) vulcanize*, verbe créé par Brockedon, ami de l'inventeur anglais Hancock, sur *Vulcan*, « Vulcain », du LATIN *Vulcanus*, dieu du Feu ; XIXe s.

W-Z

wagon n.m.
du NÉERLANDAIS *wagen*, « chariot », par l'ANGLAIS *waggon*, ou *wagon*, « véhicule sur rails » ; XIXe s.

walkie-talkie → **talkie-walkie**.

walkman n.m. « baladeur »
de l'ANGLAIS *Walkman*, nom déposé par Sony en 1979, de (*to*) *walk*, « marcher », et de *man* « homme » ; XXe s.

wallon adj. et n.m.
du FRANCIQUE **walha*, « les peuples romanisés », qui a donné *wallon* (et aussi *gaulois*), par le LATIN MÉDIÉVAL *wallo* ; XVIe s.

water-ballast n.m.
de l'ANGLAIS *water-ballast*, proprement « lest d'eau », de *water*, « eau », et de *ballast*, « lest », de l'ANCIEN SCANDINAVE *barlast*, « gravier servant de lest » ; XIXe s.

water-closet(s), waters ou **w.-c.**
n.m.pl.
de l'ANGLAIS *water-closet*, proprement « cabinet à eau » (XVIIIe s.), de *water*, « eau », et de *closet*, « cabinet », emprunté lui-même (au XIVe s.) au FRANÇAIS *closet*, « petit clos » ; XIXe s.

water-polo n.m.
de l'ANGLAIS *water-polo*, « polo nautique », de *water*, « eau », et de *polo*, emprunté au TIBÉTAIN *pulu*, « balle » ; XIXe s.

watt n.m. (unité de puissance)
du nom de l'ingénieur ÉCOSSAIS James *Watt* ; XIXe s.

week-end n.m.
de l'ANGLAIS *weekend*, « fin de semaine », de *week*, « semaine », et de *end*, « fin » ; XXe s.

western n.m. (au cinéma)
de l'ANGLAIS *western*, « relatif à l'Ouest (des États-Unis) » ; XXe s.

whisky n.m.
du GAÉLIQUE *uisgebeatha*, « eau-de-vie », de *uisce*, « eau », et de *beatha*, « vie ». Variantes : (*Scotch*) *whisky*, (*Irish*) *whiskey* ; XVIIIe s.

whist n.m. (jeu de cartes)
de l'ANGLAIS *whist*, altération de *whisk*,

premier nom de ce jeu, peut-être du verbe (*to*) *whisk* « enlever, escamoter », croisé avec l'interjection *whisht*, « chut ! » ; XVIIe s.

white-spirit n.m. (produit pétrolier)
de l'ANGLAIS *white-spirit*, de *white*, « blanc », et de *spirit*, « vapeur, produit de distillation », sans doute emprunté à l'ANCIEN FRANÇAIS *esprit*, qui existait chez les alchimistes avec cette acception de « corps subtil, vapeur », du LATIN *spiritus*, « souffle » ; XXe s.

wolfram n.m. « minerai de tungstène »
de l'ALLEMAND *Wolfram* ; XIXe s.

xérès n.m. (vin)
dérivé du nom de la ville espagnole de *Jerez*, en Andalousie ; XVIIIe s.

yacht n.m.
du NÉERLANDAIS *jagh*(*t*) [aujourd'hui *jacht*], par l'ANGLAIS *yacht*, « bateau de plaisance » ; XVIe s.

yachting n.m.
de l'ANGLAIS *yachting*, de (*to*) *yacht*, « naviguer sur un bateau de plaisance » ; XIXe s.

yack ou **yak** n.m. (sorte de buffle)
du TIBÉTAIN *gyak*, par l'ANGLAIS *yak* ; XVIIIe s.

yankee n.m.
peut-être du NÉERLANDAIS *Janke*, diminutif de *Jan Kaas*, « Jean-le-Fromage », surnom dont les Hollandais affublaient les « envahisseurs » anglais de New York, l'ancienne New Amsterdam (ou de l'altération du terme *English*, « Anglais », dans certains parlers INDIENS, par l'intermédiaire des formes AMÉRINDIENNES *Yeengeese*, *Yeengeeze*) ; XVIIIe s.

yaourt ou **yog(h)ourt** n.m.
du TURC (ou du BULGARE *jaurt*, variante *jugurt*, « lait caillé ») ; XXe s.

yard n.m.
de l'ANGLAIS *yard*, unité de longueur (0,914 m), mot traduit en FRANÇAIS du Canada par *verge*, avec la même valeur numérique ; XVIIe s.

yatagan n.m.
du TURC *yâtâghân*, « sabre » ; XVIIIe s.

yen n.m. (monnaie)
du JAPONAIS *yen* ; XIXe s.

yeuse n.f. « chêne vert »
du PROVENÇAL *euze*, du LATIN *ilex*, « chêne vert » ; XVIe s.

yéyé ou **yé-yé** adj. et n. (mode)
de l'ANGLAIS *yeah-yeah*, de *yeah*, altération de *yes*, « oui », ce mot scandant souvent les chansons des années 60 ; XXe s.

yiddish adj. et n.m.
de l'ALLEMAND *Jüdisch*, « juif », de *Jude*, « juif », par l'ANGLAIS *yiddish* ; XIXe s.

yod n.m. (terme de phonétique)
de l'HÉBREU, par l'ALLEMAND *Jod*, nom de la lettre « j » ; XIXe s.

yoga n.m. (discipline hindoue)
du SANSKRIT *yoga*, « jonction » ; XIXe s.

yogi n.m.
du SANSKRIT *yogin*, « ascète qui pratique le yoga » ; XVIe s.

yole n.f. (embarcation)
du NÉERLANDAIS *jol*, par le DANOIS-NORVÉGIEN *jolle* ; XVIIIe s.

youyou n.m. (canot)
peut-être d'un DIALECTE CHINOIS ; XIXe s.

zakouski n.m.pl.
du RUSSE *zakouski*, pluriel de *zakouska*, « petit hors-d'œuvre » ; XIXe s.

zèbre n.m.
du PORTUGAIS *zebra*, de l'ANCIEN PORTUGAIS *zevra*, féminin de *zevro*, *zebro*, « cheval sauvage », d'origine incertaine, peut-être du LATIN POPULAIRE *eciferus*, du LATIN *equiferus*, « cheval sauvage » ; XVIIe s.

zébu n.m.
peut-être du TIBÉTAIN *zeu*, *zeba*, « bosse (du zébu, du chameau) » ; XVIIIe s.

zen n.m. (secte religieuse)
du SANSKRIT *dhyâna*, « méditation », que l'on retrouve dans le CHINOIS *chan* et le JAPONAIS *zen* ; XIXe s.

zénith n.m.
de l'ARABE *samt ar-ras*, « chemin au-dessus de la tête », de *samt*, « chemin », qui a été lu par erreur *senit* par les scribes du Moyen Âge. Le même mot avec l'article, *as-samt*, « le chemin », a donné *azimut* ; XIVe s.

zéro n.m.
de l'ARABE *sifr*, « vide », par l'ITALIEN *zefiro*, contracté en *zero*, « zéro ». De l'ARABE *sifr*, « vide », vient aussi, par le LATIN MÉDIÉVAL *cifra*, l'ANCIEN FRANÇAIS *cifre*, « zéro », qui ne s'est pas maintenu, tandis que le LATIN MÉDIÉVAL, *cifra* a donné l'ITALIEN *cifra*, qui a pris le sens de « signe numérique » et est passé en FRANÇAIS moderne sous la forme *chiffre* ; XVIe s. (cf. **chiffre**).

zibeline n.f.
du RUSSE *sobol*, par le LATIN MÉDIÉVAL *sabellum* (d'où *sable*, autre nom de la « martre zibeline ») [ou par l'ITALIEN *zibellino*] ; XVIe s.

ziggourat n.f. (temple assyrien)
de l'ASSYRIEN *ziggurratu* ; XXe s.

zigouiller v.
du PROVENÇAL *segalha*, « couper avec une scie », peut-être par un DIALECTE DE L'OUEST *zigailler*, « déchiqueter » ; XIXe s.

zinc n.m.
de l'ALLEMAND *Zink*, de *Zinken*, « petite fourche » (en raison des formes fourchues que prend le métal en se solidifiant) ; XVIIe s.

zizanie n.f. « discorde »
d'origine SÉMITIQUE, par le GREC *zizanion*, « ivraie », et le LATIN ECCLÉSIASTIQUE *zizania*, « ivraie », puis « zizanie » ; XIIIe s.

zombi ou **zombie** n.m.
du CRÉOLE *zonbi*, « revenant » ; XIXe s.

zoom n.m. « effet cinématographique »
de l'ANGLAIS (*to*) *zoom*, onomatopée pour le « bruit d'un avion en piqué », puis terme de cinéma pour exprimer « un déplacement rapide » ; XXe s.

zouave n.m.
du nom BERBÈRE *zwâwa*, d'une tribu kabyle ; XIXe s.

Complément au « Trésor »

Ce Complément au « Trésor » contient les 4 027 mots qui n'ont pas été retenus pour être commentés de façon plus détaillée dans cet ouvrage. Les lettres majuscules italiques correspondent à l'abréviation des langues d'origine.

Abréviations

AF : langues africaines
AL : allemand
AM : langues amérindiennes
AN : anglais
AR : arabe
AS : langues d'Asie (sauf langues de l'Inde, persan, sanskrit, japonais)
BA : basque
BR : breton
CA : langues caraïbes (arawak...)
CE : l. celtiques (sauf breton)
CR : langues créoles
DI : dialectes romans de France (sauf provençal)
ES : espagnol
FI : langues finno-ougriennes
GE : germanique ancien
HE : hébreu
IN : langues de l'Inde
IT : italien
JA : japonais
MA : l. malayo-polynésiennes
NE : néerlandais
NO : l. nordiques (scand. modernes)
OC : langues océaniennes
PE : persan
PI : pré-indo-européen
PO : portugais
PR : provençal
RO : roumain
RU : russe
SA : sanskrit
SC : ancien scandinave
SE : langues chamito-sémitiques (sauf arabe et hébreu)
SI : langues sibériennes
SL : l. slaves (sauf russe et tchèque)
TC : tchèque
TS : tsigane
TU : turc
(*?*) : origine inconnue

Le lecteur pourra être surpris de trouver dans cette liste des mots d'apparence très courante tels que **barbe**, **cran** ou **flûte**. Il s'agit d'homographes d'origine étrangère dont le sens, généralement peu connu, est donné entre parenthèses, par exemple **barbe** *IT* (cheval), **cran** *AL* (raifort), **flûte** *NE* (navire).

abaca *AS*
ablater *AN*
abot *DI*
a cappella *IT*
accastillage *ES*
accastiller *ES*
accelerando *IT*
accise *NE*
accore *NE*
acculturation *AN*
ace *AN*
achards *AS*
acheb *AR*
achigan *AM*
achoura *AR*
acid-party *AN*
acon *DI*
acqua-toffana *IT*
acra *CR*
acronyme *AN*
acting-out *AN*
admittance *AN*
adouber *GE*
adventiste *AN*
advertisingman *AN*
aérobic *AN*
affidavit *AN*
affidé *IT*
affiquet *DI*
afterburner *AN*
agace *PR*
agar-agar *MA*
aggiornamento *IT*
a giorno *IT*
agha *TU*
agitato *IT*
agnosticisme *AN*
aguardiente *ES*
aguiche *AN*
Aïd-el-Fitr *AR*
Aïd-el-Kébir *AR*
Aïd-el-Séghir *AR*
aigrette *DI*
aiguade *PR*
aiguail *DI*
aiguayer *PR*
aiguillade *PR*
aiguillat *PR*
airborne *AN*
airedale *AN*
ajoupa *AM*
alastrim *PO*
albédo *AN*
alberge *AR*
alcade *AR*
alcarazas *AR*
alcatras *PO*
alcazar *AR*
al dente *IT*
ale *NE*
alérion *GE*
alfange *AR*
algazelle *AR*
algol *AN*
alguazil *AR*
alidade *AR*
alios *DI*
alise *GE*
alizari *AR*
alkékenge *PE*
alkermès *PE*
alleu *GE*
alpenstock *AL*
alpion *IT*
alpiste *ES*
alude *PR*
aman *AR*
amaril *ES*
ambe *IT*
ambler *PR*
amers *NE*
amok *MA*
amoroso *IT*
amourettes *PR* (testicules)
amure *PR*
ange de mer *NE*
angledozer *AN*
ani *AM*
baimaliser *AN*
animelles *IT*
anion *AN*
anoli *CA*
anspect *NE*
anspessade *IT*
antiaris *MA*
antifading *AN*
antifouling *AN*
antigang *AN*
anti-hold-up *AN*
anti-skating *AN*
antrustion *GE*
aplanétique *AN*
aplet *DI*
aposter *IT*
apparatchik *RU*
appassionato *IT*
appoggiature *IT*
aquafortiste *IT*
araire *PR*
arak *AR*
arantèle *DI*
araucaria *AM*
arbouse *PR*
arcanne *AR*

arcasse *PR*
archine *RU*
archivolte *IT*
arec *MA*
aréquier *MA*
argue *IT*
arioso *IT*
armadille *ES*
armeline *IT*
armet *GE*
armoisin *IT*
arole *DI*
arpette *DA*
arpion *PR*
arrobe *AR*
arroche *PR*
arrow-root *AN*
arroyo *ES*
artel *RU*
artison *PR*
asana *SA*
ascore *NE*
ashram *SA*
asiento *ES*
aspe *AL*
aspic *PR* (lavande)
assai *IT*
asse *DI*
assette *DI*
ataca *AM*
atémi *JA*
a tempo *IT*
atlante *IT*
attorney *AN*
aubère *AR*
aubin *AR*
aucuba *JA*
audiencia *ES*
audit *AN*
auditing *AN*
auloffée *NE*
aurone *DI*
autan *PR*
autocenter *AN*
autocoat *AN*
autofocus *AN*
autogire *ES*
auto-scooter *AN*
auto-stop *AN*
avives *AR*
avocette *IT*
avoirdupois *AN*
axone *AN*
aye-aye *AF*
azulejo *ES*
baba cool *AN*
babakoute *AF*
babilan *IT*
babirousse *MA*
baby *AN*
baby-beef *AN*
baby-blues *AN*
baby-boom *AN*
baby-doll *AN*
baby-food *AN*
baby-test *AN*
bachelette *AR*
bachi-bouzouk *TU*
bâcholle *DI*
back cross *AN*
back-filler *AN*
background *AN*
back-loader *AN*
back-scattering *AN*
backstage *AN*
back-up *AN*
bacula *DI*
badamier *PE*
baderne *IT*
bad-lands *AN*
bad-painting *AN*
bagad *BR*
bagasse *AR* (prostituée)
baguenaude *DI*
bagues *AN*
baile *IT*
baille *IT*
baïram *TU*
balais *PE* (rubis)
balandran *DI*
balbuzard *AN*
balisier *CA*
bambochade *IT*
ban *SL* (titre)
banaste *CE*
bancasse *GE*
banco *AF* (pisé)
bancoul *MA*
bandeira *PO*
bandeirantes *PO*
bandera *ES*
banderillero *ES*
bandicoot *AS*
bandigui *AF*
bandingue *AF*
bandins *IT*
bandolier *ES*
banian *IN*
banne *CE*
banteng *MA*
baracou *AF*
baraquer *AR*
barbe *IT* (cheval)
barbue *DI*

bardane *DI*
barder *DI*
barège *DI*
barge *CE* (oiseau)
barigoule *PR*
barine *RU*
barn *AN*
baronnet *AN*
barracuda *ES*
barranco *PO*
barras *DI*
barrel *AN*
basin *IT*
basique *AN*
basquine *ES*
basset *IT*
bassette *IT*
basta *IT*
bastaing *PR*
bastaque *AN*
baste *PR*
bastingue *PR*
bat *AN*
batayole *IT*
bath *AN*
batik *MA*
batoude *IT*
batten *AN*
battle-dress *AN*
battude *PR*
bau *GE*
bauche *CE*
baufe *PR*
baume *CE*
bauque *PR*
bay-window *AN*
beagle *AN*
beat-generation *AN*
beatnik *AN*
beaucuit *AN*
beauty-case *AN*
becfigue *IT*
bécume *PR*
bed and breakfast *AN*
bédégar *PE*
beefeater *AN*
beetler *AN*
béké *CR*
bélandre *NE*
bélître *AL*
belly landing *AN*
belt conveyor *AN*
bentonite *AN*
ber *CE*
berce *AL*
bergamasque *IT*
berkélium *AN*
berle *CE*
bernacle *CE*
berne *AR*
bersaglier *IT*
besaiguë *IT*
besoche *DI*
betting *AN*
bétuse *DI*
bévérage *AN*
bezau *PR*
bézoard *PE*
bichlamar *PO*
bicross *AN*
bièvre *CE*
bigorne *PR*
bigotelle *ES*
bigue *PR*
bill *AN*
bingo *AN*
bi-onding *AN*
biribi *IT*
bisaiguë *IT*
bischoff *AL*
biscotin *IT*
bisse *IT*
bistouille *DI*
bit *AN*
bitter *NE*
black arm *AN*
black-bass *AN*
black-bottom *AN*
black jack *AN*
black power *AN*
black-rot *AN*
black sheep *AN*
black spot *AN*
blanque *IT*
blèche *AL*
bleime *NE*
blende *AL*
blinde *AL*
blister *AN*
blitz *AL*
block *AN*
bloom *AN*
bloussé *PR*
blue chip *AN*
blue devils *AN*
blue-lias *AN*
blunt *AN*
blush *AN*
boarding house *AN*
boating *AN*
boat people *AN*
bobac *SI*
bocard *AL*
bochette *IT*

bodhisattva *SA*
body *AN*
body-building *AN*
bodygraph *AN*
body lining *AN*
body painting *AN*
body stocking *AN*
boesse *PR*
boëte *BR*
boghead *AN*
boghei *AN*
bogue *IT*
bolas *ES*
boliche *ES*
bolivar *ES*
bollard *AN*
bôme *NE*
bondérisation *AN*
bondrée *BR*
bonduc *IN*
bone seeking *AN*
bongeau *DI*
bonite *ES*
boogie-woogie *AN*
boomer *AN*
booster *AN*
bootlegger *AN*
bootstrap *AN*
boquillon *DI*
bora *SL*
borax *PE*
borde *GE*
borderline *AN*
bordigue *PR*
bordj *AR*
borie *PR*
borin *DI*
borinage *DI*
borough *AN*
bort *AN*
bortsch *RU*
bosan *PE*
bosel *IT*
boss *AN*
bossoyer *DI*
botequin *NE*
boucau *DI*
boucaut *PR*
boucon *IT*
bouddha *SA*
boufron *PR*
bouil *PR*
bouile *DI*
bouille *DI* (hotte)
bouille *ES* (sceau)
bouiller *DI*
boujaron *PR*
boukinkan *AN*
boulbène *DI*
boulder *AN*
bouléjon *PR*
bouleponche *AN*
boulièche *PR*
boulier *PR*
bouline *AN*
bouloir *DI*
bouque *PR*
bouquer *PR*
bouquet *DI* (dartre)
bouquette *NE*
bouquin *DI* (bouc)
bouracan *AR*
bourache *ES*
bourbouille *PR*
bourde *PR* (sel)
bourdillon *PR*
bourgeron *DI*
bourgin *PR*
bourgne *DI*
bourle *IT*
bourrache *ES*
bourset *NE*
bousin *AN*
bousquer *PR*
boute *PR*
bouterame *NE*
boutre *AR*
bow-string *AN*
bow-window *AN*
boxing *AN*
boxon *AN*
boyer *NE*
boy-friend *AN*
brahmane *SA*
brahmi *SA*
braille *DI* (balle de blé)
braille *GE* (pelle)
brainstorming *AN*
brainwashing *AN*
bran *CE*
branderie *NE*
brandevin *NE*
bransqueter *NE*
braquemart *NE*
brasque *IR*
bravissimo *IT*
break dancing *AN*
break-down *AN*
brédir *DI*
breeder *AN*
breitschwanz *AL*
brequin *NE*
brigantin *IT*
brightisme *AN*

brinde *AL*
brindestoc *AL*
briska *RU*
broadcasting *AN*
brocatelle *IT*
broker *AN*
brook *AN*
broquel *ES*
broquelin *NE*
broquette *DI*
bruir *GE*
brusc *PR*
bucail *NE*
bucking *AN*
buffalo *IT*
buffet *IT* (casque)
buire *GE*
bulb *AN*
bulge *AN*
bull-finch *AN*
bullionisme *AN*
bull-terrier *AN*
bumper *AN*
bun *AN*
bunker *AN* (golf)
bunraku *JA*
buquer *DI*
burat *IT*
bure *DI*
burg *AL*
burger *GE*
burial-mound *AN*
burle *IT*
burning *AN*
buron *GE*
busc *IT*
buse *SC* (bateau)
bush *AN*
business school *AN*
busserole *PR*
buzzer *AN*
bye-bye *AN*
byline *RU*
cab *AN*
cabaret *DI* (linotte)
cabèche *ES*
cabernet *DI*
cabiai *AM*
cabillot *PR*
cabin-cruiser *AN*
cableman *AN*
cablogramme *AN*
cabouille *AM*
cabre *PR*
cabus *PR*
cabussière *PR*
cacaoui *AM*
cacheron *DI*
cachiman *CR*
cacholong *SI*
cacique *CA*
cacolet *DI*
cadédiou *DI*
cadène *IT*
cadis *ES*
cadole *PR*
cagade *PR*
cagna *PR*
cagnard *PR*
cagne *IT*
cagnot *PR*
cague *NE*
caiche *AN*
caillebotter *DI*
cairn *CE*
cairon *PR*
cajeput *MA*
cajute *NE*
cake-walk *AN*
calade *IT*
caladion *MA*
calambac *MA*
calambour *MA* (aloès)
calencar *PE*
calenture *ES*
caler *PR* (voiles)
californium *AN*
calin *MA* (métal)
caliorne *IT*
calmande *IT*
calo *ES*
calong *MA*
calypso *CA*
camarin *DI*
cambiaire *IT*
cambial *IT*
cambiste *IT*
camboye *IN*
camelle *PR*
camelot *AR* (étoffe)
camerawoman *AN*
camerlingue *IT*
camisade *PR*
camisard *DI*
camoiard *IT*
Camorra *IT*
campêche *AM*
camrecorder *AN*
canapsa *AL*
canaque *OC*
candelette *PR*
canéfice *CE*
canezou *PR*
canillon *PR*

cannequin *AS*
cannetille *ES*
cannette *IT* (bobine)
cannibalisation *AN*
cantaloup *IT*
canter *AN*
cantibay *PR*
cantilever *AN*
canzone *IT*
caoua *AR*
caouane *CA*
capacitance *AN*
caparasse *PR*
cape *DI* (allure)
cape *AN* (chapeau)
capéer *DI*
capelan *PR*
capeler *PR*
capelet *PR*
capendu *DI*
caperasse *PR*
capet *DI*
capeyer *DI*
capie *PR*
capion *PR*
capiscol *PR*
capital-risque *AN*
capitan *IT*
capitane *IT*
capitoul *DI*
capon *IT* (palan)
caposer *DI*
capoulié *PR*
capoulière *PR*
cappuccino *IT*
capre *NE* (corsaire)
capuce *IT*
carabe *ES*
carabé *AR*
carafée *DI*
caragne *AM*
carambole *MA*
carambouillage *ES*
carangue *AM*
carapasse *PR*
caraque *AR*
carbet *AM*
carbillat *DI*
carbonade *IT*
carbonado *PO*
carbonaro *IT*
carborundum *AN*
carcajou *AM*
cardasse *IT*
cardère *PR*
cardinalice *IT*
caret *MA* (tortue)
caret *DI* (touret)
cariacou *AM*
cariset *AN*
caristade *IT*
carlin *IT*
carline *PR*
carliste *ES*
carmeline *ES*
carnal *PR*
carne *DI* (coin)
carogne *DI*
caronade *AN*
carpaccio *IT*
carpion *IT*
carqueron *DI*
carraire *PR*
carrare *IT*
carréger *PR*
carrick *AN*
cartabelle *IT*
cartahu *NE*
cartelle *IT*
cartisane *IT*
casbah *AR*
cascabelle *ES*
cascara *ES*
cascarille *ES*
caseret *DI*
case-work *AN*
cash and carry *AN*
cash-flow *AN*
casimir *AN*
casing *AN*
casquer *IT*
cassade *IT*
cassation *IT*
cassave *CA*
casse *PR* (casserole)
casse *PR* (cuiller)
casse *IT* (imprim.)
cassetin *IT*
cassie *PR*
cassin *IT*
cassine *IT*
cassique *CA*
castille *ES*
castine *AL*
casting *AN*
casuarine *MA*
catalpa *AN*
cat-boat *AN*
catching *AN*
caterpillar *AN*
catgut *AN*
cation *AN*
caudillo *ES*
caudrette *DI*

cauris *IN*
cavagnole *IT*
cavaillon *PR*
cavalcadour *IT*
cavalet *AN*
cavalot *IT*
cavas *AR*
cavatine *IT*
caveçon *IT*
caver *IT*
cavet *IT*
caye *ES*
cellular *AN*
celsius *NO*
centavo *ES*
cernier *PR*
cers *DI*
céseron *PR*
cétérac *AR*
cévadille *ES*
chablon *AL*
chabot *PR*
cha-cha-cha *ES*
chachlik *RU*
chaconne *ES*
chadburn *AN*
chail *DI*
chairman *AN*
champer *PR*
champoreau *ES*
chanoyu *JA*
chanque *DI*
chaouch *TU*
chapada *PO*
chaparral *ES*
chapoter *DI*
charia *AR*
chaya *AM*
chébec *AR*
chèche *AR*
cheddar *AN*
cheeseburger *AN*
cheire *DI*
chervis *AR*
chester *AN*
chibouque *TU*
chibre *AL*
chicano *ES*
chicha *AM*
chiche-kebab *TU*
chicle *AM*
chicote *PO*
chihuahua *AM*
chile *AM*
china-grass *AM*
chinook *AM*
chintz *IN*
chipmunk *AN*
chippendale *AN*
chipperke *DI*
chique *DI*
chiropraxie *AN*
chirou *AS*
choke-bore *AN*
chop *AN*
chopper *AN* (galet)
chopper *AN* (moto)
chop suey *AS*
chott *AR*
chouchen *BR*
chouflique *AL*
choule *DI*
choumaque *AL*
chouquet *DI*
chris-craft *AN*
christine *DI*
Christmas *AN*
chromosphère *AN*
chuffing *AN*
chugging *AN*
chutney *IN*
ciao *IT*
cimarron *ES*
cipaye *PE*
cipolin *IT*
ciron *GE*
cistre *IT*
citizen band *AN*
civade *PR*
civadière *PR*
clabaud *DI*
claim *AN*
clamp *AN* (marine)
clamp *GE* (pince)
clampe *GE*
clan *AL* (mortaise)
clap *AN*
clapping *AN*
claquetteman *AN*
clash *AN*
claymore *CE*
clean *AN*
clearance *AN*
clearing *AN*
clinfoc *AL*
clinker *AN*
clipper *AN*
close-combat *AN*
cloup *DI*
cluse *DI*
cluster *AN*
coach *AN*
coaching *AN*
coachman *AN*

coachwoman *AN*
coaltar *AN*
coati *AM*
cob *AN*
cockney *AN*
codille *ES*
codre *PR*
coffee-shop *AN*
cohober *AR*
coking *AN*
colcotar *AR*
colcrete *AN*
colombo *AF*
combo *ES*
combrière *PR*
combuger *DI*
comics *AN*
coming-man *AN*
command-car *AN*
commedia dell'arte *IT*
Commonwealth *AN*
commuter *AN*
compact disc *AN*
comporte *PR*
compound *AN*
comprador *PO*
comtat *PR*
concertina *AN*
concertino *IT*
concetti *IT*
conche *IT*
conductance *AN*
conga *ES*
congaï *AS*
congressman *AN*
constable *AN*
consumérisme *AN*
contact-man *AN*
contorniate *IT*
contrapuntiste *IT*
contrayerva *ES*
convent *AN*
convict *AN*
cook-room *AN*
cool *AN*
copahu *AM*
copal *AM*
coppa *IT*
cops *AN*
coq-souris *AN*
coquebin *TU*
coquerie *AN*
coqueron *AN*
cordite *AN*
core *AN*
corme *CE*
corn flakes *AN*
corn-picker *AN*
corn-sheller *AN*
cornude *PR*
coromandel *IN*
coroner *DI*
coronille *ES*
corossol *CR*
corregidor *ES*
corso *IT*
Cortes *ES*
cosser *IT*
cotidal *AN*
cotignac *PR*
cotinga *AM*
cotre *AN*
coucourelle *PR*
coumaille *DI*
coumarine *AM*
country music *AN*
coupeillon *PR*
coupling *AN*
couponing *AN*
courbache *TU*
courbaril *CA*
courbaton *ES*
courée *DI*
couroucou *AM*
coursing *AN*
couton *PR*
covenant *AN*
cow-pox *AN*
cracker *AN*
crag *CE*
craminer *NE*
cramique *NE*
crampe *NE* (crampon)
cran *AL* (raifort)
crash *AN*
crèque *NE*
creton *NE*
crib *AN*
crispin *IT*
criss *MA*
crolle *DI*
cromorne *AL*
crompire *AL*
crône *DI*
crossing *AN*
crossing-over *AN*
crossman *AN*
cross servicing *AN*
crosswoman *AN*
crousille *PR*
croustille *PR*
crown-glass *AN*
cruiser *AN*
cruising *AN*

cruzeiro *PO*
cuadro *ES*
cubèbe *AR*
cubilot *AN*
cuesta *ES*
cueva *ES*
cufat *DI*
cuine *AR*
culturalisme *AN*
cunette *IT*
curcuma *IN*
curle *IT*
cuscute *AR*
custard *AN*
cut-back *AN*
cutter *AN*
cycling *AN*
cyclo-cross *AN*
cyclo-crossman *AN*
cymbalum *FI*
da capo *IT*
dahabieh *AR*
dahir *AR*
daille *PR*
daïmio *JA*
daiquiri *AN*
daïra *AR*
dalot *DI*
dalton *AN*
dame *NE* (digue)
damelopre *NE*
damnar *MA*
damper *AN*
darbouka *AR*
darling *AN*
daron *DI*
darse *AR*
darshan *SA*
darwinien *AN*
darwinisme *AN*
darwiniste *AN*
dasein *AL*
dash-pot *AN*
data *AN*
date *AN* (rendez-vous)
datura *SA*
dazibao *AS*
dead-heat *AN*
dear *AN*
deb *AN*
débouquer *PR*
decca *AN*
deck-house *AN*
décrément *AN*
décruser *PR*
définitoire *IT*
dégrat (en) *PR*
démiard *DI*
dénerver *IT*
dengue *ES*
denim *AN*
dentine *AN*
dépiquer *OR*
descrambling *AN*
desk *AN*
desman *NO*
destrier *PR*
destroyer *AN*
deterrent *AN*
détroquer *DI*
Deutsch Mark *AL*
devanagari *SA*
devon *AN*
dévonien *AN*
dey *TU*
dharma *SA*
diagot *RU*
dialyse *AN*
diane *ES*
diève *AL*
diffa *AR*
digit *AN*
diluvium *AN*
diminuendo *IT*
dinguer *DI*
dining-car *AN*
direct mail *AN*
dirt-tracker *AN*
disc-jockey *AN*
discompte *IT*
dishley *AN*
dispache *IT*
dispersal *AN*
distal *AN*
distributionnalisme *AN*
distributionnaliste *AN*
distributionnel *AN*
ditching *AN*
dito *IT*
divan *PE* (conseil)
divertimento *IT*
divot *AN*
djebel *AR*
djemaa *AR*
djich *AR*
djihad *AR*
djinn *AR*
doc *AN*
docking *AN*
dodo *NE* (oiseau)
dogaresse *IT*
dog-cart *AN*
dogger *AN*
dogleg *AN*

dogre *NE*
doguer *NE*
dojo *JA*
dol *TU* (tambour)
dolce vita *IT*
dolcissimo *IT*
doldrums *AN*
dolman *TU*
dôme *IT*
don *ES*
doña *ES*
dope *AN*
doquet *DI*
doradille *ES*
doris *AN*
douar *AR*
double-aveugle *AN*
doudou *CR*
douillon *DI*
doum *AR*
down-town *AN*
drag *AN*
dragée *CE* (fourrage)
drageon *GE*
dragline *AN*
dragster *AN*
draille *PR*
dran *NO*
dranet *AN*
drave *ES* (cresson)
drave *AN* (flottage)
draveur *AN*
dravidien *SA*
drawback *AN*
drawing room *AN*
dreadlocks *AN*
dreadnought *AN*
drêche *CE*
drège *AL*
dressing-room *AN*
dribbling *AN*
drift *AN*
drifter *AN*
drill *AN* (charrue)
drill *AF* (singe)
drille *CE* (chiffon)
drille *CE* (chêne)
drille *NE* (outil)
dringuelle *AL*
drink *AN*
drip-painting *AN*
dripping *AN*
drive-in *AN*
driving *AN*
drogman *IT*
drome *NE*
drone *NE*
drongo *AF*
dronte *MA*
drop-out *AN*
droppage *AN*
dropper *AN*
drop zone *AN*
droschki *RU*
drosse *IT*
droue *CE*
drouine *BR*
drumlin *CE*
drummer *AN*
druse *AL* (cristall.)
dry-farming *AN*
duetto *IT*
dugong *MA*
dumper *AN*
dundee *AN*
duplicate *AN*
durham *AN*
durion *MA*
dyke *AN*
dysidrose *AN*
écaffer *AL*
écanguer *GE*
écarver *SC*
écavenade *IT*
échandole *DI*
éclanche *GE*
écot *GE* (tronc)
écoufle *CE*
écrouir *DI*
effecteur *AN*
effendi *TU*
efficience *AN*
efficient *AN*
ego *AL*
égotisme *AN*
égotiste *AN*
égrugeoir *DI*
eidétique *AL*
elbot *NE*
élevon *AN*
élingue *AL*
élisabéthain *AN*
elle *DI* (pêche)
elme *IT*
élusif *AN*
elzévir *NE*
emaki mono *JA*
embarder *PR*
embarrer *IT*
embouquer *PR*
embut *PR*
émeut *GE*
émissole *IT*
empan *GE*

encabaner *PR*
encasteler *IT*
enclosure *AN*
encomienda *ES*
endogamie *AN*
enduro *AN*
engagé *AN*
engineering *AN*
engui *AF*
éocène *AN*
éparer *IT*
épart *GE*
éparvin *GE*
épeautre *GE*
éphod *HE*
épiner *DI*
épite *NE*
époi *GE*
épontille *IT*
époule *DI*
ergonomie *AN*
erme *PR*
ers *PR*
esbigner (s') *PR*
escalin *NE*
escampativo *DI*
escamper *IT*
escarole *IT*
esclame *AL*
escoffier *DI*
escoube *PR*
escoude *PR*
escourgeon *DI*
escudo *PO*
ésérine *AF*
espada *ES*
espade *PR*
espale *IT*
espalmer *IT*
esparcette *PR*
esperluca *PR*
espinasse *PR*
espingole *GE*
espolette *IT*
esponton *IT*
espressione *IT*
espressivo *IT*
esquicher *PR*
esquire *AN*
esse *GE*
estafier *IT*
estagnon *PR*
estaie *AN*
estancia *ES*
estère *ES*
esterlin *AN*
estive *PR*
estiver *PR*
estoppel *AN*
estoquer *GE*
estoublage *PR*
estouffade *PR*
estouffée *DI*
estradiot *IT*
estramaçon *IT*
estrangouiller *PR*
estrapasser *IT*
estraper *IT*
estrope *AN*
étai *AN* (cordage)
étaie *NE*
étain *AN* (marine)
étambrai *NO*
étanque *NE*
éteule *DI*
étiage *DI*
étier *DI*
étiquer *NE*
étouteau *DI*
étranguillon *IT*
étraque *AL*
étricher *NE*
étrope *AN*
étudiole *IT*
eugénique *AN*
eugénisme *AN*
euphuisme *AN*
eurodollar *AN*
event *AN*
everdumer *IT*
everlasting *AN*
excellentissime *IT*
excise *AN*
exciting *AN*
executive *AN*
exerciseur *AN*
exogamie *AN*
extra-dry *AN*
eye-liner *AN*
eyra *AM*
facende *PO*
facienda *IT*
faciende *IT*
factoring *AN*
fader *PR*
fadeuse *PR*
faena *ES*
fagara *AR*
faguenas *PR*
Fahrenheit *AL* (degré)
faim-calle *BR*
faim-valle *BR*
fairway *AN*
falle *SC*

fall-out *AN*
falque *ES*
falquer *IT*
falquet *IT*
falsifiabilité *AN*
falsifier *AN*
faluche *DI*
falun *PR*
falzar (*?*)
fan-club *AN*
fantasia *AR*
fanzine *AN*
farad *AN*
faradique *AN*
faradisation *AN*
farde *AR*
faré *OC*
farigoule *DI*
faro *DI*
farouch *PR*
farrago *PR*
farthing *AN*
faseiller *NE*
fashion *AN*
fashionable *AN*
fast *AN*
fatma *AR*
fau *PR*
faubert *NE*
faucard *DI*
faucarder *DI*
fauchère *DI*
fauder *AL*
fayard *DI*
feed-back *AN*
feeder *AN*
feeling *AN*
feï *OC*
feijoa *PO*
feijoada *PO*
feld-maréchal *AL*
feldwebel *AL*
félibrige *PR*
fellow *AN*
fellowship *AN*
fenian *AN*
fera *DI*
feria *ES*
ferler *AN*
ferrade *PR*
ferse *IT*
fesse-mathieu *DI*
festif *AN*
fetch *AN*
feud *AN*
feurre *GE*
fiesta *ES*
fieux *DI*
filadière *DI*
filanzane *AF*
filao *CR*
filaret *IT*
filibeg *CE*
filibuster *AN*
filler *AN*
fill-in *AN*
filling *AN*
fim *NO*
finaliser *AN*
fincelle *DI*
fin-keel *AN*
firdisation *AN*
firman *PE*
firmware *AN*
fish-eye *AN*
fitness *AN*
fittings *AN*
five o'clock *AN*
fixing *AN*
fjeld *NO*
flaine *DI*
flambe *DI*
flamiche *DI*
flammette *IT*
flaougnard *PR*
flapper *AN*
flash-back *AN*
flask *AN*
flasque *NE* (poutre)
flat *AN*
flèche *NE* (lard)
flet *NE*
flette *AN*
flibot *AN*
flin *NE*
flingot *AL*
flinquer *AL*
flint-glass *AN*
flion *NO*
flip *AN*
floc *AN*
flocage *AN*
flock-book *AN*
floe *AN*
floeberg *AN*
flood *AN*
flop *AN*
flop-house *AN*
floppy-disc *AN*
flottation *AN*
flounsou *DI*
flousouno *DI*
flouze *AR*
flush *AN*

flûte *NE* (bateau)
flutter *AN*
fluxer *AN*
fly-tox *AN*
flysch *AL*
fob *AN*
fog *AN*
foggara *AR*
foil *AN*
folk *AN*
folksong *AN*
fondouk *AR*
fontanili *IT*
fordisation *AN*
fordisme *AN*
foreman *AN*
for ever *AN*
forfante *IT*
forint *FI*
forlane *IT*
forming *AN*
forte-piano *IT*
fosbury flop *AN*
fosterage *AN*
fougasse *IT*
fougon *PR*
fouling *AN*
fouquet *GE*
fourcat *PR*
fourquet *DI*
fourre *GE*
fouteau *DI*
foxé *AN*
fox-hound *AN*
fox-hunting *AN*
fragon *CE*
frairie *DI*
framée *GE*
franchising *AN*
francolin *IT*
franglais *AN*
fransquillon *DI*
fraticelles *IT*
frayage *AL*
frayon *DI*
freak *AN*
free-lance *AN*
freeman *AN*
free-martin *AN*
free press *AN*
free-shop *AN*
free style *AN*
free time *AN*
frelampier *NE*
french cancan *AN*
frequin *NE*
fresaie *DI*
freshman *AN*
frette *GE*
friou *PR*
frœbélien *AL*
fromegi *DI*
frutille *ES*
fuégien *ES*
fueling *AN*
fuero *ES*
fun *AN*
funboard *AN*
funding *AN*
funky *AN*
furia *IT*
furioso *IT*
furlong *AN*
furole *AN*
fusarole *IT*
fusel *AL*
fusel-oil *AN*
fuste *IT*
fustet *AR*
gabarre *PR*
gabbro *IT*
gaber *SC*
gabet *SC*
gabian *PR*
gabie *PR*
gabion *IT*
gabord *NE*
gaburon *PR*
gâche *GE*
gagaku *JA*
gagman *AN*
gaïac *CA*
gailletin *DI*
gaillette *DI*
gal *IT*
galandage *GE*
galanga *AR*
galapiat *PR*
gale *AN*
galéasse *IT*
galéga *IT*
galerne *DI*
galfâtre *AL*
galgal *CE*
galibot *DI*
galimafrée *NE*
galimofée *DI*
galipette *DI*
galletin *DI*
galley *AN*
gallup *AN*
galvanisme *IT*
gamache *ES*
gambe *IT*

gambeyer *IT*
gambier *MA*
gambiller *IT*
gambit *IT*
gambusie *ES*
gamélan *MA*
gameware *AN*
ganaderia *ES*
ganga *DI*
gano *ES*
ganteline *DI*
ganya *IN*
gap *AN*
garcette *ES* (coiffure)
garcette *GE* (corde)
garcette *IT* (foulon)
garden-center *AN*
gargamelle *PR*
gargousse *PR*
garou *PR*
garron *PR*
gatte *PR*
gattilier *ES*
gaude *GE* (botanique)
gaude *DI* (bouillie)
gauleiter *AL*
gault *AN*
gaupe *AL*
gaur *IN*
gavache *DI*
gaviteau *PR*
gavot *PR*
gayal *IN*
gecko *MA*
génépi *DI*
générer *AN*
genestrole *PR*
genet *AR*
gentleman's agreement *AN*
gentleman-farmer *AN*
gentleman-rider *AN*
gentlemanlike *AN*
gentry *AN*
germon *DI*
gerseau *PR*
gerzeau *DI*
gesse *PR*
gestaltisme *AL*
Gestapo *AL*
getter *AN*
G.I. *AN*
giaour *TU*
gibelet *NE*
gibelin *IT*
gibelot *AL*
gift-shop *AN*
gig *AN* (bâton)
gig *AN* (voiture)
gill *AN*
gimblette *PR*
gimmick *AN*
gin-fizz *AN*
ginger-ale *AN*
ginger-beer *AN*
gingerbread *AN*
ginkgo *AS*
gin-rummy *AN*
ginseng *AS*
gin-tonic *AN*
gipsy *AN*
girande *IT*
girasol *IT*
girie *DI*
girl *AN*
girl-friend *AN*
girl-scout *AN*
glaçure *AN*
glagolithique *SL*
glamour *AN*
glass *AN*
glène *PR*
glissando *IT*
glockenspiel *AL*
glui *DI*
G.M.T. *AN*
gnaf *DI*
go ! *AN*
go *JA* (jeu)
goal *AN*
goal-average *AN*
gobelin *AL*
gobin *IT*
goddam *AN*
godiveau *DI*
godon *AN*
goï *HE*
gold-point *AN*
gold standard *AN*
gombo *AF*
goménol *OC*
gone *DI*
gonfalon *GE*
gonfanon *GE*
gongorisme *ES*
gonnelle *IT*
gonse *IT*
gonze *IT*
good bye *AN*
gopak *RU*
gord *SC*
gorfou *NO*
gosse *NE* (anneau)
goualer *DI*

gouge *HE*
gouje *PR*
gouet *PR*
goum *MA*
goura *AR*
gourami *MA*
gourde *ES*
gouren *BR*
gourgouran *AN*
grabeler *IT*
graben *AL*
grâce *AN* (titre)
gracioso *IT*
grade *AN*
grader *AN*
gradille *ES*
gradué *AN*
grafting *AN*
graillon *GE*
grandesse *ES*
grandissime *IT*
grappa *IT*
grappe *NE*
grasping-reflex *AN*
grateron *GE*
graticule *IT*
gratteron *GE*
grau *DI*
gray *AN*
green *AN*
greenockite *AN*
grègues *ES*
grelin *NE*
grenache *IT*
grenadille *ES*
greyhound *AN*
griffon *PR*
grigner *GE*
grill *AN*
grill-room *AN*
grimaud *GE*
grime *IT*
gringe *GE*
gringo *ES*
grip *AN*
gripper *AN*
grivoise *AL* (tabatière)
groise *DI*
grole *DI*
groschen *AL*
ground *AN*
group *IT*
groupie *AN*
gruppetto *IT*
gruyer *GE*
guacharo *ES*
guanaco *AM*
guèbre *PE*
guède *GE*
guelfe *AL*
guelte *NE*
guerdon *GE*
gueuse *AL*
gueuze *NE*
gui *NE* (vergue)
guiche *GE*
guiderope *AN*
guidon *IT* (étendard)
guilde *NE*
guilée *NE*
guilledin *AN*
guiller *NE*
guimbarde *PR* (mus.)
guinée *AN*
guinzé *AF*
guiper *GE*
guitoune *AR*
guitte *DI*
gulden *NE*
Gulf Stream *AN*
gulpe *AL*
gumène *AR*
gunite *AN*
guppy *AN*
gusla *SL*
gutta-percha *MA*
guzla *SL*
habanera *ES*
habeas corpus *AN*
habi *HE*
hâbler *ES*
hacienda *ES*
hack *AN*
hadith *AR*
hadjdj *AR*
hadji *AR*
haggis *AN*
haïdouk *FI*
haïk *AR*
haïkaï *JA*
haïku *JA*
haire *GE*
haje *AR*
halbi *NE*
halbran *AL*
halde *AL*
halecret *NE*
half-and-half *AN*
half-track *AN*
halibut *AN*
hallope *AN*
halva *TU*
hamada *AR*
hamée *AL*

hammam *AR*
hammerless *AN*
hampe *AL* (du cerf)
hanap *GE*
handling *AN*
hanebane *AN*
hansard *GE*
hanse *AL*
hansom-cab *AN*
happy birthday *AN*
happy end *AN*
happy few *AN*
happy new year *AN*
haquebute *NE*
haquenée *AN*
harasse *GE*
hard-labour *AN*
hard-top *AN*
hardware *AN*
harfang *NO*
harki *AR*
harle *DI*
harmonica *AN* (à eau)
harouelle *DI*
harpe *GE* (constr.)
harper *GE*
hart *GE*
has been *AN*
hasch-party *AN*
hashischin *AR*
hausse-col *NE*
haveneau *SC*
havenet *SC*
haveron *AL*
havet *DI*
hearing *AN*
héberge *GE*
hébichet *CR*

heiduque *FI*
heimatlos *AL*
henry *AN*
hérardisation *AN*
hercher *DI*
herd-book *AN*
hère *NE* (cerf)
hermandad *ES*
hetman *SL*
heurtequin *NE*
heuse *GE*
hickory *AM*
hidalgo *ES*
hie *NE*
highball *AN*
highlander *AN*
high-life *AN*
high-school *AN*
high-tech *AN*
highway *AN*
hiloire *ES*
hinayana *SA*
hindoustani *IN*
hinterland *AL*
hippogriffe *IT*
histidine *AL*
histogramme *AN*
hit *AN*
hittite *AN*
hobbisme *AN*
hoca *IT*
hocco *CA*
hodjatoleslam *AR*
hombre *ES*
home-rule *AN*
homespun *AN*
home-trainer *AN*
homing head *AN*

honing *AN*
hooligan *AN*
hopak *RU*
hoqueton *AR*
hornblende *AL*
horse-guard *AN*
horseman *AN*
horse power *AN*
horse-pox *AN*
horse-training *AN*
horst *AL*
hospodar *RU*
hot *AN*
hot money *AN*
hotu *DI*
houache *AN*
houaiche *AN*
houari *AN*
houligan *AN*
hourd *GE*
houret *DI*
houri *PE*
hourque *NE*
houseau *GE*
house-boat *AN*
housekeeping *AN*
hoverport *AN*
hucher *GE*
huerta *ES*
hula-hoop *AN*
hully-gully *AN*
humbug *AN*
hummock *AN*
hunter *AN*
hurdler *AN*
hurricane *AN*
husky *AN*
hydrocracking *AN*

hydrofoil *AN*
hylozoïsme *AN*
ibijau *CA*
icaque *CA*
ice-boat *AN*
ice-cream *AN*
ice-field *AN*
ice-floc *AN*
icoglan *TU*
iconique *AN*
ide *NO* (poisson)
igapo *AM*
igniteur *AN*
ignitron *AN*
igue *DI*
ikebana *JA*
ilang-ilang *MA*
imaging device *AN*
imam *AR*
immun *AN*
impala *AF*
impeachment *AN*
imposte *IT*
improper *AN*
in *AN*
incamérer *IT*
incarnadin *IT*
incentive *AN*
inch *AN*
incidentiel *AN*
inconsistant *AN*
incrément *AN*
indoor *AN*
indri *AF*
inductance *AN*
inexpédient *AN*
inexpressible *AN*
influenza *IT*
inlandsis *NO*
inlay *AN*
inlet *AN*
inselberg *AL*
insert *AN*
insight *AN*
insurgent *AN*
intaille *IT*
in-take *AN*
intension(*sic*) *AN*
interactif *AN*
intercourse *AN*
interface *AN*
interférent *AN*
interféron *AN*
interfluve *AN*
interlingual *AN*
interlock *AN*
intermezzo *IT*
intersecting *AN*
intertidal *AN*
intubation *AN*
iourte *RU*
ippon *JA*
irish-coffee *AN*
irrédentisme *IT*
isoprène *AN*
isostasie *AN*
ixtle *CA*
jabiru *AM*
jable *CE*
jaborandi *AM*
jacamar *AM*
jacaranda *AM*
jack *AN*
jack-knife *AN*
jackpot *AN*
jacobite *AN*
jaconas *IN*
jacqueline *DI*
jacquemart *PR*
jaguarondi *AM*
jaïnisme *IN*
jalap *ES*
jambose *MA*
jambosier *MA*
jamming *AN*
jangada *IN*
jaque *IN*
jaquemart *PR*
jar *DI*
jard *GE*
jarde *AR*
jardon *AR*
jargon *IT* (diamant)
jarosse *DI*
jarousse *DI*
jarovisation *RU*
jas *PR*
jaseran *AR*
jass *AL*
jaumière *SC*
jaunting-car *AN*
javart *DI*
javotte *CE*
jazz-band *AN*
jazzman *AN*
jenny *AN*
jet-piercing *AN*
jet-set *AN*
jet-society *AN*
jet-stream *AN*
jettatura *IT*
jigger *AN*
jingle *AN*
jingoïsme *AN*

jocasse *GE*
jockey-club *AN*
jocko *AF*
jodhpurs *IN*
jodler *AL*
jogger *AN*
joint-venture *AN*
jomon *JA*
joruri *JA*
jote *CE*
jubarte *AN*
julep *PE*
jumart *PR*
jumbo *AN*
jumbo-jet *AN*
jumper *AN*
jumpeur *AN*
junker *AL*
junkie *AN*
kabic *BR*
kabig *BR*
kabuki *JA*
kacha *RU*
kachapi *MA*
kache *RU*
kachkaval *SL*
kaïnite *AL*
kala-azar *IN*
kali *AR*
kalmia *NO*
kalmouk *SI*
Kama-sutra *IN*
kamala *SA*
kami *JA*
kamichi *AM*
kamik *AM*
kammerspiel *AL*
kan *PE*
kana *JA*
kandjar *AR*
kanji *JA*
kaoliang *AS*
karaïte *HE*
karakul *RU*
karata *AM*
karbau *MA*
karma *SA*
karman *AN*
kava *OC*
keepsake *AN*
keffieh *AR*
kéfir *SI*
kendo *JA*
képhir *SI*
kérabau *MA*
kermès *PE*
ketch *AN*
ketmie *AR*
keyman *AN*
keynésien *AN*
keynésisme *AN*
khâdi *IN*
khamsin *AR*
khan *PE*
kharidjisme *AR*
khat *AR*
khédive *PE*
kiboko *AF*
kid *AN*
kief *TU*
kieselguhr *AL*
kiesérite *AL*
kilim *TU*
killer *AN*
kinesthésie *AN*
king-charles *AN*
kinkajou *AM*
kino *IN*
kippa *HE*
kipper *AN*
kittiwake *AN*
kleenex *AN*
klippe *AL*
klystron *AN*
knack *AN*
knock-down *AN*
knockouter *AN*
know-how *AN*
kobold *AL*
kodak *AN*
kofun *JA*
kolinski *RU*
kommandantur *AL*
komsomol *RU*
konzern *AL*
koto *JA*
koubba *AR*
kouhan-houa *AS*
koumis *RU*
koumys *RU*
kraal *NE*
krak *AR*
kraken *NO*
kreuzer *AL*
kriss *MA*
kronprinz *AL*
kroumir (?)
kruiser *AL*
ksar *SE*
kumi-kata *JA*
kvas *RU*
kwas *RU*
kymrique *CE*
label *AN*

labferment *AL*
labour *AN*
laccolite *AN*
lac-dye *AN*
laceron *DI*
lactucarium *AN*
lady *AN*
ladylike *AN*
ladyship *AN*
lagan *SC*
lager *AN*
lagre *AL*
laîche *GE*
laie *GE*
laird *AN*
lakiste *AN*
lamanage *NE*
lamaneur *NE*
lamantin *CA*
lambeth walk *AN*
lambic(k) *DI*
lambrequin *NE*
lambswool *AN*
lampas *GE* (étoffe)
lampas *GE* (vétér.)
lampourde *PR*
land art *AN*
landgrave *AL*
landier *CE*
landing *AN*
landlord *AN*
landrover *AN*
landsturm *AL*
landtag *AL*
landwehr *AL*
languerie *IT*
langur *IN*
lansquenet *AL*
lantana *CE*
lantanier *CE*
lapping *AN*
laque-dye *AN*
largue *PR*
last(e) *NE*
lasting *AN*
latanier *CA*
latitudinarien *AN*
lattice *AN*
launch *MA*
launching *AN*
lavaret *DI*
lavatory *AN*
lawn-tennis *AN*
lawrencium *AN*
lawsonia *AN*
lawyer *AN*
laye *NE*
layman *AN*
lay-out *AN*
lazzarone *ES*
leadership *AN*
lease-back *AN*
leavers *AN*
leg *AN*
lège *NE*
legged *AN*
leggin(g)s *AN*
leghorn *AN*
leishmania *AN*
lem *AN*
lemon-grass *AN*
lendore *GE*
lésinerie *IT*
leu *RO*
leude *GE*
lévite *HE*
li *AS*
liais *CE*
lias *AN*
libeccio *IT*
libero *IT*
liberty *AN*
liberty-ship *AN*
libretto *IT*
licenseur *AN*
lie *DI* (joyeuse)
life-boat *AN*
life-guard *AN*
lift *AN*
liftman *AN*
ligand *AN*
light-boat *AN*
light-show *AN*
ligne *AN* (gamme)
ligot *DI*
liman *RU*
lime *AR*
limerick *AN*
limestone *AN*
limestre *AN*
limette *AR*
liminal *AN*
limited *AN*
limitman *AN*
limon *CE* (brancard)
limon *PE* (citron)
liner *AN*
linga(m) *SA*
lingam *AN*
lingue *AN*
linguet *DI*
linkage *AN*
links *AN*
linoléique *AN*

linsang *MA*
linter *AN*
lion *AN* (dandy)
lioube *DI*
lip-gloss *AN*
liquidambar *ES*
lisp *AN*
liste *GE*
listeau *IT*
listel *IT*
litham *AR*
litorne *NE*
litsam *AR*
liveryman *AN*
llanos *ES*
load *AN*
loader *AN*
loafer *AN*
loam *AN*
loanda *IT*
lobbyist *AN*
lobélie *DI*
locher *GE*
locman *NE*
lof *NE*
lofing-match *AN*
loft *AN*
loggerhead *AN*
log-house *AN*
lok *AR*
lollard *AN*
londrès *ES*
londrin *AN*
long acting *AN*
longane *AS*
long drink *AN*
long playing *AN*
longrine *IT*
looch *AR*
look *AN*
looser *AN*
loran *AN*
lord-maire *AN*
lordship *AN*
lori *MA*
loris *NE*
lorry *AN*
loser *AN*
lougre *AN*
loure *DI*
love *AN* (savon)
lovelace *AN*
lovetel *AN*
luddiste *AN*
luffa *AR*
lug-sail *AN*
lumachelle *IT*
lumpenprolétariat *AL*
lunel *ES*
lusin *NE*
luzule *IT*
lycra *AN*
lyddite *AN*
lyric *AN*
lysergique *AL*
lysozyme *AN*
macache *AR*
maccartisme *AN*
macchiaioli *IT*
maceron *IT*
macfarlane *AN*
mâchicoulis *SE*
mâchurer *PI*
mackintosh *AN*
macle *DI*
macumba *PO*
madrapolam *IN*
maërl *BR*
mage *PR* (droit)
maghzen *AR*
magnan *PR*
magnanerie *PR*
magnat *SL* (titre)
mahaleb *AR*
mahayana *SA*
mahdi *AR*
mahogany *AN*
mahonia *ES*
mahonne *TU*
maid *AN*
maiden *AN*
mail-coach *AN*
mainate *IN*
maïzena *AN*
maje *PR*
majolique *IT*
majoral *PR*
majorat *ES*
make-up *AN*
makemono *JA*
makhzen *AR*
makila *BA*
malines *ES*
malle des Indes *AN*
malocclusion *AN*
malposition *AN*
mamamouchi *AR*
mambo *ES*
mammea *CA*
mana *OC*
manade *ES*
management *AN*
manager *AN*
mancenille *ES*

mandala *SA*
mandale *IT*
mandorle *IT*
mangle *MA*
mangoustan *MA*
manifold *AN*
maniguette *ES*
manille *MA* (cigare)
manne *NE* (panier)
mannequin *NE* (panier)
manoque *DI*
mantra *SA*
mantre *SA*
manuélin *PO*
manyatta *AF*
maous *DI*
maquer *DI*
maraamu *OC*
maraca *ES*
maracudja *AM*
maracunja *AM*
marasque *IT*
maravédis *AR*
marc *GE* (d'argent)
marcaire *AL*
maremme *IT*
marennine *AN*
marfil *AR*
margaille *CE*
margay *AM*
margouillis *GE*
marie-jeanne *AN*
marimba *AF*
maringouin *AM*
marouette *PR*
maroufle *DI*
marprime *NE*
marquette *ES*
marrane *AR*
marre *DI* (houe)
marshal *AN*
marshmallow *AN*
martagon *ES*
martensite *AL*
martini *AN*
maryland *AN*
mascaron *IT*
maser *AN*
maskinongé *AM*
massicot *AR* (vernis)
massorah *HE*
mastaba *AR*
mastère *AN*
mastiff *AN*
mastigadour *ES*
mastrelle *AL*
mastroquet *DI*
matamata *ES*
matasse *IT*
matassin *AR*
matchiche *PO*
matchmaker *AN*
match-play *AN*
matras *CE* (flèche)
matras *AR* (vase)
matrilinéaire *AN*
matrilocal *AN*
matriochka *RU*
mattoïde *IT*
maudille *ES*
maul *AN*
mauve *AN* (mouette)
mauvis *DI*
maximation *AN*
maximisation *AN*
maximiser *AN*
maxwell *AN*
mazette *DI*
mazot *DI*
mbaré *AF*
meccano *AN*
mechta *AR*
medal-play *AN*
medecine-ball *AN*
medecine-man *AN*
médersa *AR*
médianoche *ES*
médicastre *IT*
medicine-ball *AN*
medicine-man *AN*
mégalopole *AN*
mégalopolitain *AN*
mègue *CE*
meiji *JA*
meistre *IT*
méjanage *PR*
melchite *SE*
melting-pot *AN*
men's lib *AN*
menchevik *RU*
mendole *PR*
ménestre *IT*
menhaden *AM*
méniane *IT*
menine *ES*
mennonite *AN*
menon *PR*
mensole *IT*
mentalisme *AN*
merceriser *AN*
merchandising *AN*
merengué *CA*
merl *BR*
merlin *NE* (cordage)

merlon *IT*
merzlota *RU*
mesa *ES*
mésair *IT*
mescal button *AN*
messer *IT*
mestre *IT*
méthodisme *AN*
méthodiste *AN*
métingue *AN*
mézair *IT*
mezza voce *IT*
mezzotinto *IT*
microprocessing *AN*
middle-class *AN*
middle-west *AN*
midship *AN*
midshipman *AN*
mihrab *AR*
mil *PE* (massue)
milady *AN*
milk-bar *AN*
milk-shake *AN*
millage *AN*
millefiori *IT*
milord *AN*
minahouet *CE*
minbar *AR*
mince-pie *AN*
mindel *AL*
minestrone *IT*
minimal art *AN*
minnesang *AL*
minnesänger *AL*
minnesinger *AL*
minois *BR*
minot *BR*
mint-julep *AN*
miocène *AN*
mir *RU*
mirlicoton *ES*
mispickel *AL*
miss *AN*
missing link *AN*
mistelle *ES*
mistenflûte *PR*
mister *AN*
miston *PR*
mistress *AN*
mitadenc *PR*
moa *OC*
mobile-home *AN*
modénature *IT*
modern style *AN*
modillon *IT*
moere *NE*
moksen *AM*
mollah *AR*
mollé *AM*
molto *IT*
monadnock *AN*
monazite *AL*
mondrain *CR*
monel *AN*
monisme *AL*
monitor *AN*
monoï *OC*
monopoly *AN*
moon boots *AN*
moque *NE* (marine)
moque *NE* (vase)
moquette *NE* (du cerf)
moraille *PR*
morasse *IT*
morbidesse *IT*
moret *DI*
morfil *AR*
morgeline *IT*
morula *AL*
mosette *IT*
mosso *IT*
motoball *AN*
motocross *AN*
motor-home *AN*
motorship *AN*
moucharabieh *AR*
moujingue *ES*
moukère *AR*
Mouloud *AR*
mound *AN*
mouquère *AR*
mourre *IT*
moussaka *TU*
mousse *DI* (émoussé)
moustiller *PR*
moviola *AN*
moxa *JA*
mozarabe *AR*
mozette *IT*
mozzarella *IT*
mucher *DI*
mudéjar *AR*
muder *PR*
mudra *SA*
muesli *AL*
muffin *AN*
muge *PR*
muire *DI*
muklok *AM*
mule-jenny *AN*
mulette *PO*
mullah *AR*
muntjac *MA*
murmel *AL*

musacée *AR*
muscadelle *PR*
muscardin *IT*
muscardine *IT*
muserole *IT*
muserolle *IT*
musli *AL*
must *AN*
nable *NE*
nacaire *AR*
nacarat *AR*
nafé *AR*
nafle *AR*
nagaïka *RU*
nahaïka *RU*
nankin *AS*
nansouk *IN*
nanzouk *IN*
narco-analyse *AN*
NASA *AN*
natron *AR*
natrum *AR*
naulage *DI*
nautonier *PR*
navel *AN*
navicert *AN*
naville *IT*
nebka *AR*
neck *AN*
négondo *MA*
néguentropie *AN*
negundo *MA*
nélombo *MA*
nem *AS*
néoprène *AN*
népérien *AN*
néré *AF*
néroli *IT*
netsuke *JA*
neutrino *IT*
newdeal *AN*
new-look *AN*
newsmagazine *AN*
newton *AN*
newtonisme *AN*
nhaqué *AS*
niaouli *OC*
night cap *AN*
night-club *AN*
nilgaut *PE*
ninas *ES*
nivereau *DI*
nix *AL*
nixe *AL*
nizeré *PE*
nocher *IT*
noèse *AL*
nomenklatura *RU*
nono *OC*
nonsense *AN*
nop(p)e *NE*
nore *DI*
norfolk *AN* (cheval)
norfolk *AN* (habit)
numatak *NO*
nunchaku *JA*
nuoc-mâm *AS*
nursery *AN*
nursing *AN*
obi *JA*
obsolescence *AN*
obsolescent *AN*
occlusion *AN*
octavin *IT*
octavon *ES*
octette *AN*
off-line *AN*
off-record *AN*
offshore *AN*
oflag *AL*
ogam *AN*
ogham *AN*
oghamique *AN*
ognette *IT*
oille *ES*
ola potrida *ES*
oléfine *AN*
ombudsman *NO*
omerta *IT*
oncle Sam *AN*
oncle Tom *AN*
ondatra *AM*
one-man-show *AN*
one-step *AN*
on-line *AN*
on-the-rocks *AN*
op art *AN*
openfield *AN*
opérande *AN*
orangiste *AN*
orchestrion *AL*
ordalie *AN*
organsin *IT*
oriel *AN*
origami *JA*
orin *NE*
orphie *NE*
orseille *AR*
orviétan *IT*
ossète *PE*
ossianique *AN*
ostinato *IT*
ouabaïne *AF*
ouaiche *AN*

ouananiche *AM*
ouaouaron *AM*
ouléma *AR*
oumiak *AM*
ounce *AN*
outlaw *AN*
output *AN*
outrigger *AN*
over arm stroke *AN*
overdrive *AN*
overkill *AN*
ozalid *AN*
paca *AM*
pacant *DI*
pacfung *AS*
pachalik *TU*
pack *AN*
package *AN*
package deal *AN*
packaging *AN*
packet-ship *AN*
packfung *AS*
pack-ice *AN*
pacquer *NE*
padding *AN*
paddy *MA*
padi(s)chah *PE*
paging *AN*
pagnoter *PR*
palafitte *IT*
palangre *PR*
palangrotte *PR*
palanque *IT*
pale-ale *AN*
palification *IT*
palifier *IT*
palmas *ES*
palombin *IT*
palonneau *GE*
paludier *DI*
palynologie *AN*
pampero *ES*
panard *PR*
panatel(l)a *ES*
pan-bagnat *PR*
panca *IN*
pancosmisme *AN*
pandanus *MA*
panicaut *PR*
panka *IN*
panlogisme *AL*
panmixie *AL*
pannequet *AN*
pantène *PR*
pantenne *PR*
pantoum *MA*
panty *AN*
panzer *AL*
paour *AL*
papalin *IT*
papegai *AR*
paperback *AN*
paperboard *AN*
par *AN*
paragon *AN*
paraguante *ES*
paranzella *IT*
parelle *DI*
parer *ES*
parère *IT*
paroli *IT*
parsi *PE*
partita *IT*
partition *AN*
partnership *AN*
pasquin *IT*
pasquinade *IT*
passacaille *ES*
passège *IT*
passing-shot *AN*
passivation *AN*
pastel *PR*
pastenade *DI*
pastenague *PR*
pat *IT*
pataras *PR*
patarasse *PR*
patard *PR*
patarin *IT*
patch *IN*
patraque *PR*
patrilinéaire *AN*
patrilocal *AN*
pattern *AN*
patterning *AN*
pauchouse *DI*
paumelle *PR*
pavesade *IT*
peautre *PI*
pébrine *PR*
pec *NE*
pécaïre *PR*
pecary *AM* (noix)
pechblende *AL*
pecque *PR*
pédestrian *AN*
pédiment *AN*
pédiplane *AN*
pédon *IT*
pedzouille *PR*
peeling *AN*
peille *PR*
pécan *AM*
pékin *AS*

pellet *AN*
pembina *AM*
pemmican *AM*
Pentagone *AN*
pent(h)ode *AN*
penthouse *AN*
péotte *IT*
pep *AN*
péperin *IT*
peppermint *AN*
perceptionnisme *AN*
perceptuel *AN*
perchman *AN*
perdrigon *PR*
performatif *AN*
pergélisol *AN*
péri *PE*
permafrost *AN*
permalloy *AN*
permien *RU*
permittivité *AN*
perspectivisme *AL*
pertantaille *DI*
pertintaille *DI*
pesade *IT*
pesat *DI*
pesse *DI*
pétéchie *IT*
pétrodollar *AN*
pétun *AM*
peuhl *AF*
peul *AF*
peulven *BR*
peyotl *CA*
pfennig *AL*
phénologie *AN*
philibeg *CE*
phoning *AN*
photogénique *AN*
phylétique *AL*
phylogenèse *AL*
phylogénie *AL*
phylum *AL*
physiogénie *AN*
phytotron *AN*
piane-piane *IT*
pianola *AN*
piassava *AM*
piazza *IT*
pibale *DI*
picholine *PR*
pick-up *AN*
picotin *DI*
piédouche *IT*
pie-mère *AR*
piémont *AN*
piétiste *AL*
piger *DI* (mesurer)
piggy-back *AN*
pignade *DI*
pignolat *PR*
pilbrock *CE*
pilchard *AN*
pillow-lava *AN*
pimbina *AM*
pinchard *DI*
pinchinat *PR*
pinque *NE*
pinscher *AL*
pinyin *AS*
pipa *CA*
pipal *IN*
pipe *AN*
pipéronal *AL*
pirojki *RU*
pitch *AN*
pite *AM*
più *IT*
pive *DI*
planèze *DI*
plansichter *AL*
plaque *NE*
plaquemine *AM*
plateresque *ES*
playback *AN*
play-girl *AN*
play-off *AN*
plenum *AN*
plésiosaure *AN*
pli *AN*
pliocène *AN*
ploc *NE*
plot *DI*
plum-cake *AN*
plum-pudding *AN*
pochouse *DI*
poco *IT*
podestat *IT*
podzol *RU*
poêle *DI*
pointille *IT*
polacre *IT*
polatouche *SL*
policeman *AN*
poljé *SL*
polling *AN*
poncire *PR*
pongo *AF*
poquer *NE*
poquet *DI*
porpoising *AN*
porque *PR* (marine)
porque *IT* (agriculture)
portland *AN*

portor *IT*
posada *ES*
postcombustion *AN*
posting *AN*
postsonorisation *AN*
potentialiser *AN*
poteur *AN*
potorou *OC*
potto *AF*
pottock *BA*
pottoro *OC*
poudingue *AN*
pouloper *AN*
pourridié *PR*
poutine *PR*
poutser *AL*
pragmaticisme *AN*
prahu *MA*
prame *TC*
prédelle *IT*
presbytérianisme *AN*
press-book *AN*
pressmark *AN*
presspahn *AL*
prestant *IT*
prestolet *PR*
prévalence *AN*
primage *AN*
printing *AN*
procédure *AN*
process *AN*
processeur *AN*
processif *AN*
procuratie *IT*
prohibitionniste *AN*
pronunciamento *ES*
proofreading *AN*
propène *AN*
propfan *AN*
prospect *AN*
protéide *AN*
provéditeur *IT*
provo *NE*
proxémique *AN*
pschent *SE*
ptomaïne *IT*
pubman *AN*
puche *DI*
puddler *AN*
puffin *AN*
puller *AN*
pullupper *AN*
pulque *ES*
pulsar *AN*
pulser *AN*
pulsomètre *AN*
pultrusion *AN*
pulvérin *IT*
pumping *AN*
puna *AM*
punca *IN*
punching-bag *AN*
puntarelle *PR*
puntillero *ES*
pupazzo *IT*
purau *OC*
purot *DI*
push-pull *AN*
puszta *FI*
putonghus *AS*
putter *AN*
putting-grass *AN*
putto *IT*
qaraïte *HE*
qasida *AR*
qat *AR*
quadrette *PR*
quark *AN*
quassia *CA*
quassier *CA*
quaterne *IT*
quaternion *AN*
quattrocento *IT*
qubla *AR*
quebracho *ES*
quercitron *AN*
quête *DI* (marine)
quetzal *AM*
quick look *AN*
quick lunch *AN*
quinoa *AM*
quinquenove *DI*
quintet *AN*
quintille *ES*
quipo *AM*
quipu *AM*
quirat *AR*
quiscale *IN*
quiz *AN*
quôc-ngu *AS*
raban *NE*
rabiole *PR*
rabouillère *DI*
raca *SE*
racahout *AR*
racer *AN*
racing *AN*
Racing-Club *AN*
rack *AN*
racketter *AN*
racketteur *AN*
racking *AN*
radian *AN*
radiomètre *AN*

radoire *PR*
radôme *AN*
raft *AN*
rafting *AN*
ragtime *AN*
raguer *NE*
rahat-loukoum *AR*
raia *TU*
raider *AN*
raillère *DI*
rail-route *AN*
rain *NE*
raiponce *IT*
raïs *AR*
raki *AR*
ralingue *NE*
rallye-man *AN*
rallye-papier *AN*
ram *AN*
ramade *PR*
ramasse *IT* (traîneau)
ramberge *AN*
ramie *MA*
ramingue *IT*
rancart *DI*
rancher *AN*
ranchman *AN*
rancho *ES*
rancio *ES*
randomisation *AN*
randomiser *AN*
range finding *AN*
ranger *AN* (chaussure)
ranger *AN* (soldat)
rangier *NO*
ranging *AN*
rani *SA*
ranz *AL*
raout *AN*
râpes *AL*
raque *NE*
raquer *DI*
ras *AR*
rash *AN*
raskol *RU*
raspoutitsa *RU*
rasta *ES*
rastaquouère *ES*
rastel *PR*
ratafia *CR*
rating *AN*
ratio *AN*
ravelin *IT*
ravenala *AF*
ray-grass *AN*
raya *TU*
réactance *AN*
ready-made *AN*
réal *ES* (monnaie)
réale *ES* (galère)
réalgar *AR*
rebec *AR*
recorder *AN*
recording *AN*
recordwoman *AN*
redintégration *AN*
redoul *PR*
redoute *IT*
redowa *TC*
réflexibilité *AN*
réflexible *AN*
reformage *AN*
reforming *AN*
réfracter *AN*
réfrangibilité *AN*
réfrangible *AN*
refuznik *RU*
reg *AR*
regency *AN*
Reichsmark *AL*
Reichstag *AL*
reis *AR*
reloqueter *DI*
réluctance *AN*
rem *AN*
rémiz *SL*
remote *AN*
remoulin *IT*
rendzine *SL*
repolon *IT*
reporting *AN*
reprint *AN*
reprocessing *AN*
requeté *ES*
résilience *AN*
résistivité *AN*
résorcine *AN*
ressaut *IT*
rest-house *AN*
retirade *IT*
retriever *AN*
reversi(s) *IT*
revival *AN*
revolin *PR*
revolving *AN*
rewriter (n.) *AN*
rewriter (v.) *AN*
rewriting *AN*
rhéologie *AN*
rhingrave *AL*
rhumb *AN*
ria *ES*
rial *PE*
ribat *AR*

ribaud *AL*
ribaudequin *NE*
ribésiacée *AR*
ribler *GE*
riblon *GE*
ribord *PO*
ricercare *IT*
rickshaw *IN*
riding *AN*
riel *AS*
rif(f)e *IT*
riffle *IT*
rifler *AL*
rift *AN*
rimaye *DI*
rinforzando *IT*
ring *AL* (boulevard)
ringard *AL*
rink *AN*
ripieno *IT*
ripper *AN*
ripple-mark *AN*
ris *SC*
risban *NE*
risberme *NE*
riser *AN*
rissole *PR*
ritardando *IT*
rivelaine *DI*
rixdale *AL*
roadster *AN*
rob *AN* (bridge)
rob *AR* (sirop)
robre *AN*
rocella *ES*
rocelle *ES*
rochet *GE* (arme)
rochet *GE* (tunique)
roc(k) *AR*
rockerie *AN*
rocket *AN*
rock-song *AN*
rocou *AM*
rognonnade *PR*
rogue *SC*
rohart *SC*
rolfing *AN*
roll-back *AN*
roller-catch *AN*
roller-skate *AN*
rollier *AL*
rollmops *AL*
roll on-roll off *AN*
romancero *ES*
romani *TS*
romanistique *AL*
romano *TS*
rondache *GE*
roof *AN*
rooter *AN*
roquerie *AN*
roquet *DI*
roquetin *GE*
roquette *IT* (botanique)
roson *IT*
rossolis *IT*
roestis *AL*
rot *AN* (vigne)
rotang *MA*
rotary *AN*
rote *GE*
rotengle *AL*
roténone *JA*
roubignoles *PR*
roudou *PR*
rough *AN*
roumi *AR*
rouquette *IT*
roustir *PR*
rouvieux *DI*
rowing *AN*
rubato *IT*
rubican *ES*
ruf(f)ian *GE*
rumb *AN*
runabout *AN*
rune *SC*
rye *AN*
sabéen *SE*
sabine *PR*
sable *SL* (blason)
sabretache *AL*
sachem *AM*
sacre *AR* (oiseau)
sagard *AL*
sagne *DI*
sagou *MA*
sagum *CE*
Sahel *AR*
saï *AM*
saie *CE*
saïga *RU*
saïmiri *AM*
sajou *AM*
saki *AM*
sakieh *AR*
salade *IT* (casque)
saladero *ES*
salangane *MA*
salat *AR*
salbande *AL*
salep *AR*
salicional *AL*
salicoque *DI*

salicor *AR*
salicorne *AR*
salsepareille *AR*
saltarelle *IT*
salto *IT*
salve *ES* (soucoupe)
samara *PE*
samizdat *RU*
sam-lô *AS*
sammy *AN*
samoyède *RU*
san-benito *ES*
sancir *DI*
sanderling *AN*
sandhi *SA*
sandjak *TU*
sandow *AN*
sandre *NE*
sanforisé *AN*
sanhédrin *SE*
santoline *DI*
santon *ES* (ascète)
santonine *DI*
sanza *AF*
sapan *MA*
sapèque *MA*
saphène *AR*
sapiteur *PR*
sapote *CA*
sapotille *CA*
sar *DI*
sar *PR* (poisson)
sardane *ES*
sargasse *PO*
sarong *MA*
saroual *AR*
sarouel *AR*
sart *DI*
sashimi *JA*
sassafras *AM*
sasse *PR*
satî *IN*
satori *JA*
saupe *DI*
saxhorn *AL*
sayon *CE*
scabellon *IT*
Scala-Santa *IT*
scalaire *AN*
scalde *SC*
scalopping *AN*
scampi *IT*
scanning *AN*
scarole *IT*
scat *AN*
scattering *AN*
scenic railway *AN*
schappe *AL*
scheider *AL*
schéol *HE*
schlague *AL*
schlaguer *DI*
schlamm *AL*
schlich *AL*
schnauzer *AL*
schnick *AL*
schnorchel *AL*
schnorkel *AL*
schofar *HE*
schooner *AN*
schore *AL*
schorre *DI*
schproum *AL*
schupo *AL*
schwepping *AN*
scorpène *PR*
scorsonère *IT*
scottish *AN*
scottish-terrier *AN*
scoured *AN*
scout-car *AN*
scramasaxe *GE*
scrambling *AN*
scraper *NE*
scratch *AN*
scratcher *AN*
scratch score *AN*
scribler *AN*
scrub *AN*
scrubber *AN*
scull *AN*
sea-line *AN*
sealskin *AN*
sébeste *AR*
sebkha *AR*
sécession *AN*
secko *AF*
sedia gestatoria *IT*
seersucker *AN*
segala *PR*
seghia *AR*
ségrég(u)é *AN*
séguedille *ES*
seguia *AR*
seguidilla *ES*
seille *DI*
selecting *AN*
self *AN*
self-defence *AN*
self-government *AN*
self-inductance *AN*
self-induction *AN*
self-trimmer *AN*
self-trimming *AN*

selva *PO*
selve *PO*
sémasiologie *AL*
sémillon *DI*
sen *JA*
senau *NE*
sendouk *TU*
senghi *JA*
séniorité *AN*
señorita *ES*
senseur *AN*
sépiolite *AL*
sépoule *DI*
séquenceur *AN*
séran *DI*
sérancer *CE*
serdab *PE*
serial *AN*
sérieuseté *IT*
seringueiro *PO*
sériosité *IT*
sérotonine *AN*
serra *ES*
serron *ES*
sertão *PO*
serventois *PR*
servicing *AN*
sesbania *AR*
sesbanie *AR*
séton *PR*
settlement *AN*
sex-shop *AN*
sextine *IT*
sforzando *IT*
sfumato *IT*
sgraffite *IT*
shake-hand *AN*
shama *IN*
sharia *AR*
shaving *AN*
shed *AN*
sherry *AN*
shiatsu *AS*
shimmy *AN*
shingle *AN*
shintô *JA*
shipchandler *AN*
shirting *AN*
shocking *AN*
shoot *AN*
shooter *AN*
shooting *AN*
shopping-center *AN*
shorthorn *AN*
short-story *AN*
showroom *AN*
shrapnel(l) *AN*
shunt *AN*
sidi *AR*
siding *AN*
siemens *AL*
sierra *ES*
sievert *AN*
sigisbée *IT*
signalé *IT*
sikh *SA*
silentbloc *AN*
sillet *IT*
silt *AN*
silurien *AN*
simar(o)uba *AM*
simarre *IT*
single *AN*
singleton *AN*
singspiel *AL*
sinn-feiner *AN*
sir *AN*
sirdar *PE*
sirvente *PR*
sister-ship *AN*
sitar *IN*
sizerin *DI*
skating *AN*
skeet *AN*
skeleton *AN*
ski-bob *AN*
skidoo *AN*
skinhead *AN*
skip *AN*
skye-terrier *AN*
sky-scraper *AN*
slacks *AN*
slang *AN*
slice *AN*
slicer *AN*
slick *AN*
slikke *DI*
slip *GE* (plan incliné)
sloop *NE*
slot-machine *AN*
sloughi *AR*
slum *AN*
smalt *IT*
smart *AN*
smog *AN*
smolt *AN*
smorzando *IT*
smurf *AN*
snaking *AN*
sniffer *AN*
sniffing *AN*
sociodrame *AN*
sodoku *JA*
soffite *IT*

soft *AN*
software *AN*
sol *ES* (monnaie)
sol *AN* (solution)
soldanelle *IT*
solea *ES*
solicitor *AN*
somite *AN*
sophora *AR*
sostenuto *IT*
sotch *PI*
souahéli *AR*
soubreveste *IT*
sou-chong *AS*
soudan *AR*
s(o)ufi *AR*
souï-manga *AF*
soul *AN*
soulane *DI*
sounding *AN*
souquenille *SL*
souquet *PR*
sourdeline *IT*
soutanelle *IT*
soutrage *DI*
space opera *AN*
spadelle *NE*
spadille *ES*
spallation *AN*
spalmer *IT*
spalt *AL*
spalter *AL*
spardeck *AN*
sparring-partner *AN*
speakeasy *AN*
speed *AN*
speedé *AN*
speiss *AL*
spencer *AN*
spider *AN*
spiegel *AL*
spin *AN*
spinelle *IT*
spinning *AN*
spleenétique *AN*
splénétique *AN*
spoiler *AN*
sponsoring *AN*
spoon *AN*
sporting club *AN*
sportsman *AN*
sportswear *AN*
sportwear *AN*
spoutnik *RU*
sprechgesang *AL*
spring-back *AN*
springbok *NE*
springer *AN*
sprue *AN*
squat *AN*
squeezer *AN*
squire *AN*
stadhouder *NE*
stadthalter *AL*
stage coach *AN*
stagflation *AN*
stainless *AN*
stakning *NO*
stampede *ES*
stand-by *AN*
stangue *IT*
star-system *AN*
starets *RU*
stariets *RU*
starking *AN*
staroste *SL*
starting-gate *AN*
stathouder *NE*
station-wagon *AN*
stator *AN*
stawug *NO*
stayer *AN*
steamboat *AN*
steam-cracking *AN*
steam reforming *AN*
steering *AN*
stellage *AL*
stenté *IT*
stepper *AN*
steppeur *AN*
sterlet *RU*
sterne *AN*
stick *AN*
sti de gram *NE*
stilton *AN*
stocker *AN*
stock-exchange *AN*
stockfisch *NE*
stocking *AN*
stock-shot *AN*
stoff *AN*
stoker *AN*
stop-and-go *AN*
stop-over *AN*
story-board *AN*
stoupa *IN*
strafing *AN*
strapasser *IT*
strasse *IT*
streaker *AN*
streaking *AN*
stretch *AN*
strette *IT*
string *AN*

strip *AN*
strip-line *AN*
stripper *AN*
stripping *AN*
stropiat *IT*
stucateur *IT*
stud-book *AN*
stupa *IN*
subliminal *AL*
subrécargue *ES*
subrécot *PR*
suffète *HE*
sukiyaki *JA*
sulla *AR*
sumac *AR*
sumo *JA*
sunna *AR*
superman *AN*
supertanker *AN*
superwelter *AN*
surah *IN*
surbooking *AN*
surboum *AN*
surestarie *ES*
surf-board *AN*
surfer *AN*
surfing *AN*
surge *PR*
suricate *NE*
surikate *NE*
surimono *JA*
sutémi *JA*
s(o)utra *SA*
swap *AN*
sweating-system *AN*
switching *AN*
synapse *AN*
systémique *AN*
tabaschir *AR*
tabis *AR*
tabla *IN*
tablar *PR*
tabloïd(e) *AN*
tabloin *ES*
T-bone *AN*
tabor *AR*
tacaud *BR*
tacca *MA*
tacheman *AN*
tacle *AN*
tacon *GE* (cuir)
tacon *CE* (saumon)
taconeos *ES*
taël *MA*
tafia *CR*
tagal *OC*
tai-chi-chuan *AS*
taisson *DI*
take-off *AN*
taleth *HE*
tallipot *MA*
tallith *HE*
talpack *TU*
tam *AN*
tamandua *AM*
tamil *SA*
tamoul *SA*
tamouré *OC*
tampico *ES*
tangara *AM*
tangon *NE*
tangue *SC*
tanrec *AF*
tantra *SA*
tao *AS*
tapacolo *ES*
tape *PR*
tapenade *PR*
taque *DI*
tarantass *RU*
tarbouch(e) *TU*
tarentelle *IT*
tarlatane *PO*
tarmac *AN*
tarmacadam *AN*
taro *OC*
tarpan *TU*
tarpon *AN*
tartane *PR* (navire)
tartane *PR* (oiseau)
tassette *AL*
tassili *SE*
tata *AF* (résidence)
tatami *JA*
taube *AL*
taud(e) *SC*
taurec *AF*
tavaïolle *IT*
taxi-boy *AN*
taxi-girl *AN*
taxiway *AN*
tchador *PE*
tcharchaf *TU*
Tchéka *RU*
tcheng *AS*
tchérémisse *RU*
tchernoziom *RU*
tchervonets *RU*
tchirou *IN*
tchitola *AF*
tea-gown *AN*
tea-room *AN*
teaser *AN*
teasing *AN*

technicolor *AN*
teddy-bear *AN*
tee *AN*
teen-age *AN*
teen-ager *AN*
téju *AM*
téléga *RU*
télègue *RU*
telemeasuring *AN*
telemetering *AN*
téléphérage *AN*
teleprocessing *AN*
telewriting *AN*
telexing *AN*
tell *AR*
telson *AN*
tempera *IT*
tennis-elbow *AN*
ténorino *IT*
tenuto *IT*
teocalli *CA*
tequila *ES*
terpène *AL*
terpine *AN*
terral *PR*
terramare *IT*
terza rima *IT*
terzetto *IT*
tesla *SL*
test-match *AN*
tester *AN*
teston *IT*
tête d'œuf *AN*
tette *AL*
teurec *AF*
thaler *AL*
thallium *AN*
thane *AN*
théisme *AN*
théorétique *AL*
t(h)ephillim *HE*
thrill *AN*
tian *PR*
tiavali *AF*
ticketing *AN*
till *AN*
tille *SC* (hachette)
tille *AN* (tiroir)
tillite *AN*
time-sharing *AN*
tin *PR*
tinamou *CA*
tincal *AR*
tinkal *AR*
tipi *AM*
tiqueté *DI*
tiré *GE*
tire-braise *PR*
titre *SC*
toaster *AN*
toasteur *AN*
tobogganing *AN*
toffee *AN*
tokai *FI*
tokamak *RU*
tokay *FI*
tolet *SC*
tombac *MA*
tombolo *IT*
tommy *AN*
tonca *CA*
tondin *IT*
tondre *SC*
tonic *AN*
tonka *CA*
tonnage *AN*
tonton macoute *CA*
topette *DI*
topless *AN*
top niveau *AN*
topping *AN*
top secret *AN*
topu *JA*
torana *SA*
torii *JA*
torpédo *AN*
tortorer *PR*
tory *AN*
toto *DI*
touaille *GE*
touareg *AR*
toubab *AF*
tough guys *AN*
touloupe *RU*
toungouze *AS*
toupin *PR*
touque *PR*
touraco *AF*
tourd *PR*
tourdille *ES*
tourin *DI*
touring *AN*
tourlourou *CR*
tourne-pierre *AN*
touron *ES*
tourtouse *PR*
touselle *PR*
trabac *IT*
traban *AL*
trabouler *DI*
trabuco *ES*
tracaner *IT*
tracking *AN*
trade-mark *AN*
trade-union *AN*
tramp *AN*
tramping *AN*

transfini *AL*
translocation *AN*
trapping *AN*
trattoria *IT*
travade *PO*
tre-sept *IT* (jeu de cartes)
trekking *NE*
trelingage *IT*
trenail *AN*
trend *AN*
trépang *MA*
triage *CE* (contour)
trias *AL*
tric(k) *AN*
trickster *AN*
tricoises *DI*
tricouse *NE*
tride *ES*
trie *DI*
triforium *AN*
trigaud *NE*
trimmer *AN*
tringa *IT*
trinquart *AN*
trinquet *IT*
trinquette *IT*
trip *AN* (drogue)
trip *AN* (voyage)
tripang *MA*
trirègne *IT*
trisser *AL*
trivelin *IT*
troll *SC*
trolle *AL*
tromba *AF*
trommel *AL*
trotting *AN*
trouble *DI* (filet)
troussequin *DI*
truble *DI*
truc(k) *AN*
trudgeon *AN*
trullo *IT*
trusquin *DI*
trustee *AN*
tsarévitch *RU*
tsunami *JA*
tubeless *AN*
tubing *AN*
tudesque *AL*
tumbling *AN*
tupinambis *AM*
turbeh *AR*
turbith *AR*
turco *AR*
turista *ES*
turnep(s) *AN*
turnover *AN*
turquin *IT*
tussah *IN*
tussau *IN*
tuthie *AR*
tutie *AR*
tutti *IT*
tutti quanti *IT*
tween *AN*
tweeter *AN*
twin-set *AN*
twirling *AN*
ubac *DI*
uhlan *SI*
uléma *AR*
ulluque *AM*
ulster *AN* (manteau)
unau *AM*
underground *AN*
understatement *AN*
underworld *AN*
uniate *RU*
unidimensionnel *AN*
Union Jack *AN*
unionisme *AN*
unioniste *AN*
unitarien *AN*
unitarisme *AN*
up to date *AN*
upas *MA*
upwelling *AN*
urf *AN*
urubu *AM*
usnée *AR*
usquebac *CE*
utilitarisme *AN*
vacive *PR*
vaigre *SC*
vaisya *SA*
valleuse *DI*
vanda *IN*
vandoise *CE*
vanity-case *AN*
vapor-lock *AN*
vaquero *ES*
varactor *AN*
varaigne *PI*
varangue *GE*
vare *ES*
varicop *AN*
var(r)on *PR*
varve *NO*
vedika *SA*
veillaque *IT*
velche *AL*
veld(t) *NE*
velte *AL*
velvet *AN*
venette *DI*
ventolier *PR*

vergne *CE*
vergobret *CE*
verret *DI*
vesou *CR*
vessigon *IT*
vibord *SC*
victoria *AN*
victorien *AN*
vidicon *AN*
vidrecome *AL*
vielle *PR*
viguier *PR*
vihara *SA*
vilayet *AR*
villanelle *IT*
vimana *SA*
vina *IN*
vindas *SC*
virevaut *PR*
virginie *AN*
visbreaking *AN*
viscache *IN*
vocero *DI*
vocodeur *AN*
voiturin *IT*
voïvode *SL*
volapük *AN*
vomito negro *ES*
voucher *AN*
vouge *CE*
wacre *DI*
wading *AN*
walk-over *AN*
walkyrie *SC*
wallaby *OC*
wapiti *AM*
wargame *AN*
warning *AN*
warrant *AN*
wassingue *DI*
watchman *AN*
watergang *NE*
wateringue *DI*
waterproof *AN*
waterproofing *AN*
waterzoi *DI*
wattman *AN*
weber *AL*
welche *AL*
welding *AN*
weltanschauung *AL*
welter *AN*
wergeld *AL*
wharf *AN*
whig *AN*
whipcord *AN*
wigwam *AM*
wil(l)aya *AR*
winch *AN*
windsurf *AN*
winning-post *AN*
wintergreen *AN*
wired brosdcasting *AN*
wishbone *AN*
witloof *AN*
wombat *OC*
women's lib *AN*
woofer *AN*
yacht-club *AN*
yachtman *AN*
yakimono *JA*
yama-maï *JA*
yamba *AF*
yang *AS*
yass *AL*
yawl *AN*
yearling *AN*
yeoman *AN*
yes-man *AN*
yéti *IN*
yin *AS*
ylang-ylang *MA*
yodler *AL*
yohimbehe *AF*
Yom Kipp(o)ur *HE*
yoni *SA*
youdi *AR*
youpin *AR*
yourte *RU*
youtre *AL*
yucca *CA*
yumi *JA*
zain *AR*
zakat *AR*
zambo *ES*
zani *IT*
zaouïa *AR*
zapping *AN*
zarzuela *ES*
zawiya *AR*
zellige *AR*
zemstvo *RU*
zénana *IN*
zerumbet *PE*
zheng *AS*
zimbu *AF*
zingaro *IT*
zinzolin *AR*
zip *AN*
zipper *AN*
zloty *SL*
zoning *AN*
zorille *ES*
zuc(c)hette *IT*

Index des langues

Afin de permettre de les retrouver plus aisément, les langues ont été classées par ordre alphabétique dans la liste ci-dessous, qui précise pour chacune d'entre elles :

– le nom de la famille à laquelle elle se rattache, avec éventuellement des indications géographiques ;
– en italique, un exemple de mot français venant de cette langue ;
– entre crochets, le nombre total des mots recueillis aussi bien dans le « Trésor » que dans le Complément au « Trésor » ;
– le chapitre où elle a fait l'objet d'un commentaire particulier dans la première partie de l'ouvrage ou sa présence soit dans le « Trésor », soit dans l'annexe.

alsacien, indo-européen, germanique de l'Ouest (haut-allemand) ; ex. *kouglof* [10].V. ch. 4.

amérindiennes (langues) : algonquin, arawak, caraïbe, choctaw, esquimau, iroquois, nahualt, quechua, sioux, tupi-guarani [211].V. ch. 5, 8.

angevin, indo-européen, roman (oïl) ; ex. *mijaurée* [3].V. ch. 4.

anglais, langue indo-européenne germanique de l'Ouest (anglo-frison) ; ex. *sentimental* [2527].V. ch. 7.

anglo-normand, indo-européen, roman (oïl) – Jersey, Guernesey ; ex. *pieuvre* [4].V. ch. 4.

annamite, langue d'Asie du Sud-Est ; ex. *congaï* [2].V. Complément.

arabe, langue chamito-sémitique ; ex. *amiral* [420].V. ch. 4.

aragonais, indo-européen, roman – Espagne ; ex. *cuirasse* [1].V. ch. 5.

araméen, langue chamito-sémitique (ancienne) ; ex. *abbé* [6].V.ch. 4.

arménien, langue indo-européenne ; ex. *mâchicoulis* [1].V. Complément.

arawak, langue amérindienne – Antilles, Amérique du Sud ; ex. *maïs* [29].V. ch. 5, 8.

assyrien, langue chamito-sémitique (ancienne) ; ex. *ziggourat* [1].V. ch. 4.

australien, ex. *boomerang* [9].V. ch. 8.

auvergnat, indo-européen, roman (oc) ; ex. *bougnat* [6].V. ch. 4.

balte, langue indo-européenne ; ex. *élan* [1].V. ch. 6.

bantou, langue africaine ; ex. *banane* [11].V. ch. 4.

basque, langue euskarienne ; ex. *bizarre* [7].V. ch. 4).

béarnais, indo-européen, roman (oc) ; ex. *béret* [5].V. ch. 4.

berbère, langue chamito-sémitique – Afrique du Nord ; ex. *sagaie* [6].V. ch. 4.

berrichon, indo-européen, roman (oïl) ; ex. *champi* [2].V. ch. 4.

bourguignon, indo-européen, roman (oïl) ; ex. *plot* « billot » [1].V. Complément.

breton, langue indo-européenne celtique ; ex. *bijou* [39].V. ch. 1.

bulgare, langue indo-européenne slave ; ex. *kachkaval* [1].V. Complément.

canaque, langue malayo-polynésienne – Nouvelle-Calédonie ; ex. *goménol* [4].V. Complément.

caraïbe, langue amérindienne – Antilles, Amérique du Sud ; ex. *cannibale* [18].V. ch. 8.

catalan, langue indo-européenne romane – Espagne, France, Sardaigne ; ex. *gambas* [6].V. ch. 4.

caucasien, ex. *képhir* [1].V. Complément.

celtiques (langues) : **breton, gaélique, gallois, gaulois** [219].V. ch. 1.

cévenol, indo-européen, roman (oc) ; ex. *airelle* [1].V. ch. 4.

chamito-sémitiques (langues) : **arabe, araméen, assyrien, berbère, égyptien, éthiopien, hébreu, phénicien, syriaque** [493].V. ch. 4.

champenois, indo-européen, roman (oïl) ; ex. *sureau* [3].V. ch. 4.

chinois, langue sino-tibétaine ; ex. *kaolin* [39].V. ch. 5, 8.

choctaw, langue améridienne, groupe hoka-siou – Louisiane ; ex. *bayou* [1].V. ch. 8.

cinghalais, langue indo--européenne, groupe indien – ouest de Ceylan ; ex. *tourmaline* [9].V. ch. 5, 8.

corse, langue indo-européenne romane (groupe italien) ; ex. *maquis* [3].V. ch. 4.

créoles, parlers des Antilles, de la Guyane, de la Réunion ; ex. *biguine* [21].V. ch. 4.

croate, langue indo-européenne slave ; ex. *guzla* [2].V. Complément.

dalmate, langue indo-européenne romane (éteinte) – Yougoslavie ; ex. *galantine* [1].V. ch. 4.

danois, langue indo-européenne germanique du Nord (scandinave) ; ex. *lump* [2].V. ch. 6.

dauphinois, indo-européen, roman (francoprovençal) ; ex. *adret* [3].V. ch. 4.

égyptien, langue chamito-sémitique (ancienne) ; ex. *ébène* [4].V. ch. 4.

espagnol, langue indo-européenne romane ; ex. *camarade* [337].V. ch. 5.

esquimau (inuktitut), langue amérindienne – Amérique du Nord ; ex. *anorak* [6].V. ch. 8.

éthiopien, langue chamito-sémitique ; ex. *négus* [1].V. ch. 4.

éwé-fon, langue africaine, groupe kwa – golfe du Bénin ; ex. *vaudou* [4].V. ch. 8.

finno-ougriennes (langues) : **finnois, hongrois, lapon** [20].V. ch. 6.

finnois, langue finno-ougrienne – Finlande, Suède, Norvège, U.R.S.S. ; ex. *sauna* [1].V. ch. 6.

flamand, langue indo-européenne germanique de l'Ouest – Belgique, France ; ex. *kermesse* [17].V. ch. 4.

franc-comtois, indo-européen, roman (oïl) ; ex. *gamin* [5].V. ch. 4.

francique, langue indo-européenne germanique de l'Ouest (ancienne) ; ex. *blanc* [374].V. ch. 4.

francoprovençal : dauphinois, jurassien, lyonnais, romand (Suisse), savoyard, valaisan, valdôtain [54].V. ch. 4.

frison, langue indo-européenne germanique de l'Ouest (anglo-frison) ; ex. *savon* [4].V. ch. 3.

gaélique, langue indo-européenne celtique – Irlande, Écosse, île de Man. ; ex. *flanelle* [11].V. ch. 1.

galibi cf. caraïbe

gallois, langue indo-européenne celtique – pays de Galles ; ex. *gringalet* [8].V. ch. 1.

gascon, indo-européen, roman (oc) ; ex. *traquenard* [30].V. ch. 4.

gaulois, langue indo-européenne celtique (ancienne) ; ex. *alouette* [152].V. ch. 1.

germaniques anciennes (langues) : francique, frison, gotique, longobard, ancien scandinave [616].V. ch. 3.

gotique, langue indo-européenne germanique de l'Est (ancienne) ; ex. *choisir* [25].V. ch. 3.

gujarati, langue indo-européenne, groupe indien – nord-ouest de l'Inde ; ex. *coolie* [1].V. ch. 8.

hébreu, langue chamito-sémitique ; ex. *chérubin* [52].V. ch. 4.

hindi, langue indo-europénne, groupe indien – nord de l'Inde ; ex. *bungalow* [45].V. ch. 8.

hongrois, langue finno-ougrienne ; ex. *sabre* [16].V. ch. 6.

hottentot, langue africaine, groupe khoisan – Namibie ; ex. *gnou* [1].V. ch. 8.

ibère, langue pré-indo-européenne ; ex. *carapace* (?)[7].V. ch. 1.

iroquois, langue amérindienne – Amérique du Nord ; ex. *sachem* [2].V. Complément.

irlandais cf. gaélique

islandais, langue indo-européenne germanique du Nord (scandinave) ; ex. *geyser* [3].V. ch. 6.

italien, langue indo-européenne romane ; ex. *boussole* [1077].V. ch. 5.

japonais, ex. *bonze* [72].V. ch. 8.

jurassien, indo-européen, roman (francoprovençal) ; ex. *boui-boui* [2].V. ch. 4.

khmer, langue d'Asie du Sud-Est ; ex. *riel* [2].V. Complément.

kwa (langues) : **éwé-fon** [4].V. ch. 8.

languedocien, indo-européen, roman (oc) ; ex. *palombe* [12].V. ch. 4.

lapon, langue finno-ougrienne ; ex. *toundra* [2].V. ch. 6.

ligure, langue pré-indo-européenne ; ex. *tomme* [3].V. ch. 1.

limousin, indo-européen, roman (oc) ; ex. *chabichou* [2].V. ch. 4.

longobard, langue indo-européenne germanique de l'Ouest (ancienne) ; ex. *stuc* [13].V. ch. 3.

lorrain roman, indo-européen, roman (oïl) ; ex. *beurre* [5].V. ch. 4.

lyonnais, indo-européen, roman (francoprovençal) ; ex. *frangin* [24].V. ch. 4.

malais, langue malayo-polynésienne (langue véhiculaire) – océan Indien ; ex. *gong* [81].V. ch. 5, 8.

malayalam, langue dravidienne – sud-ouest de l'Inde ; ex. *bétel* [3].V. ch. 8.

malayo-polynésiennes (langues) : **malgache, malais, indonésien, tagal, maori, canaque, polynésien** [121].V. ch. 8.

malgache (merina), langue malayo-polynésienne – Madagascar ; ex. *raphia* [15].V. ch. 8.

malinké, langue africaine (mandingue) – Mali, Sénégal, Guinée ; ex. *boubou* [2].V. ch. 8.

mandingue, langue africaine (groupe Niger-Sénégal) ; ex. *toubab* [2].V. Complément.

maori, langue malayo-polynésienne – Nouvelle-Zélande ; ex. *kiwi* [3].V. ch. 8.

marathe, langue indo-européenne, groupe indien – ouest de l'Inde ; ex. *mangouste* [1].V. ch. 8.

mongol, langue turco-mongole ; ex. *turc* [4].V. ch. 8.

nahuatl, langue amérindienne – Mexique, Amérique centrale ; ex. *tomate* [25].V. ch. 5.

néerlandais, langue indo-européenne germanique de l'Ouest (bas-allemand) ; ex. *crabe* [289].V. ch. 4.

népalais, langue indo-européenne, groupe indien ; ex. *panda* [1].V. ch. 8.

nordiques (langues) cf. **scandinaves (langues)**

normand, indo-européen, roman (oïl) ; ex. *brioche* [90].V. ch. 4.

normanno-picard, indo-européen, roman (oïl) ; ex. *bercail* [14].V. ch. 4.

norvégien, langue indo-européenne germanique du Nord (scandinave) ; ex. *slalom* [13].V. ch. 6.

oc (parlers d') : **auvergnat, béarnais, gascon, languedocien, limousin, périgourdin, provencal, quercy, rouergat et dialectes méridionaux** [574].V. ch. 4.

oïl (parlers d') : **angevin, anglo-normand, berrichon, bourguignon, champenois, franc-comtois, lorrain roman, normand, picard, poitevin, rouchi, saintongeais, tourangeau, wallon** [333].V. ch. 4.

osque, langue indo-européenne osco-ombrienne – Italie ; ex. *ponce* [2].V. ch. 1.

périgourdin, indo-européen, roman (oc) ; ex. *truffe* [1].V. ch. 4.

persan, langue indo-européenne, groupe iranien – Iran ; ex. *paradis* [93].V. ch. 4.

phénicien, langue chamito-sémitique (ancienne) ; ex. *natte* [1].V. ch. 4.

picard, indo-européen, roman (oïl) ; ex. *cajoler* [58].V. ch. 4.

pidgin English, ex. *tchin-tchin* [3].V. ch. 7.

poitevin, indo-européen, roman (oc) ; ex. *cassis* [14].V. ch. 4.

polonais, langue indo-européenne slave ; ex. *meringue* [14].V. ch. 6.

polynésiennes (langues) : **tahitien, mélanésien** [14].V. ch. 8.

portugais, langue indo-européenne romane ; ex. *marmelade* [60].V. ch. 5.

pré-indo-européennes (langues) : **ibère, ligure, osque...** [39].V. ch. 1.

provençal, indo-européen, roman (oc) ; ex. *bonbonne* [509].V. ch. 4.

quechua, langue amérindienne – Équateur, Pérou, Chili ; ex. *caoutchouc* [29].V. ch. 5, 8.

ragusain cf. **damalte**

romand, indo-européen, roman (francoprovençal) – Suisse ; ex. *omble* [6].V. ch. 4.

rouchi, indo-européen, roman (oïl) – région de Lille ; ex. *rémoulade* [2].V. ch. 4.

rouergat, indo-européen, roman (oc) ; ex. *causse* [3].V. ch. 4.

roumain, langue indo-européenne romane ; ex. *leu, lei* [1].V. Complément.

russe, langue indo-européenne slave ; ex. *icône* [96].V. ch. 6.

saintongeais, indo-européen, roman (oïl) ; ex. *étioler* [2].V. ch. 4.

sanskrit, langue indo-européenne, groupe indien (langue liturgique) ; ex. *orange* [84].V. ch. 4.

savoyard, indo-européen, roman (francoprovençal) ; ex. *moraine* [15].V. ch. 4.

scandinaves modernes (langues) : danois, islandais, norvégien, suédois [36].V. ch. 6.

scandinave (ancien), langue indo-européenne germanique du Nord (ancienne) ; ex. *girouette* [82].V. ch. 3.

serbe, langue indo-européenne slave ; ex. *vampire* [3].V. ch. 6.

sioux, langue amérindienne (hoka-siou) – Amérique du Nord ; ex. *séquoia* [4].V. ch. 8.

slaves (langues) : croate, polonais, russe, serbe, slovène, tchèque [132].V. ch. 7.

slovène, langue indo-européenne slave – Yougoslavie ; ex. *tesla* [2].V. Complément.

suédois, langue indo-européenne germanique du Nord (scandinave) ; ex. *rutabaga* [13].V. ch. 6.

syriaque, langue chamito-sémitique ; ex. *potiron* [2].V. ch. 4.

tagal, langue malayo-polynésienne – Philippines ; ex. *abaca* [1].V. Complément.

tahitien, langue malayo-polynésienne (polynésienne) ; ex. *vahiné* [4].V. ch. 8.

taïno, langue amérindienne (arawak) – Haïti ; ex. *savane* [3].V. ch. 8.

tamoul, langue dravidienne – sud de l'Inde, ouest de Ceylan ; ex. *paria* [15].V. ch. 8.

tatar, langue turco-mongole – U.R.S.S. ; ex. *uhlan* [2].V. Complément.

tchèque, langue indo-européenne slave ; ex. *robot* [7].V. ch. 6.

télougou, langue dravidienne – sud-est de l'Inde ; ex. *corindon* [2].V. ch. 8.

tibétain, langue tibéto-birmane ; ex. *lama* [9].V. ch. 8.

toungouze, langue turco-mongole ; ex. *mammouth* [2].V. ch. 8.

tourangeau, indo-européen, roman (oïl) ; ex. *rillette* [1].V. ch. 4.

tupi-guarani, langue amérindienne – Brésil, Paraguay ; ex. *palétuvier* [61].V. ch. 5, 8.

turc, langue turco-mongole ; ex. *bergamote* [53].V. ch. 4.

tsigane, langue indo-européenne, groupe indien (langue itinérante) ; ex. *romanichel* [5].V. ch. 7.

valaisan, indo-européen, roman (francoprovençal) – Suisse ; ex. *névé* [2].V. ch. 4.

valdôtain, indo-européen, roman (francoprovençal) – Italie ; ex. *piolet* [1].V. ch. 4.

wallon, indo-européen, roman (oïl) ; ex. *faille* [22].V. ch. 4.

wolof, langue africaine, Sénégal, Gambie ; ex. *bougnoule* [5].V. ch. 8.

zoulou, langue africaine, groupe bantou ; ex. *impala* [1].V. Complément.

Certains mots sont d'origine inconnue, ex. *rose, falzar, kroumir.*

NOTES ET RÉFÉRENCES BIBLIOGRAPHIQUES

1. GUIRAUD Pierre, *les Mots étrangers,* Paris, PUF, « Que sais-je ? », n° 1166, 1965, p. 58.

2. WALTER Henriette, « Le vocabulaire d'origine étrangère. Les chemins de l'emprunt », Congrès de linguistique romane (Saint-Jacques-de-Compostelle, 4-9 sept. 1989), à paraître dans les *Actes.*

3. CONDEESCU N.N., *Traité d'histoire de la langue française,* Bucarest, Editura didactica si pedagogica, 1975, 454 p., p. 15.

4. WALTER Henriette, *le Français dans tous les sens,* Paris, Robert Laffont (Préface d'André MARTINET), 1988, 385 p. Grand Prix de l'Académie française 1988, p. 66-67.

5. BLOCH Oscar et WARTBURG Walther von, *Dictionnaire étymologiue de la langue française,* Paris, PUF, 1950, p. 344.

6. ERNOUT A. et MEILLET Antoine, *Dictionnaire étymologique de la langue latine,* Paris, Klincksieck, 1932, 4e éd. 1967, p. 577.

7. WALTER Henriette, *le Français dans tous les sens* (réf. 4), p. 33.

8. Pour un rappel rapide des différentes branches de la famille indo-européenne, cf. Henriette WALTER, *le Français dans tous les sens* (réf. 4) et les encadrés sur les langues indo-européennes, p. 23, 30, 39, 62 et 89.

   Pour une étude approfondie de la question, cf. André MARTINET, *Des steppes aux océans. L'indo-européen et les « Indo-Européens »,* Paris, Payot, 1986, 274 p., p. 86-94 et 98-99, ainsi que Thomas V. GAMKRELIDZE et V.V. IVANOV, *Indoevropejskij jazik i Indoevropejcy,* univ. de Tbilisi (U.R.S.S.), 1986 (trad. anglaise : *Indo-European and the Indo-Europeans,* Berlin, Mouton, 1987).

9. GOURVIL Francis, *Langue et littérature bretonnes,* Paris, PUF, « Que sais-je ? », n° 527, 1952, rééd. 1968, p. 12-109.

10. MARTINET André, *Des steppes aux océans...* (réf. 8), p. 98-99.

11. On trouvera d'autres exemples de doublets dans *le Français...* (réf. 4) d'Henriette WALTER, p. 97-99.

12. MARTINET André, *Des steppes...* (réf. 8), p. 86-94 et RAYNAUD Franzisca, *Histoire de la langue allemande,* Paris, PUF, « Que sais-je ? », n° 1952, 1982, p. 7-35.

13. RAYNAUD Franzisca, *Histoire de la langue allemande* (réf. 12), p. 31-35.

14. CHÉDEVILLE André, *la France au Moyen Âge,* Paris, PUF, « Que sais-je ? », n° 69, 1965, 7e éd. 1988, p. 35-39.

15. GUINET Louis, *les Emprunts gallo-romans au germanique (du Ier à la fin du Ve siècle),* Paris, Klincksieck, 1982, 212 p., p. 37-38.

16. MATORÉ Georges, *le Vocabulaire de la société médiévale,* Paris, PUF, 1985, 336 p., p. 133 et 141-155.

17. id. *le Vocabulaire...* (réf. 16), p. 142, 150 et 296.

18. id. *le Vocabulaire...* (réf. 16), p. 146.

19. Les vocables latins ont été établis à partir du *Dictionnaire français-latin* de Henri GOELZER, Paris, Garnier, 1903, et confirmés après consultation du *Dictionnaire illustré latin-français* de Félix GAFFIOT, Paris, Hachette, 1934, ainsi que de l'*Étude sur les termes de couleur dans la langue latine* de Jacques ANDRÉ, Paris, 1949, 427 p.

20. CHAURAND Jacques, *Introduction à l'histoire du vocabulaire français,* Paris, Bordas, 1977, p. 34.

21. MATORÉ Georges, *le Vocabulaire...* (réf. 16), p. 133.

22. CHAURAND Jacques, *Introduction à l'histoire...* (réf. 20), p. 34.

23. WALTER Henriette, *le Français...* (réf. 4), p. 78-79.

24. CHÉDEVILLE André, *la France au Moyen Âge* (réf. 14), p. 53.

25. VALKHOFF Marius, *Étude sur les mots français d'origine néerlandaise,* Amersfoort, Valkhoff, 1931, p. 16-34.

26. SCHOGT Henry, « Les mots d'emprunt en néerlandais : une étude socio-linguistique », *la Linguistique,* Paris, PUF, 1990, 2, vol. 25, p. 63-80.

27. MEILLET Antoine et COHEN Marcel (sous la dir. de), *les Langues du monde,* Paris, C.N.R.S. et Champion, 1952, p. 114.

28. TÉNÉ David, « L'hébreu contemporain », *le Langage,* Encyclopédie de la Pléiade sous la dir. d'André MARTINET, Paris, Gallimard, 1968, p. 975-1001.

29. MEILLET Antoine et COHEN Marcel, *les Langues du monde* (réf. 27), p. 81-181.

30. COHEN David, « Les langues chamito-sémitiques », *le Langage,* Encyclopédie de la Pléiade (réf. 28), p. 1296-1297.

31. THUILLIER Pierre, *D'Archimède à Einstein. Les faces cachées de l'invention scientifique,* Paris, Fayard, 1988, p. 43-44.

32. id. *D'Archimède à Einstein...* (réf. 31), p. 51-52.

33. BLOCH Oscar et WARTBURG Walther von, *Dictionnaire étymologique...* (réf. 5), p. 3.

34. CANTINEAU Jean, *Études de linguistique arabe,* Paris, Klincksieck, 1960, p. 166.

35. MAALOUF Amin, *les Croisades vues par les Arabes,* Paris, Jean-Claude Lattès, 1983, p. 101.

36. IFRAH Georges, *les Chiffres, ou histoire d'une grande invention,* Paris, Robert Laffont, 1985, p. 300-302.

37. WALTER Henriette, *Des mots sans-culottes,* Paris, Robert Laffont, 1989, p. 189.

38. id. *le Français dans tous les sens* (réf. 4), p. 96.

39. MAALOUF Amin, *les Croisades...* (réf. 35), p. 117.

40. id. *Samarcande,* Paris, Jean-Claude Lattès, 1988, p. 150-151.

41. SOURDEL Dominique, *Histoire des Arabes,* Paris, PUF, « Que sais-je ? », n° 1627 (1re éd. 1976), 1985, p. 32.

42. GUIRAUD Pierre, *les Mots étrangers* (réf. 1), p. 44.

43. VARDAR Berke, article « turc », *Grand Dictionnaire encyclopédique Larousse,* Paris, 10 vol., 1984. (Rééd. *Grand Larousse Universel,* 15 vol., 1987).

44. LAZARD Gilbert, « Du nouveau sur les origines de la langue persane », *Luqmân,* Annales des presses universitaires de l'Iran, 1987-1988, 1, p. 9-18.

45. DEYHIM Guiti, « Les emprunts du persan au français », *Luqmân,* Annales des presses universitaires de l'Iran, 1987-1988, 1, p. 87-103.

46. id. « Les emprunts du français au persan », *Luqmân,* Annales des presses universitaires de l'Iran, 1988-1989, 5, 1, p. 39-58.

47. VARENNE Jean, *Grammaire du sanskrit,* Paris, PUF, « Que sais-je ? », n° 1116, 1971, p. 9.

48. MEILLET Antoine et COHEN Marcel, *les Langues du monde* (réf. 27), p. 18-25.

49. DARMESTETER Arsène, *Traité de la formation des mots composés dans la langue française,* Paris, 1894, 2e éd., p. 251.

50. DAUZAT Albert, *Tableau de la langue française,* Paris, Payot, rééd. 1967, p. 66-67.

51. DARMESTETER Arsène, *Traité de la formation...* (réf. 49), p. 250-260, où l'on trouvera une longue liste de ces composés et dérivés gréco-latins. Cf. aussi Ferdinand BRUNOT, *Histoire de la langue française,* Paris, Armand Colin, 1967 (1re éd. 1906), tome II, p. 215-241.

52. BRUNOT Ferdinand (cité par), *Histoire de la langue française* (réf. 51), II, p. 202, note 4.

53. BRUNOT Ferdinand, *Histoire de la langue française* (réf. 51), II, p. 200-201 et MARTY-LEVEAUX, *Langue de la Pléiade,* p. 178.

54. BRUNOT Ferdinand, *Histoire de la langue française* (réf. 51), II, p. 198-206.

55. ESTIENNE Henri, *Conformité du langage françois avec le grec,* 1566 ; *Deux Dialogues du nouveau langage françois italianizé et autrement desguizé...,* 1578 ; et *Précellence du langage françois,* 1579.

56. GUIRAUD Pierre, *les Mots étrangers* (réf. 1), p. 64 et 83.

57. CORTELAZZO Manlio et ZOLLI Paolo, *Dizionario etimologico della lingua italiana,* Bologne, Zanichelli, 5 vol., vol. 5, p. 1211.

58. WALTER Henriette, « Les changements phonétiques « vrais » et les autres, ou les fluctuations sont-elles inévitables ? », *Actes du 13e Colloque international de linguistique fonctionnelle* (Corfou, 24-29 août 1986), Université Ionienne, Corfou, 1988, p. 49-51.

59. WIND Bartina Harmina, *les Mots italiens introduits en français au XVIe siècle,* Deventer, Kluwer, 1928, 222 p., p. 4.

60. BLOCH Oscar et WARTBURG Walter von, *Dictionnaire étymologique...* (réf. 5), aux mots « carafe, carafon », p. 104.

61. BRUNOT Ferdinand (cité par), *Histoire de la langue française...* (réf. 51), II, p. 213.

62. JOLLY Martine, *le Chocolat, une passion dévorante,* Paris, Robert Laffont, 1983, p. 20.

63. *Nouveau Dictionnaire des sciences,* Paris, Delagrave.

64. VALKHOFF Marius, *Étude sur les mots français...* (réf. 25), p. 82.

65. BERTRAND Louis, *Histoire d'Espagne,* Paris, éd. de 1932, p. 330-331.

66. SARAIVA José Hermano, *Historia concisa de Portugal,* Publicações Europa-America, Portugal, 1978, 11e éd. 1987, p. 143.

67. WALTER Henriette, « Le vocabulaire d'origine étrangère... » (réf. 2).

68. WARTBURG Walther von, *Évolution et structure de la langue française,* Paris, 1946, 6e éd., 1962, p. 200.

69. GUYOT Lucien et GIBASSIER Pierre, *les Noms des fleurs,* Paris, PUF, « Que sais-je ? », n° 866, p. 122.

70. ŠABRŠULA Jan, « L'élément russe dans les langues européennes », *Philologica Pragensia,* Prague, 1987, IV, p. 208-220.

71. WALTER Henriette, *Des mots sans-culottes* (réf. 37), notamment ch. XXIV « Déjà le franglais », p. 183-190.

72. MACKENSIE Fraser, *les Relations de l'Angleterre et de la France d'après le vocabulaire,* 1re partie, Les infiltrations de la langue et de l'esprit anglais. Anglicismes français, Paris, Droze, 1939 [Sorb HF uf 81b (1834)-0n].

73. Toutes les dates d'attestations de ce sous-chapitre ont été prises dans *les Relations de l'Angleterre...* de Fraser MACKENSIE (réf. 72).

74. Total recueilli pour cette étude, mais dont un peu moins de la moitié a fait l'objet de commentaires.

75. ÉTIEMBLE, *Parlez-vous franglais ?,* Paris, Gallimard, 1964, 376 p.

76. ÉTIEMBLE, « La langue de la publicité », *Cahiers de la publicité,* juil-août-sept. 1966, p. 105-112, notamment p. 109.

77. PERGNIER Maurice, *les Anglicismes,* Paris, PUF, 1989, p. 83.

78. DROZDALE Élisabeth J., *le Français en contact avec l'anglais,* (sous la dir. de Maurice PERGNIER), Paris, Didier-Érudition, 1988, p. 134.

79. LEDERER Marianne, « les Fausses traductions, sources de contamination du français », *le Français en contact avec l'anglais* (réf. 78), p. 125.

80. SPENCE Nicol C.W., « Faux Amis and Faux Anglicismes : Problems of Classification and Definition », *Forum for Modern Language Studies,* 1987, 23, II, p. 169-183.

81. *id.* « Faux Amis... » (réf. 80), p. 178.

82. REY-DEBOVE Josette et GAGNON Gilberte, *Dictionnaire des anglicismes,* Paris, Le Robert, 1980, p. 84.

83. MARTINET André et WALTER Henriette, *Dictionnaire de la prononciation française dans son usage réel,* Genève, Droz, 1973, 932, p. 505.

En dehors des ouvrages cités dans la première partie, ont été systématiquement dépouillés :

GUIRAUD Pierre, *les Mots étrangers,* Paris, PUF, « Que sais-je ? », n° 1166, 1965.
– *Patois et dialectes français,* Paris, PUF, « Que sais-je ? », n° 1285, 1968.
– « Liste alphabétique des mots français d'origine dialectale », compilée d'après Bloch-Wartburg et Dauzat, *Cahiers de lexicologie,* 12, 1968, p. 104-123.

PICONE Michael David, *De l'anglicisme et de la dynamique de la langue française,* Lille, Atelier national de reproduction de thèses de l'université de Lille, 1981, 405 p.

Petit Larousse, Paris, Larousse, 1988.

BLOCH Oscar et WARTBURG Walther von, *Dictionnaire étymologique de la langue française,* Paris, PUF, 1965.

COLIN Jean-Paul, *Trésor des mots exotiques,* Paris, Belin, 1986.

DAUZAT Albert, *Dictionnaire étymologique de la langue française,* Paris, Larousse, 1938.

DAUZAT Albert, DUBOIS Jean et MITTERAND Henri, *Nouveau Dictionnaire étymologique et historique,* 4e éd., Paris, Larousse, 1988.

HÖFLER Manfred, *Dictionnaire des anglicismes,* Paris, Larousse, 1982.

PICOCHE Jacqueline, *Nouveau Dictionnaire étymologique du français,* Paris, Hachette-Tchou, 1971.

REY-DEBOVE Josette et GAGNON Gilberte, *Dictionnaire des anglicismes,* Paris, Le Robert, 1980.

ROBERT Paul, *Petit Robert, Dictionnaire alphabétique et analogique de la langue française,* Paris, Le Robert, 1987, qui inclut des données étymologiques.

Pour l'espagnol :
COROMINAS Joan, *Breve diccionario etimológico de la lengua castellana,* Madrid, Gredos, 1961 (éd. 1987).

Pour l'italien :
CORTELAZZO Manlio et ZOLLI Paolo, *Dizionario etimologico della lingua italiana,* Bologne, Zanichelli, 1985, 5 vol.
ZINGARELLI Nicola, *Vocabolario della lingua italiana,* Bologne, Zanichelli, 1970.

Pour le portugais :
CUNHA Antônio Geraldo da, *Dicionário etimologico nova fronteira da lingua portuguesa,* Rio de Janeiro, Nova Fronteira, 1982.

Pour l'anglais :
ONION C.T. (sous la dir.), avec la collaboration de FRIEDERICHSEN G.W.S. et BURCHFIELD R.W., *The Oxford Dictionary of English Etymology,* Oxford, Clarendon Press, 1966, éd. 1985.
HOAD T.F. (sous la dir.), *The Concise Dictionary of English Etymology,* Oxford, Clarendon Press, 1986, 552 p.

Solutions des textes énigmes

Énigme 1	L'homme qui descendait du train	ANGLAIS
Énigme 2	Offrande	ESPAGNOL
Énigme 3	Et si nous partions en voyage ?	PORTUGAIS
Énigme 4	Trop, c'est trop	GERMANIQUE ANCIEN
Énigme 5	Auberge de la terrasse	PROVENÇAL
Énigme 6	L'idylle de la cantatrice	ITALIEN
Énigme 7	Du caviar pour les pauvres	TURC
Énigme 8	Le guet-apens	ARABE
Énigme 9	Le mage	PERSAN
Énigme 10	L'événement du samedi	HÉBREU
Énigme 11	Rêverie	PRÉ-INDO-EUROPÉEN
Énigme 12	Un vrai dépaysement	GAULOIS
Énigme 13	Le gueux reconverti	NÉERLANDAIS
Énigme 14	Brève rencontre	RUSSE
Énigme 15	Télégramme	JAPONAIS

Encadrés

Cartes

Table des matières

Photocomposition : Sogitec. Boulogne
Impression : Imprimerie Hérissey — Évreux.
Dépôt légal : Octobre 1991 — N° 54444 — N° de série Éditeur : 16322
IMPRIMÉ EN FRANCE *(Printed in France)*. — 710227 — Octobre 1991